XINLIXUE DAOLUN

心理学导论

刘丽虹　张　萌◎主编

江西人民出版社
Jiangxi People's Publishing House
全国百佳出版社

图书在版编目（CIP）数据

心理学导论 / 刘丽虹，张萌主编. — 南昌：江西
人民出版社，2022.7（2023.8重印）
　ISBN 978-7-210-14006-1

　Ⅰ.①心… Ⅱ.①刘… ②张… Ⅲ.①心理学–高等
学校–教材 Ⅳ.①B84

中国版本图书馆CIP数据核字（2022）第104028号

心理学导论
XINLIXUE DAOLUN

刘丽虹　张　萌　主编

责 任 编 辑：徐　旻
封 面 设 计：同异设计事务

出版发行

地　　　　址：江西省南昌市三经路 47 号附 1 号（邮编：330006）
网　　　　址：www.jxpph.com
电 子 信 箱：jxpph@tom.com
编辑部电话：0791-88629871
发行部电话：0791-86898815
承　印　　厂：北京虎彩文化传播有限公司
经　　　销：各地新华书店

开　　　　本：787 毫米 ×1092 毫米　1/16
印　　　　张：22.75
字　　　　数：430 千字
版　　　　次：2022 年 7 月第 1 版
印　　　　次：2023 年 8 月第 2 次印刷
书　　　　号：ISBN 978-7-210-14006-1
定　　　　价：56.00 元
赣版权登字–01-2022-345

序

　　心理学家杨国枢先生说：心理学在发达国家是必需品，在发展中国家是调味品，在落后国家是奢侈品。2020年，我国人均国民总收入（GNI）突破1万美元，按世界银行标准，达到中高收入国家水平。因此，我国经济和社会发展进入新阶段以后，心理学的应用范围必将日益扩大，近几年来，我们已经看到修读心理学学位和选修心理学课程的大学生日趋增加。面对这些学生授课时，我常常因为选择哪本教材而苦恼。心理学的同行已经撰写了很多优秀的《普通心理学》教材，也有一些适合师范生的心理学公共课教材，但针对其他非师范专业学生修读心理学的《心理学导论》教材相对较少，市面上翻译的相关教材有一些，作为参考书目推荐学生阅读还可以，却不宜直接作为教材使用。近两年来，其他专业学生选修心理学课程的日益增加，促使我们编写这本《心理学导论》教材。

　　本教材在写作之初就定位于学习心理学专业知识的入门教材，目标是让学生了解心理学的基本概念、基本理论，了解人类心理现象的一般规律，通过这门课程的学习把握心理学学科基本理论体系和概貌，同时激发学生继续学习心理学的兴趣。心理学作为一个跨度非常大的学科，一端是与自然科学密切相关的认知神经科学，另一端是与社会科学相关的人格心理、管理心理、心理健康等领域的内容。如何把心理学的相关专业知识介绍给不同学科（文科、理科）背景的学生，让他们比较容易地掌握相关专业知识，是我们考虑比较多的。

　　由于受到书稿篇幅的限制，对于一些属于延伸和知识拓展的内容在本书中并未提供太多，主要是考虑现在电子资源已经很丰富，现代大学生获取知识的能力也很强，可以根据授课教师的要求以及学生个人的兴趣在互联网获取相关领域的最前沿知识。基于此，我们希望编写一本写作规范、简明扼要、深入浅出，并且具有前沿性的教材，既需要体现心理学专业的科学性和学科特点，同时也考虑应用型学生培养的实际性。综上，本教材既可用于应用心理学专业本科生"普通心理学"课程，也可用于社会工作专业本科生以及大学本科生修读心理学通识教育课程。

　　本书的第一、八、九、十章由我撰写，第二章由广东外语外贸大学王俊静副教授撰写，第三、四章由华南理工大学张萌教授撰写，第十三章由广东工业大学姜敏敏副教授撰写。我的硕士研究生谢晶怡、利金连、陈思蓓、顾雨、陈京红、何阳玲、林绵华、凌晨、李霜、钟慧菁等分别参与了第五、六、七、十一、十二章的部分编写工作。全书最后由我修改定稿。在编写过程中，我们参考了国内外许多同类教材与相关文献，希望能博采众长，在此对相关作者表示感谢。

　　本书难免有不足之处，欢迎广大读者批评指正，以期不断修订完善。

刘丽虹

2022 年 5 月于广州

目 录

第一章

绪 论

德国心理学家艾宾浩斯（H. Ebbinghaus，1850—1909）曾这样概括地描述心理学的发展历程："心理学有着漫长的过去，但只有短暂的历史。"说它有漫长的过去是因为人类探索心理现象已有两千多年的历史，它一直包含在哲学的母体中，如在公元前四世纪古希腊亚里士多德的《灵魂论》中就论述了人类的各种心理现象。说它只有短暂的历史是因为直到 1879 年的时候冯特在德国莱比锡大学创建了第一个心理学实验室，才标志着心理学的诞生。从那时起，心理学才开始脱离哲学而成为一门独立的科学，迄今为止只有一百多年的历史。

提起心理学，普罗大众通常会联想到十二星座的性格特点、弗洛伊德的《梦的解析》，或者是坐在对面倾听你的心理咨询师，前者我们说是对心理学的误解，后者是对心理学的片面理解。心理学相比物理、生物和化学更五彩斑斓，更加贴近我们的日常生活，然而我们却对心理学既熟悉又陌生。

心理学是研究心理现象的科学，它以自己特有的研究对象与其他学科区别开来。

第一节　心理学的研究对象和学科性质

一、什么是心理学？

你是否为别人不能理解你而苦恼过？你是否曾目睹某些家长与孩子之间以爱的名义相互伤害却不自知？你是否曾经因为听到一个远低于预期的成绩而想尽办法把自己从失望中解脱出来？还有看到人间百态时的各种困惑，如，为什么有的人有钢铁般的意志，能够克服各种困难达到自己的目标，而有些人又因为懒惰将自己变成流浪乞讨的人？为什么有些人的行为善良如天使，有些人的行为又如恶魔？这些问题促使我们思考，人的天性到底是什么？人的行为又受到哪些因素的影响？人如何思考、计划和决策？人如何进行自我调节以适应环境？人有哪些需要？这些需要是如何推动人去行动的？上述这些问题都是心理学的研究内容。

心理学是阐释心灵的学问，心理学的英文名称是"psychology"，它是由两个古希腊文字"psyche"和"logos"所组成的。"psyche"的意思是"心灵"或"灵魂"，"logos"的意思是"讲述"或"解说"，二者合起来就是"对心灵的阐释"。古代的智者只是出于对自身的好奇，而在哲学里思考、探讨这个问题。在科学心理学诞生以后，心理学家们逐渐达成共识，心理学是研究心理现象及其规律的科学。那心理学家是从哪些方面入手来研究人的心理现象呢？这是我们下面要讲的内容。

二、心理现象概述

（一）心理过程

心理过程是指人脑对客观事物的不同方面及其相互关系的反映过程。因为人的心理现象是在时间上展开的，它需要经历一个过程，认知过程、情感过程、意志过程是最基本的心理过程。

1. 认知过程

认知过程是指人在认识客观事物的过程中，为弄清客观事物的性质和规律而产生的心理现象，是人的最基本心理过程。它包括感觉、知觉、记忆、思维和语言等。人与外部环境互动的过程总是从感觉和知觉开始的，在此基础上进一步对相关信息进行存储、加工等活动，这就涉及记忆和思维，如果再把思维的产物表达出来，多数情况下就要借助于语言了。因此，认知过程是心理学家重点关注的心理过程之一。

2. 情感过程

情感过程是人在认识客观事物时产生的带有某种态度的体验或感受，如喜、怒、哀、乐、爱、恨、忧、惧等。人对客观事物的认识总会基于自己的经验对之产生相应的态度，带着鲜明的情感色彩。能够满足自己需要的事物总能带给自己高兴、愉悦的心情，对满足自己需要对立的事物可能会带给自己烦恼不快，对美好事物的欣赏，对丑陋事物的厌恶等，这些都属于人的情感过程。

3. 意志过程

人不仅会认识客观世界，并对之产生情感体验，还可以通过自己有目的、有计划的活动主动地改造客观世界。这种有目的的组织和调节行为，克服阻碍去实现自己目的的过程，就是意志。意志过程是人的主观能动性的集中表现。

认知、情感和意志都有其自身发生和发展的规律，但它们之间不是彼此独立的过程。

情感和意志过程中含有认知的成分，它们都是建立在认知过程的基础之上的；情感和意志过程同时又会对认知过程产生影响，它们是统一的心理活动中的不同方面。认知过程、情感过程和意志过程作为心理学研究对象的主要部分，统称为心理过程。

（二）个性心理

个性心理是具有一定倾向性的各种心理特征的总和，是每个个体所具有的稳定的心理现象，包括个性倾向性和个性心理特征两个方面。

1. 个性倾向性

个性倾向性是个体活动的基本倾向和动力，是具有一定动力性和稳定性的心理成分，包括需要、动机、兴趣、理想、信念、价值观和世界观等内容。个性倾向性使每个个体有目的、有选择地对客观事物做出反应。比如，人的求知欲和好奇心推动人们不断地探求知识，人对艺术的爱好会推动人积极地去从事艺术活动和创作。

2. 个性心理特征

个性心理特征是个体身上经常表现出来的本质的、稳定的心理特征，包括能力、气质和性格。有人活泼好动，有人内向孤僻，有人性情温柔，有人脾气暴躁，这是气质的差异；有人勤奋进取，有人懒惰退缩，有人热情豪放，有人多愁善感，这是性格的差异。正是这些心理特征，使每个人都呈现出独特的精神面貌，可以与他人区别开来。

（三）意识和无意识

1. 意识

意识是人的心理发展的高级形式，它是人所特有的心理现象。意识是由认知、情感、欲望、意志、注意等构成的一种丰富而稳定的内在世界，是人认知世界和改造世界的内部资源。意识的成分和结构极其复杂，所以有人称它是"人类最后一个难解之谜"（Dennett，1991）。

人能够意识到客观世界的存在，能够意识到客观世界同人自身的关系，并用语词的形式在头脑中表征出来，形成一个庞大的知识体系，使人的心理具有反映的特征。人不仅能认知各种现象，还能透过现象发现事物的本质和规律。人的意识还具有能动性，主要表现为人可以有目的地改造客观现实。此外，人还有自我意识，即人不仅能意识到客观世界的存在，还能意识到自己的存在。通过自我意识，人将主体与客体、自我与非我区别开来。正是凭借自我意识，人才能对自己的心理和行为进行自我反省、分析、评价、控制。动物没有自我意识，婴儿的自我意识水平也很低，因而不具有自我分析和自我评价的能力。自我意识要在人的心理发展到一定阶段才会出现，它对人的个性形成有重要的意义。

2. 无意识

人除了有意识外，还有无意识。无意识是人们在正常情况下不能觉察，也不能自觉调节和控制的心理现象。人有时意识不到自己的活动动机，对自己说过的话、做过的事感觉莫名其妙。即使在清醒的状态下，人对发生在自己身上的事情也可能毫无觉知，如在某一时刻点上，人只能意识到作用于自己的一部分刺激，而对其他刺激则充耳不闻、视而不见。此外，人的某些动作和技能达到自动化后，便转化为无意识现象，而在必要的时候意识又会随时参与其中。梦也是一种无意识现象，人无法事先设计梦的内容，也无法控制其进程。

总之，意识是人的精神生活的重要特征。人的日常生活、学习和工作都是在意识的支配之下进行的。但是无意识现象也存在于人的正常生活中，它对人的行为有重要的作用。意识和无意识有着密切的关系。因此，无意识现象也是心理学的重要研究对象。

（四）群体心理

人是社会的人，人总是生活在一定的社会群体中，并与其他人形成各种各样的关系，如同事关系、亲属关系、同学关系等。因为群体中个人扮演的角色不同，不同的群体有不同的社会需要、社会规范、社会舆论等，对其中个体的要求也不同，从而产生一些不同于个体心理的群体心理现象，如从众、群体气氛、群体凝聚力等。因此，群体心理也是心理学的重要研究对象。

三、心理学的研究领域和分支学科

现代心理学是一个分支繁多的学科体系，在这个体系中，一些心理学分支担负理论研究的任务，一些分支承担实际应用的任务，据此，我们可以把心理学划分为两大领域：基础领域和应用领域。

（一）基础领域

基础领域主要是探讨心理科学中与各分支心理都有关的基础理论和基本方法，研究心理和行为发生、发展的基本规律。此领域包括普通心理学、实验心理学、生理心理学、人格心理学、社会心理学、发展心理学、比较心理学、认知心理学、变态心理学等诸多分支学科。

普通心理学是研究心理和行为现象的最一般规律，探讨心理学的基本理论，阐述心理行为的一般规律，概括各分支学科的研究成果，同时为各分支学科提供理论基础。

实验心理学是通过实验程序对心理和行为加以研究的一个心理学分支学科。心理学之所以能从哲学中分离出来，成为一门独立的科学，很重要的一点在于实验法的运用，使心理学进行因果研究成为可能。它主要探讨心理实验的原理、设计、方法、设备、技术以及资料处理等问题，是一种研究心理学的方法学。

生理心理学以身心关系为基本命题，主要探讨心理和行为的生理机制。比如，它研究感觉系统、学习和记忆、动机和情绪等各种心理现象的神经机制，以及遗传基因、内分泌腺等生物因素对心理和行为的调节，特别是在现代脑科学研究成果和现代技术方法的基础上，揭示各种心理现象在脑的解剖部位及脑功能上发生的规律。它是心理学基础研究的重要组成部分。

人格心理学是以现实的完整的人作为研究对象，对人的思想情绪及行为的独特模式做整体性解释的一个理学分支学科。它着重研究个体心理和行为跨时间、情境一致性的独特特质。

社会心理学是研究社会情境中个体与群体心理的本质及其产生、发展和变化规律的一个心理学分支学科。具体研究社会认知、社会动机、社会态度、社会情感、人际吸引、社会促进和社会抑制、从众、顺从等。

发展心理学是研究人类个体从受精卵开始到出生、成熟直至衰老的生命全程中不同年龄阶段的心理发生发展规律的一个心理学分支学科。可分为婴幼儿心理学、儿童心理学、少年心理学、青年心理学、成年心理学和老年心理学等。

比较心理学是研究比较各种动物的行为并探究行为内在机制和发生发展规律的一个心理学分支学科。研究中侧重不同种动物行为的比较分析，关注各种动物在自然环境中的适应行为，以及各种动物的社会行为，同时也通过研究动物行为来考察人类心理的演化。

认知心理学有广义和狭义之分。广义的认知心理学指以人或动物的认知过程为研究对象，探索认知过程的内容、机制及其研究方法的心理学。狭义的认知心理学就是根据信息加工观点揭示人类认知过程及其机制的心理学，又叫信息加工心理学。

变态心理学是研究异常心理或病态行为的心理学分支，又称为病理心理学。它用心理学的原理和方法研究异常心理或者病态行为的表现形式、发生原因和机制及其发展规律，探讨鉴别评定的方法及矫治与预防的措施等。

（二）应用领域

教育心理学研究教与学过程中师生的各种心理现象和行为，旨在揭示学校教育情境中教与学的基本心理规律。其主要内容包括学习心理、知识掌握心理、技能形成心理、品德形成心理、个体差异与因材施教、学习的测量与评估以及教师心理等。

管理心理学主要研究组织中的管理人员及其下属之间交互作用的问题，目的是促进组织发展和工作绩效提高。

临床心理学研究行为异常和心理障碍，并从事实际心理疾病的诊断、治疗和预防等工作。

工程心理学研究人与机器、环境相互作用中人的心理活动及其规律。其目的是使机器设备和工作环境的设计适合人体的各种要求，从而实现人、机、环境三者之间的合理配合，使处于不同条件下的人能高效、安全、健康而舒适地工作和生活。研究范围涉及生理学、解剖学、人体测量学、生物力学、医学等人体科学和电子、机械、计算机等技术科学。

司法心理学是研究人们在司法活动中的各种心理特点和规律，并运用心理学的基本原理去揭露犯罪、改造罪犯、提高司法人员的心理素质。

四、心理学的学科性质

心理学自诞生之日起，就其归属问题先后有自然科学归属论、社会科学归属论、人文科学归属论及边缘科学归属论等。一般认为，心理学是一门交叉科学、边缘科学或综合科学。

心理学的研究对象是人。人的复杂性，决定了心理学不仅与生物学、生理学、神经科学、遗传学、物理学、化学等自然科学关系密切，同时与文化人类学、社会学等社会科学也有着不可分割的关系。人类心理行为活动的复杂性决定了心理学这门学科的复杂性和广博性。苏联科学分类学家凯达洛夫认为，心理学在迄今已有的 2500 多门学科中占据中心位置。因为，心理学所研究的有关心理现象的规律贯穿于人的生命活动始终，体现在人的社会实践的各个领域。所以凯达洛夫等人把心理学定位于他们绘制的"科学三角形"的中心，而三角形的三个顶角分别是自然科学、社会科学和思维科学（包括逻辑和哲学）。

心理学研究心理的神经生理机制，研究脑与心理的进化过程，这些课题具有自然科学的特点；心理学研究人的感觉、知觉、反应时间、情绪等，就这些简单的现象而言，不同的人也有很大的共性，对这些心理现象的研究具有自然科学的特点；心理学采用观察和实验作为主要的研究方法，而这两种方法也是自然科学的主要方法。从这些方面来看，心理学确实具有自然科学的属性。但另一方面，人的心理具有社会性，不同社会、不同民族、不同文化和不同阶层的人，其心理特点各有不同。这就决定了心理学具有社会科学的属性。心理学还研究人的思维和创造性，研究人的思维过程、特点和策略等，研究人的创造性产生的机制和过程，研究人的决策过程，因此心理学也是思维科学的重要组成部分。

按照科学与实践的关系，科学可以分为理论科学、应用科学和技术科学。心理学研究人的心理活动的基本理论和基本规律，因此具有理论科学的成分；心理学要研究心理规律在各个实践领域中的应用，因此也具有应用科学的成分；心理学要发展研究和测量心理现象的方法和技术，研究行为塑造和矫正、心理咨询和治疗的方法和技术，因此又具有技术科学的成分。因此，心理学是一门包含理论、应用和技术的综合科学。

第二节 心理学的发展历史

一、现代心理学的诞生及其主要流派

自古以来，人就对自我和外部世界充满好奇。所以早在有文字记录之初，人们就开始记录对心理学问题的思考。古希腊哲学家柏拉图（Plato，前427—前347）和亚里士多德（Aristotles，前384—前322）都曾对灵魂和心灵的问题进行讨论。柏拉图认为人的灵魂无所不知，只是灵魂来到人的体内以后，将已知晓的观念忘记。因此，他认为"知识就是回忆"。亚里士多德的《论灵魂》曾经对思维、智慧、动机以及情绪等问题进行探讨。在中国，心理学思想可以追溯到先秦时期思想家的著作中。先秦时期的思想家孔丘、孟轲、墨翟、荀况等，都对天人关系、身心关系、知行关系、人性本质、学习等问题进行过深入探讨，提出诸如"人为贵"、重视人的价值、主张开发人的潜能等很多有价值的思想。但在当时还没有"心理学"一词，人们对这些问题的思考停留在哲学思辨的阶段，还不是真正的心理学。

心理学真正成为一门独立的科学，则是到了1879年，冯特（Wilhelm Wundt，1832—1920）在德国莱比锡大学建立了世界上第一个心理学实验室。冯特曾经接受过生理学的训练，但在他的研究生涯中，他的兴趣从躯体问题转移到了精神问题：他希望理解感觉和知觉的基本过程以及简单心理过程的速度。在建立心理学实验室时，他已经完成了一系列的研究并且出版了《生理心理学原理》（*Principles of Physiological Psychology*）几个版本中的第一种（Kendler，1987）。

当冯特建立心理学实验室的时候，他开始训练第一批献身于正在出现的心理学领域的研究生，这些学生后来大多在世界各地建立了自己的心理学实验室。北美大学中出现的第一个心理学实验室1883年建立于约翰斯·霍普金斯大学。这些早期的实验室基本都受到冯特的影响，如，在跟随冯特学习之后，铁钦纳（Edward Titchener）成为美国第一批心理学家，并于1892年在康奈尔大学建立了一个实验室。几乎在同时，一位学习过医学，且对文学和宗教有着浓厚兴趣的哈佛哲学教授威廉·詹姆斯（William James，1842—1910）写了一部两卷本的著作《心理学原理》（*The Principles of Psychology*，1890/1950），它曾被认为是最重要的心理学教科书之一。1892年，斯坦利·霍尔（G. Stanley Hall）建立了美国心理学会（American Psychological Association，APA）。到1900

年时，美国已经有超过 40 个实验室。此后不久，这门新兴的心理科学就发展成许多不同的分支，或者说不同的学派，每个学派都有开拓者努力推动着该学派的发展，并取得不菲的成就。

（一）结构主义心理学

冯特建立的实验心理学标志着心理学的独立，也标志着心理学史上第一个思想学派——结构主义（Structuralism）的开始。冯特认为心理学是研究意识经验的科学，意识经验是由很多不同的元素构成的。他采用的研究方法叫内省法（Introspection），通过给被试呈现一些刺激，让被试用自己的话尽可能详尽地描述自己的感知和体验，然后由心理学家分析被试的报告，以更好地理解心理的结构。冯特认为，心理学的任务就是用实验内省法来分析意识经验的基本元素，并发现这些基本元素是如何合成复杂的心理过程的。当铁钦纳把冯特的心理学带回美国时，他提倡用这种科学方法来研究意识。铁钦纳强调"什么"是心理学的内容，而非"为什么"和"怎么"思维。冯特和铁钦纳成为结构主义心理学的主要代表人物。

结构主义心理学建构在这样的假设之上：所有的人类精神经验都可以作为基本成分的联合来理解。其目标是通过分析感觉的构成因素以及其他组成个体精神生活的体验，来揭示人类心理的潜在结构。许多心理学家批判结构主义心理学：第一，它是简化论，因为它把所有的人的精神体验都简化为简单的感觉；第二，它是元素论，因为它寻求把成分或者元素联结起来，而非直接研究复杂的或者整体的行为；第三，它是心灵主义的，因为它只研究人类意识到的口头报告，忽视对那些不能描述他们经验的个体，包括动物、儿童以及精神错乱者的研究。

（二）机能主义心理学

威廉·詹姆斯同意铁钦纳关于意识是心理学的研究中心的观点，但是对詹姆斯而言，意识的研究没有被简化为元素、内容和结构。相反，意识是流动的，是与环境持续相互作用的心理活动的内容。机能主义者关心的基本问题是，心理机能或功能在人对环境的适应过程中是如何起作用的？詹姆斯认为，人的意识绝不是一堆结构主义者所称的无生命的砖头，而是一条永远变化着和流淌着的表象和感觉的河流。

机能主义思想来自达尔文（Charles Darwin）的理论。达尔文推断，生物进化是以适者生存的方式进行的。他提出自然选择（Natural Selection）的原则，认为只有那些有助于动物适应其生存环境的生理机能在进化中才得以保留。思考、知觉、习惯、情绪等人类行为是怎样帮助人类生存下来的？这是机能主义者想搞清楚的问题。简言之，机能主义者的研究目标就是要说明心理机能的"用途"。

尽管詹姆斯相信仔细的观察，但却不重视冯特严格的实验室方法。在詹姆斯的心理学中，有情感、自我、愿望、价值甚至宗教和神秘体验的位置。对于詹姆斯来说，解释而不是实验控制才是心理学的目标（Arkin，1990）。

（三）格式塔心理学

格式塔心理学（Gestalt Psychology）又叫完形心理学，是德国心理学家魏特海墨（Max Wertheimer，1880—1943）、考夫卡（Kurt Koffka，1886—1941）和苛勒（Wolfgang Köhler，1887—1967）于 1912 年在法兰克福大学创立，后来在美国得到进一步的发展。"格式塔"是德文"Gestalt"音译，意为"完形""样式""结构""组织"。格式塔心理学反对把意识分解为元素，认为人的心理现象是一个整体，知觉是心理组织的过程。如，正方形由四条直线组成，但人并不把它看作两条竖线和两条横线之和，而看成一个正方形。整体不能还原为部分，整体不等于部分之和，整体大于部分之和，整体先于部分而存在，并且制约着部分的性质和意义。格式塔心理学家也很重视心理学实验，他们在知觉、学习、思维和问题解决方面做了大量的研究，有着重要的贡献。

（四）行为主义心理学

19 世纪末 20 世纪初，正当结构主义与机能主义在许多心理学问题上争论不休时，行为主义心理学（Behaviorism Psychology）异军突起。1913 年，心理学家华生（John Watson，1878—1958）发表了他的重要论文《从一个行为主义者眼光中所看的心理学》，宣告行为主义心理学的诞生。行为主义心理学研究的兴趣是外显的、可观察的行为。

华生认为，我们不需要问动物问题，也不需要知道动物在想什么，只需要观察刺激（Stimulus）和动物的反应（Response），就可以对动物的行为进行研究，了解刺激（环境中发生的事件）与反应（肌肉动作、腺体的分泌或其他可观察的行为）之间的关系。同样地，我们可以用这种客观的方法来研究人类。华生反对把心理学定义为对心理或有意识体验的研究。他说"内省不是科学的方法"。

华生用俄国生理学家巴甫洛夫（Ivan Pavlov）的条件反射（Conditioned Response）理论来解释行为。条件反射即对特定刺激的一种习得的反应，华生狂热地宣称："给我十二个健康并发育正常的婴儿，允许我按照自己的方式把他们抚养成人，我保证可以把其中随意挑选出的任何一个孩子培养成我想使其成为的任何一类人——无论他的能力、嗜好、趋向、才能及种族是怎样的，我都能够训练他成为一个医生，或律师，或艺术家，或一个商界领袖，或甚至可以训练他成为乞丐或盗贼。"

行为主义产生后，在世界各国产生了巨大的影响，在心理学界也占据了统治地位，这种影响一直持续到 20 世纪 50 年代。行为主义主张研究可观察的外显的行为，创立了许多客观的心理学研究方法和手段，对心理学走上客观研究道路起了巨大的推动作用，提高了心理学的科学声誉，使心理学在科学大家庭中得到广泛的承认。但是行为主义反对研究意识，反对研究心理的结构、过程和功能，也在一定程度上限制了心理学的发展，因而也受到很多批判。

（五）精神分析心理学

心理学主流向科学的方向发展着，19 世纪末 20 世纪初，奥地利医生弗洛伊德（Sigmund Freud，1856—1939）发展出一套独特的理论，为艺术、文学、历史以及心理学研究开辟了一片新天地，它就是精神分析心理学（Psychoanalysis）。他的理论第一次承认人的天性并不总是理性的。精神分析理论认为，人的心理好比海面上的冰山，意识是露出海平面的冰山的尖，在海平面以下还有更大的部分，这就是人的无意识。无意识对人的心理和行为影响作用更大，人类的一切行为，都根源于无意识中的某些欲望和动机，特别是性欲冲动。弗洛伊德的理论认为，人类的许多无意识思想处于被压抑的状态，或者是被排斥于意识之外，因为它们是危险的，但有时也会在梦、情绪和口误中流露出来。欲望和动机如果受到过分压抑，就会导致精神疾病。所谓精神分析，就是通过自由联想或对梦的分析，发现病人被过分压抑的欲望或动机，使其得到宣泄，从而达到治疗疾病的目的。精神分析之所以能够闻名于世，最主要的原因是弗洛伊德提出了利用无意识来解决冲突和情绪问题，通过精神分析，将心理治疗引入对精神疾病的治疗中。

精神分析理论重视动机和无意识的作用，有其合理的一面；但是，过分强调无意识的作用，强调本能的作用，将其看作是人类行为的全部动力来源，这是失之偏颇的。弗洛伊德理论的统治地位持续时间并不长，他的学生很快开始与之产生分歧，在对弗洛伊德思想批判的基础上产生了新精神分析学派。

（六）人本主义心理学

人本主义心理学（Humanistic Psychology）出现于 20 世纪 50 年代，作为与精神分析和行为主义并驾齐驱的一种理论，被称为心理学的"第三势力"。人本主义心理学以罗杰斯（Carl Rogers，1902—1987）和马斯洛（Abraham Maslow，1908—1970）为代表。人本主义心理学认为人既不是由弗洛伊德主义者假设的由强大本能力量所驱使，也不是行为主义者提出的由环境因素所决定，因为这两种观点都带有强烈的宿命论色彩，认为人无法掌控自己的行为。人本主义心理学家认为人是先天良好具有选择能力的有能动性的动物，人有自由意志，有自己选择自己行为的能力。人类的主要任务是使自身的潜能得到不断的发展。人本主义者希望能够激发人们对爱、自尊、归属、自我表现、创造力及崇高追求的兴趣和心理需求。他们认为，这些心理需求与人对食物和水的生物需求一样重要，如，一个新生儿没有食物会死亡，而得不到人的关爱也一样会死亡。

与行为主义者形成鲜明对照的是，人本主义心理学家关注个体所体验到的主观世界，而不是由观察者和研究者看到的客观世界。人本主义者注重收集数据和用证据来支持自己的论点，但是，他们并不刻意强调心理学作为一门客观科学的性质，相反，他们强调人的自我形象、自我评价和参照系等主观因素的重要性。人本主义心理学扩大了心理学的领域，把从文学、历史和艺术的研究中得到的有价值的内容都包括进来，心理学因而成为一个更加全面的学科。

二、当代心理学的研究取向

心理学成为独立的学科以后，学派纷争的场面并没有持续很长时间。大约从 20 世纪 30 年代以后，各派之间就出现了互相吸收、互相融合的新局面。第二次世界大战后，心理学得到了迅速的发展。某些占统治地位的传统观念（如行为主义、精神分析）受到日益猛烈的抨击，而新的心理学思潮相继产生。这些思潮不是以学派的形式出现，而是作为一种范式、一种潮流、一种发展方向去影响心理学的各个领域。下面介绍当代心理学的一些重要研究取向。

（一）认知心理学研究取向

认知心理学（Cognitive Psychology）是 20 世纪 50 年代中期在西方兴起的一种心理学思潮，70 年代开始成为西方心理学一个主要研究方向。1967 年，心理学家奈瑟（Ulric Neisser，1928—2012）将当时的各种研究成果加以总结，出版了《认知心理学》一书，标志着现代认知心理学的诞生。

认知心理学把人看作是信息加工者，一种具有丰富的内存资源，并能利用这些资源与周围环境发生相互作用的、积极的有机体。在人和环境互动的过程中，环境因素不再是解释行为的最突出因素。行为只是部分地像行为主义所认为的那样，由先前的环境事件和过去的行为结果所决定。一些最重要的行为是从全新的思维方式中产生的，而不是从过去用过的可预测的方式中产生。个体对现实的反应和客观世界是不一致的，但是和个体思维和想象的内部世界中的主观现实是一致的。认知心理学家把思维同时看作是外显行为的原因和结果。在伤害别人后感到后悔是思维作为结果的一个例子，在感到后悔之后为你的行为道歉是思维作为原因的一个例子。当然，在伤害别人后丝毫没有后悔，也不产生道歉行为，这也是个体内部的思维过程决定的。认知心理学家在多种水平上研究较高级的心理过程，比如知觉、记忆、语言使用、问题解决和决策等。

认知心理学与神经科学的结合产生了认知神经科学（Cognitive Neuroscience），主要研究认知功能的脑机制、学习训练与脑的可塑性、脑发育与认知功能的发展等。与认知心理学相比，认知神经科学采用脑成像技术，使人们有可能获得有机体积极从事各种任务时大脑功能变化的图像，能够提供更多、更有意义、更直接的信息。认知神经科学家们相信，只有揭示心理活动的脑机制，特别是认知功能的神经生物学机制，才能真正揭示脑的秘密，了解人的心理功能（如认知、情绪、意识和无意识等）的特点。

（二）生理心理学研究取向

用生理心理学的观点和方法研究心理现象和行为，是当代心理学一个重要的研究取向。采用这种取向的心理学家关心心理与行为的生物学基础，把生理学看成是描述和解释心理功能的基本手段，认为我们所有的高级心理功能（如知觉、记忆、注意、语言、思维和情绪等）都和生理功能有密切关系。生理心理取向的研究主要关注以下问题：①脑与心理的关系；②心理健康与身体健康的关系；③遗传对行为的影响作用。

生理心理学的主要研究方法有临床法、电刺激法、生物化学法和脑成像法等。近年来，各种脑成像技术广泛应用于认知神经科学的研究，对探讨视觉、听觉等基本认知过程和语言、情绪等高级心理过程的脑机制发挥了巨大的作用。

（三）行为主义研究取向

20世纪三四十年代，在行为主义阵营中，相继出现了以斯金纳（B. F. Skinner, 1904—1990）和托尔曼（E. C. Tolman, 1886—1959）为代表的新行为主义。他们在传统的"刺激—反应"基础上提出了"中介变量"的概念，认为在刺激和反应之间存在有机体内部的心理活动这一过程，如认知地图、目标等。50年代以后，行为主义作为一个流派近乎销声匿迹，但作为一种研究取向，它仍然活跃在心理学的某些应用研究领域中。例如，斯金纳基于动物的研究，提出了程序学习（Programmed Learning）系统。此外，在心理治疗领域，基于两个条件反射原理对人的行为进行改变的技术迅速发展，如行为塑造、系统脱敏技术、代币法、生物反馈技术等得到广泛应用。

（四）精神分析学（心理动力学）研究取向

弗洛伊德创立精神分析不久，其内部就出现了分裂。弗洛伊德的学生阿德勒（Alfred Adler, 1870—1937）和荣格（Carl Gustav Jung, 1875—1961）先后与之分道扬镳，分别建立了个体心理学和分析心理学。其后继者修正了弗洛伊德理论中的一些极端思想，从弗洛伊德古典精神分析的基础上演化出了新精神分析。

新精神分析不仅重视无意识的研究，更强调意识和自我的重要性；既重视自我在人格结构中的作用，同时也强调社会文化因素对人格形成发展的作用。因此，其有时又被称为自我心理学或社会文化学派。这个学派中的代表人物阿德勒创立了个体心理学，安娜·弗洛伊德、哈特曼、艾里克森的理论属于自我心理学，霍妮和弗罗姆等人的理论则属于社会文化论。

（五）人本主义心理学和积极心理学研究取向

人本主义心理学是在批评行为主义学派和精神分析学派观点的基础上发展起来的。人本主义强调研究健康人的心理或者健康的人格，而不是弗洛伊德所研究的病人的"残缺心理", 或者是行为主义者以动物和儿童为主要研究对象的"幼稚心理"。继马斯洛和罗杰斯之后, 人本主义的研究成果主要体现在积极心理学当中。积极心理学对二战以后西方心理学中悲观、消极的研究取向提出了尖锐的批评, 其理论建构和研究主要继承了人文主义和科学主义心理学的诸多合理成分。

积极心理学主张, 心理学应该关注个体和团体的积极因素, 如积极人格、积极情感和积极的社会组织系统等。心理学的目标应该是促进个体的发展, 社会的繁荣和幸福, 并预防问题的产生。在研究方法上, 它不仅接受了人本主义的现象学的方法, 也接受了实验心理学的实证研究方法, 因而比人本主义心理学前进了一步。

（六）进化心理学研究取向

进化心理学（Evolutionary Psychology）产生于 20 世纪 80 年代末期, 它运用进化论的思想对人类心理的起源和本质进行研究, 强调自然选择对人类普遍行为倾向的塑造作用。进化心理学认为, 人类的心理机制也是自然选择的结果, 如果某一种行为倾向有助于个体的生存, 那么这种行为倾向就会被自然选择, 并且通过基因遗传保留下来。

按照进化心理学的观点, "过去"对心理机制的产生起着关键作用, 那些帮助我们的祖先在进化过程中生存下来的心理机制会被保留下来。例如, 很多人都惧怕蛇、蜘蛛、高空和黑暗, 这些可能曾经是祖先经历过的威胁事件。进化心理学家巴斯等人（Buss et al., 1989、1993）在对人类的择偶观念进行跨文化研究时发现, 在选择配偶时, 男性都倾向选择年轻、健康的女性, 而女性则偏好选择社会经济地位高、勤奋进取的男性。这是因为年轻、健康的女性具有更大的生育潜能, 而男性的经济地位和性格特质意味着其供养和保护家庭子女的能力。在人类进化的早期, 这种选择倾向利于个体基因的传播, 而不能适应环境的基因则逐渐在人类的基因库中消失。

三、心理学在中国的发展

（一）中国古代的心理学思想

中国是一个有五千年文明历史的国家, 在世界科学技术发展史中发挥了重要的作用。与西方古代不同, 中国古代没有心理学专著, 但却有着丰富的心理学思想（高觉敷, 1985）。这些思想散见在许多哲学家、思想家和教育家的著作中。在中国先秦时期, 儒、墨、道、法等各派著名思想家如孔丘、墨翟、荀况等都讨论过天人关系、知行关系、身心关系、人性的本质和发展等, 提出了一些重要的心理学思想。例如,《尚书·洪范》中论述了认知的过程, 目明耳聪属感知, 思睿即思虑;《易经》中则有对意志品质特征的描述。荀况在《天论》中提出"形具而神生", 认为精神现象是依赖于形体而存在的; 他还主张人性恶, "其善者伪也", 充分肯定了环境和教育在人性改变中的作用; 他还称"好、恶、喜、怒、哀、乐谓之情",对人的情绪进行了分类。《论语·子罕》中有"三军可夺帅也,匹夫不可夺志也",重视人的意志品质的重要作用。墨翟主张"知,接也",认为人的感知觉是感官接触外物的结果,并区分了"五路",即五种不同的感觉。

到秦、汉和魏晋南北朝时期,中国心理学思想的发展继续围绕"天人关系"和"神形关系"而展开(朱智贤,1989)。在这个时期,董仲舒(约前179—前104)站在唯心主义的立场上,提出天人感应的思想,认为天与人之间有一种神秘的关系,人的情感、道德和行为都必须与天数相符,化天数而成(高觉敷,1985)。王充提出"形朽神亡"的主张,认为精神离开肉体就不复存在。刘劭在《人物志》中讨论了"才""性"的关系,对人的才能和性格进行了系统的分类,并提出人的"才""性"可以通过观察外部表现(九征)来诊断。

唐代柳宗元、刘禹锡坚持了唯物主义的天人观并对感知和思维两种认识活动进行了分析。韩愈继承了董仲舒的性三品说,认为"性"是与生俱来的。他的《师说》一文,提出教师的职责是"传道、授业、解惑",在历史上成为传世之作。宋朝之后,理学在思想界占统治地位。理学家在天人关系和心物关系上坚持了不正确的观点,但在教育心理学和学习心理学方面提出了许多有价值的主张。如程颢和程颐重视学习的作用,认为人的智能、性格、道德品质基本上是在幼年期形成的。朱熹提倡"胎教",认为母亲受胎以后的一举一动、一言一行都对胎儿有直接影响(高觉敷,1985)。随着科技和医学的发展,明清以后的医学家对脑及其功能的认识有了很大的进步。刘智(约1660—1730)是17世纪我国的一位著名学者。他提出"百体之知觉运动"都依赖于脑,脑的不同部位有不同的功能。王清任(1768—1831)是清代的一位医生,他根据自己的解剖经验,提出了"脑髓说",认为人的感觉和记忆是脑的功能,而不是心脏的功能。"脑髓说"对科学地认识人的心理活动有重要意义。

(二)心理学在中国早期的传播

中国古代有丰富的心理学思想,但没有独立的心理学著作。心理学作为一门独立的科学也是诞生在西方。心理学在中国的传播,始于明末传教士利玛窦所著《西国记法》(1595),艾儒略所著《性学觕述》(1623)等书。1840年鸦片战争后,留美学者颜永京(1839—1898)出任上海圣约翰书院院长,开设了心理学课程,并于1889年出版了译著《心灵哲学》。1907年,王国维的译著《心理学》出版,该书是丹麦心理学家霍普夫丁的著作。在这个时期,一批留美和留日的中国学者对传播心理学起了重要的桥梁作用(朱智贤,1989)。

中国现代心理学开始于1917年,其标志是北京大学首次建立心理学实验室。1918年,陈大齐出版了《心理学大纲》一书。1920年,南京高等师范学校(现东南大学)建立了中国第一个心理学系。1921年，中华心理学会在南京正式成立。1922年，中国第一种心理学杂志——《心理》由张耀翔编辑出版。这都标志着中国有了自己的心理学组织，并开始培养心理学人才。

20世纪二三十年代，心理学在中国有所发展。现代心理学的许多理论流派开始通过归国的中国学者被介绍到中国来。在海外学习的中国留学生开始了一些重要的实验研究，如哺乳动物和鸟类胚胎行为发生和发展的实验研究（郭任远，1926）、汉字心理的研究（艾伟，1924；周先庚，1929）、阅读中文时眼动的分析（沈有乾，1925、1927）、比纳—西蒙智力量表的修订（陆志韦，1924、1936）等。30年代以后，中国心理学的发展进入停滞期。

（三）现代心理学在中国的发展

中华人民共和国成立标志着中国的心理学进入一个新的发展时期。几十年来，中国心理学走过了一条曲折的发展道路。中华人民共和国成立初期，我国的心理学主要以介绍和引进苏联的心理学为主。在这个时期，心理学有所发展，比如，恢复了中国心理学会的活动，在北京大学哲学系建立了心理学专业，在北京师范大学开办了一系列心理学高级研讨班，系统介绍了苏联的心理学成就，出版了大量的心理学译著。20世纪50年代末期，心理学受到不应有的批判，六七十年代中国进入"文化大革命"动荡时期，心理学的发展基本停滞。

"文化大革命"结束以后，中国心理学进入发展的新时期。在1977年到1980年期间，心理学教学机构和研究机构相继恢复，一些高校相继建立和设置心理学专业，心理学专业人才的培养得到恢复。自此以后，随着中国改革开放，心理学也进入蓬勃发展的时期。国家教育主管部门将心理学升为一级学科；科学技术部将心理学确定为优先发展的学科，部署了多个国家重点实验室。在各类基金中都设立了心理学的专属项目。同时，心理学知识也在工业组织、国防建设、竞技运动、教育、身心健康、社会管理、灾后重建等领域发挥着重要的作用。

第三节 心理学的研究方法、目标和任务

冯特建立了第一个心理学实验室后，我们说科学心理学诞生了，那么心理学何以称为科学？科学心理学的研究任务是什么？科学心理学应遵循什么样的研究原则？它有哪些具体的研究方法？这是本节我们要回答的问题。

一、心理学的科学根基

关于心理学能否作为一门科学的问题，争论由来已久，虽然今天多数心理学家已经

不再怀疑心理学的科学属性，但是仍然有反对的声音。要正确看待这一问题，就要了解心理学是如何成为科学的。

首先，近代机械论哲学给心理学带来了"决定论"等哲学观念。17世纪的欧洲，在工农业等领域，工程师们发明了一系列机械装置，如水泵、滑轮、起重机等，这些发明不仅影响了人们的生产和生活，而且对人们的思想的影响更为深远。在这些发明中，机械钟表的发明影响最大。钟表的形象和工作原理塑造了欧洲的时代精神，而这引导了自然科学和新心理学的方向。

"17—19世纪的时代精神是滋养新心理学的智力土壤。17世纪潜在的哲学——基本的背景力量——就是机械论（Mechanism）精神，宇宙的形象就是一个巨大的机器。这种学说坚信所有的自然过程都是被机械地决定的，并且能够通过物理学和化学的原理来解释。"（Schultz & Schultz，2000）

这种机械论思想源自物理学。伽利略（Galileo Galilei，1564—1642）和牛顿（Isaac Newton，1643—1727）等人认为，宇宙的基本规律是物体之间力的相互作用，在宏观世界是这样的，在微观世界也是这样的，即原子之间的吸引和排斥。由此，宇宙被设想为像钟表一样运作。机械钟表是17世纪机械论最理想的隐喻，这就像计算机对于20世纪下半期的时代精神和信息加工心理学那样。机械钟表的特点是规律性、可预见性、精确性，由此，它被科学家（如英国物理学家波义耳、德国天文学家开普勒）和哲学家（法国人笛卡尔）视为宇宙的理想模型。

机械论思想确立了科学研究必需的两个哲学观念，那就是决定论（Determinism）和还原论（Reductionism）。决定论者相信任何事情都是由过去的事件决定的，同样，现在也决定将来，宇宙的变化就像钟表的行走一样是可以预测的。钟表的工作原理可以由组成它的各个零件来说明和理解，同样，任何事物的运行原理也要由它的组成元素（分子、原子）来说明，这就是还原论。

在"宇宙是机器"的思想影响下，自然而然地产生了"人是机器"的观念。这样，人就和宇宙中的万物放在了同一个位置上，即被设想为机器，可以研究其中的机械工作原理。人以自然科学的方式研究自身只是早晚的事了。科学心理学正是建立在机械论哲学及其决定论和还原论思想基础上的，直到今天心理学家依然秉承决定论思想，并部分地接受了还原论思想，虽然科学解释不限于还原。

其次，实验室的建立和实验法的使用让心理学研究得以"去中心化"。皮亚杰（J. Piaget，1896—1980）对儿童认知的研究使他认识到，去自我中心是认知能力发展的重要表现，这个观念被他进一步推广到科学认识论上，即认为"去中心化"是使一门学科摆脱前科学状态的基本要求。在前科学状态时，思想是自发性的、自我中心的，具体表现在两个方面：一方面，认为自己处于世界（物质的和精神的世界）的中心；与此相关的另一方面，把自己的行为规则和习惯确立为普遍的规范。例如，在物理学思想方面日心说的长期存在，在生物学思想方面人类长期视自己为世界的主宰，等等，都可以说明人类自我中心的思考方式。除了以人类自身作为理解问题的中心外，研究者或者思考者个体也会陷入自我中心的虚幻中。例如，在哲学心理学中就是如此。意识或心灵的内容是属于个体"独有的"，别人很难把握，即便可以由外而内地推测，最后也往往陷入相对主义的两难："子非我，安知我不知鱼之乐？"为了理解心灵，哲学家只能够依赖于内省法。然而，传统内省法获得的"事实"是无法比较、无法检验的。

心理学要想成为一门科学，就必须放弃自我中心的做法，寻求能够获得一般性的、可以检验的、可以比较的事实的方法。只有这样，心理学才能走上客观化的道路，走向科学的殿堂。心理学"去自我中心化"的努力在冯特那里获得了一定的成功，也为心理学的发展指出了方向。冯特创立了第一个心理学实验室，主张把实验法和内省法结合起来，以实验条件控制内省，即在实验控制的条件下观察自我的心理过程，以消除单纯内省法造成的"自我中心化"或主观化弊端。然而，冯特并没有实现彻底的去自我中心，这一点冯特自己也意识到了。后来，行为主义者华生则更为彻底，为了避免内省法天生的缺陷，将内省和意识等一同抛弃。这一做法虽然备受批评，但代表了心理学去自我中心化而力图客观化的决心。

实验法源自物理学、化学、生理学等自然科学，它在心理学中的运用（如心理物理学）使得心理学获得了与自然科学一样的科学地位。而高尔顿（F. Galton，1822—1911）对人体机能（包括某些心理机能）的测量，采用了很多统计分析的方法（中位数、四分差、相关和回归等概念），为后来心理测量学的产生奠定了基础。总之，实验方法、定量研究、统计分析这些方法和技术确保了心理学研究的客观性，也确定了心理学研究的科学地位。

再次，实证主义确定了心理学作为科学的基本方法论原则。19世纪实证主义运动对科学精神的推崇、对形而上学的反对，为心理学的诞生提供了良好的氛围。实证主义的鼻祖是法国思想家孔德（A. Comte，1798—1857），他倡导的实证主义原则是：一切科学知识都必须建立在来自观察和实验事实的基础之上。虽然心理学被孔德排除在科学大门之外（其根据是那时的心理学采用的内省法无法检验而不可以被接受），但是在他之后的半个世纪里，德国的冯特、法国的比奈各自独立地找到了通往可检验的科学的道路：前者通过实验的内省，后者通过客观的测量技术。可以说，客观上孔德制定的实证科学的方法论，为心理学家指引了方向，促进了科学心理学的产生。

实证主义推动的结果体现在方法方面，那就是把心理学定位于实验科学。哲学的方法主要是思辨和直觉，这种方法获得的资料是难以比较、无法检验的。然而，科学需要以明确的事实为基础，实验方法获得的事实则有可能是明确的、可以检验的。这就为不同的研究者，在一个明确的问题范围内，共同努力推进心理学的研究提供了"共同的检验场地"。把心理学建立在来自观察和实验的经验事实的基础上，心理学才能作为一门科学，并获得长足发展。由此可见，科学心理学就是实证心理学，虽然今天的心理学家不像孔德那么激进，强调必须通过直接观察来证实命题。

二、心理学的主要研究方法

（一）观察法

心理学家并不是被动地等待有趣的现象发生，而是积极主动地在自然状态或人类和动物生存的典型环境中进行行为观察。观察法就是在自然条件下，对表现心理现象的外部活动进行有系统、有计划的观察，从中发现心理现象产生和发展的规律。例如，在丛林中观察猩猩，以非介入的方式观察不同文化中父母与儿童之间的互动，观察婴儿的言语活动等等。

观察法的缺点：一是在自然条件下，事件很难严格按照相同的方式重复出现，因此，对某种现象难以进行重复观察，而对观察的结果也难以进行检验和证实；二是在自然条件下，影响某种心理活动的因素是多方面的，用观察法得到的结果往往难以进行精确的分析；三是在观察的过程中，可能迟迟观察不到自己要研究的现象；四是观察容易"各取所需""仁者见仁"，即观察的结果容易受到观察本人的兴趣、愿望、知识经验和观察技能的影响。

（二）实验法

为了确定变量间的因果关系，研究者经常使用实验法获取资料。实验法是通过对实验条件的操纵和控制来考察自变量和因变量之间因果关系的一种方法。心理实验包括三类变量：自变量，是由实验者操纵的实验条件，如反应时实验中图片的类型和被试的性别、年龄等都可以作为自变量；因变量，是实验需要测定的行为和心理活动，又称为反应变量，如反应时的长短、学习成绩等；无关变量，实验中除自变量外，还有一些因素会影响到因变量的变化，它们与实验目的无关但会带来实验误差，这些因素就称为无关变量。要确保自变量和因变量关系的纯净，必须控制实验中的无关变量。如在反应时的实验中，被试的性别、疲劳程度、实验环境中的干扰等，都可能影响到实验的结果。为了探明被研究者对不同类型图片的反应时差异，设法控制这些因素是非常必要的。

在有些实验中，被试和主试二者均不知道自变量是怎样被控制的，这种处理叫双盲控制（Double Blind Control），对排除实验者的偏好有作用。

（三）测验法

测验法是指用一套预先经过标准化的问题（量表）来测量某种心理品质的方法。心理测验有不同的种类：按测验的内容，可以分为能力测验、人格测验、态度测验和成就测验；按测验的形式，可以分为文字测验和非文字测验；按测验规模，可以分为个别测验和团体测验。

心理测验所采用题目叫测验量表。它由一些要求被试做出回答的问题构成，这些问题是在大量预备实验的基础上经过反复筛选编制而成，编制时要遵循严格的科学程序。量表的质量对测验结果的正确性有重要影响。评价一个量表质量好坏有两个标准。一个是信度，即可靠性。如果一个测验可靠性高，那么同一个人多次测试时，其成绩会相同或大致相同，如同用尺子量人的身高一样。二是效度，即测验是否测得了所要测的心理品质。如社交焦虑测验是为了测量人们的社交焦虑水平，如果一个被试在该测验上得了低分，他的社交满意度高，另一个被试得了高分，他在现实生活中的社交满意度较低，这就说明社交焦虑量表有较好的行为预测作用，它的效度就高。反之，效度就低。

（四）调查法

调查法是就某一问题要求被调查者回答自己个人的想法或者做法，以此来分析、推测团体的心理趋向的研究方法。调查法在实施时虽然是以个体为对象，但其目的是借助于许多个人的反应来分析、推测社会团体的整个心理趋向（倾向）。调查法一般包括问卷法和访谈法两种方法。问卷法是采用预先拟定好的问题来进行，通过了解被调查者回答问题的情况，分析其心理特点。访谈法是和被调查者有目的、有计划地面对面谈话，从而了解其某些心理特点。

采用问卷调查时需要注意两个方面的问题：第一，由于问卷的回收率较低，因此可能会影响结果的准确性；第二，被调查者有时可能不认真合作，因此会影响回答的真实性。就科学研究的方法论而言，问卷法还不是一种很严密的科学方法，其在心理学研究中被广泛采用，只是作为对问题的初步了解，调查所得的结果一般是作为进一步研究的线索。如果单从问卷得到的资料进行分析，一般是无法探究因果关系的，因为研究者不能将被调查者的卷面答案和其活动或者行为做对比研究。访谈法由于是在研究者和被调查者面对面的情况下进行的，效果会好于问卷法，但研究对象只能限于少数人，花费时间较多，不容易实施。另外，访谈时被调查者是口头回答问题，往往受主观因素和客观因素的影响，有不真实的可能性，因此，只凭谈话所取得的材料就对某种心理状态下结论是不可靠的。正确的方法是，访谈法要与其他有关的方法结合进行，使所得的材料相互补充和验证，这样得出的结论才能比较准确。

（五）个案法

研究中，许多问题在理论上应该可以用实验的方法进行证明，但实际上是不可行或做不到的。在这种情况下，就需要通过个案研究来获取信息，即只对一个被试的各方面情况做深入的了解。临床心理学家主要依赖于个案研究方法。一个偶然事件或者自然事件，如枪伤、车祸、脑瘤、意外中毒等此类灾祸，可能会提供大量的关于人脑的信息。

心理学历史上有一个著名的案例，见于 1868 年哈洛博士的一份报告：盖奇是年轻的作业班长，在一次事故中，挖掘机上一支重约 6 千克的钢钎意外地从他的头部穿过。令人吃惊的是，他竟然活了下来，而且，在两个月内他就能正常地走路、说话了。但是，这次意外事故却永远改变了他的个性，他不再像以前那样诚实、可靠，而是变得粗暴无理、满口谎话。哈洛博士仔细地记录了这个可能是第一例意外导致额叶损伤的所有细节。时隔 120 年，洛杉矶的木匠梅尔尼克也遭受了类似的不幸事件。梅尔尼克从一个工地的二层楼上掉下，头被一个钢棍刺穿，他竟令人难以置信地完全恢复了，而与前一个不幸者大不相同的是，梅尔尼克几乎没有任何后遗症。

另一个经典的心理学个案报告是关于埃维女士的三重人格发展记录。埃维住在郊区，是一个温柔、拘谨的家庭主妇，研究者称其为白埃维。在心理治疗过程中，埃维暴露出第二重人格：任性、喜欢恶作剧、放荡风骚，完全变了一个人！研究者称其为黑埃维。黑埃维知道白埃维的许多秘密，而且公开谈论她喝醉酒的次数或背着父母做的丑事，然后，黑埃维又"恢复"到白埃维的状态。但是，由于她不知道黑埃维的存在。最终，当第三重人格出现时，双重人格的问题才被解决——她称自己为"珍妮"。珍妮最终与白埃维的丈夫分手，开始了一种相对稳定的新生活。现在她已经年近 60 岁，这位以前的白埃维没有再受多重人格之苦。对埃维的个案记录，是将所有相关事实都仔细记录下来，这在心理学的研究中非常重要。多重人格的案例很少见，通常不可能用实验的方法研究。

三、心理学的研究目标、任务和原则

（一）心理学的研究目标

心理学是一门科学，其主要目的是对心理与行为的特点和变化规律进行描述、解释、预测和控制。描述主要回答"是什么"的问题，对研究对象在某种条件下的心理和行为状况、特点以及不同方面的关联性进行归类。解释主要回答"为什么"的问题，揭示各种心理现象存在的内部与外部原因，阐释心理现象变化发生的机制与条件等。预测是在描述和解释的基础上，预知未来可能发生的现象，或者某种现象发生的可能性，如，单亲家庭的孩子是否更容易抑郁？生活压力事件是否会导致躯体疾病的增加？控制是指让事物朝着人们期望的方向发生发展，这是科学研究的最终目的，心理学也不例外。心理学工作者希望自己的研究成果能够最终帮助人们，如，去干预一些心理问题，进行心理治疗等，以帮助人们更好地适应生活。

（二）心理学的基本任务

心理学的基本任务是揭示心理现象发生、发展和变化的规律。它主要通过以下几方面的研究内容来实现。

1. 心理过程

人的心理现象表现为一定的过程，如感知过程、问题解决的过程、情绪过程、技能获得的过程等。分析心理现象的时间进程，对科学地揭示心理活动的规律是非常重要的一个方面。

2. 心理结构

人的心理现象很复杂，但不是杂乱无章的。各种心理现象之间存在着一定的联系，且是一个有机的整体。研究心理结构就是要揭示各种心理现象之间的联系。例如，记忆效果的好坏依赖于材料自身的特性和人们对材料的加工程度等因素影响，有意义的材料更容易加工和记住，对一个材料的深度加工可以加强记忆的效果。

3. 心理的生理机制

心理是神经系统的机能，特别是脑的机能。一个健康发育的神经系统是各种心理现象发生和发展的物质基础。当神经系统的某些部位受到损伤时，心理活动就会出现异常。所以，心理学家不仅要在行为水平上研究心理现象的规律，还要深入研究心理现象的生理机制，揭示心理现象与身体间的关系。

4. 心理现象的发生与发展

从物种进化的角度看，人的心理现象是进化的产物。从个体发展的角度看，人生的不同年龄阶段有不同的发展任务，人的心理会出现不同的变化。所以，研究心理现象发生、发展的规律也是心理学的重要内容。

5. 心理与环境的关系

人的心理系统与其周围环境存在着复杂的交互作用。心理现象由外界输入的信息引起，客观世界是心理的源泉和内容。如，人的语言能力的发展离不开环境中语言刺激的输入；家庭环境会影响到孩子的发展；文化也塑造着生活在社会中的个体的行为。所以心理现象与外部环境（自然的和社会的环境）之间存在着规律性的联系，研究它们间的规律也是心理学的重要任务。

（三）心理学的研究原则

1. 客观性原则

客观性原则是所有科学研究都要遵循的原则。它是科学态度的核心，其实质就是实事求是、尊重客观事实。由于心理现象极其复杂，所以在心理学研究中坚持这一原则尤其重要。坚持客观性原则，就应在研究中采用客观的研究方法。近年来，对心理学研究中的客观主义和方法中心的倾向有许多批判，认为它们是造成心理学分裂的原因。但事实上，客观方法对心理学的发展和进步十分重要，它提高了心理学研究的科学性，为心理学赢得了科学声誉。

2. 发展性原则

人的心理是在不断发展变化的。因此，在研究人的心理和行为时，必须考虑到心理和行为的发展变化。任何心理和行为表现都是历史地形成的，而且都是在发展和变化的。因此，在心理学的研究中，要贯彻发展和变化的观点：不仅要看到现在，还要探索它形成的历史原因，以对它的未来进行预测。

3. 系统性原则

系统性原则是指在对人的心理现象进行研究时，必须考虑各种内、外因素相互之间的关系和制约作用，把某一心理现象放在多层次、多因素和多维度的系统中进行观察和分析。因为，任何心理现象都不是孤立存在的，它和外部刺激、机体状况、反应活动紧密联系着。只有系统研究这些关系，才能真正把握心理现象的活动规律。

4. 伦理性原则

心理学在大多数情况下是以人类作为被试，人有自己的权利和尊严，任何研究必须尊重这一点，并旨在促进其发展，提高他们的生活质量与生存价值。具体来说，以人为被试的心理学实验，必须遵循的伦理性原则至少包括保证被试的知情同意权、保障被试的退出自由、保护被试免受伤害、为被试保密。

对某些研究来说，事先告诉被试实验怎么进行会影响实验结果，这就可能会出现事前的欺骗行为。这种欺骗是正当的吗？美国心理学会（1992）关于研究中欺骗的指导方针清楚地指出：①要使研究中的欺骗获得批准，研究必须具有充分的科学价值和教育价值；②研究者必须证明除了欺骗没有任何同等有效的程序；③实验中影响被试参与自愿性方面的问题不欺骗被试；④根据研究结论必须对被试解释实验中的欺骗。对于有欺骗行为的研究，评审委员会可以施加强制规定，坚持监督最初提出的程序，否则不批准实验。

心理学研究中的另一类特殊被试是动物，动物实验中也有许多伦理要求。美国心理学会在实验道德规范中，要求进行动物实验的心理学家必须确保动物的舒适性，对动物的健康和人道待遇也要给予恰当的考虑。今天，许多大学都通过道德委员会审查研究计划，以确保实验参与者的利益。

除了要重视实验工作中的伦理道德外，心理学家在研究的各个环节上还要恪守诚信的原则，杜绝学术欺诈行为。抄袭他人的学术成果、数据造假或一稿多投等，都是违反学术规范的不道德行为。

本章重点概念

心理现象 观察法 实验法 双盲控制 冯特 结构主义心理学 机能主义心理学 人本主义心理学 精神分析心理学 行为主义心理学

本章思考题

1.什么是心理学？心理学的研究对象、研究任务分别是什么？

2.心理学的发展历史是什么样的？

3.当代心理学的研究取向有哪些？

4.心理学的研究方法有哪些？

5.心理学的研究应遵循哪些原则？

第二章

心理的生理基础

　　所有的心理现象都是生物现象，所有的心理现象的产生都离不开我们的身体——这个物质的存在。人类的所思、所想和所为都依赖于人体内的生物过程来实现。在漫长的过去，人们可不是这么认为的。人们看到心脏与生命存活的直接关系，就以为心脏是心理活动产生的器官。古代哲学家柏拉图曾经把人的精神定位于人类的头部，他的学生亚里士多德却认为精神存在于人们的心脏。从 19 世纪早期开始，德国医生弗朗兹·高尔（Franz Gall）开启了对此问题的科学探讨历程。后来，随着科学的发展，临床医生看到脑损伤带来的一些功能的丧失，最终认识到心理是神经系统的功能，特别是脑的功能。近 30 年来，由于神经科学、认知科学、电生理学和生物化学等的飞速发展，人们对神经系统的结构和功能有了更深入的了解。在本章我们将对心理的物质基础——神经系统进行学习。

第一节　神经元

　　神经元（Neuron）即神经细胞，是神经系统的基本结构和功能单位，它的基本作用是接受和传送信息。神经元看上去似乎跟我们没有什么关系，但我们每时每刻的所思、所想和所做都是从神经元的活动开始的。

　　神经系统中脑的神经元就有上千亿个。神经系统内存在如此多的神经元，每个神经元都需要与其他的神经元形成复杂的网络关系来共同工作。神经元接收来自无数其他神经元的信息输入，又将整合的信息输出到其他神经元，这样相互联系的网络结构共同来产生我们的意识和行为。我们首先来看神经元的组成和神经元是如何实现信息传递的。

一、神经元和神经胶质细胞

（一）神经元

1. 神经元的结构

在众多的神经元中，虽然我们无法找到两个在大小和形状上完全相同的神经元，但大多数神经元是由三个基本部分构成（见图 2-1）。神经元是具有细长突起的细胞，它由树突（Dendrite）、细胞体（Cell body or Soma，简称胞体）和轴突（Axon）组成。看起来像树根的部分叫树突，它的主要作用是从其他神经元那里接收信息。胞体也是接收信息的，并通过神经冲动将信息沿一根细细的纤维（轴突）传递出去。每个神经元只有一根轴突，轴突的外面是髓鞘，轴突分叉为更多更细的纤维，并在末端生成泡状突起，称为轴突末梢。神经元之间的信息传递正是通过轴突末梢与其他神经元的树突或胞体形成连接而实现的。神经元的胞体和树突构成了灰质，轴突以及外面的髓鞘构成了白质。

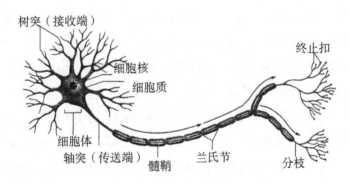

图 2-1 神经元的组成

2. 神经元的种类

神经元因功能不同，可以分为感觉神经元、中间神经元和运动神经元。感觉神经元（Sensory Neuron）从感受器细胞将信息传到中枢神经系统。感受器细胞是高度特异化的细胞，对光、声和身体位置非常敏感。运动神经元（Motor Neuron）从中枢神经系统将信息携带到肌肉和腺体。脑内的大部分神经元是中间神经元（Interneuron），从感觉神经元将信息传递到其他神经元或者运动神经元。

（二）胶质细胞

另外，散布于脑内庞大的神经元网络之间的还有 5—10 倍的胶质细胞（Glial Cell）。它们是支持神经元分布的框架，主要有以下几个功能。第一，在发育的过程中，胶质细胞帮助新生的神经元找到自己在脑内的适当位置。第二，当神经元受损或者死亡，附近的胶质细胞就会增生，以清除受损或者死亡的神经元，也能吸附过量的神经递质和神经元之间间隙的其他物质。第三，胶质细胞形成一层绝缘外套称为髓鞘，包在轴突上面，这种脂肪性绝缘大大增加了神经信号传导速度。第四，使血液内的有害物质无法到达脑细胞的精细结构内，从而起到保护脑的作用。第五，胶质细胞通过其影响神经冲动传递所需的离子浓度，对神经信息交流具有重要作用。因此，神经胶质细胞对神经元的生存和功能的发挥起辅助作用。

二、神经元的信息传递

神经元的基本作用是信息传递，是通过接受和传递神经冲动来进行的。神经元的信息传递需要在神经元内部进行，也需要在神经元之间进行，那么神经冲动是如何分别在神经元内部和神经元之间进行传递的呢？

我们首先来看什么是神经冲动，再来看神经冲动传导的两种重要方式：神经元内的电传导和神经元间的化学传导。

（一）神经冲动

神经元由比较静息的状态转化为较为活动的状态，就是神经冲动（Nerve Impulse）。神经元内外聚集着带电的离子，有些离子带正电，有些离子带负电。当神经元处于静息状态时，细胞膜外带正电荷多，细胞膜内带负电荷多，此时为静息电位（Resting Potential）。静息电位的产生与神经元细胞膜的特性有关，也与细胞内外的一些化学物质有关。膜外主要是带正电的钠离子（$Na+$）和带负电的氯离子（$Cl-$），而膜内主要是带正电的钾离子（$K+$）和带负电的大分子有机物。细胞膜对离子具有不同的通透性。在静息状态下，细胞膜对 $K+$ 有较大的通透性，对 $Na+$ 的通透性很差，结果 $K+$ 经过离子通道外流，而 $Na+$ 则被挡在膜外，致使膜内外出现电位差，膜内比膜外略带负电位。

但当神经受到刺激时，细胞膜的通透性就会迅速发生变化，钠离子通道临时打开，带正电荷的钠离子被泵入细胞膜内部，使膜内正电荷迅速上升，并高于膜外电位，这一电位变化过程叫动作电位（Action Potential）。对于动作电位来说，钠离子的快速运动作用特别大。动作电位是神经受刺激时的电位变化，代表着神经元处于兴奋的状态。

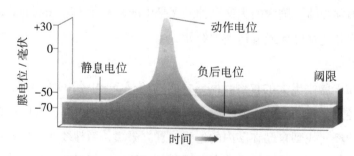

图 2-2　动作电位与静息电位出现的示意图

动作电位之后，细胞膜又恢复稳定，它关闭离子通道，泵出过剩的钠离子，使自己重新稳定下来。因此动作电位与静息电位是交替出现的。动作电位和静息电位出现的示意图如图 2-2 所示。

（二）神经冲动的电传导

神经冲动的传导方式之一是神经细胞内的电传导（见图 2-3）。神经冲动的电传导与上述所讲的动作电位的产生有密切关系。当动作电位产生时，神经纤维某一局部就会出现电位变化，细胞膜的电位变化由外正内负变为外负内正。但是在临近未受刺激的部位，细胞膜的电位仍然为外正内负。这样，在细胞表面，动作电位与静息电位之间就出现了电位差，于是就出现了由未兴奋部位的正电荷流向兴奋部位的负电荷的电流。同样，细胞膜内兴奋部位与静息部位间也出现了电位差，产生相反方向的电流，构成了一个电流回路，称为局部电流。这种局部电流使邻近未兴奋部位的细胞膜的通透性发生变化，并产生动作电流。这种作用反复进行下去，就使兴奋从一处传向另一处，神经冲动的这种传导称为电传导。

值得注意的是，神经冲动的电传导服从于全或无法则（All or None Principle）。单个神经元反应的强弱并不随外界刺激的强弱而变化。这种特性使得信息在传递的过程中不会越来越微弱。

1. 静息状态下，轴突内电位为负。

2. 发生动作电位时，带正电的原子（离子）进入轴突使动作电位轴突内的电位由负变为正。同时，轴突外的电位变为负。

3. 动作电位继续沿轴突传递，经过之处都会发生轴突内外动作电位正负电位逆转的电活动。

4. 在动作电位通过之后，正离子迅速流出轴突，轴突内部动作电位恢复为负电位。多余的正离子继续流出轴突，轴突内恢复了原始静息电位。

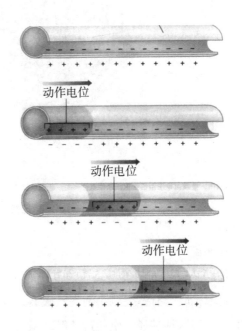

图 2-3　神经冲动的电传导示意图

（三）神经冲动的化学传导

神经冲动的传导方式之二是神经元间的化学传导。一个神经元不能单独执行神经系统的机能。各个神经元必须相互联系，构成简单或复杂的神经回路，才能传导信息。神经元与神经元之间彼此接触的部位称为突触（Synapse）。

1. 突触结构

突触主要包含三个部分：突触前成分、突触间隙和突触后成分（见图2-4）。突触前成分指一个神经元轴突末梢的球形小体，其中包含很多突触小泡，它是神经递质的存储场所。球形小体前方的质膜称为突触前膜，神经递质是通过它释放出去的。突触后成分指邻近的另一个神经元的树突末梢或胞体内的一定部位，它是通过突触后膜与外界发生关系。突触后成分含有特殊的分子受体。突触的这种结构保证了神经冲动从一个神经元传递到与它邻近的另一个神经元。

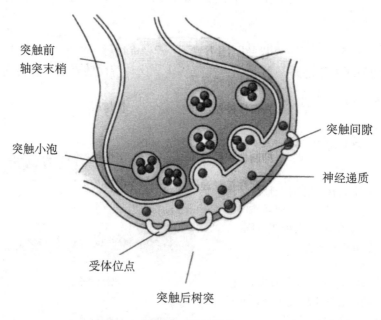

图2-4 突触结构

2. 神经递质

神经冲动在突触间的传递是通过神经递质（Neurotransmitter）来完成的。当神经冲动到达轴突末梢时，有些突触小泡突然破裂，并通过突触前膜的张口处将存储的神经递质释放出来。当这种神经递质通过突触间隙后，就迅速作用于突触后膜，并激发突触后神经元内的分子受体，从而打开或者关掉膜内的某些离子通道，改变膜的通透性，并引起突触后神经元的电位变化，实现神经兴奋的传递。（见图2-5）

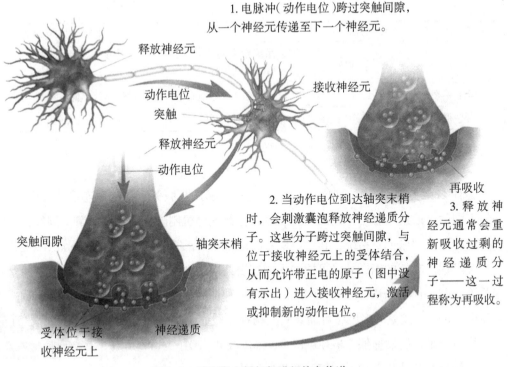

1. 电脉冲（动作电位）跨过突触间隙，从一个神经元传递至下一个神经元。

释放神经元

动作电位

接收神经元

突触

释放神经元

动作电位

突触间隙

轴突末梢

再吸收

2. 当动作电位到达轴突末梢时，会刺激囊泡释放神经递质分子。这些分子跨过突触间隙，与位于接收神经元上的受体结合，从而允许带正电的原子（图中没有示出）进入接收神经元，激活或抑制新的动作电位。

3. 释放神经元通常会重新吸收过剩的神经递质分子——这一过程称为再吸收。

受体位于接收神经元上

神经递质

图2-5　神经元之间如何进行信息传递

资料来源：[美]戴维·迈尔斯.心理学[M].黄希庭等译，北京：人民邮电出版社，2013.

值得注意的是，神经递质在一次神经元之间信息传递使用之后，并未被破坏掉。它借助于离子泵从受体中排除，又回到轴突末梢，重新包装成突触小泡，再重复得到利用。

突触分为兴奋性突触和抑制性突触。兴奋性突触是指突触前神经元兴奋时，由突触小泡释放出具有兴奋作用的神经递质，如乙酰胆碱（Acetylcholine）、去甲肾上腺素（Norepinephrine）等。这些递质可以使突触后神经元产生兴奋。抑制性突触是指突触前神经元兴奋时，由突触小泡释放出具有抑制作用的神经递质，如多巴胺（Dopamine）、氨基酸（Amino Acid）等。这些递质使突触后膜"超极化"，从而显示抑制性的效应。表2-1呈现了主要的神经递质及其功能。

表2-1　常见的神经递质举例

神经递质	主要作用方式	功能	失调产生的影响
乙酰胆碱	兴奋性神经递质	参与运动、自主功能、学习和记忆	不足导致阿尔兹海默病
多巴胺	兴奋性神经递质	参与动机、奖赏以及行为计划	不足导致帕金森病，快感减弱；过量导致精神分裂症
伽马氨基丁酸	抑制性神经递质	中枢神经系统中主要的抑制性神经递质，与心境有关	不足导致焦虑

续表

神经递质	主要作用方式	功能	失调产生的影响
谷氨酸	兴奋性神经递质	中枢神经系统中主要的兴奋性神经递质，参与学习与记忆	过量导致神经元死亡与自闭症；不足导致疲惫
去甲肾上腺素	兴奋性神经递质	参与唤醒与警觉，与心境有关	过量导致焦虑
5- 羟色胺	抑制性神经递质	参与心境、食欲以及睡眠	不足导致抑郁或焦虑

资料来源：Kalat（2009），Feberg（2010）.

为什么存在如此之多的神经递质？一些神经递质只服务于特定的连接"通道"，就好像不同的"通道"有着不同的语言。也许正是这种机制防止了信息混淆。例如，脑中有一种奖赏或"愉悦"系统，其主要使用的语言是多巴胺（Foo, Lozada, et al., 2021）。

神经递质功能的细微差异可能与人们在婴儿期的性情，或者成年期之后人格的差异有关（Zmorzynski, Styk, et al., 2021）。任何一种神经递质的过多或者过少都会导致严重的后果。例如，过量的多巴胺可能会引发精神分裂症（Conn, Burne, et al., 2020），而 5-羟色胺的不足会引发抑郁（Jacobsen, Krystal, et al., 2016）。

3. 药物和其他化学物质如何改变神经递质

人脑中含有多种与吗啡相似的神经递质分子，叫内啡肽（Endorphin，内源性吗啡）。由于对疼痛和剧烈运动的反应，大脑会释放内啡肽，因此，我们可以解释各种良好的感觉，例如跑步者亢奋的情绪，针灸的止痛效果，以及某些严重受伤的个体对疼痛的麻木感。

许多药物通过模仿、复制或者阻断神经递质产生作用。例如，可卡因的化学结构与多巴胺相似，内啡肽的确能够减轻疼痛和改善情绪，是不是我们就可以大量注入人造内啡肽以增强大脑内的自我"良好感觉"呢？答案是否定的。短期内，可卡因能够激发奖赏系统产生更多的多巴胺而给人以快感，但长期服用可卡因类兴奋性药物会导致奖赏系统的过度激活，干扰多巴胺的正常功能，产生药物成瘾（Lepack, Werner, et al., 2020）。因为，当注入大量的诸如海洛因和吗啡等类药物后，大脑本身会停止产生内啡肽。一旦撤掉药物，大脑可能就被剥夺了产生任何形式内啡肽的能力。对于药物成瘾者来说，停止用药的结果会带来持续的痛苦，直到大脑重新产生内啡肽或者获得更多的人工内啡肽。改变情绪的药物，从酒精到尼古丁到海洛因，都具有相同的效果。要迫使自身产生神经递质，则意味着个体要付出巨大的代价。

各种药物影响信息传递的位置在突触。通常是以兴奋或抑制神经元放电的方式产生影响。激动剂的药物分子与神经递质非常相似，以至于我们可以模仿其效果或者阻碍神经递质的再吸收。例如，某些鸦片类的药物通过放大正常唤醒状态或愉快体验，产生暂时性的"兴奋"。黑寡妇蜘蛛释放的毒液可以引起突触释放过量的乙酰胆碱，结果引起肌肉剧烈收缩、抽搐，甚至可能导致死亡。拮抗剂可以起到抑制作用。肉毒杆菌毒素（Botox）是一种在密封不当的食物中形成的有毒物质，它通过阻断乙酰胆碱的释放导致肌肉瘫痪（注射肉毒杆菌毒素可以通过麻痹面部肌肉来消除皱纹）。拮抗剂的药物分子可以抑制神经递质的释放，或者极其类似自然的神经递质，以至于占用受体的位置或者阻碍其效用。

三、神经回路

神经元是神经系统的基本组成单位，但单个神经元只有在极少数的情况下才单独执行某种功能。神经元与神经元通过突触建立的联系，构成了极端复杂的信息传递和加工的神经回路（Nerve Circuit）。神经回路才是脑内信息处理的基本单位。

最简单的一种神经回路就是反射弧（Reflex Arc）。如图 2-6 所示，反射弧一般由感受器、传入神经、神经系统的中枢部位、传出神经和效应器五个基本部分组成。一定刺激作用于相应的感受器，使感受器产生兴奋。兴奋以神经冲动的方式经传入神经传向中枢，经过中枢的加工，又沿着传出神经到效应器，并支配效应器的活动。

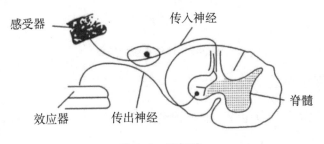

图 2-6　反射弧

神经元的连接方式除了一对一的连接外，还有三种典型的方式，即发散式、聚合式和环式。在发散式连接中，一个神经元的轴突通过它的末梢分支与其他许多神经元（胞体或树突）联系，这种联系使一个神经元的活动有可能引起其他许多神经元的同时性兴奋或者抑制。在聚合式连接中，许多神经元的神经模式与一个神经元发生突触联系。这样，同一个神经元可以接收许多其他神经元的影响，这些神经元可能是抑制的，也可能是兴奋的，或者一部分是抑制的，另一部分是兴奋的，它们聚合起来共同决定突触后神经元的状态。这体现了神经兴奋在时间和空间上的整合作用。在环式连接中，一个神经元发出的神经冲动经过这个中间神经元，又回到原发冲动的神经元，它使神经冲动在这个回路内可以往返持续一段时间。

第二节　神经系统

在上一节中我们详细介绍了神经系统的基本组成单位神经元，接下来讲述神经系统。

神经系统指由神经元构成的一个异常复杂的机能系统。由于结构和功能的不同，可以将神经系统分为周围神经系统（Peripheral Nervous System）和中枢神经系统（Central Nervous System）两部分（见图 2-7）。

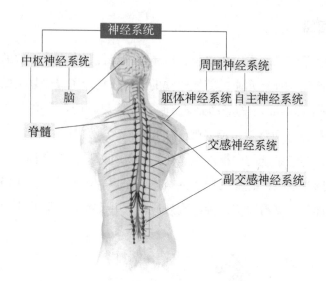

图 2-7　神经系统的组成

一、周围神经系统

周围神经系统由两部分组成：躯体神经系统（Somatic Nervous System）和自主神经系统（Autonomic Nervous System）。

（一）躯体神经系统

躯体神经系统主要由脊神经和脑神经组成。

脊神经发自脊髓，穿椎间孔外出，共有 31 对。脊神经由脊髓前根和后根的神经纤维混合而成。脊髓前根的纤维是运动性的，后根的纤维是感觉性的。因此，混合后的脊神经是运动兼感觉的。脊神经具有四种不同的机能成分：一般躯体感觉纤维，分布于皮肤、骨骼肌、腱和关节；一般内脏感觉纤维，分布于内脏、心血管和腺体；一般躯体运动纤维，支配骨骼肌的运动；一般内脏运动纤维，支配平滑肌、心肌和腺体。

脑神经由脑部发出，共有 12 对，按顺序为①嗅神经；②视神经；③眼动神经；④滑车神经；⑤三叉神经；⑥外展神经；⑦面神经；⑧听神经；⑨舌咽神经；⑩迷走神经；⑪副神经；⑫舌下神经。

（二）自主神经系统

自主神经也叫"植物性神经"，是不受中枢神经系统控制的。自主神经又可分为交感神经（Sympathetic Branch）和副交感神经（Parasympathetic Branch）两个部分。交感神经是一种"应激"系统，其功能是在危险性或情绪性情境出现时使躯体兴奋起来，以便采取战斗或逃跑的行动。也就是它会唤醒躯体采取行动。副交感神经系统的功能是使躯体保持平静，或使兴奋起来的躯体返回到较低的唤醒水平。因此，副交感神经会在突发事件结束后或情绪活动之后很快被激活。自主神经系统的这两部分一直处于活动状态，两个系统的协同合作决定了躯体的唤醒水平。

植物性神经之所以被称为自主神经系统，是因为交感和副交感神经不受或很少受到中枢神经系统的支配，表现为人不能随意地控制内脏的活动。但是，后来进行的生物反馈的研究表明，人们通过特殊的训练，可以在一定程度上控制脏器的活动，如调节体温的升降、血压的高低、心跳的快慢等。

二、中枢神经系统

中枢神经系统由脑和脊髓组成。将神经系统类比成一台计算机，脑实现了神经系统的主要计算功能，脑通过脊髓与全身各部位保持联系，从而将信息传导至周围神经系统。

（一）脊髓

脊髓（Spinal Cord）是中枢神经系统的低级部位，位于脊椎管内，略呈圆柱形，前后偏扁。脊髓表面以前后两条纵沟分成对称的两半。从横切面看，脊髓中间是呈"H"形的灰质，它的主要成分是神经元的胞体和纵横交织的神经纤维；灰质的外面为白质，由纵向排列的神经纤维组成（见图 2-8）。

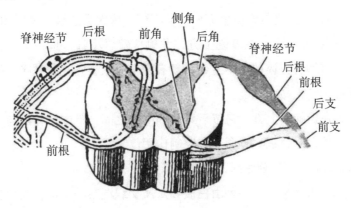

图 2-8　脊髓横切面示意图

脊髓每侧灰质的前端扩大为前角，含有大型多级神经元，称前角运动细胞。它们的轴突组成脊髓前根，直接支配骨骼肌的运动。灰质的后端形成后角，含有小型多极神经元。后角细胞为感受细胞，它接受进入脊髓后根的纤维，把外界的信息传送到脑。

在脊髓的胸髓和上三节腰髓的前后角之间，还有侧角，含小型多级神经元，是交感神经节前纤维的胞体。它们的轴突从前根出来，经交感支到交感干。

脊髓的主要作用有两方面。首先，脊髓是脑和周围神经的桥梁，来自躯体和四肢的各种刺激，只有经过脊髓才能传导到脑，受到脑的更高级的分析与综合；而由脑发出的指令，也必须经过脊髓，才能支配相应器官的活动。其次，脊髓可以完成一些简单的反射活动，如膝跳反射、肘反射、跟腱反射等。在脊髓内部，感觉神经元通过突触与中间神经元相连。中间神经元激活运动神经元。

（二）脑干

神经系统中的脑主要包含脑干、间脑、小脑和大脑（见图 2-9）。

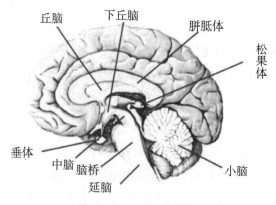

图 2-9　脑的组成部分

脑干（Brain Stem）主要包含三个部分，从下到上依次为延脑、脑桥和中脑。

延脑（Medulla Oblongata）在脊髓上方，北侧覆盖着小脑，是一个狭长的结构，全长 4 厘米左右。延脑和有机体的基本生命活动有密切关系，它支配呼吸、排泄、吞咽和肠胃的活动，又称为"生命中枢"。

脑桥（Pons）在延脑的上方，它位于延脑和中脑之间，是中枢神经与周围神经之间传递信息的必经之地，对睡眠具有调节和控制作用。

中脑（Midbrain）位于丘脑底部，小脑和脑桥之间。

在脑干各段的广大区域，有一种由白质和灰质交织混杂的结构，叫网状结构或网状系统（Reticular System）。网状结构按照功能可以分为上行系统和下行系统两部分。上行网状结构也叫上行激活系统，它控制着有机体的觉醒或意识状态，与保持大脑皮层的兴奋性、维持注意状态有密切的关系。如果一个昏昏欲睡的司机转弯时看到路中间有一只小鹿，他会立刻警醒地踩下刹车。这主要是网状激活系统唤醒了其他脑区，从而避免了一起事故的发生。如果上行网状结构受到破坏，动物将陷入持续的昏迷状态，不能对刺激做出反应。下行网状结构也叫下行激活系统，它对肌肉紧张有易化和抑制两种作用，即增强或减弱肌肉的活动状态。如果你现在已经看书看得打起瞌睡，不妨试试掐一下耳朵，一点点疼痛肯定会让你的网状激活系统瞬间唤醒大脑皮层。

（三）间脑

间脑主要由丘脑（Thalamus）和下丘脑（Hypothalamus）两部分组成。丘脑位于脑干上方、大脑两半球的下部。丘脑的下部有一个更小的组织，叫下丘脑。

丘脑是个中继站。丘脑后部有内、外侧膝状体，分别接受听神经与视神经传入的信息。除嗅觉以外的一切信息输入都要通过这里再导向大脑皮层，从而产生视、听、触、味等感觉。丘脑是网状结构的一部分，因而对控制睡眠和觉醒也有重要意义。

下丘脑是脑内很小的结构，但在日常生活中有很多重要的功能。实际上它是由几个神经核团和更小的神经元组成。它是调节交感神经和副交感神经的主要皮层中枢，对维持体内平衡，控制内分泌腺的活动具有重要意义。如，调节动机行为，保护摄食、饮水、体温调节和性唤醒。当身体能量储存降低，下丘脑维持兴奋并激发个体寻找食物和进食；当体温降低，下丘脑引起血管收缩并产生随意的微微颤动，这就是通常所说的发抖产热以平衡体温的降低。下丘脑在情绪产生中也有重要的作用。用微弱电流刺激下丘脑的某些部位，可产生快感；而刺激相邻的另一区域，可产生痛苦和不愉快的情绪。

（四）小脑

小脑（Cerebellum）位于脑干背部，分为左右两个半球。小脑的主要功能是协助大脑维持身体的平衡和协调动作。近年来的研究揭示了小脑在一些高级认知功能，如情绪加工中发挥着重要作用（Adamaszek，D'Agata，et al.，2017）。小脑主要负责调整姿势、控制肌肉的紧张程度和协调肌肉的运动。小脑在技能动作和习惯性行为模式的记忆中也起着重要的作用。音乐家毕生都要练习特定的运动技能，他们的小脑比一般人的更大。总的来说，小脑储存"关于怎么做的知识"或"技能记忆"。关于"内容知识"的记忆，例如记住一个人的名字或者小脑的功能，储存在脑的其他区域。

（五）边缘系统

在大脑内侧最深处的边缘有一些结构，它们组成一个统一的功能系统，叫边缘系统（Limbic System），主要由扣带回、海马、杏仁核和下丘脑等组成（见图2-10）。在进化过程中，边缘系统是前脑最早发展起来的部分。在低等动物中，边缘系统有助于组织基本的求生反应：进食、逃跑、搏斗和繁殖。在人类中，边缘系统在产生情绪和动机行为方面起着重要作用。在边缘系统中，我们可以找到控制愤怒、害怕、性反应和其他强烈的觉醒反应的对应点。

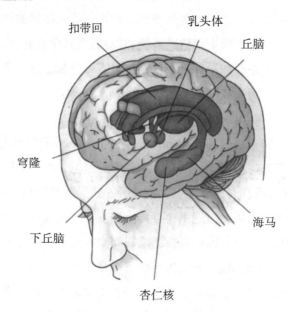

图 2-10　边缘系统的部分结构

1.海马

海马，是被称为"海马区"（Hippocampal Region）的大脑边缘系统中最大的脑结构。海马区可以分为齿状回（Dentate Gyrus）、下托（Subiculum）、前下托（Presubiculum）、傍下托（Parasubiculum）和内嗅皮层（Entorhinal Cortex）。关于海马的功能，最开始主要关注其在外显记忆中的重要作用。27 岁的 H. M. 因为癫痫发作需要进行脑外科手术，切除了一部分海马，结果 H. M. 只能回忆起他的原始记忆，失去了将信息存入长时记忆的能力。他在手术后多年，仍然坚信自己生活在进行手术的 1953 年。另一方面，海马的损伤并不妨碍获得意识觉知之外的内隐记忆，因此 H. M. 仍能学到新的技能。

海马除了在记忆方面发挥着重要功能，现有研究还发现海马在空间导航等高级认知功能中发挥着重要作用（Burgess, Maguire, et al., 2002）。在关于空间导航方面，海马中存在一种特殊功能的细胞：位置细胞（Place Cell）。不同的位置细胞在不同的空间位置放电；在一个特定的环境中，一个位置细胞在一个位置放电。在位置细胞发现的基础上，有研究发现海马在"认知地图"中发挥着重要作用，其中起关键作用的是内嗅皮层中的网格细胞（Grid Cell）。网格细胞与位置细胞不同，同一个网格细胞可以在空间中不同的地点放电，因此多个网格细胞共同作用，其放电位置可以覆盖整个环境，这为其发挥认知地图的功能提供了基础（Moser, Moser, et al., 2017）。

2. 杏仁核

杏仁核（Amygdala）是大脑基底神经核的一个重要核团，按照其位置的不同可分为基底外侧核群、皮质内侧核群、杏仁前区和皮质杏仁移行区四个部分。杏仁核在情绪加工中发挥着重要的作用，主要体现在情绪的产生、识别、调节和情绪记忆方面。

1939 年，心理学家克卢弗和神经外科学家布西（Kluver & Bucy）通过外科手术切除了恒河猴的包括杏仁核在内的部分大脑。结果发现一向脾气暴躁的猴子变成了温顺的动物。尽管用针刺、掐，或对它做任何在通常情况下能引起凶猛反应的动作，但是它仍旧保持平静。随后对其他野生动物（如猞猁、貂熊和野鼠）的研究也发现同样的结果。那么，如果我们用电刺激平日温顺的家养动物如猫的杏仁核，会出现什么结果呢？刺激某些点，猫会做出攻击的准备，吱吱地叫并弓起背，瞳孔放大，毛发直立。如果在杏仁核中稍微移动一下电极，并把它与一个小老鼠关在同一个小笼子里，那猫马上会变得惊慌退缩。这些实验均证实杏仁核在愤怒和恐惧中的作用，但它并不是控制攻击和恐惧的中枢。事实上，大脑各个水平上的神经活动都参与攻击行为和恐惧行为。

3. 扣带回

扣带回（Cingulate Cortex）也是边缘系统的重要组成部分，根据其位置和功能的不同可分为前扣带回、中扣带回和后扣带回。前扣带回与认知控制功能有关，主要表现在冲突监测、强化学习和错误探测中。后扣带回是情绪回路的重要组成部分，并参与情感活动和自我评价等过程。

三、大脑结构和功能

（一）大脑的结构

人类的大脑（Cerebrum）超过脑的任何其他部分，占据脑总重量的 2/3，它的作用是调节脑的高级认知功能和情绪功能。大脑的外表面由数十亿细胞组成，形成 2.5 毫米厚度的薄层组织，称为大脑皮层（Cerebral Cortex）。大脑分成左右对称的两半，称为大脑两半球（Cerebral Hemispheres）。大脑两半球由一些较厚的神经纤维联系起来，这些纤维卷在一起称为胼胝体（Corpus Callosum），它在两个半球之间发送和传递信息。

大脑半球的表面布满深浅不同的沟或裂。沟裂间隆起的部分称为脑回（Gyrus）。大脑有三条大的沟或裂，即中央沟（Central Sulcus）、外侧裂（Lateral Sulcus）和顶枕裂（Parietooccipital Sulcus），这些沟或裂将半球分为额叶（Frontal Lobe）、顶叶（Parietal Lobe）、枕叶（Occipital Lobe）和颞叶（Temporal Lobe）四个区域（见图 2-11）。在每一个小叶内，一些较细的沟或裂又将大脑表面分成许多回或者小叶。如额叶的额上回、额中回、额下回、中央前回，颞叶的颞上回、颞中回和颞下回，顶叶的顶上小叶和顶下小叶等。

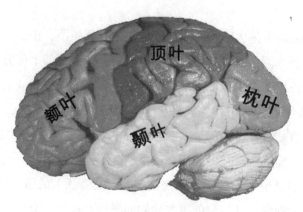

图 2-11　大脑皮层脑区的划分

（二）大脑皮层的分区与功能

大脑皮层机能分区的思想始于 19 世纪欧洲的一批颅相学家。他们根据头颅的隆起部位来确定一个人的人格和智力，相信脑的不同部位负责不同的心理官能。之后，生理学家和医生对此进行了广泛、深入的研究，提出了不同的设想。其中以布鲁德曼（Brodmann）的皮层分区图为大家所公认。根据前人的研究成果，我们可以将大脑皮层分为以下几个机能区域。

1.初级感觉区

初级感觉区包括视觉区、听觉区和机体感觉区，分别接受来自眼睛的光刺激，来自耳朵的声音刺激，来自皮肤和内脏的各种刺激等。它们是接受和加工外界信息的区域。

视觉区（Visual Area）位于顶枕叶后面的枕叶内，属于布鲁德曼第 17 区，它接受在光刺激的作用下由眼睛输入的神经冲动，产生初级形式的视觉，如对光的观察等。若大脑两半球的视觉区受到破坏，即使眼睛的功能正常，人也将完全丧失视觉而成为全盲。

听觉区（Auditory Area）在颞叶的颞横回处，属于布鲁德曼第 41、42 区，它接受在声音的作用下由耳朵传入的神经冲动,产生初级形式的听觉,如对声音的觉察等。若破坏了大脑两半球的听觉区，即使双耳的功能正常，人也将完全丧失听觉而成为全聋。

机体感觉区（Somato-sensory Area）位于中央沟后面的一个狭长区域内，属于布鲁德曼第 1、2、3 区。它接受由皮肤、肌肉和内脏器官传入的感觉信号，产生触压觉、温度觉、痛觉、运动觉和内脏感觉等。躯干、四肢在体感区的投射关系是左右交叉、上下颠倒的。中央后回的最上端的细胞主宰下肢和躯干部位的感觉，由上而下的一些区域主宰上肢的感觉。头部在体感区的投射是正直的，即鼻、脸部位投射在上方，唇、舌部位投射在下方等。身体各部位投射面积的大小取决于它们功能的重要程度。例如，手、舌、唇在人类生活中有重要作用，因而机体感觉区的投射面积就大（见图 2-12 ）。

2. 初级运动区

中央前回和旁中央小叶的前部，即布鲁德曼第 4 区，称为躯体运动区，即初级运动区，简称运动区(Motor Area)。它的主要功能是发出动作指令，支配和调节身体在空间的位置、姿势及身体各部分的运动。运动区与躯干、四肢运动的关系也是左右交叉、上下倒置的。中央前回最上部的细胞与下肢肌肉的运动有关，其余的与上肢肌肉的运动有关。运动区和头部运动的关系是正立的，即上部的细胞与额、眼睑和眼球的运动有关，下部的细胞与舌和舌咽运动有关。同样，身体各部位在运动区的投射面积并不取决于各部位的实际大小，而取决于它们在功能上的重要程度。功能重要的部位在运动区所占的面积也比较大（见图 2-12 ）。

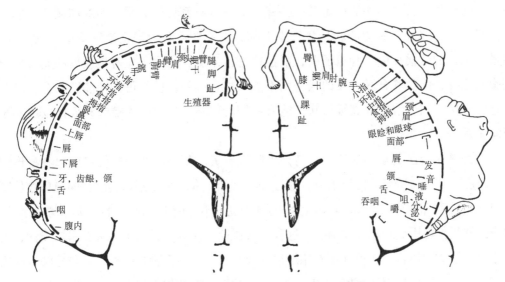

图 2-12　运动皮层和躯体感觉皮层示意图

3. 联合区

人类的大脑皮层除上述有明显不同功能的区域外，还有范围广泛、具有整合或联合功能的一些脑区，称为联合区（ Association Area ）。联合区不接受任何感觉系统的信息的直接输入，从这个脑区发出的纤维，也很少直接投射到脊髓支配身体各部分的运动。

联合区是大脑皮层进化较晚的脑区，它和各种高级心理机能有密切的关系。动物的进化水平越高，联合区在皮层上所占的面积就越大。低级哺乳动物（如老鼠）的联合区在皮层总面积中所占的比例很小，而人类大脑皮层的联合区却占 4/5 左右，比初级感觉区和运动区要大得多。

依据联合区在皮层上的分布和功能可以分为感觉联合区、运动联合区和前额联合区。

感觉联合区是指与初级感觉区邻近的广大区域。它们从感觉区接受大部分输入信息，并提供更高水平的知觉组织。感觉联合区受损会引起各种形式的"不识症"。布鲁德曼第 18、19 区是视觉联合区，若这些区域受损，个体会出现视觉不识症，即能看到光线，视敏度正常，但丧失认识和区别不同形状的能力，或者能看见物体，但不能称呼它，也不知道它有什么用处。

运动联合区位于运动区的前方，又称前运动区，它负责精细的运动和活动的协调。运动联合区受损的钢琴家，能够正确地移动手指，正确地完成演奏时的基本动作，但不能完成一段乐曲、演奏一个音阶，甚至不能有韵律地弹动自己的手指。

前额联合区位于运动区和运动联合区的前方。通过额叶切除手术发现，本区可能与动机的产生、行为程序的指定及维持稳定的注意有密切的关系。切除前额皮层的病人，智力很少受损，智力测验分数很少下降，但不能适时地停止某种不适当的行为。用猴子进行的延缓反应实验也证明，前额联合区未受损的猴子能对延缓后的刺激做出正确的选择，前额联合区受损的猴子则不能做出正确的反应。可见，前额联合区既与注意、记忆、问题解决等高级认知功能有密切的联系，也与行为控制和人格发展有密切的联系。

语言是联合区的重要功能，它与许多脑区有关。某些区域的损伤将引起各种形式的失语症。在左半球额叶的后下方，靠近外侧裂处，有一个言语运动区，即布鲁德曼第44、45 区，亦称布洛卡区（Broca Area），它通过邻近的运动区控制说话的舌头和腭的运动。这个区域受损将引起运动性失语症。这种病人说话不流利，话语中常常遗漏功能词，因而形成电报式的语言。在颞叶上方靠近顶叶处，有一个语言听觉中枢，它与理解口头语言有关，称为威尔尼克区（Wernicke's Area）。这个区域的损伤将引起听觉性失语症，即病人不能理解口语单词，不能重复他刚刚听过的句子，也不能完成听写活动。在颞枕叶交界处，还有一个词形视觉中枢，损坏这个区域将引起理解书面语言的障碍，病人看不懂文字材料，产生视觉失语症或失读症。

（三）大脑功能偏侧化

初看起来，脑的两半球非常相似。但实际上，两半球在结构和功能上都有明显的差异。从结构上看，人的大脑右半球略大和重于左半球，但左半球的灰质多于右半球；左右半球的颞叶具有明显的不对称性；颞叶的不对称性与丘脑的不对称性相关；各种神经递质的分布在左右半球也是不平衡的。从功能上来讲，正常情况下，两半球是协同活动的。进入大脑任何一侧的信息会迅速通过胼胝体传达到另一侧，做出统一的反应。割裂脑（Split-brain）的研究，提供了在切断胼胝体的情况下，分别对大脑两半球功能进行研究的重要资料。由于胼胝体被切断，两半球的功能也被人为地分开了。每个半球只对来自身体对侧的刺激做出反应，并调节身体的运动，进行独立的工作。这样就可以单独研究两个半球的不同功能。

为了测试癫痫病人的割裂脑两半球的功能，斯佩里（Sperry，1968）和加扎尼加（Gazzaniga，1970）设计了一种实验情境，使视觉分析分别被呈现给每个半球（见图 2-13）。对眼睛来说，右侧视野的信息到达左半球，左侧视野的信息到达右半球。在正常情况下，到达两个半球的信息很快通过胼胝体由两半球共享。但在割裂脑病人中，由于这些通路已经被切断，使得出现在左或右视野的信息仅仅停留在左或右半球。由于大多数人的言语是由左半球控制，所以左半球可以把看到的信息告诉研究者，而右半球不能。研究者与病人右半球的交流可以通过病人手上的动作，包括确认、匹配和组装物体，因为这些任务不需要通过词语来完成。

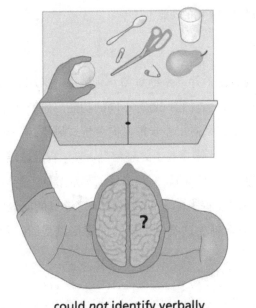

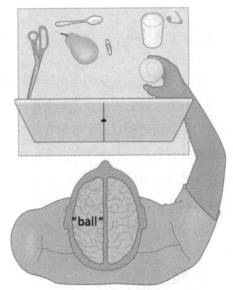

图 2-13　割裂脑实验

割裂脑的一系列研究表明，两半球具有不同的功能。语言功能主要定位在左半球，该半球主要负责言语、阅读、书写、数学运算和逻辑推理等；而右半球主要负责空间关系、情绪、欣赏音乐和艺术等。（见图 2-14）

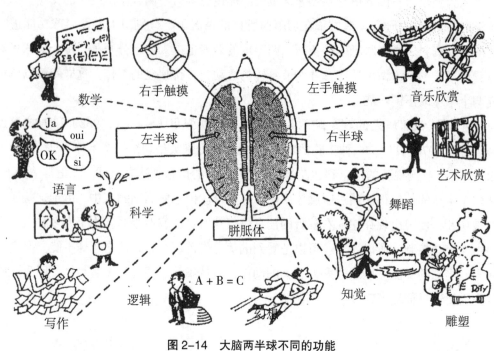

图 2-14　大脑两半球不同的功能

资料来源：Sperry, Vogel & Bogen（1970）.

值得注意的是，大脑两个半球功能的偏侧化，并不是绝对的，只是每个半球的侧重点不同。另外，我们不能认为哪个半球占有优势，它们只是有不同的功能。研究者们认为加工同样的信息时，每个半球有着各自不同的风格。左半球倾向分析式风格，一点一点部分地处理信息。右半球倾向全息式风格，从整体模式上处理信息。左、右半球结合，每侧以其自己的风格加工信息，就会丰富你的经验。例如，左半球以其细节加工的风格在大多数问题解决中具有重要作用，但是当需要解决的是创造性或灵感爆发的问题时，右半球的功能就变得明显起来，它会广泛搜索解决这类问题所需的记忆以帮助问题的解决。

（四）脑的可塑性

我们的脑不仅受到基因的塑造，同时也受到经验的塑造。磁共振成像（MRI）的研究显示，训练有素的钢琴家编码钢琴声音的听觉皮层比常人更大。可塑性是指大脑在受到某些类型的损伤后自我修复的能力。与皮肤不同，切断的神经通常不能再生（如果脊髓切断了，人很可能将永久瘫痪）。一些非常具体的脑功能似乎已经预先分配给了特定的脑区。双颞叶面孔识别区受损的婴儿，永远不能重新获得识别面孔的正常功能（Farah et al.，2000）。但值得庆幸的是，神经组织可以在受损后进行重组。大脑在小损伤之后自我修复，这可以发生在我们每个人身上。

幼儿的大脑最具可塑性。通过限制使用功能完好的肢体，强制使用"坏手"或不协调的腿，强制性使用疗法的目标是重塑大脑。这种疗法逐渐重新组织大脑，改善脑损伤儿童甚至是中风成人行动的灵活性（Taub，2004）。一名 50 来岁的外科医生是中风患者，他被强制清理桌子，同时限制他使用完好的手和腿。慢慢地，坏手恢复了功能。随着受损的脑功能向其他大脑区域的转移，他逐渐再次学会书写，甚至还会打网球（Doidge，2007）。

脑的可塑性对盲人和聋人来说也是福音。失明或失聪会使得不使用的脑区用于其他用途。如果盲人用手指阅读盲文，那么手指对应的脑区会扩展，因为触觉进入到了视觉对应的脑区。正电子发射型计算机断层显像（PET）也扫描到盲人阅读盲文时视觉皮层的活动（Sadato et al.，1996）。用信号语言交流的聋人，原本加工听觉信息的颞叶区域接收不到听觉刺激。最后，颞叶收集其他信息进行加工，如视觉系统的刺激。这有助于解释一些研究发现聋人拥有更好的周边视觉。

可塑性在一些损伤之后表现尤为显著。如果左半球缓慢生长的肿瘤干扰了语言功能，右半球便会进行补偿。如果失去了一根手指，接收该手指输入的感觉皮层会开始从邻近的手指接收输入，而邻近的手指会变得更加敏感。失去手指还反映在另一个神秘现象中。如图 2-12 所示，在感觉皮层上，手区位于脸区和臂区之间。碰触手指被切除的人脸时，患者除了有脸部的感觉，还会对他已不存在的（幻觉）手指产生感觉。同样，当碰触他胳膊的时候，感觉纤维会侵入到手腾出来的脑区。如果身体的一部分被切除，终止于邻近感觉皮层区域的感觉纤维可能会侵入那些没有了感觉输入的脑组织。

尽管脑的修复经常是通过重组的形式进行，但证据显示，与长期持有的观念相反，成年老鼠和人类也可以生成新的脑细胞（Jessberger et al.，2008）。此外，最近科学家还发现猴子大脑每天能生成数千个新神经元，即神经发生（Neurogenesis）。这些新生神经元最初位于大脑深处，而后转移到用于思维的额叶区域，并与邻近的神经元建立连接（Gould，2007）。这是大脑部分地补偿随着年龄增长而逐渐衰亡的神经元细胞的一种途径。研究者在胎儿大脑中发现了可以生成任何一种脑细胞的具有支配地位的"干细胞"。如果在实验室里大量培植这些脑细胞并将其注射到受损的大脑中，也许神经干细胞会用自身代替那些消亡的细胞？也许某一天我们能够像重新播种被破坏的草坪一样，重建受损大脑。这些都有待继续研究。与此同时，我们还可以利用自然的力量来促进神经发生，例如运动、睡眠，以及不产生压力但仍然具有刺激性的环境（戴维·迈尔斯，2013）。

第三节　脑功能的学说及其研究方法

一、脑功能的各种学说

（一）定位说

脑功能的定位说（Localization Theory）开始于加尔（Franz Josef Gall，1758—1828）和斯柏兹姆（Johann Capser Spurzheim，1766—1832）提出的颅相说（Phrenological Theory）。加尔把颅骨的外部特征与行为的某些方面联系起来，认为颅骨突出表示下面的皮层发育完好，有很好的能力；颅骨塌陷表示下面的皮层发育不足，能力较差。颅相说在很多方面并不科学。首先，他们列举的许多官能没有精确的定义，也无法进行定义；其次，颅骨的某些外部特征与皮层的发育程度不是严格对应的。但颅相说把人的心理官能与颅骨的外形特征联系起来，企图揭示它们之间的对应关系，因而推动了脑功能定位的研究。

1861 年，布洛卡（Paul Broca，1842—1880）接待了一位失语病人。这位病人右侧身体瘫痪，只能说"tan"，而智力的其他方面正常。1861 年 4 月 17 日，病人去世后，尸检结果表明，病人的左侧额叶受到损伤。1874 年，威尔尼克（Carl Wernicke，1833—1892）描述了一种新的失语症，这种病人的脑损伤发生在颞叶，病人说话流利，但所说的话语没有意义；病人有听觉，但不理解别人语言的意义。这些发现使人们觉得语言可能是特定脑区的功能。到 20 世纪四五十年代，加拿大医生潘菲尔德（Wilder Graves Penfield，1891—1976）用电刺激法研究颞叶时发现，微弱的电刺激能使病人回忆起童年时的一些事情。这说明记忆可能定位在颞叶。另外，科学家发现，海马与记忆有关，杏仁核与情绪有关，下丘脑与进食和饮水有关，这些发现支持脑功能的定位学说。

（二）整体说

19 世纪中叶，弗洛伦斯（Pierre Flourens，1794—1867）用鸡和鸽子等动物进行了一系列实验。实验采用局部损毁法，切除动物脑的一部分，然后观察动物的行为表现。结果发现，在切除小块的皮层组织时，动物运动减少，不吃不喝，但随着时间的推移可以恢复到接近正常的水平。他进行了多次实验，发现动物的行为变化模式基本都是这样的。据此，他推测，功能的丧失与皮层切除的大小有关，与特定的部位无关。因此，弗洛伦斯强调脑功能的整体性，反对加尔提出的颅相说。但有一点需要我们注意的是，他实验所用的动物都没有新皮层，他所说的动物的智能与加尔所说的人的智能也是不同的。

20 世纪，拉什利采用脑损毁技术对白鼠进行了一系列走迷宫的实验研究。他发现，在大脑损伤后，动物的习惯形成出现很大的障碍，这种障碍与脑损伤的部位无关，而与损伤面积的大小有密切关系（平均相关为 0.75）。据此，拉什利提出了两条重要的原理：均势原理和总体活动原理。按照均势原理，大脑皮层的各个部位几乎以均等的程度对学习发生作用；按照总体活动原理，大脑是以总体发生作用的，学习活动的效率与大脑受损的面积大小成反比，而与受损伤的部位无关（Lashley，1929）。

（三）机能系统说

在第二次世界大战期间，鲁利亚及其同事根据大量的临床观察和对病人的康复训练，发现某种心理机能的障碍，除受脑损伤部位的影响外，还受到其他脑区的影响。他们发现，在大脑皮层某些部位损伤之后，与这些部位相联系的某些基本生理机能是难以恢复的，但是，借助机能改造的方法，可以使一些比较复杂的心理机能得到恢复。例如，由于枕叶损伤引起的阅读机能障碍，可以借助对字母的触摸和描绘恢复起来；由于颞叶损伤引起的书写机能的障碍，也可以通过对要书写的词进行视觉—动觉分析而得到恢复（鲁利亚，1983）。

据此，鲁利亚认为，脑是一个复杂的动态机能系统。如果机能系统的个别环节受损伤，高级心理机能也会受到影响。他把脑分成三个互相紧密联系的机能系统。

第一机能系统是调节激活与维持觉醒状态的机能系统，也叫动力系统，由脑干网状结构和边缘系统等组成。它的基本功能是保持大脑皮层的一般觉醒状态，提高其兴奋性和感受性，并实现对行为的自我调节。第二机能系统是信息接收、加工和存储系统。它位于大脑皮层的枕叶、颞叶和顶叶以及相应的皮层下组织。它的基本作用是接受来自机体内外的各种刺激（包括视觉、听觉、一般机体感觉），实现对信息的空间和时间整合，并把它们保存下来。第三机能系统也叫行为调节系统，是编制行为程序、调节和控制行为的系统。它包括额叶的广大脑区。它的基本作用是产生活动意图，形成行为程序，实现对复杂行为形式的调节与控制。如，有研究证明，前额皮层受到损伤的病人将丧失计划与组织行动的能力，不能将行为的结果与原有的目的、计划进行对照，也不能纠正、调整自己的行为。

鲁利亚认为，人的各种行为和心理活动是三个机能系统相互作用、协同活动的结果。他的研究丰富和发展了脑功能的各种理论，引起了各国心理学家和生理学家的普遍重视。

（四）模块说

模块说（Module Theory）是 20 世纪 80 年代中期在认知科学和认知神经科学中出现的一种理论（Fodor，1983）。这一理论认为，人脑在结构和功能上是由高度专门化并相对独立的模块组成的。这些模块复杂而巧妙的结合是实现复杂而精细的认知功能的基础。认知神经科学的许多新的研究成果支持了模块学说。如，视觉领域的研究发现，猴子的视觉与 31 个脑区有关；颜色、运动和形状知觉是两个大的功能模块，它们之间的分工与合作，是视觉的神经基础。有些失语症病人不能对有生命的东西进行分类，特别是动物，而对非生命的东西或人造物体的识别能力却相对完好（Warrington & Shallice，1984），这些病人和正常人一样，能命名图画中的人造物体（如工具、衣服等），但在命名熟悉的动物时，成绩却比正常人差很多，说明大脑中可能存在不同的功能模块，分别处理不同类型的词汇和概念。在句子理解的研究中也发现，句法和语义可能是两个不同的功能模块，它们之间可能是互相独立的，也可能是相互作用的。

二、脑科学研究方法

通过前面几节的讲述可知，脑是神经系统的重要组成部分。随着认知神经科学的不断发展，探测认知活动背后的脑机制成为研究的热点。目前脑科学的研究方法有很多，根据是否给被试带来损伤，可以分为创伤性方法和无创伤性方法。

（一）创伤性方法

在脑科学研究的最初是采用创伤性方法来进行脑定位的相关研究。

1. 临床个案研究

临床个案研究（Case Study）通过观察脑疾病或者损伤所带来的人格、行为或感知能力的改变。如果一个脑区的损伤始终与特定的功能丧失相联系，那么我们就可以说这一功能是能够定位到这一脑区的，前提是这一脑区在我们每个人身上都具有相同的功能。

2. EBS 技术

脑电刺激（Electrical Brain Stimulation，EBS）技术也是常用的一种方法。EBS 技术是用微弱电流刺激大脑皮层，使其能够被"激活"。用来传递电流的细绝缘导线称为电极。通过脑外科手术将电极安放好后，病人就可以描述刺激带来的影响。使用除接触点以外与其他部分都绝缘的电极探入目标脑区甚至可以针对性地刺激大脑深处的区域。对脑的电刺激在改变外显行为上有惊人的效果。

3. 切除法

切除法（Ablation）是通过外科手术切除局部脑组织之后，人的行为或感知觉能力上的改变可以使我们推断该损伤脑区的功能。通过深层损伤法，还可以移除大脑皮层下的结构。具体实现方式是将电极深入脑内深层区域，然后使用强电流摧毁目标区域的小部分脑组织。同样，摧毁后的行为改变揭示了此脑区的功能。

（二）无创伤性方法

随着研究技术的逐渐发展和研究需求的增加，越来越多的无创伤性的脑成像技术逐渐出现供研究者使用。与传统的脑损伤实验技术相比，脑成像技术具有无可比拟的优势。它使研究者可以直接"观察"大脑的活动，是最简单、最有效的实验技术。

1.EEG

脑电图（Electroencephalogram，EEG）是通过精密的电子仪器，从头皮上将脑部的自发性生物电位加以放大记录而获得的图形，是通过电极记录下来的脑细胞群的自发性、节律性电活动。脑电形成的原理是大脑皮质椎体细胞顶树突的突触后电位变化的总和。由于每个人在脑功能正常时，脑电波的模式是固定的、持久不变的，因此人的脑电波记录能用来寻找大脑功能不正常时的客观表征。

在心理学的相关研究中，大多使用的是事件相关电位（Event-related Potentials，ERP），一种特殊的脑诱发电位，通过有意地赋予刺激以特殊的心理意义，利用多个或多样的刺激的重复出现所引起的脑的电位。根据电极的数目的多少，常见的 ERP 设备可分为 32 导、64 导和 128 导。ERP 技术的空间分辨率高（在 128 导的数据中可达到 3 毫米），并且设备简单、对环境的要求相对较低。脑电图是对脑信号的一种直接测量，具有较高的时间分辨率，但空间分辨率不高。

在收集到一系列波形后，从中识别不同成分以及成分所代表的心理意义是 ERP 研究的关键。一般是通过潜伏期、波形及其头皮分布，参照总平均图与相关研究进行判断。经典的 ERP 成分包括 P1、N1、P2、N2、P3（P300），其中 P1、N1、P2 为 ERP 的外源性（生理性）成分，受刺激物理特性影响；N2、P3 为 ERP 的内源性（心理性）成分，不受刺激物理特性的影响，与被试的精神状态和注意力有关。内源性事件相关电位与外源性刺激相关电位有着明显的不同。ERP 是在注意的基础上，与识别、比较、判断、记忆、决断等心理活动有关，反映了认知过程的不同方面，是了解大脑认知功能活动的"窗口"。

目前关于 ERP 技术在心理学中的应用主要围绕探究具体认知加工过程如知觉、记忆、语言和情绪加工等过程的神经基础，以及相关疾病的认知加工障碍的神经基础。

2.MEG

脑磁图（Magnetoencephalography，MEG）与脑电图相关，是无创伤性地探测大脑电磁生理信号的一种脑功能检测方法。由于神经电活动形成的磁信号可以由超导电子干涉仪灵敏地检测到，脑磁图实验以脑电实验进行的方式是现实的。当被试的兴趣达到峰值时，通过分析其磁信号得到一张磁场图。但脑磁图与脑电图相比，有以下优势：①其空间分辨率比较高，可达 1 毫米；② MEG 探测的电流源来自细胞内树突电流，电磁场不受传导介质的影响；③ MEG 可以对电流源的方向、位置和强度进行三维空间定位；④ MEG 不需要参考电极。

3.PET

正电子发射断层显像（Positron Emission Tomography，PET）技术，是将某种物质，

一般是生物生命代谢中必需的物质，如葡萄糖、蛋白质、核酸、脂肪酸，标记上短寿命的放射性核素（安全的），注入人体后，这些物质在脑内被活动的脑细胞吸收。头骨外的记录仪器能检测出参与不同认知和行为的细胞放射性物质。随后这些信息由计算机构造出脑的动态图像，显示出参与不同心理活动的脑结构。因此，PET 既可以提供功能信息也可以提供结构信息。

在典型的 PET 实验中，至少要在控制条件下和实验条件下注射两次放射性元素，在实验条件和对照条件下分别得到一张脑血流图，图中较"亮"的区域被认为是由实验因素所激活的区域。PET 技术在临床诊断（比如心血管疾病）以及探测认知加工的神经基础中都发挥着重要作用。

4.FMRI

功能性磁共振成像（Functional Magnetic Resonance Imaging，FMRI）是一种新兴的神经影像学方式，是基于血氧水平（Blood Oxygenation Level Dependent，BOLD）的大脑活动成像。其基本原理是大脑在没有任务活动时期血氧血红蛋白和脱氧血红蛋白的数量达到平衡，而在有认知任务时由于耗氧量的增加，导致脱氧血红蛋白的含量增加，脱氧血红蛋白是顺磁性物质，从而导致信号增加，磁共振信号增强的强度与血液磁化率（血氧浓度率）有关。FMRI 技术相比其他脑成像技术具有很多优点：较高的时空分辨率、无反射性、完全无创和良好的可重复性。这极大地方便了人类对脑功能的认识。

任务状态下的 FMRI 需要在数据收集前针对所研究的问题设计相关实验，在数据收集过程中给被试某种刺激并严格控制其他无关因素的影响，进而探测与任务相关的脑活动。心理学中应用 FMRI 技术进行探测脑活动时主要采用两种实验设计：Block 设计和 ER（Event-related）设计。Block 设计中任务刺激和控制条件交替出现，每个阶段的出现都持续一定时间，一般为刺激在一段时间内持续呈现;ER 设计中刺激为多次连续出现。关于研究结果，最初关注功能定位及任务引发的脑活动位置和强度，后期关注脑区之间的连接，从功能连接的角度去探讨认知加工过程背后的基础。

除了应用 FMRI 技术探讨任务引发的脑功能活动外，有研究者开始利用 FMRI 技术探讨无任务引发时（静息状态）的脑功能活动。静息状态下的脑功能活动可以避免在任务态数据收集过程中其他无关因素的影响，比如实验刺激的呈现、被试的主观情绪状态影响实验效果的各种参数设置等。静息状态下 FMRI 的数据收集比较简单，一般要求被试静息、清醒平卧于检查设备中，平静呼吸，闭眼或注视某一个固定点，并尽量减少头动和系统性的思维活动。静息态数据收集的操作性比较强，其信号意义也很大。大脑在执行认知任务时，所诱发的能量消耗与静息态时人脑巨大耗能相比只占了一小部分（<5%）。此外，有研究证明大脑在静息状态和任务状态下的脑功能活动

具有很高的一致性，任务下的脑功能活动是基于静息状态的脑功能活动。这说明，基于任务态的 FMRI 脑功能研究只对大脑的小部分活动进行了研究，在静息状态下大脑同样有大量的活动。

FMRI 技术只是 MRI 技术中的一种，其他的 MRI 技术，如扩散张量成像（Diffusion Tensor Imaging，DTI）、结构磁共振成像（Structural MRI，sMRI）可以提供结构的信息，功能和结构的信息相结合可以提供更多的信息。

第四节　内分泌系统

一、内分泌系统

神经系统是有机体的一种重要的整合机制，它不仅保证了有机体的完整性，而且保证了有机体和环境的统一。除了神经系统外，内分泌系统也是一种整合性的调节机制，这种机制通过内分泌腺分泌的化学物质来实现。

内分泌腺分为两种，一种是管腺或者外分泌腺，它的分泌物通过导管流入某种管道或皮肤表面，如汗腺将汗液排出体外、胃腺将胃液排到胃腔内；另一种是无管腺或内分泌腺，它的分泌物由腺体下部直接渗入血液或淋巴，并影响有机体其他细胞的功能。由内分泌腺生成并分泌的生理活性物质叫内分泌物或荷尔蒙（激素）。

内分泌腺对人类行为有很大的影响，它可以决定：①身体的发育；②一般的新陈代谢；③心理发展；④第二性征的发展；⑤情绪行为；⑥有机体的化学合成。

内分泌腺和神经系统都是从共同的系统演化而来的，它们都是细胞间实现沟通的化学信使。但略有不同，神经递质对其邻近的细胞发生作用，这种作用是迅速发生的；而荷尔蒙是对远处的细胞发生作用，它的作用是缓慢实现的。

二、内分泌腺的分类和功能

到目前为止，科学家已经发现了 27 种内分泌腺，主要的内分泌腺如图 2-15 所示。

甲状腺（Thyroid Gland）位于气管下端两侧，左右各一个。它所分泌的激素为甲状腺激素。这种激素能加强机体代谢机能，促进机体发育过程。甲状腺功能亢进，可使人胃口大增，但很消瘦，并且会过分敏感和紧张。甲状腺分泌不足，则使人精神迟钝、记忆减退和容易疲劳。如果儿童患甲状腺分泌不足症，会使发育停滞，骨骼和神经系统发育不全，表现为呆小症。患者身体矮小，智力落后，记忆和思维的发展不及正常的儿童，症状严重的将成为白痴。

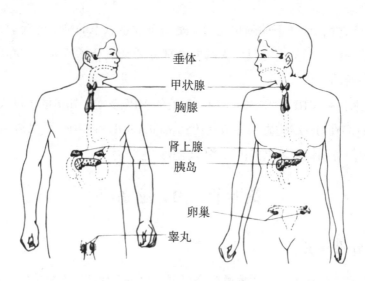

图 2-15　人体主要的内分泌腺

　　副甲状腺（Accessory Thyroid Gland）分泌的激素为副甲状腺激素，对保持血液和细胞内钙的浓度具有重要作用。副甲状腺分泌不足，会使人反应迟钝，肢体的运动不协调。

　　肾上腺（Adrenal Gland）位于肾脏上端，左右各一个。每个肾上腺又分为皮质和髓质两部分。肾上腺皮质分泌肾上腺皮质激素，它的作用是维持体内钠离子及水分的正常含量。人体缺少肾上腺皮质激素，会出现精神萎靡、肌肉无力的症状。肾上腺髓质分泌肾上腺素和少量去肾上腺素。它的主要作用是兴奋交感神经，促使血压升高、心率加快、胃肠肌肉松弛、瞳孔放大等，因而对有机体应对突然的事变有重要作用。

　　垂体（Pituitary Gland）位于大脑底部，有一个漏斗形短柄与脑相连。脑垂体由前叶、中叶和后叶三部分组成。前叶分泌生长激素、促性腺激素、促甲状腺激素、促肾上腺皮质激素、生乳激素等。中叶分泌黑素细胞扩张素，作用于皮肤的色素细胞。后叶分泌血管加压素、子宫收缩素、抗利尿素。摘除垂体使得小动物的生长停顿，甲状腺及肾上腺萎缩，性腺萎缩，性机能衰退，身体极度消瘦，排尿量明显增加。由于垂体分泌的激素较多，并能控制多种不同的内分泌腺，因而具有"主腺"的称呼。

　　性腺（Gonad）主要分泌性激素，男的性腺叫睾丸，女的性腺叫卵巢，它们分泌不同的性激素。卵巢分泌雌性激素和孕激素，分别控制排卵、怀孕和月经周期。睾丸分泌睾丸激素，它刺激精子产生。性腺还促进第二特征的发育，如乳房的发育、音调的变化等。

三、神经—体液调节

　　所有内分泌腺的活动都是受神经系统的调节和控制。神经系统通过内分泌腺分泌的激素影响各种效应器的活动，这就叫神经—体液调节。这和神经系统直接支配的效应器的互动是不同的。

　　由于内分泌腺中垂体的特殊作用，中枢神经系统调节内分泌腺的活动有两种不同的方式：一种是通过植物性神经系统直接支配；另一种是通过下垂体神经核，先影响垂体的活动，然后由垂体分泌各种激素，进一步调节其他内分泌腺的活动。

本章重点概念

　　　神经元　神经冲动　神经系统　静息电位　动作电位　割裂脑实验　大脑功能偏侧化　脑的可塑性　机能系统说

本章思考题

　　1.什么是神经元，它的基本功能是什么？

　　2.神经冲动传导的主要方式是什么？

　　3.常见的神经递质有哪些，其各自的功能是什么？

　　4.神经系统的主要组成部分是什么？

　　5.大脑中主要脑区及其各自的功能是什么？

　　6.无创伤性脑科学的研究方法有哪些，其各自的优劣势是什么？

第三章

感　觉

我们是如何认识世界的呢？要回答这个问题就不得不从感觉说起。当你肚子咕咕叫的时候，你会感觉到饥饿；当你在烈日下行走的时候，你会感觉到皮肤灼热……感觉为我们提供了一种对内、外环境信息的感知能力，从而可以保证机体与环境的平衡。这一章，我们就将从感觉说起，一起探索认识世界的方式。

第一节　感觉概述

一、什么是感觉

人们对客观世界的认识常常是从认识事物的一些简单属性开始的。例如，我们看到一个香蕉，是怎样认识它的呢？我们可以看到它有黄黄的颜色，长而弯的形状，也可以尝到它是甜的，放在手中可以掂出它的重量。这里的黄、细长、重量以及甜都是香蕉的个别属性。黄是由香蕉表面反射的一定波长的光波引起的；长而弯的形状是由香蕉的外围轮廓线条作用于眼睛引起的；甜是香蕉内部的某些化学物质作用于舌头的味蕾引起的；重量是由香蕉压迫皮肤表面引起的。我们的大脑接受和加工了这些信息，进而认识了这些属性，这就是感觉。因此，感觉是人脑对直接作用于感知器官的刺激物的个别属性的反映。

二、感觉的生理机制

（一）感觉活动的过程

感觉器官是如何将现实世界的信息传递给大脑的呢？感觉是客观事物（刺激物）作用于感觉器官而产生的，因此，研究感觉过程，就要从了解刺激物和感觉器官开始，了解刺激物如何作用于感觉器官，并相应地产生感觉现象。刺激与刺激过程、向中枢的传导和感觉现象及其规律，是研究感觉过程的三个环节。后面两个环节，特别是最后一个环节，是感觉心理研究的主要对象。这两个环节是和分析器的活动及其结果相联系的。

分析器是由三个部分构成的：一是外周部分（感受器），接受作用于它的刺激物；二是传入神经，把神经兴奋传递到中枢；三是皮层下和皮层的中枢，来自外周的神经冲动在这里进行分析和合成。

事物具有各种不同的属性，它们作用于人的不同分析器而产生不同的感觉。依据产生感觉的分析器和它所反映的特定刺激物，可以把感觉分为不同的种类。

一切分析器可以分成两大类：外部分析器和内部分析器。外部分析器的各种感受器位于身体的表面（外感受器），接受各种外部的刺激。内部分析器是指身体的内部器官和组织中分布着的各种末梢感受器（内感受器），接受有机体内部发生变化的讯号。运动分析器处于中间地位，它的末梢感受器在肌肉和韧带内（本体感受器），能提供关于身体各器官的运动和位置的情况，确定外界事物的属性（如用手能摸物体）。

属于外部分析器活动而发生的感觉有：视觉、听觉、肤觉（触压觉、温度觉）、味觉和嗅觉。同内部分析器的工作相联系的是机体觉。同运动分析器工作相联系的有运动觉、身体及其各部分在空间移动和姿势的感觉。痛觉能发出关于刺激物的伤害强度的信号，它分布在所有分析器中。

（二）感觉具有反射的性质

感觉是神经系统对外界刺激的反应，它和一切心理现象一样，具有反射的性质。感觉不仅包含了感受器的活动，也包含了效应器的活动。在感觉时，感受器与效应器的活动是紧密联系在一起的。效应器不仅执行神经中枢发出的指令，产生某种应答性活动，而且参与获得信息的过程。它加强信息的输入，使感觉过程更合理、更有效。研究表明，在缺乏有机体应答反应的情况下不可能获得清晰的感觉映象。比如说，将眼球固定，被试将看不清东西。因为要获得清晰的视像，不仅需要视觉提供正常信息，而且需要中枢根据输入信息对感受进行反射性调整，这种调整在物体的距离、观察的角度和照明条件发生变化时尤为必要。从这一意义看，不动的眼睛等同于瞎的。

（三）感觉的编码

感觉的编码是指将一种能量转化为另一种能量，或者将一种符号系统转化为另一种符号系统。感觉的编码发生在两个水平上，一是感受器水平，二是神经系统水平。

人的神经系统不能直接加工外界输入的能量，如光波和声音。这些能量必须经过感官的换能，才能为神经系统接收。19世纪德国著名生理学家缪勒（Johannes Müller，1801—1858）最早研究了感觉编码问题，并提出了神经特殊能量学说（Theory of Specific

Nerve Energy）。他认为每种感觉神经都有它自己的特殊性质或能量，感觉所反映的不是外物的性质，而是关于感觉神经自身的性质或状态的知识。他的第五个通则说："一个外界原因的作用，经由神经传导而影响脑部感觉中枢；感觉就是这个中枢得到的关于感觉神经自身的（并非外物的）某些性质或状态的知识；这些性质在各感官彼此不同，每种感官的神经都有它自己的特殊性质或能量。"例如，对声音的感觉只是关于听神经性质或状态的知识，对光色的感觉只是关于视神经的性质或状态的知识。其主要依据是：同一刺激作用于不同的感官引起不同的感觉，不同的刺激作用于同一感官引起同一的感觉。

应该说，缪勒的神经特殊能量学说是对于感觉研究的一大进步。首先，他用"能量"的概念代替动物精气、原动力、生命力或神经力等神秘的概念，并从整个神经的探讨进入到个别神经纤维的研究。其次，他在生理学史上第一次提出了主观映象依赖于反映机制的问题，肯定了感官机制对形成一定感觉的作用，促使了生理心理学家对感官神经进行广泛深入的研究，如赫尔姆霍茨（Hermann von Helmholtz）提出的色觉理论和听觉理论、黑林（Ewald Hering）的色觉理论等研究显然都由此说所引起。可见，它对后来实验心理学产生了很大的影响。同时，现代感官心理生理学有关不同的神经组织和细胞"专门化"现象的发现也进一步证实和丰富了这个学说。但是由于缪勒在哲学上受康德的影响，认为客观世界的现象是可知的，其本体是不可知的，因此他从神经特殊能量学说出发，认为感觉不是客观实在的映象，只是作为神经自身固有的心理能力，从而陷入了主观唯心主义和不可知论。

三、感觉的作用及分类

（一）感觉的作用

感觉虽然很简单，但却很重要，它是人们进行正常心理活动的必要条件，在人们的生活和工作中有重要的意义。

首先，感觉提供了内外环境的信息。通过感觉，人们能够认识外界物体的颜色、明度、气味、软硬等，从而能够了解事物的各种属性。工人操纵机器生产产品，农民种植庄稼，科学家观测日月星辰发现宇宙的奥秘，都离不开感觉提供的信息。通过感觉我们还能认识自己机体的各种状态，如饥饿、寒冷等，从而实现可能的自我调节。没有感觉提供的信息，人就不可能根据自己机体的状态来调节自己的行为。

其次，感觉保证了机体与环境的信息平衡。人们要正常地生活，必须和环境保持平衡，其中包括信息的平衡。具体些说，人们从周围环境获得必要的信息，是保证机体正常生活所必需的。相反，大城市中由于信息超载，会使人产生"冷漠"的态度；同样地，由"感觉剥夺（Sensory Deprivation）"造成的信息不足，将使人无法忍受由此而产生的不安和痛苦。可见，没有由感觉提供的外界信息，人就不能正常地生存。

再次，感觉是一切较高级、较复杂的心理现象的基础，是人的全部心理现象的基础。人的知觉、记忆、思维等复杂的认识活动，必须借助于感觉提供原始资料。人的情绪体验，也必须依靠人对环境和身体内部状态的感觉。因此，没有感觉，一切较复杂、较高级的心理现象都无从产生。

（二）感觉的分类

感觉一般可分为外部感觉和内部感觉。外部感觉指接受外部的刺激并反映其属性的感觉。这一类感觉包括视觉、听觉、嗅觉、味觉和皮肤感觉。内部感觉指接受机体内部的刺激并反映机体自身的运动与状态的感觉。这一类感觉包括运动觉、平衡觉和内脏感觉。（见表3-1）

表 3-1 感觉的分类

感觉种类		适宜刺激	感受器官	传入神经	皮层中枢
外部感觉	视觉	可见光波 380—780 纳米	眼睛网膜的视细胞	视神经	枕叶
	听觉	可听声波 16—20000 赫兹	耳朵耳蜗的毛细胞	听神经	颞叶
	味觉	溶于水、唾液、脂类的化学物质	舌头味蕾的味细胞	味神经	中央后回最下部
	嗅觉	有气味的气体物质	黏膜的嗅细胞	嗅神经	海马旁回
	肤觉 触压觉	压力	皮肤触压感受	肤神经	中央后回
	温度觉	热和冷	皮肤上的热点和冷点	肤神经	中央后回
	痛觉	各种过分强烈的物质刺激	肤下各层中的自由神经末梢	—	—
内部感觉	机体觉 饥觉	有机体缺乏营养	各内壁的神经末梢	内脏神经	—
	渴觉	有机体缺乏水分	各内壁的神经末梢	内脏神经	—
	运动觉	机体的移动，肌肉膜、关节的运动	肌肉、腱关节的神经末梢	运动神经	中央前回
	平衡觉	重力、加速或减速	内耳的前庭装置	前庭神经	前外雪氏回

四、感受性与感觉阈限

（一）感受性与感觉阈限的定义

感受性是人对刺激物的感觉能力。首先，感觉只有在适宜的刺激下才能产生，比如人眼的可见光波范围是 380—780 纳米，人耳可听声波的范围是 16—20000 赫兹；其次，不同个体的感受性是存在差异的，比如炼钢工人能十分精细地辨别浅蓝色火苗的微小差异来判断炉火的温度，印染工人能够分辨出几十种浓淡不同的黑色，而一般人只能分辨四五种。所以，不同的人对刺激的感受性是不同的。感受性用感觉阈限的大小来度量，感觉阈限是能引起感觉的、持续了一定时间的刺激量，它和感受性呈反比关系。

（二）绝对感受性和绝对感觉阈限

并不是任何刺激都能引起感觉。如要产生感觉，刺激物就必须达到一定的量。那种刚刚能引起感觉的最小刺激量，称为绝对感觉阈限。凡是没有达到这一数量的刺激物都处在阈限以下，不能引起感觉。例如人听不见远处的轻微声音，也觉察不到落在皮肤上的尘埃微粒。绝对感受性是觉察出最小刺激量的能力。引起感觉所需要的刺激越弱，也就是说，绝对感觉阈限越小，那么，绝对感受性就越大。绝对感受性和绝对感觉阈限在数量上呈反比关系。

值得注意的是，绝对感受性不是一个固定不变的值，可因刺激物性质、强度、持续时间等和有机体的状况而不同；另外，低于绝对阈限的刺激虽感觉不到，却能引起一定的生理效应和无意识知觉。例如，低于听觉阈限的声音可引起脑电波和瞳孔的扩大；低于视觉阈限的文字刺激可产生无意识激活，加速与之有关的刺激的识别。

（三）差别感受性与差别感觉阈限

在刺激物引起感觉之后，如果刺激的数量发生变化，并不是所有的变化都能引起感觉上的变化。例如 100 克的重量再加上 1 克，是不能引起原来重量感觉的改变的。一定要使重量增加到 8 克或者更多，才能觉察到重量的改变。感觉所能觉察的刺激物的最小差异量叫作差别感觉阈限。与之相应的感受性，叫作差别感受性。差别感受性也跟差别感觉阈限呈反比关系。

18 世纪后半期，法国物理学家布格尔（P. Bouguer）初次发现光觉领域中的差别阈限有如下现象：从绝对值来说，由于原有光的强度不同，差别阈限也就不同。但是，就其相对值来说，差别阈限值和原有光强度值之间的比值在很大范围内是相当固定的。19世纪前半期，德国生理学家韦伯（E. H. Weber）在研究重量感觉时，也发现了同样的事实。例如 100 克重量加上 3 克即可感到重量的变化，那么在 200 克重量之上，要加上 6克才能感觉到重量的变化。这个现象后来被称为布格尔—韦伯定律。如果以 I 表示最初刺激物的强度，以 $I + \Delta I$ 表示刚刚觉察出变化的较强刺激的强度，布格尔—韦伯定律是说：当 I 的大小不同时，ΔI 的大小也会不同，但 $\Delta I/I$ 则是一个常数。因此，布格尔—韦伯定律可以用数学公式 $\Delta I/I = K$ 来表示，其中 K 为常数。在不同分析器范围内，常数 K 的数值不同。对光的强度的差别感觉，K 值约为 1/100；对声音强度的差别感觉约为 1/100 ；而对重量的差别感觉则为 1/30。

（四）刺激强度与感觉大小的关系

感觉是由一定刺激引起的。因此，感觉大小与刺激强度间有着直接的关系，但刺激物的物理强度的变化与其引起的心理感觉间的变化并不是一个等量的变化。

1. 费希纳定律

1860 年，费希纳（G. H. Fechner）在韦伯研究的基础上进一步研究了刺激强度（物理量）和感觉强度（心理量）之间的关系，引进了新的假定，即刚刚可以觉察出来的刺激物的增加量（差别阈限值）是感觉的单位。因此，任何感觉的大小都可以用感觉随刺激强度变化而发生的变化的总和来表示。费希纳运用积分运算，获得如下公式：$E = K\lg I + C$，其中 E 为感觉，I 为刺激强度，K、C 为常数。换句话说，感觉的大小同刺激强度的对数成正比。这意味着，刺激强度增加 10 倍，感觉强度才增加 1 倍。前者是按几何级数递增的，而后者是按算术级数递增的。以音强（声音刺激的强度）和响度（声音感觉的强度）之间的关系为例，可见如表 3-2 的对应关系：

表 3-2 音强与响度的关系

音强比	相应的响度 / 分贝
1	0
10	10
100	20
1000	30
10000	40

许多实验证明，刺激物的物理强度和它们所引起的生理过程的强度之间存在着对数的依存关系。在感觉领域中，这个关系也为许多实验事实所证明。不过，应当指出，布格尔—韦伯定律只是在刺激物为中等强度的范围内（虽然这个范围也相当大）才是正确的。接近绝对阈限或过强的刺激物作用的时候，差别感受性都会显著降低。因此，以布格尔—韦伯定律为基础的费希纳定律，也只适用于中等强度的刺激范围。

2. 史蒂文斯定律

心理学家史蒂文斯用数量估计法研究了刺激强度与感觉大小的关系。他发现心理量并不随物理量对数的上升而上升。例如，明度的增加远远低于光刺激的增加；判断线段的长度是随着线段的实际长度的增加而增加的；而电击的物理量增加一点，心理量就会显著增加（如图 3-1 所示）。

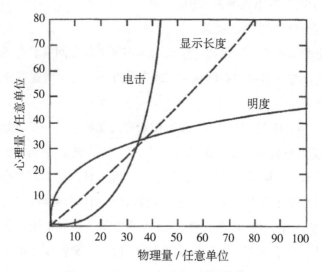

图 3-1 刺激的物理量与心理量的关系

资料来源：Stevens（1962）.

根据这些研究结果，他认为心理量并不是随着物理量对数的上升而上升，而是与物理量的乘方函数（幂函数）成正比。用数学公式可以表示为：$P = KIn$，其中，P 指知觉到的大小或感觉大小，I 指刺激的物理量，K 和 n 是被测定的常定特征数值。我们称其为史蒂文斯乘方定律。对能量分布较大的视觉、听觉等感觉通道来说，幂函数的指数较低，因而感觉量随着物理量的增长而缓慢上升；对于能量分布较小的温度觉、触压觉等感觉通道来说，幂函数的指数较高，因而物理量变化的效果更明显。

史蒂文斯乘方定律从理论上讲，说明了对刺激大小的主观尺度可以根据刺激的物理强度的乘方来标定；从实践上说，可以为工程计算提供依据。但要注意的是，因为数量估计法所得的幂定律依赖于被试正确使用数字来标记其内心的心理感觉量，因而可能会受到被试反应偏向的影响。

3. 信号检测论

再来思考一个场景，你和你的小伙伴的听觉感受性理论上讲完全相同，但是你期待某种声音信号的出现，而你的小伙伴却没有期待。你是不是会做出更多"是"的判断而出现较多的"虚报（即没有信号时报告有信号）"；而你的小伙伴会做出更多"否"的判断而出现较多的"漏报（即有信号时报告没有）"。

所以，我们对信号的检测不能仅仅依赖于感受性，还要考虑我们所设定的反应标准。以上过程就是我们常说的"信号检测论"。信号检测论是一种数学方法，用于评价个体的感受性和反应标准对信号检测做出的不同贡献。

我们根据信号的有无和被试的反应，将反应分为四种：①击中（被试正确报告了信号的出现）；②漏报（有信号出现，但被试没有报告）；③虚报（没有信号出现，但被试报告有信号）；④正确拒绝（没有信号出现，被试报告没有）。如果被试虚报率高，则说明被试采用了较低的反应标准，容易将非信号报告成信号；如果被试漏报率高，说明被试采用了较高的反应标准，容易漏掉真正的信号。

反应标准也会受到很多因素的影响，例如奖励可以降低反应标准、增加反应频率。同样，如果信号的出现频率高（如每 10 次刺激中有 7 次是信号），那么做出"是"反应的概率会较高；如果信号的出现频率低（如每 10 次刺激中只有 3 次是信号），那么做出"是"反应的概率就会较低。信号检测论对于我们更深刻地理解刺激与感觉的关系有重要的意义。

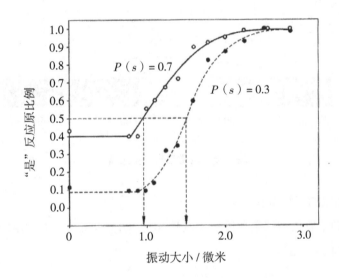

图 3-2 指尖觉察 60 赫兹振动的心理物理函数

注：信号出现概率 $P(s)$ 分别为 0.3 和 0.7，信号出现概率对测得的阈限有影响。

资料来源：Gescheider, Wright & Barton（1971）.

第二节 视 觉

在人的各种感觉中，视觉常常处于主导地位。原因在于：一方面，视觉是人获得信息的主要通道，其与人们的日常生活关系密切，人对周围世界的了解主要依靠视觉，人所获得的信息中 85% 是由视觉完成的；另一方面，当视觉获得的信息与其他感觉获得的信息相矛盾时，人们更相信视觉的信息，即"眼见为实"，如，我们把一双筷子斜着放入盛满水的碗中，我们发现筷子中央部分出现弯曲，虽然我们意图去想筷子应该是直的，但是很难做到不相信自己的眼睛。

一、视觉刺激

（一）适宜刺激

视觉的适宜刺激是波长在 380—780 纳米范围内的电磁波，即可见光。我们知道可见光只是电磁波中一个狭窄的区域，只占整个电磁波的 1/70。在此波长范围之外的电磁波，人眼无法看到。380 纳米以下的光波称为紫外线；780 纳米以上的光波称为红外线。（见图 3–3）

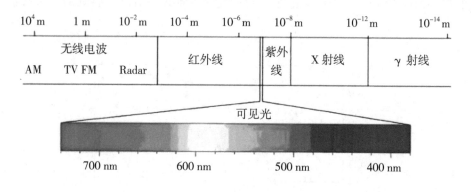

图 3–3　电磁波与可见光谱

（二）颜色视觉的三种属性

光波具有强度、波长和纯杂程度三种物理属性，分别决定了人的颜色视觉中的明度、色调、饱和度三种感觉属性。

1. 明度

明度指颜色的明暗程度，它决定于光波的强度和物体表面的反射系数。光的强度越大，物体看上去越亮，明度就越高；反之，则觉得越暗，明度就越低。当照射到物体表面的光强度恒定时，物体表面的反射系数越大，明度越高；反射系数越小，明度越低。例如，黑纸只反射出入射光线的 4%，而白纸却反射出入射光线的 85%，所以白纸比黑纸的明度要高得多。但是，光强与明度并不完全对应，如一个手电筒的亮光，白天显暗，夜晚显亮。可见，虽然光源的强度相同，但引起人们的明暗感觉则是不一样的。

2. 色调

色调指常见的红、橙、黄、绿、青、蓝、紫等颜色，它主要决定于光波的波长。对光源来说，其色调是由占优势的波长决定的，占优势的波长不同，色调也就不同。如果 580 纳米的波长占优势，光源看上去是黄色的；如果 470 纳米的波长占优势，光源看上去是蓝色的。对物体来说，色调是由物体表面反射的光波中占优势的波长决定的。如果反射光中长波占优势，物体就呈红色或橘黄色；如果短波占优势，物体就呈蓝色或绿色。

3.饱和度

饱和度是指某种颜色的纯杂程度或鲜明程度，它取决于光波的纯杂程度，即决定于物体表面反射的光波中决定其色调的光波所占的比例，所占比例越大，其饱和度就越高；反之，其饱和度越低。例如，有的物体主要反射一种波长的光波，看起来颜色单纯，即表示饱和度高；有的物体所反射的光，虽然主要是红光，但是其中也同时反射一些别的光波，如黄色、蓝色，以致看起来不是纯红色，此种情形为低饱和度。

颜色的三种属性及其相互关系，可以用三维空间的颜色锥体来说明（见图3-4）。纯的颜色都是高饱和度的（如大红色）；混杂上白、灰和其他颜色，是不饱和（或低饱和）的颜色（如浅红）；完全不饱和的颜色没有色调（如各种灰色）。

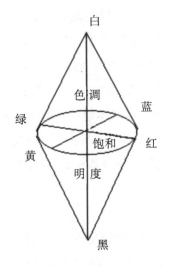

图3-4　颜色锥体

二、视觉的生理机制

视觉的生理机制包括折光机制、感光机制、传导机制和中枢机制。

（一）视觉的折光机制

眼是人的视觉器官，形状近似于一个球。前端稍突出，前后直径约为25毫米，横向直径为20毫米。它由眼球壁和眼球内容物构成（见图3-5）。

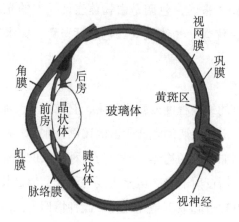

图 3-5　眼球的结构

人的眼球壁分三层。外层为巩膜和角膜。角膜有屈光作用，光线通过角膜屈折进入眼内。中层为虹膜、睫状肌和脉络膜。虹膜在角膜后面、晶状体前面，中间有一个孔叫瞳孔。虹膜具有控制功能，根据投射到视网膜上光线的多少而调节瞳孔的大小。眼球壁的内层包括视网膜和视神经内段。视网膜为一种透明薄膜，是眼球的感光部分，其中有感光细胞：锥体细胞（Cone Cell）和棒体细胞（Rod Cell）。

眼球内容物包括晶状体、房水和玻璃体，它们都是屈光介质。这些结构加上眼球前端的角膜，组成眼睛的屈光系统。晶状体起调节作用。它的曲率半径在近视觉时下降，放大率提高，并进一步增加由角膜构成的折射。当眼睛注视外物时，由物体反射的光线通过角膜、房水、晶状体和玻璃体，使物像聚焦在视网膜中央凹部位。这就是视觉的折光机制。

（二）视觉的感光机制

视网膜是眼球的光敏感层。其最外层是锥体细胞和棒体细胞；第二层含有双极细胞（Bipolar Cell）和其他细胞；最内层含有神经节细胞（Ganglion Cell）。（见图 3-6）

人的视网膜上有 1.2 亿个棒体细胞和 600 万个锥体细胞。两种细胞在形态上具有明显的区别。棒体细胞细长，呈棒状，长度为 0.04—0.06 毫米，直径为 0.002 毫米。锥体细胞粗短，呈锥形，长度为 0.028—0.058 毫米，直径为 0.0025—0.0075 毫米。（见表 3-3）

棒体细胞与锥体细胞在视网膜上的分布也不同。在视网膜中央凹，只有锥体细胞，没有棒体细胞，这是视网膜上对光最敏感的区域。离开中央凹，棒体细胞急剧增加。在视网膜边缘，只有少量的锥体细胞。在中央凹附近，有一个对光极不敏感的区域叫盲点，来自视网膜的视神经节细胞的神经纤维在这里聚合成视神经。棒体细胞和锥体细胞的功能也不同。棒体细胞是夜视器官，它们在昏暗的照明条件下起作用，主要感受物体的明暗;锥体细胞是昼视器官,在中等和强的照明条件下起作用,主要感受物体的细节和颜色。

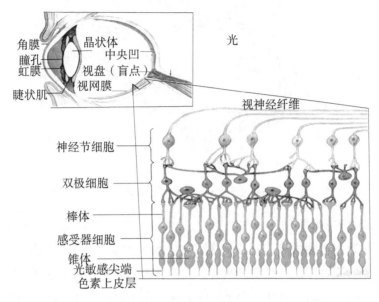

图 3-6　视网膜的组织结构

表 3-3　锥体细胞和棒体细胞的形态、数量、分布和功能对比

维度	锥体细胞	棒体细胞
形态	短而粗,呈锥形,长度 0.028—0.058 毫米,直径 0.0025—0.0075 毫米	细而长,呈棒状,长度 0.04—0.06 毫米,直径 0.002 毫米
数量	600 万个	1.2 亿个
分布	主要分布在中央凹,中央凹以外数量急剧下降,在视网膜边缘只有少量	只有少量分布在中央凹以外,在 16°—20° 处最多
功能	昼视器官,在中等和强的照明条件下起作用,主要感知物体的细节和颜色	夜视器官,在昏暗的照明条件下起作用,主要感受物体的明暗(对蓝色更敏感)

（三）视觉的神经传导机制

电信号从感受器产生以后,沿着视神经传至大脑。传导由三级神经元实现:第一级为视网膜双极细胞;第二级为视神经节细胞;第三级神经元的纤维从外侧膝状体发出,终止于大脑枕叶的纹状区（布鲁德曼第 17 区）。（见图 3-7）视觉的神经传导机制不仅把神经兴奋从外周传入中枢,而且对输入的信号进行了加工处理。这对视觉现象的产生有重要的意义。

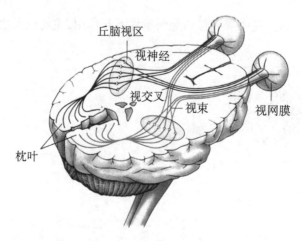

图 3-7　人的视觉通道模式

（四）视觉的中枢机制

视觉的直接投射区为大脑枕叶的纹状区（布鲁德曼第 17 区），这是实现对视觉信号初步分析的区域。当这个区域受到刺激时，人们能看到闪光；这个区域被破坏，病人会失去视觉而成为瞎子。与该区邻近的另一些脑区，负责进一步加工视觉的信号，产生更复杂、更精细的视觉，如认识形状、分辨方向等。这些部位受到损伤，病人将失去对物体、空间关系、人面、颜色和词的认识能力，产生各种形式的失认症（Agnosia）。

1. 视觉感受野

视觉感受野（Receptive Field of Vision）是指视网膜上的一定区域或范围，当它受到刺激时，能激活视觉系统与这个区域有联系的各层神经细胞的活动。视网膜上的这个区域就是这些神经细胞的感受野。感受野具有层次结构，细胞越高级，感受野就越大。

2. 特征觉察器

基于对感受野的研究，研究者发现视觉系统的高级神经元能对呈现给视网膜上的、具有某种特性的刺激物做出反应。这种高级神经元叫特征觉察器。高等哺乳动物和人类的视觉皮层具有边界、直线、运动、方向、角度等特征觉察器，由此保证了机体对环境中提供的视觉信息做出选择性反应。

三、基本的视觉现象

（一）感受性与视敏度

1. 感受性

在正常情况下，视觉对光的强度具有极高的感受性。人眼对颜色的分辨能力也是很强的，在整个光谱能分辨出 150 种不同的颜色。在可见波长范围内，眼睛对波长细微不同的辨别能力，决定人对不同色调的辨别能力。有实验表明：对不同颜色的感觉的发生速度不同，达到最大感觉所需要的时间也就不同。其中绿色最快，红色次之，蓝色最慢。一个有趣的实验可以演示这个现象。以不大的速度转动分为白色和黑色扇形的圆盘，可在圆盘的外圈看见一个淡红色的薄层，而在圆盘的中部看见淡蓝色；当转动加快时，淡红色便向圆盘中部转动。因为在圆盘中外围白色作用的持续时间较短，所以在慢转时外圈可见感觉速度较快的红色，而内圈可见感觉速度较慢的蓝色；转速加快后，外圈中白色持续时间已来不及让红色感觉建立，红色转移到内圈。

2. 视敏度

视敏度（Visual Acuity）是指视觉系统分辨最小物体或物体细节的能力。医学上称之为视力。视敏度的大小通常用视角大小来表示。所谓视角，即物体通过眼睛节点所形成的夹角。视角大小取决于物体的大小及物体离眼睛的距离。当你能够看清一个物体或物体间的距离时，视角越大，视力越差；视角越小，视力越好。

视敏度一般可以分成最小可见敏度、游标敏度和最小间隔敏度三种。

最小可见敏度是指视觉系统能够分辨最小物体的能力。测量这种敏度通常以白色背景上的一条黑线作为测试图形，在变化黑线宽度的情况下，要求被试报告是否觉察到它的存在。在最佳观察条件下，人们能够觉察的最小物体为 0.5 弧度秒宽的一条细线。

游标敏度是用游标来测定的。它要求被试能够分辨两条线段的相对移动。在最佳观察条件下，成人刚刚可以分辨的最小偏移为 2 弧度秒。可见，测试的方法与手段不同，视敏度的大小是不同的。

最小间隔敏度是指视觉系统区别物体间最小间隔的能力。一种测量最小间隔敏度的方法是采用具有相等宽度的黑白交替的线条图形（栅条），被试能够分辨的栅条宽度越小或图形的空间频率（用每度视角包含的栅条周数来表示）越大，那么视敏度就越好。实验表明，在最佳观察条件下，成人的间隔敏度为每度 45—60 周，它相当于 1/2—2/3 弧度分宽的栅条。在医院检查视力时使用的 E 型视标和蓝道环（C），也是用来测量最小间隔敏度的。在距离恒定时，人们能看清的间隔越小，视力就越好。

影响视敏度的因素很多，如视网膜受刺激的部位、背景的照明、物体与背景之间的对比、眼睛的适应状态等。研究表明，视网膜上的锥体细胞是分辨细节刺激的主要感受器。由于锥体细胞主要分布在视网膜中央部分，因此，当光刺激落在中央凹附近时，视敏度最大；偏离中央凹越远，由于锥体细胞的数量减少，视敏度越小。

（二）视觉中的时间因素

1. 视觉适应

当刺激物持续作用时，人的感受性会发生变化，这种现象叫作适应。视觉适应有明适应和暗适应。

明适应（Bright Adaption），指照明开始或由暗处转入亮处时人的视觉感受性下降的过程。明适应需要的时间较短，在 1 秒的时间内，由明适应引起的阈限值的上升，就已经很明显。在 5 分钟之内，明适应就全部完成了。当我们看完电影，从电影院出来时，开始觉得光线刺眼，但很快就会恢复到正常状态。

暗适应（Dark Adaption），指照明停止或由亮处转入暗处时视觉感受性提高的过程。夜晚从明亮的室内走到室外，会发生暗适应过程。暗适应是如何产生的呢？我们的视杆细胞含有一种光感色素，可以产生黑和白的视觉。一旦被光击中，这些视觉色素就会发生化学分解，即"被漂白"。我们的眼睛被刺眼的闪光灯直接晃照后引起的后像就是这种漂白的结果。事实上，只需要几秒钟对白光的注视，就可以完全消除暗适应。因为要恢复光感受性，视觉色素就必须重新混合，但这需要时间。这也就是晚上开车的时候要注意不要直视迎面而来的车头灯的原因所在。

研究发现，视网膜上的视杆细胞和视锥细胞都参与了暗适应过程，但二者作用的大小和起作用的阶段不同。从暗适应曲线（见图 3-8）我们可以看出，在暗适应的最初 7—10 分钟内，感受性骤升。在这之后，暗适应曲线改变方向，感受性继续上升，出现杆锥裂（Rod Cone Break），之后，只有视杆细胞起作用。整个暗适应过程持续 30—40 分钟。

那么，你肯定好奇有没有可以加速暗适应的方法呢？答案是肯定的，视杆细胞对非常红的光不敏感。因此在潜水艇、飞机座舱、战斗机飞行员和地勤人员的值班室中可以放置红光照明设备，这也是利用了视觉感受性的特性，这样工作人员就可以快速进入黑暗环境工作，而不需要暗适应过程。

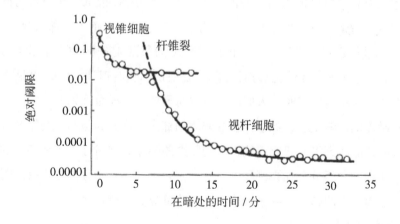

图 3-8　暗适应曲线

注：纵坐标是光适应眼睛的绝对阈限，1.0 是刚刚可以觉察到的阈限值。

资料来源：Hecht & Shlaer（1938）.

2. 后像

在刺激停止作用于感觉器官后,所产生的感觉现象并不立即消失而能保留短暂时间,这就是后像。后像有正后像和负后像。正后像的性质和原刺激的性质相同;负后像的性质则同原刺激的性质不同。夏天天空中出现闪电时,我们注视一会儿,便会在出现闪电的位置看到闪电持续现象,这就是正后像;注视一个红色正方形一分钟,然后将视线转向一张白纸,这时你在白纸上看到一个绿色的正方形,这就是负后像。注视图 3-9 中的灯泡 30 秒,去看白色的背景,会看到一个发亮的灯泡,中间是暗色的灯丝。

图 3-9　负后像

3. 闪光融合

断续的闪光由于频率增加,人们会得到融合的感觉,这种现象叫闪光融合。例如,日光灯的光线每秒闪动 100 次,我们看不出它在闪动;高速转动的电风扇,我们看不清每扇叶子的形状。这都是闪光融合的结果。刚刚能够引起融合感觉的刺激的最小频率,叫闪光融合临界频率或闪烁临界频率(Critical Flicker Frequency),它表现了视觉系统分辨时间能力的极限。融合临界频率越高,即融合阈限越高,对时间分辨作用的感受性也就越大。

闪光融合依赖于许多条件。刺激强度低时,临界频率低;随着强度上升,临界频率明显上升。在视网膜中央凹部位,临界频率最高,偏离中央凹 50°,临界频率明显下降。可见,不同的视觉感受器在不同的刺激条件下,对刺激时间的感受性是不同的。

4. 视觉掩蔽

在某种时间条件下,当一个闪光出现在另一个闪光之后,这个闪光能影响到对前一个闪光的觉察,这种效应称为视觉掩蔽(Visual Mask)。在研究光的掩蔽效应时,目标物或者出现在掩蔽光之前，或者同时出现，或者出现在掩蔽光之后。在这些条件下，对目标的觉察都明显受到掩蔽光的影响。视觉掩蔽除了光的掩蔽之外，还有图形掩蔽、视觉噪声掩蔽等。

（三）视觉中的空间因素

1. 视觉对比

视觉对比是由光刺激在空间上的不同分布引起的视觉经验，可分为明暗对比和颜色对比两种。明暗对比由光强在空间上的不同分布造成。

2. 马赫带

马赫带（Mach Band）是马赫发现的一种明度对比现象，它是一种主观的边缘对比效应。当观察两块亮度不同的区域时，边界处亮度对比加强，使轮廓表现得特别明显。例如，将一个星形白纸片贴在一个较大的黑色圆盘上，再将圆盘放在色轮上快速旋转，可看到一个全黑的外圈和一个全白的内圈，以及一个由星形各角所形成的不同明度灰色渐变的中间地段。而且还可看到，在圆盘黑圈的内边界上，有一个窄而特别黑的环。由于不同区域的亮度的相互作用而产生明暗边界处的对比，使我们更好地形成轮廓知觉。这种在图形轮廓部分发生的主观明度对比加强的现象，称为边缘对比效应。边缘对比效应总是发生在亮度变化最大的边界区域。

一般用侧抑制来解释马赫带现象。由于相邻细胞间存在侧抑制，来自暗明交界处亮区一侧的抑制大于来自暗区一侧的抑制，因而使暗区的边界显得更暗；同样来自暗明交界处暗区一侧的抑制小于亮区一侧的抑制，因而使亮区的边界显得更亮。如图3-10所示。

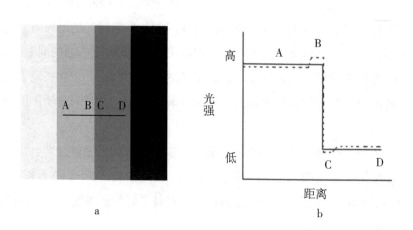

图3-10　马赫带

资料来源：Ratiff（1965）．

（四）颜色

1. 颜色混合

人很少看见单纯的只有一种波长的光波，绝大多数情况下都是不同波长的光波混合起来的光。从牛顿时代开始，人们就研究颜色的混合并企图找出说明颜色混合现象的规律。已肯定的比较重要的有互补律、间色律和代替律。

（1）每一种颜色都有另一种同它相混合而产生白色或灰色的颜色。这两个颜色称为互补色。例如红色和浅青绿色、橙黄色和青色、黄色和蓝色、绿色和紫色等，都是互补色。

（2）混合两种非互补色的时候，便产生一种新的、介乎它们之间的中间色（如蓝色和红色相混合产生紫色，红色和黄色相混合产生橙色）。这个新色彩的色调由两个参加混合的色的强度比例所决定。波长短于 560 纳米的色混合获得的新色彩要比光谱中相似的色有较小的饱和度。

（3）混合色的颜色不随被混合的颜色的光谱成分而转移。不同颜色混合后产生的相同的颜色可以彼此互相替代（如纯的光谱黄色或由其他颜色混合而产生的黄色跟蓝色混合，能产生同样的灰色）。选择三种基本色彩以不同的比例混合，可以得出眼睛所能见的一切颜色。

2. 色觉缺陷

色觉缺陷包括色弱（Color Weakness）和色盲（Color Blindness）。

色觉正常的人可以用三种波长的光来匹配光谱上任何其他波长的光，因而称三色觉者。色弱患者虽然也能用三种波长来匹配光谱上的任一波长，但他们对三种光波的感受性均低于正常人。在刺激光较弱时，这些人几乎分辨不出任何颜色。色弱患者在男性中占 6%，是一种常见的色觉缺陷。

另一种色觉缺陷为色盲，分为全色盲和局部色盲两类。

患全色盲的人只能看到灰色和白色，丧失了对颜色的感受性。这种人一般缺乏锥体系统。无论在白天还是晚上，他们的视觉都是棒体视觉。这种病人很少见，在人口中只占 0.001%。

患局部色盲的人还有某些颜色经验，但他们经验到的颜色范围比正常人要小得多。局部色盲又分红绿色盲和黄蓝色盲，前者把整个光谱看成黄、蓝两种颜色，后者则看成红、绿两种颜色。局部色盲中红绿色盲最为常见。在色觉缺陷中，以色弱与红绿色盲较为常见，男性中约占 6%，而女性仅占 0.5%—0.8%。色彩视觉在工作选择上十分重要，有色觉缺陷的人，不能当画家、染色工人、航空人员、汽车和火车司机。

3. 色觉理论

人们一直试图搞清楚眼睛是如何利用光建立起一个色彩世界的，因此产生了多个色觉理论。

（1）三色说

英国科学家托马斯·杨于 1802 年假定在人的视网膜中有三种不同的感受器，每种感受器只对光谱的一个特殊成分敏感。当它们分别受到不同波长的光刺激时，就产生不同的颜色经验。1856 年赫尔姆霍茨放弃了杨的这种看法：一种感受器只对一种波长敏感。他为三种感受器设想了三条不同的光敏感曲线。三种感受器对各种波长的光都有反应，但红色感受器对长波更敏感，绿色感受器对中波更敏感，蓝色感受器对短波更敏感。因此，当光刺激作用于眼睛时，将在三种感受器中引起不同程度的兴奋。各种颜色经验是由各种感受器按相应的比例活动而产生的。例如，红光引起红色感受器的强烈兴奋，而使绿色和蓝色感受器产生微弱的兴奋，结果，引起红色感觉。如果红、绿、蓝三种感受器的兴奋比例为 5：7：11，那么得到的将是绿蓝色感觉。

三色理论较好地说明了颜色混合的事实。由于视网膜上存在三种具有不同视觉色素的锥体细胞，因而可以分别对不同波长的光做出反应。但是，这个理论也有明显的缺陷。例如，它不能解释红绿色盲。红绿色盲的患者把光谱的短波部分看成蓝色，长波部分看成黄色，因而没有红、绿经验。按三色理论，这种患者应该缺乏感红和感绿的锥体细胞。由于三色理论假定黄是由红、绿混合产生的，因此缺乏感红和感绿装置的病人，不应该具有黄色的经验，这和病人的实际色觉经验是不符合的。

（2）四色说

1874 年，黑林提出了四色说。他认为，视网膜存在着三对视素：黑—白视素、红—绿视素、黄—蓝视素。它们在光刺激的作用下表现为对抗的过程，黑林称之为同化作用和异化作用。例如，在光刺激时，黑—白视素异化，产生白色经验；在没有光刺激时，黑—白视素同化，产生黑色经验。按同样的道理，在红光的刺激下，红—绿视素异化，产生红色经验；在绿光刺激下，红—绿视素同化，产生绿色经验。在黄光作用下，黄—蓝视素异化，产生黄色经验；在蓝光作用下，黄—蓝视素同化，产生蓝色经验。

用四色理论可以解释人为什么能够感知各种不同的颜色。由于视素的同化或异化，我们不仅可以产生红、绿、黄、蓝的感觉，而且由于两对视素的共同活动，还能产生青、紫等各种颜色的感觉。由于红—绿视素或黄—蓝视素可能单独作用，因而人们可看到光谱上更饱和的颜色。用四色说解释红绿色盲也较容易。但由于黄—蓝视素继续起作用，因而不会导致黄色经验消失。四色说还较好地说明了红—绿或黄—蓝为什么不能同时存在于同一颜色之中。四色说虽然较好地解释了许多色觉现象，但人们在视网膜上既没有找到任何成对的视素，对于视素的同化和异化，也没有从生理学上得到任何证明。因而这种学说带有假设的性质，长时期内没有为人们所接受。

（3）现代对立色理论

1958 年心理学家赫尔维奇（L. Hurvich）和詹米逊（D. Jameson）用心理物理学方法，证实了黑林的对立作用理论。1959 年他们假定了一种神经装置，用来解释按三色方式编码的视网膜信息怎样传递给中枢的对立色系统。图 3-11 中的三个圆圈代表视网膜上红、绿、蓝三种锥体细胞，它们分别对长波、中波和短波敏感。在视觉系统的高级水平上，存在着三种拮抗细胞，如黑白、红绿、黄蓝细胞。每种感受器都有三种输出，它们分别和三种拮抗细胞相联系。其中有的输出是兴奋的，有的是抑制的。例如，红色感受器能使黄—蓝兴奋、红—绿抑制；蓝色感受器的输出使红—绿兴奋、黄—蓝抑制。赫尔维奇等人相信，在三种拮抗细胞中，红—绿和黄—蓝细胞与颜色编码有关，而黑—白细胞与明度有关。后者是由于三种锥体细胞输出的累积作用而出现兴奋的。在黑林的四色说中，黑—白视素是对立的，而在赫尔维奇等人看来，这是一种非拮抗的明度系统，通过不同锥体和拮抗系统进行的颜色编码。现代的拮抗色理论，得到了一系列生理学实验的支持，布朗等人（1964）将直径为 2 微米的光束聚集在单一锥体上，并分析锥体对光的吸收作用。发现在人眼视网膜中存在三种不同类型的锥体，它们对光的最大吸收作用分别为 450 纳米、525 纳米和 555 纳米。这三种感受器被称为短波感受器、中波感受器和长波感受器。马尔克斯也证明，三种锥体对光的最大吸收作用分别为 445 纳米、535 纳米、570 纳米。从 20 世纪 50 年代末以来，生理学家们还先后在动物的视神经节细胞和外侧膝状体细胞内，发现了编码颜色信息的拮抗机制。由于这些发现，我们有理由相信，在视网膜上存在三种锥体细胞，分别对不同波长的光敏感。在视网膜水平上，色觉是按三色理论提供的原理产生的。而在视觉系统更高级的水平上，存在着功能拮抗的细胞，颜色的信息加工表现为拮抗的过程。

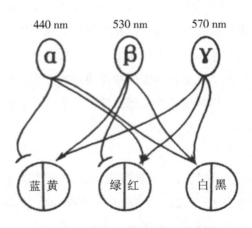

图 3-11　视觉系统颜色编码示意图

第三节　听　觉

在人的各种感觉中，听觉（Hearing）的重要性仅次于视觉，大约有 10% 的信息是通过听觉器官来获得的。人际言语交流主要靠听觉作为沟通渠道。许多危险信号也是通过听觉传递的。所以，听觉在动物和人的适应行为中有重要的作用。

一、听觉的刺激

（一）适宜刺激

听觉的适宜刺激是物体振动所产生的声波。每秒钟振动 16—20000 次范围内的声波是人耳所能接受的，而每秒钟振动超过 20000 次的超声波和每秒钟振动低于 16 次的次声波则是人耳感受不到的。

我们所听到的声音有纯音和复合音之分。纯音是由单一的正弦波得到的声音，如敲击音叉发出的声音就属纯音。在日常生活中人们听到的大多数声音都不是纯音，而是复合音，即由不同频率和振幅的纯音混合在一起得到的声音。复合音可以通过仪器分解为若干纯音。声音还可根据发声体的振动是否具有周期性或频率规则与否分为乐音和噪声。乐音是指频率规则呈周期性的声波振动，如歌唱家的歌声、小提琴发出的声音等。乐音和谐悦耳，有益于身心健康，能使人振奋精神、消除疲劳，还可治疗疾病。噪声是指频率不规则无周期性的声波振动，如敲打声、沙沙声等。噪声给人一种不愉快的感觉，它有损于健康，容易使人心烦意乱，注意力分散。

（二）听觉的基本特性

声波具有频率、振幅和波形三种物理属性。

频率指发声体每秒振动的次数，单位为赫兹。成年男子语音的频率低，女子和小孩语音的频率高。振幅指振动物体偏离起始位置的大小。发声体的振幅大小不同，它们对空气形成的压力大小也不相同。振幅大，压力大；振幅小，压力小。测量声音的强度用声压水平，单位为分贝。波形是由发声体的特点决定的。不同的发声体如小号、长笛等都有自己特殊的波形。正是声波的这些物理属性，才决定了听觉的基本特征：音高（音调）、音响（音强）和音色。

1. 音高（音调）

音高是指声音的高低，它是由声波频率决定的。频率越高，我们听到的声音就越高；反之，就越低。研究表明，音高一般在 50—5000 赫兹范围内的声音的感受性最高。决定音调的因素除了频率外，还有其他因素。首先，受到声音持续时间的影响。研究发现，为了体验到某个确定的音调，声音刺激必须持续一定时间。例如，频率为 50 赫兹的声音,最小持续时间为 60 毫秒,而频率为 1000 赫兹的声音,最小持续时间为 10 毫秒。其次,受到声音强度的影响。一个纯音的音调随刺激强度的改变而改变。例如,当声压从 40 分贝上升到 110 分贝时,一个 500 赫兹的纯音的音调下降约 4%。但是,对复合音来说,强度对音调没有影响。如果用单簧管进行演奏,那么不管它的声音是强是弱,音调是一样的。再次,它还和复合音的音调有关。如果一个复合音由几种频率的声音组成,而不同声音的频率差是恒定的(例如都差 100 赫兹),那么复合音的音调是由这些声音的频率差来决定的。例如,一个复合音的频率成分分别为 800、900、1000 和 1100 赫兹,那么它的音调相当于 100 赫兹的声音刺激所产生的音调。同样,如果复合音的频率成分为 500、700 和 900 赫兹,那么它的音调就和 200 赫兹的音调相当。如果把 400、600 和 800 赫兹的声音加到 500、700 和 900 赫兹的声音中去,那么整个复合音的音调将由 200 赫兹产生的音调下降到 100 赫兹产生的音调。

2. 音响(音强)

音响是声音的强弱,它是由声波的振幅决定的。振幅大,声音强度就大;反之,强度小。人耳适宜的感受范围是 0—130 分贝,超过 130 分贝的声音引起的不再是听觉而是痛觉。音响还和声音频率有关。在相同的声压水平上,不同频率的声音响度是不同的。而不同的声压水平却可产生同样的音响。音响与频率的关系,可以从等响曲线上看出来(见图 3-12)。

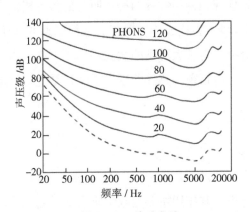

图 3-12 等响曲线

3. 音色

音色是指把基本频率与强度相同但附加成分不同的声音彼此区分开来的特性。比如 "a、o、e" 不同发音体发出的声波都有自己的特异性;用长笛、小提琴、单簧管演奏同一乐曲,尽管频率、振幅大体相同,但由于三种波形相差很大,听起来三者大不相同,这就是音色上的差异。音色是反映声波混合特性的心理量,它取决于声波的波形,波形不同,音色也就不同。

（三）声音的掩蔽

一个声音由于同时起作用的其他声音的干扰而使听觉阈限上升，称为声音的掩蔽。例如，在一间安静的房屋内，我们可以听到闹钟的嘀嗒声、暖气管内的水流声、电冰箱的马达声，而在人声嘈杂的室内或马达轰响的厂房内，上面这些声音就被掩蔽了。

声音掩蔽有纯音掩蔽、噪声对纯音的掩蔽以及纯音和噪声对语音的掩蔽等几种。纯音掩蔽是指用一个纯音为掩蔽音，观察它对不同频率的其他声音的影响。

声音的掩蔽依赖于声音的频率、掩蔽音的强度、掩蔽音与被掩蔽音的间隔时间等。兹伟克（Zwicher）和沙而夫（Scharf）等用1200赫兹的声音作掩蔽音，变化它的强度，然后观察它对其他声音的掩蔽作用。结果发现，与掩蔽音频率接近的声音，受到的掩蔽作用大。频率相差越远，受到的掩蔽作用就越小。频率太接近，产生拍音。低频掩蔽音对高频声音的掩蔽作用，大于高频掩蔽音对低频声音的掩蔽作用。掩蔽音强度提高，掩蔽作用也增加。当掩蔽音强度很小时，掩蔽作用覆盖的频率范围也较小；掩蔽音的强度增加，掩蔽作用覆盖的频率范围也增加。

（四）听觉的丧失

在声音刺激长时间作用后，听觉感受性会显著降低，这种现象称为听觉疲劳。长期的听觉疲劳，由于累加作用而得不到听觉恢复，最终造成听力降低或永久性的听力丧失。听力丧失主要表现为传导性聋和神经性聋两种。听觉的传导机制发生障碍，如鼓膜穿孔或听小骨硬化造成的听力缺陷，会造成传导性聋。这种障碍可以佩戴助听器或手术治疗。长期过度的噪声刺激、链霉素与庆大霉素的大量使用则可能会引起神经性聋。老年性耳聋是一种神经性耳聋，它对高频音的感受性逐年下降，是生理衰退的结果。

二、听觉的生理机制

（一）耳的构造和功能

耳朵是人的听觉器官。它由外耳、中耳、内耳三部分组成（见图3-13）。

外耳包括耳郭和外耳道，其作用主要是收集声音。动物的耳郭形似喇叭，由肌肉控制它的运动，可帮助对声音的定向。人的耳郭的运动能力退化了，但仍有收集声音的作用。

中耳由鼓膜、三块听小骨、卵圆窗和正圆窗组成。三块听小骨指锤骨、砧骨和镫骨。锤骨一端固定在鼓膜上，镫骨一端固定在卵圆窗上。当声音从外耳道传至鼓膜时，引起鼓膜的机械振动，鼓膜的运动带动三块听小骨，把声音传至卵圆窗，引起内耳淋巴液的振动。由于鼓膜的面积与镫骨覆盖的卵圆窗的面积的比为20∶1，因此，声音经过中耳的传音装置，其声压大约提高20—30倍。声音的这条传导途径称为生理性传导。声音的传导途径还有空气传导和骨传导。空气传导是指鼓膜振动引起中耳室内的空气振动，然后经由正圆窗将振动传入内耳。骨传导是指声波从颅骨传入内耳。骨传导效率差，但也排除了体内各种噪声的干扰。否则，人们在呼吸、咀嚼时发出的声音将影响人耳对外界声音的正常听觉。现在已经有骨传导耳机，能够让人们在听耳机的同时也能听到周围环境中的声音。

内耳由前庭器官和耳蜗组成，后者是人耳的听觉器官。耳蜗分三部分：鼓阶、中阶和前庭阶。鼓阶与中阶以基底膜分开。基底膜在靠近卵圆窗的一端最狭窄，在蜗顶一端最宽，这一点对听觉有重要的意义。基底膜上的柯蒂氏器包含着大量支持细胞和毛细胞，后者是听觉的感受器。毛细胞的细毛突入由耳蜗液所充满的中阶内。声音经过镫骨的运动产生压力波，引起耳蜗液的振动，由此带动基底膜的运动，并使毛细胞兴奋，产生动作电位，从而实现能量的转换。

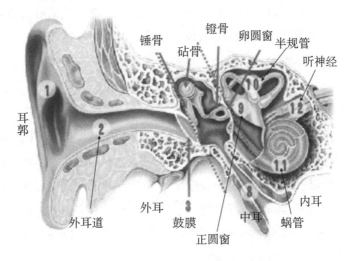

图 3-13　人耳的构造

（二）听觉的传导机制和中枢机制

毛细胞的轴突离开耳蜗组成了听神经，即第八对脑神经。它先投射到脑干的髓质，然后和背侧或腹侧的耳蜗神经核形成突触。这些区域的细胞轴突形成外侧丘系，最后终止于下丘的离散区。从下丘开始，经过背侧和腹侧的内侧膝状体，形成了两条通道。腹侧通道投射到听觉的核心皮层，背侧通路投射到第二级区。和视觉系统不同，听觉系统为皮层提供了同侧和对侧输入，以对侧为主。因此在皮层的每个耳蜗神经核中都有双向的表征。

近年来的研究表明，听觉系统的单个神经元编码声音的频率（或音调），不同神经元对不同频率有最大的敏感性。一般来说，皮下神经核细胞对较宽的频率敏感，而更高层次的细胞对较窄的频率敏感。人类的听觉系统的二级区可能对言语声音敏感。

三、听觉理论

人耳怎样分析不同频率的声音，产生高低不同的音调？从 19 世纪以来，科学家们提出了各种不同的学说。

（一）频率理论

最早的一种理论称为频率理论，是 1886 年由物理学家罗费尔得（Rutherford）提出来的。这种理论认为，内耳的基底膜是和镫骨按相同频率运动的，振动的数量与声音的原有频率相适应。如果我们听到一种频率低的声音，连接卵圆窗的镫骨每次振动次数较少，因而使基底膜的振动次数也较少。如果声音刺激的频率提高，镫骨和基底膜都将发生较快的振动。基底膜与镫骨的这种关系，类似于电话机的送话机按话音的不同频率而产生不同频率的振动，使线路内的电流出现变化，在另一端，收话机的薄膜因电流的变化而振动，并产生与送话端频率相同的语音。这种理论也叫电话理论。

后来人们发现，频率理论难以解释人耳对声音频率的分析。人耳基底膜不能做每秒1000 次以上的快速运动，这是和人耳能接受 1000 赫兹以上的声音不符合的。

（二）共鸣理论

赫尔姆霍茨提出共鸣理论。在他看来，由于基底膜的横纤维长短不同，靠近蜗底较窄，靠近蜗顶较宽，因而就像一部竖琴的琴弦一样，能够对不同频率的声音产生共鸣。声音刺激的频率高，短纤维发生共鸣，做出反应；声音刺激的频率低，长纤维发生共鸣，做出反应。人耳基底膜约有 24000 条横纤维，它们分别反应不同频率的声音。基底膜的振动引起听觉细胞的兴奋，因而产生高低不同的音调。共鸣理论强调了基底膜的振动部位对产生音调听觉的作用，因而也叫位置理论。

共鸣理论的主要根据是基底膜的横纤维具有不同的长短，因而能对不同频率的声音发生共鸣。但人们之后发现，这种根据并不充分。人耳能够接受的频率范围为 16—20000 赫兹，最高频率与最低频率之比为 1000∶1，而基底膜上横纤维的长短之比仅为10∶1。可见，横纤维的长短与频率的高低之间并不对应。

（三）行波理论

20 世纪 40 年代，著名生理学家冯·贝克西发展了赫尔姆霍茨共鸣说的合理部分，提出了新的位置理论——行波理论。贝克西认为，声波传到人耳，将引起整个基底膜的振动。振动从耳蜗底部开始，逐渐向蜗顶推进，振动运动到基底膜的某一部位，振幅达到最大值，然后停止前进而消失。随着外来声音频率的不同，基底膜最大振幅所在的部位也不同。声音频率低，最大振幅接近蜗顶，频率高，最大振幅接近蜗底（即镫骨处），从而实现对不同频率的分析。

贝克西进行过一个著名的实验：在耳蜗管的壁上钻一个孔，从小孔向基底膜上撒些铝粉，然后用玻璃将孔盖上，并观察在不同声音振动时基底膜的运动。结果发现，基底膜的不同部位对不同频率的声音进行反应。当镫骨按高频运动时，基底膜的底端振动较厉害；声音频率降低，基底膜的最大振动部位转向蜗顶。贝克西认为，基底膜的某一部位振幅越大，柯蒂氏器上的盖膜就越弯向那个区域的毛细胞，因而使有关的神经元的激活比例上升。正是这些激活率最大的成组神经元，发出了声音频率的信息。行波理论正确描述了 500 赫兹以上的声音引起的基底膜的运动，但难以解释 500 赫兹以下的声音对基底膜的影响。当声音频率低于 500 赫兹时，它在基底膜的各个部位引起了相同的运动，并对毛细胞施加了相等的影响。有人认为，声音频率低于 500 赫兹，频率理论是对的；声音频率高于 500 赫兹，位置理论是正确的。

（四）神经齐射理论

在 20 世纪 40 年代末，韦弗尔（E. G. Wever）提出了神经齐射理论。这个学说认为，当声音频率低于 400 赫兹时，听神经个别纤维的发放频率是和声音频率对应的。声音频率提高，个别神经纤维无法单独对它做出反应。在这种情况下神经纤维将按齐射原则发生作用。个别纤维具有较低的发放频率，它们联合"齐射"，就可反应频率较高的声音。韦弗尔指出，用齐射原则可以对 5000 赫兹以下的声音进行频率分析。声音频率超过 5000 赫兹，位置理论是对频率进行编码的唯一基础。

第四节 其他感觉

人的感觉除了视觉、听觉以外，还有肤觉、嗅觉、味觉，以及机体内部感觉。

一、皮肤感觉

皮肤感觉是由物体机械的和温度的特性作用于皮肤表面而引起的。从生物学意义上来说，肤觉是一种重要的感觉。在儿童知觉发展的过程中，在确定对象的位置和形式上，肤觉所起的作用是很大的。如果成人的视觉和听觉受到损坏，也可以显著地看出肤觉的重要作用。许多盲聋人是靠肤觉来认识客观世界的。

过去在很长一段时期内，人们以为肤觉是没有分化的，只有一种肤觉，即触觉。后来，才利用点刺激法分出了冷和热的感受点。19 世纪末，更确定了皮肤中有感受痛刺激的痛点。因此，现在一般把皮肤感觉分为痛、温、冷、触四种基本感觉。每种感觉有它自己的适宜刺激。每种感觉各在皮肤上占有不同的点，这些点的分布是不均匀的。各种点的数目也不相同，一般在 1 平方厘米内有 10—15 个冷点、1—2 个热点、100—200 个痛点、25 个触点。在身体上不同的部位，各种感觉点的分布各不相同。肤觉的机能与结构之间的关系问题现在还没有得到完全解决。解剖组织学者们在皮肤中找到各种形式的感受器，但是怎样把这些感受器跟感觉联系起来，还有不同的看法。多数人的意见认为触压觉的感受器是分布在没有毛的皮肤表面下的迈斯纳氏触觉小体和皮肤深层的巴西尼氏环层小体，热感受器为罗佛尼氏小体，冷感受器为克劳斯氏球，痛觉则有皮肤深处的自由神经末梢的特殊感受器。

触压觉的传入神经都通过脊髓。触压觉的皮层中枢在中央后回。皮肤位置的空间关系在皮层有相对应的投射区域，但投射面积大小不依皮肤面积的大小而定，而与皮层的功能活动状况相联系。例如，头、面部、舌、手指都在皮层占有相对大得多的面积。

（一）触压觉

触压觉包括性质不同的两种感觉，即触觉和压觉。刺激物（如触觉计的细毛）触到皮肤表面，就引起触觉。刺激物作用加强，引起皮肤外皮的变形，便产生压觉（在大气压下，压力平均分布，并不产生皮肤的变形，因而没有压觉）。

触压觉的绝对感受性在身体表面的不同位置有很大的差别。一般说来，越活动的部分触压觉的感受性越高。如果以背部中线的最小感受性作为比较单位，身体各部分的感受性如图 3-14 所示。

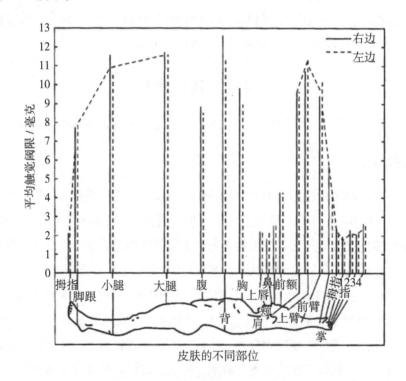

图 3-14 皮肤不同部位的触压觉定位

资料来源：贝纳特（1980）.

触压觉的感受性因皮肤的条件不同而变化。例如皮肤变热时感受性高，变冷时感受性低。

触压觉的适应相当显著。只经过 3 秒钟左右，触压觉感受性就下降到相当低的水平（约为原始值的 25%）。触压觉的适应时间与刺激的强度成正比，与受到刺激的表面的大小成反比。触压觉的定位也是相当准确的。触压觉的定位通常是用测触器测定两点感觉的阈限距离（即测定施用两个刺激点能感觉为两点而不是一点的最小距离）来表示。这个阈限值因皮肤上不同部位而异。例如：舌尖约为 1.1 毫米，手指尖端均为 2.2 毫米，手掌约为 9 毫米，而背部则达 67 毫米。

（二）温度觉

温度觉包括两种独立的感觉——冷觉和热觉。这两种感觉各有特殊的感受器，在皮肤上为冷点和热点。温度觉的感受性因身体上不同位置而异，一般说来，面部皮肤对冷热具有最大的感受性，下肢的皮肤则具有最小的感受性。身体上经常被遮盖的地方对冷有较大的感受性。

由于刺激的面积不同，温度觉的感受性也会改变。对面积大的刺激感觉强度要大些。

皮肤原来的温度和皮肤接触刺激后温度改变的速度，很有关系。与生理学零度相同的温度不能引起冷觉或热觉，高于生理学零度的温度能引起热觉，低于生理学零度的温度能引起冷觉。

温度觉的适应现象是很显著的。对单独的热点和冷点说来，不一定要适宜刺激才引起温度觉。机械的、电的和化学的动因都可以引起温度觉神经末梢的兴奋。例如薄荷作用于冷点也可以引起冷觉。

温度觉的产生是同皮肤分析器皮层部分的工作相联系的，可以通过条件反射的方法引起温度感觉就是证明。例如，在实验中随着光刺激出现之后以 43℃的热刺激物接触手的皮肤，在光和热若干次结合以后，单是光的出现即可引起热感觉，而且手的血管也同时舒张。

（三）痛觉

对痛觉感受器说来，没有一定的适宜刺激。机械的、放射能的、化学的、温度的和电的种种刺激，达到一定的强度并成为机体的破坏性刺激的时候都可以引起痛觉。痛觉所引起的反应一般是防御反射，并不因刺激的连续使用而减弱，而且有时反而倾向增强。所以，痛觉的适应程度是很低的。痛觉有一个很重要的特征是经常不能精确决定它发生的位置。

痛觉不仅是一种感觉的属性，也是大脑的属性。截肢患者中 10 人就有 7 人可以感觉到自己早已被截肢的肢体的疼痛或运动。截肢患者会尝试用幻肢离开床位或用幻手拿起茶杯。梅尔扎克（Melzack，1998）猜测，大脑会准确地预测"它会从有四肢的身体得到信息"。有一种罕见的人，他们从出生时就没有感觉疼痛的能力，他们可能已经受到严重的伤害，但却从未感受到疼痛的危险信号警告。通常他们不到成年就会夭折。

传递痛觉信号的轴突一般髓鞘很少，或者没有髓鞘。因此痛觉冲动在轴突上传递得相对较慢，速度大概仅有 2—20 米 / 秒。其中，较粗的轴突用来传递锐痛，而较细的轴突则用来传递钝痛，如外科手术后的疼痛。尽管与其他感觉信号比，痛觉信号传递到大脑的速度较慢，但是大脑对痛觉信号的加工却是很快的。

尽管目前没有一个理论可以解释所有的痛觉现象，但心理学家梅尔扎克和生物学家沃尔（1965，1983）提出闸门控制理论（Gate-control Theory）来解释一些疼痛现象。该理论认为脊髓内包含一个神经学上的"闸门"，它阻碍或者允许疼痛信号传递到大脑。脊髓内包含小的传递疼痛信号的纤维和大的传导大多数其他感觉信号的纤维。当组织受伤时，小的神经纤维会被激活并打开神经闸门，人就会体验到疼痛。大的神经纤维活动会关闭痛觉闸门，关掉痛觉。梅尔扎克和沃尔认为疼痛闸门可以被来自大脑的信息关闭。当我们的注意力从疼痛转移并通过内啡肽的释放而平静下来时，我们对疼痛的感觉大大降低。运动过程中出现的伤痛可能被忽视，直到比赛后沐浴时才感觉到疼痛。显然，对于疼痛的感觉不仅仅取决于感受器所接收的刺激。

二、嗅觉

嗅觉的适宜刺激是挥发性有气味的物质微粒。这种物质作用于鼻腔上部黏膜中的嗅细胞，产生神经冲动，经嗅神经传至嗅觉的皮层部位——海马回、沟内，产生嗅觉（见图 3-15）。

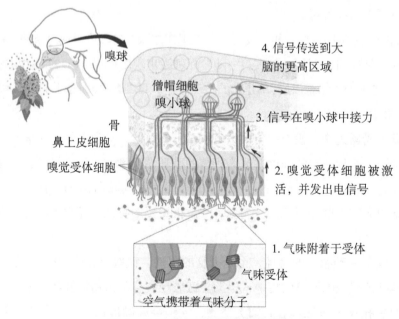

图 3-15 鼻腔的结构和嗅觉感受器

刺激物不同，嗅觉的感受性也不同。例如，每公升空气中含有 0.00004 毫克人造麝香，人就能嗅到，而每公升空气中要含有 4.533 毫克四氯化碳，人才能嗅到。嗅觉的感受性还与机体健康状况和环境因素有关。例如，温度太高或太低，空气湿度太小，人患有鼻炎、感冒等疾病，都会影响嗅觉的感受性。研究嗅觉具有重要的实践意义。目前，这一方面的研究成果已被广泛地应用于生产和生活。例如，在工厂的车间内释放一种芳香物质，可使人精神振奋，减轻疲劳，提高工作效率；在病房内放天竺香味对病人有镇静作用，能使病人安然入睡；在剧院吹送某种气味（如海水气味）会使人有身临其境的感受，增加剧情的感染力；公安部门还可以利用气味侦破案件。

当两种嗅觉刺激同时呈现时，可能产生的嗅觉有以下六种：在大多数情况下，两种气味相混合产生具有两种气味的单一的气味，并出现某些新的特征；两种气味同时存在，先是一种，然后是另一种；两种气味交替出现；能同时而分别经验到两种气味；一种气味完全掩蔽了另一种气味；一种气味可能抵消另一种气味。气味混合具有中枢性质。因为把不同的刺激物分别接近两个鼻孔，就能获得气味的混合。在听觉和视觉损伤的情况下，嗅觉作为一种距离分析器具有特别重大的意义。有的盲聋哑人曾表达：他们运用嗅觉，正如有视力的人运用视觉一样，他们是根据气味来判断熟人和熟地的。

三、味觉

凡是能溶于水的物质都是味觉的适宜刺激。味觉的感受器是分布在舌表面、咽的后部、腭及会厌上的味蕾（见图 3-16）。其中在舌上分布得特别多。每一个味蕾都含有 2—6 个味觉细胞。味分析器的皮层部位在颞叶区。在动物中，如果把电极放在皮层的这些部位，就可以记录出味觉器官受刺激时所引起的电位变动。一般认为只有酸、咸、苦、甜四种最基本的味感觉。实验证明，把食盐、白糖、草酸和奎宁四种东西按不同的比例配合可以得出各种不同的味道。同时，还证明苦的东西没有性质的不同，只有强度的不同。如果使强度相等，则马钱子素、奎宁、苦味酸等各种苦味之间就没有什么差别。味觉的感受性是用对不同浓度的溶液的阈限来表示的。味觉的感觉阈限大致如下：

糖——0.01 当量溶液

食盐——0.01 当量溶液

盐酸——0.0007 当量溶液

奎宁——0.0000001 当量溶液

味觉的感受性随着舌面的位置不同而略有不同。舌尖对甜味最敏感，舌边对酸味最敏感，舌根对苦味最敏感，而舌尖、舌中乃至整个舌部都对咸味敏感。（见图 3-17）根据电生理学的研究，测定单条神经纤维的电位，证明其兴奋是与不同的味刺激相对应的。

每条纤维都只在某一种或数种特定物质作用下才发生兴奋。这表明有不同的味蕾感受各种不同物质的味道。

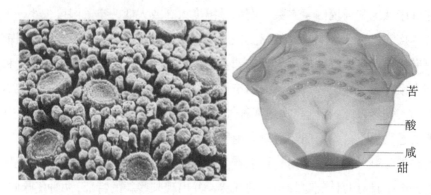

图 3-16　味蕾　　　　　　图 3-17　舌不同部分对不同的味道敏感

营养情况和味觉感受性有密切的关系。巴甫洛夫实验室的许多研究结果证明了这一点。如果习惯食肉的动物长期没肉食，对肉的味觉感受性就增加；长期以淀粉为食物，对淀粉的感受性会增加，而对糖的感受性会降低。在饥饿的影响下，对甜和咸的感受性增加而对酸和苦的感受性降低。

味觉的适应和对比作用都很明显。厨师做菜越做越咸，就是味觉适应的结果。人们吃过糖后再吃苹果，会觉得苹果发酸，是味觉的对比作用。研究味觉对比对改进烹调技术有重要意义。同一顿饭，应该将哪些食物搭配在一起，哪道菜在先，哪道菜在后，这些都影响到进餐时人们的胃口。

四、内部感觉

内部感觉反映机体内部的状态和变化，是内部器官的感受器（内感受器）。主要包括运动觉、平衡觉与内脏感觉。

（一）运动觉

运动觉也叫作动觉、运动感觉，是对身体各部分的位置、运动以及肌肉的紧张度进行反映的感觉。运动觉的适宜刺激是骨骼肌肉系统（包括言语发声系统）的伸缩运动，其感受器位于肌肉组织、肌腱、韧带和关节中。

动觉在人的生活实践中具有重要作用，它是随意运动的基础，通过它，我们在活动中可以使动作协调准确，并完成各种复杂的动作技能。动觉是触摸觉的重要组成部分，并且，动觉还和人类的言语活动有密切关系。巴甫洛夫指出，言语器官的动觉刺激是第二信号的基本成分、抽象思维的感性基础。没有声带、舌头、嘴唇参与的精确分化的运动，就不可能有人类的言语活动。

（二）平衡觉

平衡觉也叫静觉。它是由人体做加速度或减速度的直线运动或旋转运动时所引起的。平衡觉的感受器是位于内耳的前庭器官，它由半规管和前庭两部分组成。在加速或减速的旋转运动和直线运动时，半规管内的液体（内淋巴）推动感觉纤毛，因而引起兴奋。对等速的直线运动或旋转运动，半规管不发生反应。前庭器官也同内脏有密切关系。在前庭器官发生超强兴奋的时候，会引起恶心和呕吐现象，比如晕船或晕车。

（三）内脏感觉

内脏感觉是由内脏的活动和变化作用于脏器壁上的感受器而产生的。常见的内脏感觉有饥觉、渴觉、饱觉、恶心、排泄感觉、性觉等。其中枢是下丘脑和边缘系统。内脏感觉缺乏准确的定位，分辨能力差，又难于用语言描述，所以又称为"黑暗感觉"。当内脏器官工作正常时，各种感觉便融合成人的一种浑然一体的感觉。在内脏病变时，可引起痛觉，这时人们才会意识到内脏出了毛病。

五、不同的感觉现象

（一）感觉适应

感受性由于刺激的持续作用或一系列刺激的连续作用而会发生变化，这就是感觉适应。适应可以引起感受性的提高，也可以引起感受性的降低。各种感觉都存在适应现象，其中视觉适应最为人们熟悉。

前面所讲的明适应和暗适应都是感受性提高，更多的感觉适应是感受性降低。如，"入芷兰之室，久而不闻其香；入鲍鱼之肆，久而不闻其臭"，讲的正是嗅觉的适应。吃一口山楂，觉得很酸，但继续吃下去就不那么酸了，这是味觉的适应。天冷时我们刚穿上厚厚的衣服觉得很重，但很快就感觉不出衣服的压力，这是触压觉的适应。冬天用凉水洗衣服，开始觉得冰冷刺骨，过一会儿就觉得不那么凉了，这是温度觉的适应。只有痛觉不容易发生适应，因为痛觉起到警报的作用，促使人们避免刺激，远离危险，保护机体免受伤害，具有重要的生物学意义。

（二）感觉对比

感觉对比是指同一感受器接受不同的刺激而使感受性发生变化的现象。感觉对比可分为同时对比和继时对比。

同时对比是由于几种刺激物同时作用于同一感受器而产生的，这在视觉中最为常见。例如，同一个灰色方形，放在白色背景上显得暗些，放在黑色背景上显得亮些；同一个灰色圆环，放在红色背景上显得带绿色，放在黄色背景上显得带蓝色。而继时对比是由于不同的刺激物先后作用于同一感受器而产生的。例如，吃过糖后再吃西瓜，会觉不出西瓜的甜味；吃了苦的中药后再喝白开水也会觉得有甜味；身穿背心跑步，脱掉后会感觉特别轻快。这些都是继时对比产生的结果。

研究感觉对比现象在生活实践中有重要意义。如，工艺设计要利用色彩的对比；厨师在上菜时，要讲究先后次序。

（三）不同感觉的相互影响

日常生活中，人们接受环境的信息常常是多种感觉同时进行的，不同感觉通道之间会相互影响。例如，微痛刺激、某些嗅觉刺激可提高视觉的感受性；微光刺激则能提高听觉的感受性；用播放轻音乐的方法可减轻牙疼病人的痛觉等；用刀子沿玻璃边擦出来的吱吱声，会使许多人产生寒冷的感觉；食物的颜色和气味会影响人的胃口；摇晃或转动的视觉现象使人头晕目眩；在噪声的影响下，人对弱光的感受性会降低；在声音的影响下，人眼将提高对蓝色和绿色的感受性，而降低对红色的感受性；闪光刺激能使声音的响度产生起伏变化，使人产生声音脉动的感觉。

不同感觉相互作用的一般规律是：对某一感受器的微弱刺激，能提高其他感受器的感受性，而强烈的刺激则降低其他感受器的感受性。教师在使用直观教具和组织教学时，应充分考虑感觉的相互作用和对比规律。例如，浅色的教具可在黑板前演示，深色的教具可在白墙演示；要使学生分出图形上的物体，就可以把它们涂上红绿或黄蓝等对比明显的颜色；在进行识字教学时，把不易分辨的形近字"辨、辫、辩"中的"丿""纟""讠"用红笔标出，以加强对比；在组织学生进行观察自然现象或学习过程时，教师的讲解、提示声音不宜过高，更不允许周围有大声喧哗，以免影响学习的效果。

（四）不同感觉的相互代偿

人的某种感觉受损或缺失后，其他感觉的感受性会增强而起到部分弥补作用，这种现象称为不同感觉的相互代偿。例如，盲人没有视觉，但其听觉十分敏锐，他们可以通过拐杖敲击地面的回声来判别附近的障碍物；聋哑人丧失听觉之后，可以用眼睛来"听"（手势语与"唇读"）。此外随着现代科学技术的发展，人们制造了"声呐眼镜""阅读仪""电子助听器"等产品，从而为不同感觉的相互代偿提供了广阔前景。

人的各种不同感觉的相互代偿说明人的感受性可以在生活实践中得到提高和发展，特别是通过职业活动和某些特殊训练，能提高到常人难以达到的水平。当然，这需要做长期的、精细的训练才可能完成。例如，炼钢工人能够根据钢水的火花判断炉内温度的高低；磨工的视觉极为敏锐，能看到 0.005 毫米的空隙，而未受训练者只能达到 0.01 毫米；从事染色职业者可以区分 40—60 种黑色色调，而一般人只能区分 6—7 种；茶叶、烟、酒、香水专家的鉴别力，音乐家的听音能力，画家的色彩辨别及空间知觉能力较一般人发达；受过训练的小学生，能敏锐地辨别相差 1/2 音调的两个音，而没有受过专门乐器训练的小学生，就是对相差一个音阶的两个音都不易区分。所有这些事实都说明，人的各种感觉能力都蕴藏着极大的发展潜力，经过专门训练可以不断地发展和完善。小学的学习活动如音乐、朗读能发展儿童的纯音听觉和语音听觉能力，绘画能发展儿童的视觉能力，手工、泥塑能发展儿童的触觉能力，体育能发展儿童的运动觉、平衡觉能力等。教师要充分利用各种教学和课外活动，有意识地对儿童的各种感觉能力加以训练和培养。

（五）联觉

在生活中，同一种刺激可以引起几种不同的感觉体验。这种在产生一种感觉时又引起另一种不同性质感觉的现象，称为联觉。

视觉中颜色视觉最容易产生联觉。颜色可以引起温度觉，如红、黄、橙等颜色给人以温暖的感觉，被称为"暖色"；青、蓝、紫等颜色，给人以寒冷的感觉，被称为"冷色"。颜色也可以引起距离的感觉，红、黄、橙等颜色给人以向前方突出的感觉，能产生接近感，因而被称为"进色"；蓝、青、绿等颜色给人以向右方退去的感觉，能产生深远感，因而被称为"退色"。色觉还可以引起轻重觉，如家具选用淡而鲜艳的颜色，会给人轻巧感；选用深而浓暗的颜色，则给人以沉重感。此外，在其他感觉中也能产生联觉，如甜蜜的嗓音、沉重的乐曲、明快的曲调、肉麻的吹捧、令人作呕的姿态等。

研究联觉具有重要的实用价值，联觉规律已在建筑、装潢、广告、医疗等领域被广泛地应用。例如，在住房装修中，可根据房间大小来采用不同的色调。暖色有使视觉膨胀的作用，能产生接近感，而冷色则使视觉收缩，产生深远感。所以，要使宽大的房间感觉上变小些，可选择暖色，要使狭小的房间感觉变大些，可选择冷色。在国外，医院会根据不同的病情而采用不同的色彩：蓝色对高烧患者有好处，黄色和橙色有助于刺激胃口，紫色可以稳定孕妇的情绪。

本章重点概念

感觉　感受性　感觉阈限　视觉　视觉感受野　视敏度　后像　视觉掩蔽　颜色混合　色觉缺陷　色觉理论　听觉　声音掩蔽　皮肤觉　嗅觉　味觉　内部感觉　感觉适应　感觉对比

本章思考题

1.什么是感觉？感觉在人类的日常生活中有怎样的实践意义？

2. 试分析感觉阈限与感受性的相互关系。

3. 简述感觉的种类。

4. 简述布格尔—韦伯定律。

5. 试说明明适应与暗适应的特点与机制，了解视觉适应在生活中有什么重要意义。

6. 试说明音调与频率的关系。

7. 简要评述听觉的四种理论。

8. 肤觉在人类生活中有什么重要意义？

9. 简述内脏感觉的主要内容。

10. 简述痛觉的生物学意义。

11. 简述缪勒的神经特殊能量学说的主要观点。

12. 简述三种色觉理论的主要观点。

第四章

知 觉

感觉是个体对事物个别属性的反应。但在现实生活中，事物的个别属性不是单独存在的，总是与事物的整体联系在一起，对事物的整体的认识就是我们本章要学习的内容。

请看图 4-1 至图 4-4。

图 4-1 这些都是平行线，你相信吗？

图 4-2 这些都是正方形，你相信吗？

图 4-3 顺着看是一个老太太，
倒着看是美少女

图 4-4 你看到的是鸭子还是兔子？

上面这几张图代表了一些有趣的知觉现象。为什么会出现这些奇怪的知觉现象呢？除这几幅图外，在本章我们还将看到更多的知觉图，并共同来探讨知觉的奥秘。

第一节　知觉概述

一、知觉的含义

知觉（Perception）是人脑对直接作用于感觉器官的客观事物的整体属性的反映。上一章讲到的感觉，只是人脑对客观事物某一方面属性的反映，知觉则是人脑对客观事物诸多属性及其关系的综合性整体反映。例如，对于一颗苹果，我们通过视觉反映它的颜色和形状，通过味觉反映它的味道，通过触觉反映它的光滑度，这些都是单纯的感觉。但现实生活中我们不仅会产生相应的感觉，也会产生对苹果的整体知觉。又如，我们看到一幅画，除了反映一幅画的线条、色彩、构图等个别属性之外，还会由这些属性形成对这幅画的整体印象，形成知觉。

知觉是在感觉的基础上形成的，但不是感觉信息的简单结合。感觉信息是简单而具体的，它主要由刺激物的物理特性所决定。知觉则较为复杂，它要利用个体已有的经验，对所获得的感觉信息进行组织理解，使之成为有意义的整体。在知觉过程中，人脑在已有经验参与之下对各种感觉信息进行加工，给事物以名称，对事物做出解释。例如，我们听到身后熟悉的脚步声，就知道是谁来了。"听到脚步声"是感觉，"熟悉的"是指已有经验，感觉信息与已有经验的相互作用，使我们产生了"谁来了"这种知觉。

知觉是多种感觉（视觉、听觉、动觉等）协同活动的结果。任何事物都包含着个别属性，这些个别属性并不是各自孤立的，而是组合成一个整体，同时或相继作用于人的感觉器官，于是在人脑中就产生了对事物整体的印象，即知觉。因此，知觉是比感觉复杂得多的心理活动过程，它是一个多层次、多水平的信息加工过程。

二、知觉的加工过程

从信息加工的观点看，我们是如何将刺激物的个别部分或属性组合在一起，形成特定知觉物的心理表征呢？对这个问题的回答牵涉到知觉过程中自下而上的加工和自上而下的加工及其交互作用。

（一）自下而上的加工

自下而上的加工（Bottom-up Processing）也称数据驱动加工（Data-driven Processing）（Lindsay & Norman, 1977），是指知觉者从环境中一个个细小的感觉信息开始，将它们以各种方式加以组合便形成了知觉。如对物体形状的知觉依赖于物体的原始特征和线条朝向，对物体颜色和明度的知觉依赖于光的波长与振幅，运动知觉依赖于物体的转移，等等。持这种理论的心理学家认为，感受器所获得的感觉信息就是我们知觉所需要的一切，无须复杂的思维推理等高级认知过程的参与，我们就直接知觉到了周围环境。这种直接知觉（Direct Perception）理论又如何解释我们对感觉环境的识别呢？主要有这样几种理论假说。

第一种假说称为模板论，认为人们在头脑中储存有无数的模板集，这些模板非常详细，从而使我们有可能辨认出各种客体。也就是说，把观察到的客体模式与头脑中的模板集进行比较并选出与之匹配的最佳模板，我们就识别了该客体。但是模板匹配理论难以解释字母知觉中的问题。我们能辨认一个字母在大小、方向和形式上的种种变化，很难想象在我们头脑里会储存有那么多的模板而不感到累赘！这个假设显然是很不经济的。第二种假说称为原型论，认为原型不同于模板，它不是一个具体的特定样式，而是一类事物最典型（最常见）的例证。知觉的识别过程不是与模板精确、等同的匹配，而是与原型相一致。研究发现，即使人们从来没有见过完全与原型匹配的样例，人们也能够形成一种原型，识别出该客体。第三种假说称为特征论，认为人们对事物的知觉，就是把事物的特征与记忆中所储存的特征相匹配，而不是把整个事物与模板或原型相匹配。研究者不仅区分出不同的特征，还区分出不同类型的特征，如整体特征和局部特征等。上述这些直接知觉的假说虽能解释知觉形成的部分机制，但不能解释知觉形成的全部机制。

（二）自上而下的加工

知觉表征的形成还包含自上而下的加工。自上而下的加工（Top-down Processing）也称概念驱动加工（Conceptually Driven Processing），指知觉者的习得经验、期望、动机，引导着知觉者在知觉过程中的信息选择、整合和表征的建构，也称为建构知觉（Constructive Perception）理论。看图 4-5 的上部，你把被遮住下部的这串符号知觉为什么呢？可能你很容易就想到它是"科学（SCIENCE）"这个词，但实际上它是一串车牌号码。基于先前经验、假想和期望所做假设而产生的知觉定势有时会导致极大的偏差。

图 4-5 自上而下的加工图示

知觉中的自上而下机制还可以用斯特拉顿（Stratton，1897）的知觉适应实验来说明。实验中，他带上一个特制的左右调换、上下颠倒的眼镜，因而看到的世界是上下颠倒、左右反转的，开始时他连走路、吃饭和做最简单的事都很困难。但是戴上这种眼镜8天之后，他开始适应这种倒视，他看到的世界基本上像过去一样了。在知觉中我们快速形成并测试关于知觉对象的各种假设，这些都以所感觉到的（感觉数据）、所知道的（记忆中储存的知识）以及所能推断的（利用高级认知加工）为根据。但这种假设或推论往往是无意识的。

总之，在知觉表征的形成中，既有自下而上的加工，又有自上而下的加工，这两种机制之间存在复杂的交互作用。自下而上加工与自上而下加工是相互联系、相互作用的两个过程。如果人们只是依赖自下而上的加工过程，就会局限于此时此地的具体的狭隘现实，只记录知觉经验而不会利用知觉经验。如果人们只是依赖自上而下的加工过程，就会陷入个人幻想世界，被自己的主观期望所左右。知觉的基本目的是达到这两个过程的动态平衡，并充分利用原有经验对外界刺激信息做出解释。

三、知觉和感觉的关系

感觉和知觉是两个层次。感觉是较为简单的一个层次。觉察到刺激的存在，并立即分辨出刺激的个别属性，即为感觉。另外还有较为复杂的一个层次。不仅觉察到刺激的存在及其重要属性，而且知道该刺激所代表的意义，在心理学上称此层次为知觉。显然感觉和知觉是连续的，后者以前者为基础；前者是以生理作用为基础的简单心理历程，而后者是复杂的心理历程；前者是普遍现象（如眼睛正常者均有视觉），而后者则有很大的个别差异，不同的人所觉察到的相同刺激，可能在知觉上有极大的差异。

感觉和知觉的关系如同军事上侦察员和司令部的关系。侦察员只是将获得的情报迅速送达司令部，而司令部的任务是先将各种情报加以选择、比较、判断，然后再采取行动。具体说来，二者的关系如下。

（一）感觉和知觉的联系

第一，感觉是知觉的有机组成部分，是知觉产生的前提和基础。感觉是知觉的基础，没有感觉就没有知觉。对事物的感觉越丰富、越精确，对事物的知觉也就越全面、越正确。

第二，感觉和知觉密不可分。感觉和知觉在日常生活中是密切联系着的。孤立的感觉只有新生儿才有。一旦儿童获得了足够的知识、经验后，单纯的感觉也就少了。

这就是说，当人和客观事物接触时，事物的个别属性总是作为一个方面和事物的整体一同被反映出来。因此，感觉和知觉被统称为感知。

第三，感觉和知觉都是对直接作用于感觉器官的事物的反映。客观事物一旦在感官所及范围内消失，感觉和知觉也就随之消失，而且感觉和知觉的主观印象都是具体的感性形象，它们同属于认识的感性阶段。

（二）感觉和知觉的区别

第一，所反映的具体内容不同。感觉是人脑对客观事物个别属性的反映，通过感觉可获得对事物个别属性的认识。知觉是对客观事物整体的反映，通过它可了解事物的意义，因而使内容更为丰富和生动。

第二，产生的过程不同。感觉是通过感官的特殊传导通路，把信息投射到大脑皮层的相应区域，经过简单的信息加工而获得的对事物属性的认识。感觉是单一分析器工作的结果。而知觉是依赖大脑皮层联合区的机能而实现的，是大脑对不同感官通路的信息进行加工整合的结果。所以，知觉是多种分析器系统工作的结果。

第三，赖以产生的因素不同。感觉的产生更多是由刺激物本身的性质决定的，而知觉在很大程度上依赖于主体的需要、动机、兴趣、记忆、思维、言语等，并且极大地依赖个人的知识和经验。在知觉一个物体时，人们总是有意或无意地在头脑中探索着，把它归纳到自己过去经历过的某个范围中，并说出其名称。因此，知觉是比感觉复杂得多的心理活动现象。

总之，感觉和知觉都是人对客观世界认识的初级阶段，是人们认识世界的开端，也是人类一切知识的源泉。感觉和知觉又是其他一切心理活动形成和发展的基础，一个人若没有感知觉，就不能形成表象、思维、情感、意志等复杂的心理活动。

四、知觉的种类

知觉分类的标准有多种。根据知觉感受器在活动中所起的主导作用，可以把知觉分为视知觉、听知觉、嗅知觉和触知觉等等。根据知觉对象具有的空间、时间和运动特性，可以把知觉分为空间知觉、时间知觉和运动知觉。根据知觉对象是否是人，可以把知觉分为社会知觉、物体知觉。根据知觉与客观事物是否相符，可以把知觉分为正确的知觉、错觉。以下是几种常见的分类方法。

（一）根据知觉过程中起主导作用的感受器分类

1. 视知觉

视知觉是以视分析器为主，有运动分析器参加的知觉，可接受信息的 80% 以上。它是更进一步地从眼球接收到视觉刺激后，一路传导到大脑并接收和辨识的过程，包含视觉刺激撷取、组织视觉信息，最后做出适当的反应。因此，视知觉包含了视觉接收的基本要素，也包含了视觉认知两大部分。简单来说，看见了、察觉到了光和物体的存在，是与视觉接收好不好有关；但了解看到的东西是什么、有没有意义、大脑怎么做解释，是属于较高层的视觉认知的部分。视知觉包括形象视知觉和语言视知觉。人们通过形象视知觉辨认事物，掌握知识，形成技能，从事劳动和进行艺术欣赏；通过语言视知觉辨认文字进行阅读，了解文字的含义。

2. 听知觉

听知觉是以听分析器起主导作用的知觉，人们10%以上的信息是靠听知觉获得的。它包括语音知觉、乐音知觉和噪声知觉。

（1）语音知觉：人的语音知觉从小就在社会环境的影响下不断发展，它是形成口头语言的重要因素。

（2）乐音知觉：音乐、诗歌朗诵都是乐音，它对于丰富人的精神生活、提高审美能力是非常重要的。

（3）噪声知觉：对噪声的听知觉和耐受可以保护人的神经系统、心血管系统和内分泌系统，保证人的身体健康。

3. 触知觉

触知觉是皮肤感觉与运动感觉相结合的知觉，它对于认识物体的形状、大小、软硬，形成多种技能具有重要意义。

前面已经讲到，知觉是多种分析器共同活动的结果。也就是说，知觉是对复合刺激物的反映。在复合刺激物中，往往有两种或两种以上的刺激对知觉的产生起主导作用，因此，便有两种或两种以上加工重要刺激的起主导作用的分析器存在。例如，看电影时，视、听分析器都起着主导作用，则看电影的知觉称为视—听知觉；弹吉他时，听分析器和运动分析器一同起着主导作用，故称为听觉—运动知觉。

（二）根据知觉对象分类

根据知觉对象不同，知觉可分为空间知觉、时间知觉、运动知觉和社会知觉。空间知觉处理物体的大小、形状、方位和距离信息，时间知觉处理事物的延续性和顺序性，运动知觉处理物体在空间的位移等。

社会知觉是人们在社会活动中对人、对己、对群体认识的过程。它不仅是对人的外部特征（外貌、姿态、行为举止等）的知觉，而且要在人与人的交往过程中，通过对人外部特征的知觉，判断人的内部动机、兴趣、个性和心理状态等，从而形成对人的认识、印象和评价。社会知觉包括对他人的知觉、自我知觉、人际知觉等。这些都是社会心理学的重要研究内容。

第二节 知觉的基本特性

知觉的基本特性主要包括选择性、理解性、整体性和恒常性。

一、知觉的选择性

知觉的选择性是指人们能够迅速地从背景中选择出知觉对象。人的周围环境是丰富多彩的，每时每刻都有大量的信息作用于我们。我们用感官接受信息时，并非对环境中所接触到的一切刺激特征悉数收下，眼睛的功能不同于相机，耳朵的功能也不同于录音机，因而所得到的视听觉经验是带有选择性的，只能选择那些对人有意义的刺激物成为知觉对象，而把其余刺激物当作背景。知觉的对象能够得到清晰的反映，而背景只能得到比较模糊的反映。

例如，在街上同一位友人谈话，我们所听见的不只是对方的话语，还可以听到汽车发动机的噪声、其他人的说话声等等。在这种情况下，友人的说话声是我们知觉的对象，他的讲话我们听得很清楚。而其他声音则是这种谈话声的背景，听不清楚。

知觉中的对象和背景是相对的，可以互相转换。哪些事物成为知觉对象，哪些事物成为知觉背景，都不是固定不变的。在一种情况下作为知觉对象的刺激物，在另一种情况下则成为知觉的背景，原本成为背景的刺激物，反倒成为知觉的对象。例如，在教学课堂上，老师在黑板上写字，黑板上的字是学生的知觉对象，而附近的墙壁、挂图等则是背景。当老师讲解挂图时，挂图便成了知觉对象，而黑板上的字则又变成了背景。同样，当我们不再听教师的讲课而去听门外的脚步声时，原属背景的一部分脚步声现在却成了知觉的对象，而教师的讲课声便成了知觉的背景。正因为知觉的对象和背景在一定条件下可以发生一定的转化，因此，人们的知觉便具有相对性。

知觉的图形从背景中分离，与注意的选择性有关。当注意指向某种事物的时候，这种事物便成为知觉的图形。而当注意从一个对象转向另一个对象时，原来的知觉图形就成为背景。因此，人们的知觉是由图形和背景的相互关系来决定的。这种奇妙的关系在一些两可图形中表现得尤为突出（见图 4-6 至图 4-9）。

图 4-6 你看见的是两个头，
还是一个花瓶的轮廓？

图 4-7 你看到的是一位少女的脸，
还是一位萨克斯演奏家？

图 4-8 这既是老妇图，又是
少女图，你看出来了吗？

图 4-9 你看到的是一对老年人
还是两个流浪歌手在弹唱？

究竟什么样的刺激物容易从背景中分离出来成为知觉选择的对象呢？这与客观事物本身的特点有关，也与主观因素有关。

1. 刺激物本身的特点

（1）对象和背景的差别越大，对象就越容易从背景中区分出来。如，黑板上的白粉笔字，就容易成为知觉的对象；教科书中最重要的地方总要打上重点符号或用特殊字体排出；教师之所以在学生作业本上用红墨水批改和评分，正是为了突出评语和分数。相反，军事上的伪装、昆虫的保护色，由于对象和背景差别小而不易被发现。

（2）在固定不变的背景下，运动的物体容易被知觉为对象。例如，各种仪表上的指针，街上行驶的车辆，夜空中的流星，幻灯、电影等活动教具，都易被人们知觉。在交通信号中常使用闪光的警戒信号，因为它容易成为人们知觉的对象；在教学中使用活动教具比使用静止教具效果好。

（3）维度变化较多的刺激物，容易成为知觉对象。如包括色度和亮度两种维度变化的信号灯，比只有亮度一种维度变化的信号灯引起的辨别反应快。又如救护车既有灯光的闪动又有声音的鸣叫，容易被行人觉知。

2. 知觉者的主观因素

知觉者的主观因素对对象的选择也很重要。知觉者的需要、愿望、目的、兴趣爱好、知识经验等都是把对象从背景中分离出来的重要条件。例如沙漠中长途跋涉的人，对绿洲、甘泉的知觉甚为敏感；待业者对招工信息尤为关心；"樵夫进山只见柴草，猎人进山只见禽兽"。若一个学生上街的目的是去买书，就会把书店当作知觉对象，把其他商店当作背景；逛商店的目的就是买钢笔，因此店中的其他商品就成为知觉的背景。这些都说明了主体的需求状态对知觉选择性的影响。

总之，人的知觉的选择性其实就是人把知觉的对象从背景中辨别、确认和分离出来的规律，这对于直观教学、培养学生的观察能力，对于广告设计、工业产品检验、军事伪装和搜索等都具有重要的意义。一个人通过长期的练习和经验积累，不仅可以提高对某一类对象的知觉分辨能力，而且这种知觉选择能力还可以迁移到对其他知觉辨认的活动中去。

知觉的选择性与知觉的其他特性是密不可分的，被选择的知觉对象通常是完整的、相对稳定的和可以理解的。

二、知觉的理解性

知觉的理解性是指人在知觉某一客观对象时，根据已有的知识、经验（包括语言），对感知的事物进行认识。人在知觉过程中并不单单是分析器对新事物照相式的反映，而且还有过去经验参与对新事物的理解。知觉的理解性依赖于过去的知识经验，知识经验越丰富，理解就越全面、越深刻。例如，同是观看一部获奥斯卡奖的影片，对导演的拍摄手法不了解、对影片反映的主题不熟悉的人会对这部影片大失所望；而对电影非常热爱、对生活和艺术有丰富领悟和经验的人就会对这部影片有一番好的评价。

对事物的理解是产生正确知觉的必要条件。知觉的理解性，表现在运用已有经验把当前的知觉对象纳入已知的相应一类事物的系统之中，即知道它是什么。例如这是书，那是桌子等等。当一个知觉对象出现在我们面前时，我们总倾向运用已有的知识经验来理解这个对象，将它归于经验中的某一类事物。可见，在知觉过程中有思维活动的参与。同时，语言在知觉的过程中起着一定的指导作用。当我们赋予知觉对象一定的意义时，往往需要用词来标记它；而且，当知觉对象的外部标志不太明显时，语言就会帮助我们迅速利用已有经验弥补感觉信息的不足。言语的提示唤起了过去的知识、经验，补充知觉的内容，提高知觉的理解性，因此，知觉理解性的基本特征是用词语把事物标出来。例如，图4-10中的墨点画的是什么，往往看不出来，如果告诉你这是"一条狗"，狗的图形会立即成为你的知觉对象，你会觉得这确实像一条狗。

图 4-10　狗的墨迹图

就听觉而言，知觉的理解性也很明显。在沃伦等（1970）的音素填补实验中，通过磁带向被试呈现下列句子：

It was found that the *eel was on the axle.（*eel 被听成 wheel）

It was found that the *eel was on the shoe.（*eel 被听成 heel）

It was found that the *eel was on the orange.（*eel 被听成 peel）

It was found that the *eel was on the table.（*eel 被听成 meal）

在每个句子中，"*"位置都被咳嗽声所代替而使得单词不完整。结果发现，即便上述四个句子关键词都相同，但被试根据上下文的理解都宣称完整地听到了整个句子，并将"*"词分别报告为"wheel（车轮）""heel（脚后跟）""peel（果皮）"和"meal（膳食）"。被试对"*"词的知觉显然不是依据刺激本身，而是基于经验和上下文做出的主观理解。这种听觉填充效应在我们欣赏音乐或听别人谈话时也常能体验到。看来，知觉过程是无休止地在我们真正知觉到的与我们想要知觉到的差异之间做修正的过程。知觉的理解性有助于我们从背景中区分出知觉对象，有助于我们形成整体知觉，从而扩大知觉的范围，使知觉更加迅速。

影响知觉理解性的因素有哪些呢？

一是知识经验。同一事物，知识经验不同的人，对其知觉的内容也会有差别，从而对同一事物的知觉理解程度也不同。对同一事物有关的知识经验越丰富，在知觉该事物时，其知觉的内容就会越深刻、越精确、越完整，而且知觉的速度也越快。例如，一张新电器产品设计图纸，工程师要比一般的工人知觉得更深刻和精确；英语考试中的完形填空题，英语专业的学生要比其他专业学生知觉理解得更精确、更完整、更迅速，原因是英语专业的学生具有更为丰富的知识经验。

知觉离不开个体的经验，经验可以弥补知觉整体中不完整的部分。例如，图 4-11中的图形虽不完整，但会被人理解为一个圆被一个三角形遮去了一部分。

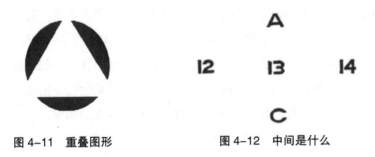

图 4-11 重叠图形　　　　　　图 4-12 中间是什么

二是言语。言语的指导也是影响知觉理解性的一个因素。由于言语能够指示知觉的内容,当外部的对象标志不明显时,通过言语的指导,可以唤起人的过去经验,补充知觉刺激中所缺失的内容,有助于对知觉对象的理解。

三是知觉者的实践任务要求以及兴趣、爱好均对知觉过程的理解性有不同程度的影响。如图 4-12 所示,对于中间是什么的问题,当要求从中间的横行来看时,易知觉到"13",当要求从中间的纵列来看时,则易知觉为"B"。

三、知觉的整体性

知觉的整体性是指当客观事物的个别属性作用于人的感官时,人能够根据知识经验把它知觉为一个整体。如当我们听到某些熟人的声音时,立刻能知觉到这位熟人的整体形象。学生听老师讲课,并不能把老师说的每一个字音都毫无遗漏地知觉出来,而是听取老师讲的完整句子和完整意思。一株绿树上开有红花,绿叶是一部分刺激,红花也是一部分刺激,我们将红花绿叶合起来,在心理上所体验到的美感知觉,超过了红与绿两种物理属性之和。

知觉之所以具有整体性,是因为各种知觉对象都是由多种属性和许多部分构成的复合刺激物。当这种复合刺激物作用于我们的感觉器官时,就在大脑皮层上形成了特定的暂时神经联系系统。以后只要该事物的个别部分或个别属性发生作用,大脑皮层上有关的暂时神经联系系统就会兴奋起来,产生一个完整的刺激印象。由于人在知觉时有过去经验的参与,大脑在对来自各感官的信息进行加工时,就会利用已有经验对缺失部分加以整合补充,将事物知觉为一个整体。例如,对曾经知觉过的一块大理石,只要以后再看到它,就会在头脑中反映出它光亮的、坚硬的、冰冷的等各种属性,尽管我们没有去触摸它,未感受到温度和硬度的刺激,但冰冷坚硬的属性已被包含在整体印象中了。

在复合刺激物中,物体各组成部分所起的作用是不同的。一般说来,强的成分所起的作用大,尤其是关键性的强的成分往往决定知觉的整体性;弱的成分作用小,并且常常被强的成分所掩盖。巴甫洛夫曾用复合刺激物("强声"加"弱光")使动物形成条件反射，然后用强声和弱光分别单独刺激动物，结果显示，强声刺激引起了与复合刺激同样的反应，而弱光刺激则不起作用。所以，在知觉中，如果把对象的关键部分（或特征、品质）突出出来，更有利于形成完整的知觉。例如，漫画家作画，如果抓住了事物的本质特征和关键部分，不管他画的比例是否协调，也不论他画的线条粗细，人们总能一眼就看出他画的是什么，反映了什么主题。又如，人们对他人的知觉，也多是关注其"人品"，只要某人被评价为人品好，那么他在别人眼里也往往具有良好的整体形象。

所以人在知觉事物时，最终认识到的不是事物的个别属性和各个部分，而是把事物作为一个整体来反映，这就是知觉的整体性。

在整体知觉中，刺激物各组成部分之间的关系起着非常重要的作用。有时，只要刺激物的个别属性或个别部分之间的构成关系仍旧未变，我们对该刺激物的知觉就仍能保持完整性。例如，同样是《春天的故事》，即使由不同的人演唱，由不同的乐器演奏，我们亦然知觉为同一首歌。相反，如果刺激物各部分之间的关系改变了，知觉的整体性印象就会发生改变。例如，有四条相等的直线，如果各自间的构成关系不同，则会形成不同的几何图形。当四条直线相互垂直并形成一个封闭的图形时，是一个正方形；当四条直线首尾连接构成封闭图形，但不垂直时则是菱形。由此可见，物体各部分之间的相互关系是知觉整体性的基础。

由于知觉的整体性，我们还可以把不完整的图形看成为完整的图形，并由此产生图形的轮廓，叫主观轮廓（见图 4-13）。客观地看这三个图形，没有一个是完整的，全是由一些不规则的线和面组成。可是任何人看后都会觉得 a 图是两个三角形重叠，而后又部分覆盖在三个黑方块上；b 图是白方块与黑十字重叠，而后又覆盖在四个黑色圆上；c 图是由白色圆形与黑十字重叠，而后又覆盖在一个双边方形上。其实三幅图最中间的三角形、正方形、圆形都是没有边缘、没有轮廓的。这种主观轮廓的手法经常被用于绘画、美工设计和室内装潢方面。

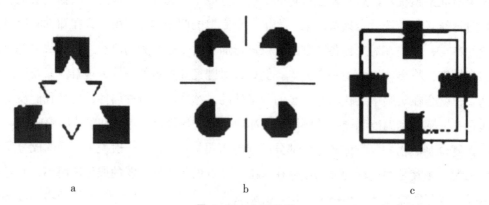

a   b   c

图 4-13 主观轮廓

四、知觉的恒常性

知觉的恒常性也称知觉常性，是指当知觉在一定条件范围改变了的时候，知觉的映像仍然保持相对不变。主要表现在：

1. 亮度恒常性

物体的亮度取决于它的反射率，反射率大的看起来亮，反之则暗。如煤炭和石灰的反射率不同，看起来石灰总比煤炭亮，若把石灰放在暗处，煤炭放在亮处，人们还是会认为石灰比煤炭亮。这种不受外界照明条件的影响，保持对事物亮度知觉的稳定性就是亮度知觉的恒常性。

2. 大小恒常性

对我们熟悉的人，距离较远时，虽然在视网膜上的成像小了些，但我们绝对不会把他知觉成为另外一个人。当我们向较远距离的人走近时，并不觉得这个物体越来越大，这就是说物体在视网膜上的成像变化时，我们的知觉不变，这就是大小知觉的恒常性。

3. 形状恒常性

人对物体形状的知觉印象，不会因为观察的角度不同而改变。一个钟表（硬币）从正面看是圆的，从斜面看是椭圆的，从正侧面看是长方形的（但必须标出时针），但我们总觉得它是圆的。我们的形状知觉并不随视网膜上的投影角度改变而有不同，这就是形状知觉的恒常性。又如，一扇门从不同角度看形状应该有所不同，但我们主观上总认为它是矩形的（见图4-14）。

图4-14 知觉的恒常性

4. 声音恒常性

飞机飞得很高时声音很小，可能比蚊子在耳边的叫声还小，但我们主观上总觉得飞机的声音比蚊子的叫声要大得多，这就是声音的恒常性。这也是由于过去的经验对当前的知觉起了纠正作用。

知觉的恒常性还表现在其他知觉领域中。例如，当我们转动头部时，虽然声音对听觉器官的作用条件发生了变化，但我们感到声音的方位并未改变。这是声音方位知觉恒常性的表现。

　　知觉的恒常性在我们日常生活、工作和学习中有很重要的意义。它使人们在不同的情况下，按照事物的本来面貌反映事物，从而使人有可能根据对象的实际意义来改造世界。如果没有知觉的恒常性，人就难以适应瞬息万变的外界环境。知觉的恒常性有利于人们正确地认识和精确地适应环境。恒常性消失，人对事物的认识就会失真，工作与学习会遇到严重困难。

第三节　空间知觉

　　空间知觉是物体的空间特性在人脑中的反映，主要包括形状知觉、大小知觉、深度知觉、方位知觉等。它是通过人的视觉、触觉、动觉等多种分析器的协同活动产生的，也是人在后天的实践和学习中不断与事物接触后逐渐形成的。空间知觉对于人们在生活和实践中认识事物的形状、大小、方位、远近等特性有重要作用。日常生活中，空间知觉是各种感觉器官协同活动的结果，其随处可见，如上下台阶、穿越马路、操作工具以及在拥挤的人群中与人保持适当的距离等。对一般常人而言，空间知觉主要为视空间知觉和听空间知觉两种，其中视空间知觉起着重要的作用。对盲聋人而言，必须借助于肤觉或其他感觉的经验。另外在视空间知觉受限时（如停电、失明），要想了解周围的环境，就必须得靠听空间知觉。

一、形状知觉和大小知觉

　　（一）形状知觉

　　形状是物体所有属性中最重要的属性。形状知觉是视觉、触觉、动觉协同活动的结果。通过视觉，人们得到物体在视网膜上的投影形状；通过触觉和动觉，人们探索物体的外形。它们的协同活动，提供了物体的形状信息。

　　1. 形状的特征分析

　　心理学家认为，对物体形状的识别是从对原始特征的分析与检测开始的。这些原始特征包括点、线条、角度、朝向和运动等。视觉系统对这些特征的检测是自动的，无须意识的努力。如果让你从图 4-15 中找出"O"，你通常能很快从中找出目标图形，而且"V"的数目不影响检测"O"的速度。这是因为目标图形为曲线图形，背景图形为直线图形。它们的差别发生在原始特征水平上，人们对图形原始特征的分析，是由视觉系统的特征检测器来完成的。

图 4-15 对图形原始特征的分析　　　　　　图 4-16 大象图

2. 轮廓与图形

图形可以定义为视野中的一种形状，它借助可见的轮廓而从其余部分分离出来。因此，在图形中，轮廓代表了图形及其背景的一个分界面，它是视野中邻近的成分出现明度或颜色的突然变化时出现的。轮廓的作用可以用图 4-16 说明。

（二）大小知觉

我们知觉物体的大小与物体在视网膜上投影的大小以及知觉距离都有关系。视网膜成像（视像）的大小遵循几何投影的规律：距离远，同一物体的视像小；距离近，同一物体的视像大。由于视像大小与知觉距离有关，因此，人不能仅仅根据视像的大小来判断物体的大小。在距离相等时，视像大，说明物体大；视像小，说明物体小。在视像恒定时，距离大，说明物体大；视像小，说明物体小。

物体大小知觉除了受到距离的影响外，物体熟悉度也会影响到大小知觉，熟悉的物体距离改变时，人们能比较准确地知觉到物体的实际大小。此外，邻近物体大小对比也会影响到人们的大小知觉，同一个物体与大的物体放在一起，会显得这个物体比实际小，与小的物体放在一起，会显得这个物体比实际要大。最后，人的体态变化也会影响到大小知觉。人们通常以直立的姿势感知外部世界，身体姿势和环境的正常关系是维持大小恒常性的重要条件。

二、深度知觉

深度知觉能将物体投射在视网膜上的二维视像转换成三维立体的知觉，能清楚知觉物体的距离、深度和凹凸。人从婴儿时期起就有深度知觉。心理学家采用视觉悬崖实验证明了这一点（见图 4-17）。视觉悬崖的设计，由心理学家吉布森与瓦克（Gibson & Walk，1960）首创。它的基本设计是：中间平台凸出，两边做成不同程度的下陷，然后用透明玻璃将浅、平、深三个部分全部覆盖，能清楚看到深浅不同，婴儿在上面爬行不会有跌落的危险。将婴儿放于中间平台，让有深度的下陷部分使婴儿产生身临悬崖的感受。实验发现，所有满六个月会爬行的婴儿，会在悬崖边停止。这说明六个月的婴儿已经能够产生深度知觉。

图 4-17 视觉悬崖

那么，人是如何凭借平面的视网膜像构成三维空间知觉的呢？深度知觉包括立体知觉和距离知觉。它是以视觉为主的多种分析器协同活动的结果。深度知觉比形状知觉和大小知觉更为复杂，它依赖许多深度线索，主要有单眼视觉线索和双眼视觉线索。

1. 深度知觉的单眼线索

（1）对象的重叠。如果一个物体部分地遮住了另一个物体，那么前面的物体就被知觉得近些，被遮掩的物体就被知觉得远些。（见图 4-18）。

（2）线条透视。同样大小的物体，在近处占的视角大，看起来较大，而在远处占的视角小，看起来较小。这种线条透视的效果能帮助人知觉对象的距离。平行线，如火车轨道，会在远处汇聚。汇聚越多，知觉的距离越远。（见图 4-19）

（3）结构级差。视野中物体在视网膜上的投影大小及投影密度上的递增和递减，称为结构级差。当你站在一条砖块铺的路上向远处观察，你就会看到越远的砖块越显得小，即远处部分每一单位面积砖块的数量在视网膜上的像较多。图 4-20 中的两个图形，上部质地密度较大，下部质地单元较少，于是产生了向远方伸延的距离知觉。

（4）明暗和阴影。我们生活在一个光和阴影的世界里。它帮助我们感知体积、强度、质感和形状。黑暗、阴影仿佛后退，离我们远些；明亮和高光部分显得突出，离我们近些（见图 4-21）。在绘画艺术中，运用明暗色调，把远的部分画得灰暗些，把近的部分画得色调鲜明些，以造成远近的立体感。

（5）空气透视。由于空气的散射，当我们观看远处物体时都会感受到：能看到的细节越少；物体的边缘越来越不清楚，越来越模糊；物体的颜色变淡，变得苍白，变得灰蒙蒙的。远处物体在细节、形状和色彩上的这些衰变现象，称为空气透视。当然，空气透视和天气的好坏很有关系。天高气爽，空气透明度大，看到的物体就觉得近些；阴雾沉沉或风沙弥漫，空气透明度小，看到的物体就觉得远些。如图 4-22 所绘的"布里斯托尔的宽码头"，其中不仅利用了空气透视原理，还综合运用了结构级差、遮挡、线条透视及相对大小和相对高度等线索。

（6）运动视差。当人与环境发生相对运动时，近的物体看起来运动较快，这种经验也是距离知觉的线索。

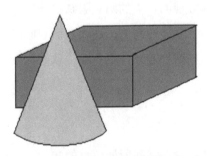

图 4-18　遮挡和重叠

图 4-19　线条透视

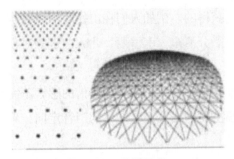

图 4-20　结构级差

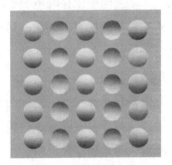

图 4-21　明暗和阴影

图 4-22　空气透视

2.深度知觉的双眼线索

（1）眼睛的调节。为了获得清晰的视觉，睫状肌会调节眼球水晶体的曲度，物体越近，水晶体越凸。这样，睫状肌的紧张程度便称为距离知觉的线索。

（2）双眼视轴的辐合。在观察一个物体时，两只眼睛的视像都要落在中央凹上，这样就自然形成了一个视轴的辐合。如果物体较近，视轴的辐合角度就大；如果物体较远，视轴的辐合角度就小。于是，控制两眼视轴辐合的眼肌运动状态就称为距离知觉的线索。

（3）双眼视差。深度知觉主要是靠双眼视差实现的。人的两只眼睛在构造上是一样的。两眼之间有一定距离。如果我们观察的是一个立体的物体，那么在两只眼睛的视网膜上就会形成两个稍有差异的视像，即两眼视差。这种差异传至大脑，就是深度知觉的主要线索。

三、方位知觉

方位知觉是指人对物体的空间关系和对物体自身在空间所处位置的知觉。方位知觉是人在三维空间中生存的重要手段，它是由各种感觉协调活动实现的。人们对物体方位的知觉主要是由视觉、触觉、运动觉和平衡觉获得的。例如人们在出行时对道路走向的印象就是一种简单的方位知觉，去野外露营时能分清东、南、西、北方向也是对事物的方位知觉。

方位知觉是各种感觉协同活动的结果。不同物种在方位定向中凭借的感官不完全相同，例如，鸽子主要受地球磁场的影响，蝙蝠主要根据飞翔时发出的声音定向，狗主要凭借视觉、听觉和嗅觉定向。

人类主要靠视觉和听觉来形成方位知觉。人耳可以判断声音的方位，这是大家都很熟悉的。人有两只耳朵，它们分别长在头部的左右两侧，中间相隔约27.5厘米。这样同一声源到达两只耳朵的距离不同，便产生了两耳刺激的时间差和强度差。这是人耳进行声音定向的主要线索。

在声音的方位定向中，除了耳朵的作用外，动觉和视觉也起作用。在探测声源方向时，头部朝向声源的方向，这是动觉的作用；在听东西时人也在注视着它，这是视觉的作用。例如，在一个四周安装了扩音器的报告厅听报告时，如果我们看着报告人，声音似乎来自前方；如果闭上眼睛，就发现声音原来是直接从旁边的扩音器传来的，这说明视觉影响了对声源方向的判断。

第四节 时间知觉和运动知觉

一、时间知觉

时间知觉是对客观现象的延续性和顺序性的反映。它和空间知觉一样，对人的实践活动也具有重要意义。人们对时间的知觉总是以某种客观现象作为参照物的。获得时间知觉的线索有许多种，如计时工具（钟、表等），自然环境的变化（太阳的东升西落、月圆月缺等），生活中的工作程序（工作完成了多少、写了多少字、走了几里路等），内在线索（生理上的日节律、生物钟、身体代谢作用等）。因此，视、听、运动等在时间知觉中起着非常重要的作用。时间知觉对不同人来说，个体差异是很大的。一般来说，年纪越小对时间的估计越不准确，如小学生常常将几分钟或十几分钟估计成一节课的时间。随着年龄增长、生活经验丰富，特别是经过一定的职业技能训练，人们对时间的估计会越来越准确。如有经验的篮球运动员以精确的"时间感"来把握投篮出手的时间，教师能将课堂内容在一堂课的时间内安排得有条不紊、恰到好处。

在现实生活中，人的时间知觉的准确性还与自身活动的内容、情绪、动机、态度等有密切的关系。活动内容丰富而有趣的情境，使人觉得时间过得很快，而内容贫乏枯燥的活动，使人觉得时间过得很慢；积极的情绪会使人觉得时间短，消极的情绪会使人觉得时间长；期待的态度会使人觉得时间过得很慢。一般说来，一个人对持续时间越注意，就越觉得时间长；对于预期性的估计要比追溯性的估计显得长些。

二、运动知觉

运动知觉是人脑对物体空间移动和移动速度的知觉。它也是多种分析器协同活动的结果，参与运动知觉的有视觉、动觉、平衡觉，有时还有听觉和肤觉的成分。如当我们看到飞机在天空中飞行，火车在铁轨上奔驰时，就产生了对飞机、火车的运动知觉。

运动知觉包括真动知觉和似动知觉。真动知觉是指处于静止的观察者对处于运动状态（从一个位置移到另一个位置）的物体所产生的运动知觉。转动的车轮或滚动的足球都能使人们产生运动知觉。有时候相对移动的物体也会使人产生运动知觉。如人在行进中的火车车厢里看车外景物，就好像景物在向后退，这就是相对移动的现象。似动知觉指相对静止的物体很快地相继刺激视网膜上邻近的部位时所获得的运动知觉。1912年，德国心理学家韦特海默（M. Wertheimer）用实验方法研究了似动现象。最具代表性的似动现象叫 β 运动。如图 4-23a，给被试相继呈现一条垂直和一条水平的发光线段，通过改变两条线段呈现的时距，来测量被试对它们的知觉经验。实验发现，当时距短于

30 毫秒时，看到两条线段同时出现；当时距长于 200 毫秒时，人们看到两条线段先后出现；当时距为 60 毫秒时，被试看到了从一条线段向另一条线段移动的似动现象。可见 60 毫秒是产生似动现象的最适宜的时距。

除了直线似动现象，还有点的似动、平面似动，甚至还有翻转的三维似动。在图 4-23b 中，如果灯光在一边闪烁之后，又在另一边闪烁，当它们处在最佳时距时，可看到一边的光向另一边轻轻地翻转过去，就好像在三维空间运动一样。图 4-23c 中四个亮点，若按顺时针方向依次闪烁，时距适宜就会看到一个旋转的亮圆，但这个圆的直径比实际通过四个光点的圆的直径要小些。似动现象是一种错误的运动知觉，但生活中常利用它。如电影胶片的播放、动画片的制作和晚上流光溢彩的霓虹灯的闪烁等，都会使人产生连续、浑然一体的感受。

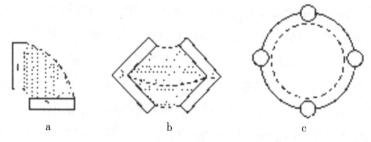

图 4-23 似动现象的实验示意图

运动知觉与时间知觉和空间知觉有着不可分割的联系。影响运动知觉的因素有以下三个方面：

第一，运动知觉依赖于物体运动的速度。物体运动的速度快，看起来也快；运动得慢，看起来也慢。但是非常缓慢的运动和非常高速的运动，我们都不能直接觉察到。例如钟表上的分针和时针，虽然我们可以根据间隔一段时间后它们的位移来推测它们在运动，但我们不能直接感知分针和时针的位移。光的运动速度太快，我们看不出来它在运动。

第二，运动物体距观察者的远近也直接影响着运动速度。以同样的速度运动着的物体，距离我们近的，看起来速度快；距离我们远的，看起来速度慢；距离我们非常远的，似乎看不出它在运动。

第三，观察者本身所处的状态（运动或静止），也是影响运动知觉的一个重要条件。有时观察者自身是运动的却误认为自己是静止的，有时情况正好相反。如人坐在停下的火车上，另一列火车从车窗外驶过，这时如果没有不动的物体作为参照物，就会觉得自己坐的火车在运动，这就是相对运动。过独木桥时，如果对脚下湍急的河水过多地注视，则会觉得桥逆水流而动，河水却不动。这都是运动错觉。原因是，前者把自身运动的参照系看成了静止参照系，而后者则把流动的河水参照系当成了静止的参照系。

第五节 奇怪的错觉

早在两千多年前人类就发现了错觉现象，中国古书《列子·汤问》中就曾记载两小儿辩日的故事。一个说："日初出大如车盖而日中则如盘盂"，一个说："日初出沧沧凉凉，及其日中如探汤，此不为近者热而远者凉乎"，连孔子也不能决断谁说得有理。其实这就是错觉误导了两小儿。我们在学习和生活中还会发现很多错觉。错觉是在客观事物刺激作用下产生的对刺激的主观歪曲的知觉。错觉产生的原因一般认为有主、客观两个方面。客观上是由于客观环境的变化引起的，主观上往往与过去的经验、习惯、定式、情绪等心理或生理因素有关。错觉现象是普遍存在的，在各种知觉中都可能发生。在 19 世纪末，当心理学成为一门独立学科时，错觉就曾让科学家十分着迷。错觉种类很多，常见的有视错觉、形重错觉、运动错觉和时间错觉。以下介绍几种错觉并分析错觉产生的原因。

一、错觉的种类

（一）视错觉

视错觉是在某些视觉因素干扰下产生的错觉。在视错觉中又以几何图形的错觉最为突出，包括关于线条的长度和方向的错觉、图形的大小和形状的错觉等。

1.线条长短错觉

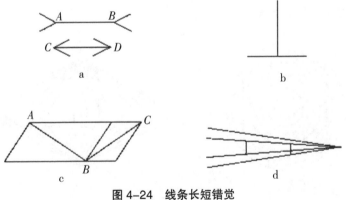

图 4-24 线条长短错觉

（1）缪莱尔氏错觉。图 4-24a 中两条横线等长，只是两端所附线段方向不同而使上边的线段看起来较长。

（2）横竖错觉。图 4-24b 中横竖两等长直线，竖者垂于横者中点时，看起来竖者长。

（3）图 4-24c 两个平行四边形中，表示着长度相等的对角线，大平行四边形的对角线 AB 看起来比小平行四边形对角线 BC 要长。

（4）图 4-24d 中两条长度相等的垂直线，因为对比角度内的位置，所以看起来不相等。

2. 面积大小错觉

（1）艾宾浩斯错觉。如图 4-25a，被大圆包围在中心的圆与被小圆包围在中心的圆，虽然其大小相等，但受周围圆的大小的影响看起来不相等。

（2）贾斯特罗错觉。如图 4-25b，虽然是一样的弧形，但是受了弧形 A 的短弧与弧形 B 的长弧的对比影响使弧形 B 看起来大。

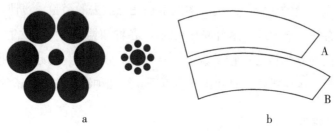

图 4-25　面积大小错觉

3. 形状错觉

图形因邻近线条的影响而发生形状变化的视错觉。

（1）奥尔比逊错觉，由心理学家奥尔比逊提出。图 4-26a 中将一正方形放在有多个同心圆的背景上，其对角线交叉点与圆心重合，看起来这个正方形的四条边向内弯曲。

（2）冯特错觉。图 4-26b 中两平行线为多方向的直线所截时看起来失去了原来平行线的特征，中间部分凹了下去。

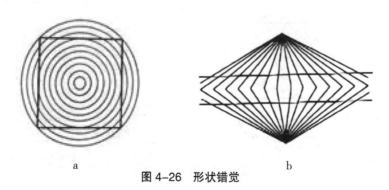

图 4-26　形状错觉

4. 方向错觉

（1）左氏错觉。如图 4-27a，数条平行线各自被不同方向斜线所截时，会产生两种错觉：其一是平行线失去了原来的平行；其二是不同方向截线的黑色深度不相同。

（2）波根多夫错觉。如图 4-27b，被两条平行线切断的同一条直线看上去不在同一条直线上。

（3）弗雷泽错觉。如图4-27c，画的其实都是同心圆，但看起来却是螺旋形了。

图4-27 方向错觉

（二）形重错觉

形重错觉是指看重量相等而体积不同的物体时产生的错觉心理现象。它是受经验、思维定式的影响而使不同感官之间相互作用发生的错觉。对于体积不同而重量相等的物体，总认为体积大者为轻，体积小者为重。例如，1公斤铁与1公斤棉花相比，人们总误认为铁重些。这是受经验定式的影响，由视觉而影响到肌肉的错觉。

（三）时间错觉

时间错觉是在某种情况下对同样长短的时间觉得有快有慢的错觉。例如，参加紧张而有趣的活动时，觉得时间过得快；从事枯燥乏味的活动时，觉得时间过得很慢。时间错觉主要是受态度、情绪的干扰造成的。"度日如年""岁月如梭"等都是时间错觉现象。在某种情况下，同样长短的时间会发生不同的估计错觉，觉得有快有慢。当你在车站等候远道而来的朋友或家人时，你会觉得时间比平时过得慢，但你在看电影大片或谈恋爱时，你会觉得时间比平时过得更快，这是对时间的错误感知。

（四）方位错觉

在一个会场里听报告，我们所听到的声音分明是从旁边的扩音器里传来的，但我们会觉得它是从讲话者那里传来的。当飞机在海面平飞时，由于海天一色，飞行员却感到飞机似乎正在倒飞，飞行员在空中有时误认方向，很可能产生倒飞错觉。如果此时没有仪表的帮助，是很危险的。

（五）运动错觉

在某种条件下会把静止的物体看成似乎在运动。比如，夜间行走时，人总觉得月亮在跟着自己走；夜晚观月，当云在月亮前面移动时，我们总觉得是月亮在穿过云层。

（六）对比错觉

同一物体在不同背景下，会产生不同的错觉。如跳高时同样高度的横杆，运动员会觉得室内比赛比室外比赛高度高，这是因为把横杆与周围环境做了对比而引起的错觉。

二、错觉产生的原因

错觉是怎样产生的呢？从 18 世纪以来到今天，人们对错觉提出过各式各样的解释。一般说来，有下列三种理论：第一种是把错觉归结为眼动刺激取样的误差；第二种是把错觉归结为知觉系统的神经生理学原因；第三种是用认知的观点来解释错觉。

1. 眼动理论

我们在知觉几何图形时，眼睛总在沿着图形的轮廓或线条做有规律的扫描运动。当人们扫视图形的某些部分时，由于周围轮廓的影响，改变了眼动的方向和范围，造成取样的误差，因而产生各种知觉的错误。比如，眼球运动理论从刺激取样的角度对横竖错觉进行解释，认为对线条长度印象的获得是由眼球沿线段从一端向另一端移动所引起的，由于眼球垂直移动比横向移动更为费力，因此同等长度的垂直线段就显得比水平线段更长些。

2. 神经抑制作用理论

这是从神经生理学水平解释错觉的一种理论。它认为，当两个轮廓彼此接近时，视网膜内的侧抑制过程改变了由轮廓所刺激的细胞活动，因而使神经兴奋分布的中心发生变化，结果引起几何形状和方向的错觉。但该理论忽略了错觉现象和神经中枢的融合机制的关系。

3. 深度加工和恒常性误用理论

错觉具有认知方面的根源，人们在知觉三维空间物体的大小时，总把距离估计在内，这是保持物体大小恒常性的重要条件。当人们把知觉三维世界的这一特点，自觉、不自觉地应用于知觉平面物体时，就会引起错觉。可以说错觉是知觉恒常性的一种例外，是人们误用了知觉恒常性的结果。这种理论强调了深度线索在错觉产生中的作用，因而也叫深度加工理论。

以上无论哪种理论都不能科学地解释所有错觉现象。尽管错觉是对客观事物的不正确反映，但还是可以被人们用来达到特殊的效果和目的。在建筑、造型、绘画、摄影、服装、杂技、魔术等艺术和生活领域，错觉可以制造出意想不到的效果。古代军事上的"声东击西""草船借箭"，都是为了给对方造成错觉，迷惑对方。在日常生活中利用错觉的例子也是很多的。例如，体型粗胖的人，穿上黑色或直条图案的衣服，可以在视觉上起到收缩粗胖体型的作用；身型瘦高的人，穿上横条图案或浅色衣服，会使身段显得丰满些。造型艺术和电影特技也都注意运用错觉的规律。研究错觉，不仅是揭示错觉的存在及其规律并加以利用，更重要的是探索对它进行纠正的办法。例如，空军飞行员驾驶战斗机做翻转时，由于离心力始终指向飞机底部，飞行员坐姿也未改变，便以为仍处于正常坐姿，感觉不出是倒飞，可能导致机毁人亡，这种错觉需要及时纠正。随着人们对错觉的认识加深，可以逐步纠正不利的错觉，合理利用它为生活增色。

第六节　神秘的超感知觉

在心理学科学化以后的一百多年间，心理学一度被认定为自然科学，心理学的研究，基本上是采用科学方法研究人的行为与心理历程。而另一方面，在某些领域心理学又试图脱离自然科学范畴，趋近哲学，研究人性中的精神层面。在几十年前不为纯科学心理学所接受的主题，又重回心理学的殿堂。以感觉为基础研究知觉现象，是科学心理学诞生以来一直采取的研究取向。但很多人对知觉现象一直存有另外的想法，认为人类可能有某些特殊潜能，无须通过感觉器官接收信息即可获得知觉经验。历来的预言家、星象家、占卜家无不宣称他们具有这种特异功能。这些大体上属于心灵学（Parapsychology）的范畴，它研究人类如何单凭精神或心灵活动就能有效支配其行为。心灵学的特点是不遵循自然科学法则，不承认传统科学心理学一向主张心理现象以生理历程为基础的看法。

超感知觉（Extrasensory Perception，ESP）指不以感觉器官为基础即能获得知觉的心理现象。超感知觉研究主要包括以下三方面：

第一，心电感应（Telepathy）。也称传心术，指两人之间不通过任何沟通工具或交流通道就能够彼此传递信息的过程。例如，在两人互不见面的情况下（如两人之间隔上布帘），其中一人在一边用心注视一张绘有图形的卡片，另一人在布帘对面静坐。静坐者如果能够知道对方所注视的是何种图形，就可推论他们之间确有心电感应。

第二，超感视觉（Clairvoyance）。也称灵觉，俗称"千里眼"，是一种不靠眼睛即可看到物体的特异功能。如能"看到"未打开的钱袋里的钱数，能"看到"未翻开的扑克牌的图形，即表示具有超感视觉特异功能。

第三，预知（Precognition）。指在别人意见尚未表达之前即已预知，或事件尚未发生之前即可预卜的超能力。例如，电话铃响起时，还未接听即可预知对方是何人。

早期实验者莱茵（J. B. Rhine）在美国杜克大学建立了第一个心灵学实验室，并一直致力于用实验结果证实超感知觉的存在。在他的一项实验中，采用了一副包括5组图形不同的卡片（见图4-28），每组卡片各5张，全套合计25张。实验开始时，两位被试对面而坐，中间隔上布帘，彼此间不通信息，也看不到对方的动作和表情。每人面前各放置一副卡片，先让一方被试以随机方式抽出一张卡片，并注视它（视为心灵发送者），然后将卡片反面向上置于桌上，接着要求对方被试（视为心灵接收者）凭其直觉指出该张卡片上的图形。如果指认正确，即表示两被试之间有心电感应。按上述程序实验时，被试如果毫无心电感应能力,纯属猜测答对的机会是 20%,即 25 张卡片中可能猜对 5 张。莱茵根据其本人以及其他学者的实验研究,共收集了数以万计的研究结果,发现数万被试总平均得分是 7.1,即在超感知觉实验情境下,被试答对的概率是 28.4%,比猜中的概率 20% 高出很多。也就是说,人类的超感知觉能力可能是存在的。

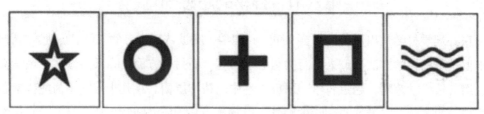

图 4-28　超感知觉实验用卡片

对此,支持者认为,即使超感知觉研究不能像一般知觉实验那样,有刺激就会有反应,以至无法根据少数被试的反应得到验证,但从大量实验资料的统计结果看,不否定此类研究仍有价值。但是,反对者主张,所谓超感知觉纯属无稽之谈,对于人类何以会有这种能力更是无从解释。迄今从未发现一个可重复的超感知觉现象,也没有找到一个具有超常能力的人;实验室中的超感知觉实验方法都不是产生任何超感知觉效应的可重复的方法。到目前为止,对超感知觉的争论,似乎可持这样的看法:人类所蕴藏的潜力,以现代心理学的知识与方法,似乎尚不能达到全然了解的地步,更多的奥秘尚有待探索。

本章重点概念

知觉　经验　知觉的选择性　知觉的理解性　知觉的整体性　知觉的恒常性　空间知觉　时间知觉　运动知觉　社会知觉　错觉　超感知觉

本章思考题

1. 什么是知觉?知觉和感觉有什么区别和联系?

2. 从信息加工的观点看,知觉的过程是怎样的?

3. 试说明知觉的选择性。

4. 空间知觉有哪些?

5. 谈谈错觉对人类生活的影响和意义。

第五章

学 习

第一节 学习概述

一、学习的定义

学习是个体在一定情境下由于经验而产生的行为或行为潜能的比较持久的变化。这一概念有三个含义。

（一）学习以行为或行为潜能的改变为标志

学习是有机体获得新的个体行为经验的过程。经过学习，有机体将出现某些可观察的行为变化，可以完成一些以前无法完成的事情，比如开车和成功解答数学题。因此学习就在你操作的进步中显而易见。但是操作并不能显示出学习的全部内容，因为行为的改变有时是明显的、外在的，而有时是隐性的、潜在的，后者就是所说的"行为潜能"的改变。比如在潜移默化中学习到的态度和价值观不一定能在可测量的行为中表现出来，但这些会影响到自己看什么书或怎么打发闲暇时光。

（二）学习引起的行为变化是相对持久的

一旦学会了某种行为，行为或行为潜能的变化是相对持久的。无论是外显的行为变化还是行为潜能的变化，只有行为改变的持续时间较长，才可以称为学习。例如学会了游泳和开车后就算时隔很久技能会生疏但始终还是会的，要重新上手学起来也更加容易。

敏感化和习惯化也是由经验引起的行为变化，但这些变化是暂时的。敏感化（Sensitization）指有机体对环境中的某一个特定的刺激更容易做出反应。例如，人们不害怕正常的光、电现象，但是在经历了一次地震以后，对正常的光、电现象就可能变得敏感起来。习惯化（Habituation）是与敏感化相反的过程，是指当一个特定的刺激反复地出现时，有机体对这个刺激的反应将逐渐减弱。对新异的刺激，有机体会给予特别的注意，产生朝向反射，但是一旦刺激多次重复出现，朝向反射就会逐渐减少。例如，当你走进一间安静的房间时，你可能会听到空调机工作时嗡嗡的声音，但在这种声音持续一段时间之后，你就习惯了。对正常的有机体来说，敏感化或习惯化都可能是短暂的，因而不能叫学习。但当敏感化和习惯化是由复杂刺激引起的，而行为改变成为持久的改变时，也可以称为学习。

（三）学习是由练习或经验引起的

经验（Experience）有两个含义，既可以指个体通过活动直接作用于客观现实的过程，也可以指在这一过程中所得到的结果，如个体学会的知识、技能和形成的人生观等。学习是在个体与环境的交互作用过程中产生的。有机体必须通过练习或经验才能使行为发生改变。有些行为上的持久变化需要经验和成熟准备相结合。有些行为的改变需要较长的时间、需要系统而反复的练习或经验，如学习某种动作技能。有些学习事先难以预料，也不需要多次重复。例如，在马路上看到有人由于闯红灯而造成车毁人亡的惨剧，仅仅一次经历就可以使你学习到遵守交通规则的重要性。

学习获得的行为既不包括因有机体年龄增长而出现的自然成熟及大脑发育所带来的变化，也不包括因疾病和脑损伤而引起的变化。虽然这些因素能够改变行为，但都不能称为学习。

二、学习的分类

学习过程非常复杂，学习内容非常广泛，学习形式也是多种多样的，差异较大。因此，我们很难对学习进行统一的分类。下面我们根据不同的标准对学习进行分类。

（一）依学习内容分类

根据学习的内容，学习可以分成认知学习（Cognitive Learning）和动作技能学习（Motor Skill Learning）。其中认知学习是指以认知加工过程为对象的学习，包括知觉学习（Perceptual Learning）、问题解决学习（Problem Solving Learning）、语言学习（Language Learning）等。动作技能学习是指以动作方式为对象的学习，包括简单的行为，如走路，也包括复杂的行为，如汽车驾驶。动作技能的学习与人们的日常生活关系非常密切。

（二）依学习方式分类

根据学习的方式，学习可以分成接受学习与发现学习（Ausubel et al.，1968）。接受学习（Reception Learning）的特点是，讲授者将学习的内容以定论的形式传授给学生，对学生来说，学习是被动"接受"知识的过程，学习中不要求学生主动去发现什么，而只要求他们把学习的内容内化为自身的知识，以后能在恰当的时候把知识提取出来或加以运用。发现学习（Discovery Learning）的基本特征是，讲授者不直接把学习内容教给学生，而是让学生自己去发现这些内容。换句话说，学生的主要任务是发现，然后再将发现的内容加以内化，变为学习者自身的知识。

（三）依学习材料与学习者原有知识结构的关系分类

根据学习材料与学习者原有知识结构的关系，学习可以分成意义学习与机械学习（Ausubel et al., 1968）。其中，意义学习（Meaningful Learning）指通过符号、文字使学习者在头脑中获得相应的认知内容或建立某种内在的、必然的关系，而不是任意的、人为的关系。在机械学习（Rote Learning）中，学习者没有理解学习符号的真实含义，只是在学习内容与已有的知识结构之间建立一种非本质的、人为的联系。在课堂教学中，机械学习经常表现为一种死记硬背的学习。

三、学习与脑

（一）大脑的发育和学习的关键期假说

人的大脑从婴儿期到儿童期不断发育和增长，并在青年期完成成长的过程。这个过程不是直线的，而是分阶段的。人脑有 100 亿—150 亿个神经元，这些神经元长有许多腕足，形如章鱼。这些腕足就是神经元的树突和轴突。每个神经元都有一条轴突和多条树突。树突和轴突的末端有许多分支，尤其是树突的分支更为繁茂，这些分枝叫树突刺。树突刺越多，和别的神经元伸过来的轴突末相接触的机会就越多。大脑的秘密主要就在于这些神经元。突触是电信号从一个神经元传递到下一个神经元的地方。举个通俗的例子，你想移动你的大拇指，在大脑运动皮层中会产生一个兴奋，兴奋沿脊髓神经传递到运动神经元，最终传递到手臂的肌肉细胞中。突触间有一条狭长的裂缝，化学物质可以通过这条裂缝进行扩散，而电刺激则无法穿越这条裂缝，所以信号的传递是由化学物质来完成的。离子流穿过裂缝，从而产生了细胞膜电势的变化，换而言之，传递了"动一动大拇指"的指令。

产生学习行为的原因是突触传递方式的改变，而细胞释放出传输体个数的不同，又会导致突触传输方式的变化。学习的脑功能体现之一就是使其神经细胞的树突刺变得更为丰茂，树突和别的神经细胞的轴突接触（突触）更多。越是孜孜不倦地学习，而且知识渊博的人，其脑神经细胞之间的联络网络越是复杂。

脑科学的研究提出大脑神经突触生长呈倒"U"形的模型假说。即人在出生后的前 20 年里神经突触密度的变化呈倒"U"形，刚出生时低，童年期达到高峰，而成年后则又降低下来。因为突触的增多是学习过程的细胞机理，突触密度变化的倒"U"形现象就不是一个简单的事实，它表明神经突触密度与智力水平是直接关联的。从出生到 10 岁，随着突触联系和密度迅速增加，与此相关的技能和能力也随之迅速发展，一直持续到成年后才逐渐衰退。假设这个倒"U"形模型存在的话，似乎可以得出这样一个特论：突触生长高峰期的童年是学习收获最多和智力发展最充分的时期。

实际上，大脑的发展是具有一定的关键期（Critical Period）的。在此期间，脑对某种类型的信息输入产生反应，以创造和巩固神经网络。大脑发展的关键期概念是英国学者戴维·休伯尔（David H. Hubel）等人在20世纪60年代提出来的。他们的研究发现，将出生后的小猫或小猴子用外科手术缝上眼皮，数月后打开，这些动物就无法获得视觉信息，尽管它们的眼生理机制是正常的。而且这些早期被剥夺了视觉经验的动物在视皮层上的结构也有异于正常的动物。休伯尔等人由此提出了一个视觉机能发展的关键期概念。

最近这30多年来，数以百计的脑科学专家对"关键期"做了大量研究并已取得相当的进展。其科学结论简要说来就是，脑的不同功能的发展有不同的关键期，某些能力在大脑发展的某一敏感时期最容易获得，如人的视觉功能发展的关键期大约在幼年期；对语言学习来说，音韵学习的关键期在幼年，而语法学习的关键期则大约在16岁前。此时相应的神经系统可塑性大，发展速度特别快，过了这段关键期，则可塑性与发展速度都要受到很大的影响。此外，对不同的人来说，脑的不同功能发展的关键期也并不完全一致，存在着一定的个体差异，在脑的不同发展上有着不平衡性。在教育中要抓住关键期，让诸如视觉、听觉、语言等能力都适时打开"机会之窗（Windows of Opportunity）"，使脑的不同功能得到及时的发展。如果我们教育工作者在适时的关键期给予儿童适当的学习机会，则他们不但学得快，还可以促进生理发展，进而促进相应能力的发展。

（二）学习与脑的可塑性

大脑的变化、学习和记忆及脑内神经元的联结程度决定于环境对大脑的刺激。大脑的生理变化是经验的结果，而大脑功能的水平在很大程度上取决于其工作时所处的环境状态，服从"用进废退"的规则。人并不是生来就拥有一个功能完备、高效运转的大脑，大脑的逐渐成熟是一个人的遗传特征与外部经验交互作用的结果，也就是基因与环境交互作用的结果。

有人（Volkmar & Greenough，1972）用幼鼠做研究，将断奶时的幼鼠与成年鼠放在一起饲养，或单独放在带有各种学习和问题解决任务的笼子里饲养。在复杂环境中饲养的幼鼠大脑显示出更成熟的突触结构，更多的树突分支，更大的神经元树突范围，每个神经元上有更多的突触，更多的支撑胶质组织和更多的毛细血管分支以增加大脑供血和供氧。

近年来，计算机科学和脑成像技术的快速发展为研究人类学习与脑的可塑性（Plasticity）提供了重要的技术条件。脑成像的研究揭示，在学习进程中，随着经验的丰富，皮层表征会发生相应的变化。可表现为以下三种情况：①特定脑区的适应（Adaptation）或习惯化（Habituation）。由于学习和经验的作用，特定神经网络的反应更加灵敏，可以观察到相应脑区激活水平的降低（Poldrack，2000）。②特定脑区的反应增强和范围扩展。③不同脑区的相互激活或联系的方式发生改变。

例如近来有很多的研究者发现，一些特殊的培训可以修复大脑的神经网络连接以帮助那些有阅读障碍或者诵读困难者。有研究显示，10 岁男孩在完成一项需要判定词汇的语音的任务时，脑区激活情况显示其阅读水平仅相当于一个 8 岁小孩。经过 8 个星期的特殊培训后，此男孩在完成相同任务时的脑成像图表明，他的阅读水平提高了 3 个年龄段，而他的脑活动的区域也同样发生了改变（Eden & Phil，2000）。

第二节 学习的联结理论

学习的联结理论强调学习就是刺激与反应之间建立联系的过程，因此，联结理论又称为"刺激—反应"理论。联结主义学习理论的代表人物主要有巴甫洛夫、桑代克与斯金纳等。

一、经典条件作用

巴甫洛夫是一位著名的生理学家，曾因为对动物消化腺的创造性研究而获得 1904 年的诺贝尔生理学奖。巴甫洛夫对动物消化腺的研究主要以狗为研究对象。他与助手在对狗的研究中发现，当助手给狗食物时，狗吃到食物，会分泌很多唾液；此后又发现狗只要看到食物，就开始分泌唾液；再后来，只要听到助手的脚步声，狗似乎知道马上就可以吃到食物了，唾液的分泌也开始增加。巴甫洛夫系统研究了这种现象，提出了"条件反射（Conditional Reflex）"的概念，后人称之为"经典条件作用（Classical Conditioning）"。

经典条件作用的核心是反射性反应。反射（Reflex）是一种无须学习的反应，如唾液分泌、瞳孔收缩、膝盖痉挛或眨眼，它是由与有机体生物学相关的特定刺激自然诱发的。

巴甫洛夫认为，条件反射形成的条件是：①无条件反射：食物吃到嘴里，引起唾液分泌增加，这是自然的生理反应，不需要学习，这种反应叫作无条件反射（Unconditioned Reflex，UR）；引起这种反应的刺激是食物，称为无条件刺激（Unconditioned Stimulus，UCS）。②条件反射：研究助手的脚步声与狗的唾液分泌增加本来没有必然的联系，是一种无关刺激，或称中性刺激（Neutral Stimulus，NS）；当脚步声与食物同时、多次重复后，狗听到脚步声，唾液分泌就开始增加，这时中性刺激由于与无条件刺激结合而变成了条件刺激（Conditioned Stimulus，CS），由此引起的唾液分泌就是条件反射（Conditioned Reflex，CR）。

巴甫洛夫在实验中使用的装置，见图5-1。将狗固定在架子上，在它的脸颊上做个手术，使它的部分唾腺暴露出来，用来收集狗的唾液。用铃声作为无关（中性）刺激。狗形成条件反射的机制，见表5-1。

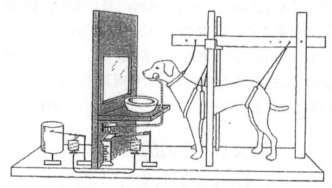

图5-1　巴甫洛夫的实验研究装置

表5-1　经典条件反射形成的三个阶段

阶段	过程
形成前（阶段1）	无条件刺激→无条件反应→中性刺激反应 （肉）　　（唾液分泌）　　（铃声）
形成中（阶段2）	中性刺激（铃声） + 无条件刺激→无条件反应 （肉）　　　（唾液分泌）
形成后（阶段3）	条件刺激（铃声）→条件反应（唾液分泌）

二、经典条件作用的规律

1. 习得

在条件刺激（CS）与无条件刺激（UCS）之间建立联结的过程叫作条件反射的习得过程。在经典条件作用中，时间进程非常关键，这和讲笑话是一个道理。条件刺激与无条件刺激的呈现必须在时间上足够接近，才能使有机体知觉到它们是相关联的。在这个过程中，根据条件刺激与无条件刺激呈现的时间关系，条件作用可以分成同时性条件作用、延迟性条件作用与痕迹条件作用。在同时性条件作用中，条件刺激与无条件刺激在时间上是完全同步出现的；在延迟性条件作用中，条件刺激先出现一段时间，在它还未消失时，无条件刺激开始出现，然后两种刺激同时消失；在痕迹条件作用中，条件刺激先出现，消失一段时间后无条件刺激才开始出现。在这三种不同的时间关系中，延迟性条件作用（条件刺激先出现 0.5 秒）最易形成条件反射；其次是同时性条件作用；最后是延迟时间增长的延迟条件和痕迹条件作用。如果条件刺激在无条件刺激之后才出现，即使有条件反射形成，其效果也是微弱的。

2. 消退

条件反射形成以后，如果得不到强化，条件反应会逐渐削弱，直至消失。例如，狗对铃声形成唾液分泌的条件反射后，得到了食物（强化），条件反射将进一步巩固；如果只给铃声不给食物，已经形成的条件反射就会消退（Extinction）。如果一种条件反射是经过很长时间才建立的，那么是否同样需要很长时间才会消退？答案是肯定的。事实上，条件反射的消退也需要经过许多次反复的消退过程才能完成。

图 5-2 显示了条件反射获得与消退的实验结果。图 5-2a（获得性实验）表示当条件刺激与无条件刺激重复出现 16 次时，条件反射的习得接近高水平。图 5-2b（消退性实验）表示当条件刺激单独出现（没有伴随强化物）第 4 次时唾液分泌的数量已经大大减少，到第 9 次时，唾液分泌反应已基本消失了。

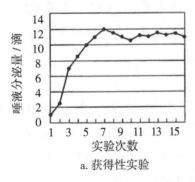 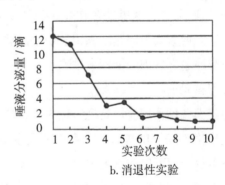

图 5-2 条件反射的获得与消退

3. 泛化与分化

泛化（Generalization）指在条件反射形成后的初期，另外一些类似的刺激也会引起条件反射。例如，狗形成了对三声铃声的条件反射（唾液分泌）后，也会对一声或两声铃声做出相同的反应。曾被一只大狗咬过的小孩很可能对一只小狗也感到恐惧。新刺激越接近原来的条件刺激，泛化现象就越容易发生，反应也越强烈。

与泛化作用互补的是分化过程（Discrimination），是指对事物的差异的反应。例如，狗可以学会只对三声铃声做出唾液分泌的条件反射，而对一声或两声铃声没有唾液分泌的反应。实现分化的手段可以是选择性强化或消退。

4. 二级条件作用

在已经形成的条件反射(如铃声引起唾液分泌)的基础上,如果将条件刺激(如铃声)用作无条件刺激,使它与另一个中性刺激伴随出现,就能建立一种新的条件反射,称为二级条件作用(Secondary Conditioning)。例如,当铃声与唾液分泌的联结建立起来以后,将灯光与铃声反复伴随(无食物)出现,经过学习,灯光也会引起狗的唾液分泌。

在二级条件作用中,有机体在建立条件反射时不再需要借助于具有生物学力量的无条件刺激物(如食物)。有机体可以在已有的条件反射的基础上建立新的、更复杂的条件反射。研究二级条件作用,有助于我们理解人类的许多复杂行为。

三、经典条件作用在生活中的应用

关于经典条件作用的知识可以帮助你理解重要的日常行为。如果你对生活中的事件特别留心的话,会发现有很多这样的情形你无法完全解释,为什么自己会有这种强烈的情绪反应,或者为什么自己对某些东西有着强烈的偏好? 或许可以退一步来问问自己,这是否是经典条件作用的产物? 想想以下情境:你认为你会愿意吃做成狗屎形状的奶糖吗? 一个装糖的容器错误地标成了毒药,你认为你还会愿意吃里面的糖果吗? 如果你的答案是"决不!",这里就存在经典条件反射——"这真恶心"或者"这有危险"——胜过了这东西其实没问题的知识。由于经典条件反射不是通过有意识的思想形成的,它们也很难通过有意识的推理来排除。

1. 习得恐惧

将经典条件作用应用到现实世界中最广泛的研究点是恐惧条件作用。行为主义早期,约翰·华生(John B. Waston)和他的同事罗赛里·雷纳(Rosalie Rayner)曾试图证明,许多恐惧反应都可以理解为中性刺激与天然能唤起恐惧的东西相配对的结果。为验证观点,他们用一名出生只有 11 个月称为阿尔伯特的婴儿进行了实验。

首先让阿尔伯特接触中性刺激小白兔,阿尔伯特毫无害怕的表现,似乎想用手去触摸它。然后兔子出现后,紧接着就出现用铁锤敲击一段钢轨发出的使婴儿害怕的响声(无条件刺激)。经过 3 次结合,单独出现小白兔也会引起阿尔伯特的害怕与防御的行为反应;6 次结合后,被试的反应更加强烈;随后泛化到相似的刺激,阿尔伯特对任何有毛的东西都感到害怕,如老鼠、制成标本的动物,甚至有白胡子的圣诞老人,而且条件性恐惧是非常难消退的。随着时间的流逝,个体可能会完全不知道为什么会出现恐惧反应。条件性恐惧反应会持续很多年,即使最初引起惊恐的无条件刺激从未再次出现。

根据这一实验,华生提出,有机体的学习实质上就是通过建立条件反射,形成刺激与反应之间联结的过程,从而形成习惯。在华生看来,人类出生时只有几个反射(如打喷嚏、膝跳反射）和情绪反应（如惧、爱、怒等），所有其他行为都是通过条件反射作用建立新的刺激—反应联结而形成的。

2. 情绪和偏好

面对各种新的刺激，我们还会形成许多复杂的情绪反应。例如，你第一次走进牙科诊室体验到那难以忘怀的疼痛，后来当你再走进牙科诊室、准备接受牙科医生治疗时，是不是心里怦怦跳、手掌汗津津呢？通过经典条件反射，许多无意的、自主神经系统反应（攻击或逃离反射）都能和新的刺激或情境结合在一起。

当然，情绪性条件反射的形成也同样适用于动物。饲养宠物的人最常犯的一个错误就是叫宠物（特别是狗）过来而它不过来时打它，这样一来，你的呼唤往往会成为宠物恐惧和退缩的一个条件刺激，所以你也就怪不得在你呼唤它们时，它们不愿意靠近你了。那些打骂或体罚孩子的父母们往往也犯同样性质的错误。

除了不良反应的经典条件化，我们也可以将快乐或激动的反应解释为经典条件作用。经典条件作用理论在课堂教学中也有体现，例如创造一个舒适的读书角，或者提供温暖、舒适的课堂环境，使学生产生温馨的感觉，并将这种感觉泛化到学习活动中。

偶然观察到经典条件作用的基本原则后，巴甫洛夫遂将他后来的事业转移到了测定影响条件反射的特定变量上。在经典条件作用中，无条件刺激能自然诱发被称为无条件反应的反射性行为。先前的中性刺激即条件刺激，在与无条件刺激进行多次匹配之后，则开始诱发条件反应。时间特性在条件反应的习得中非常关键。在与最初的条件刺激相类似的刺激也能诱发出条件反应时，就会产生刺激泛化。

四、操作性条件作用

经典条件作用能够解释有机体的某些学习行为，如有机体如何学会对刺激做出特定的反应，以求得与环境的平衡。在经典条件作用中，有机体的行为都是由刺激引发的不自主的反应。这些刺激来自环境，有机体不能预测，也不能控制它。但是在日常生活中，我们还经常看到另一种现象，即有机体为了获得某种结果而主动地做出某种行为。例如，婴儿第一次叫"妈妈"得到了母亲的爱抚，这种行为的结果使婴儿以后不断地叫"妈妈"。这种行为是由有机体主动发出的，而不是由刺激被动引起的。很明显，用经典条件作用很难解释这种行为。

（一）桑代克的尝试—错误学习理论

桑代克（Edward Thorndike，1874—1949）是著名的心理学家，获得博士学位以后，他在哥伦比亚大学开始用猫研究动物的随意学习行为。桑代克设计了有名的迷笼实验（见图5-3）。将饥饿的猫放入迷笼中，笼外放有食物。猫进入迷笼，本能地做出许多反应。

猫偶然触动了迷笼开关，把迷笼打开，得到了食物。如果将猫再次放入迷笼，猫在笼中的盲目动作将逐渐减少。最后，猫一放入迷笼就立即触动开关，获取食物。

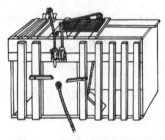

图 5-3　桑代克的迷笼装置

通过对动物学习行为的研究，桑代克提出了尝试—错误（Trial and Error）学习理论。这一理论认为，学习的实质是通过"尝试"在一定的情境与特定的反应之间建立某种联结。在尝试中，个体会犯很多错误，通过环境给予的反馈，个体放弃错误的尝试而保留正确的尝试，从而建立起正确的联结，这就是学习。

桑代克还提出，学习要遵循三条重要的原则。

（1）准备律（Law of Readiness）：指学习者在学习开始时的预备定式。学习者有准备而且给予活动就感到满意，有准备而不活动则感到烦恼，学习者无准备而强制活动也感到烦恼。

（2）练习律（Law of Exercise）：指一个学会了的反应的重复将增加刺激反应之间的联结。也就是刺激—反应联结受到练习和使用得越多，就变得越来越强；反之，变得越弱。在他后来的著作中，他也修改了这一规律，因为，他发现没有奖励的练习是无效的，联结只有通过有奖励的练习才能增强。

（3）效果律（Law of Effect）：桑代克的效果律表明，如果一个动作跟随情境中一个满意的变化，在类似的情境中这个动作重复的可能性将增加；但是，如果跟随的是一个不满意的变化，这个行为重复的可能性将减少。这样我们就能看到一个人当前行为的后果对决定他未来的行为起着关键的作用。"在刺激与反应之间形成可改变的联结，给予满意的后果联结就增强，给予不满意的后果联结就减弱。"奖励是影响学习的主要因素。奖励就是感到愉快的或可能进行强化的物品、刺激或后果。在桑代克后来的著作中，他取消了效果律中消极的或令人烦恼的部分。因为他发现惩罚并不一定削弱联结，其效果并非与奖励相对。桑代克认为，效果律是学习的基本定律。

（二）斯金纳的操作性条件作用

20世纪30年代后期，行为主义心理学家斯金纳改进了桑代克的迷笼，设计了"斯金纳箱"（见图5-4），并用它来研究各种动物（如白鼠与鸽子）的行为。实验中，动物从初始的混乱动作中无意地碰到杠杆，得到了食物，进而学会了按压杠杆与得到食物之间的联结。通过更为复杂的设计，动物还可以学会分化行为。例如，当灯亮时按压杠杆可以得到食物，而灯灭时按压杠杆得不到食物，因此动物学会了只在灯亮时按压杠杆。

通过研究，斯金纳认为存在两种类型的学习：一类是由刺激情境引发的反应，斯金纳称之为应答性反应（Respond Condtioning），与经典条件作用类似；另一类是操作性反应（Operant Conditioning），它不是由刺激情境引发的，而是有机体的自发行为。在日常生活中，人的绝大多数行为都是操作性行为。影响行为巩固或再次出现的关键因素是行为后所得到的结果，即强化（Reinforcement）。

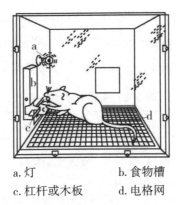

a. 灯　　　　　　　b. 食物槽
c. 杠杆或木板　　　d. 电格网

图 5-4　斯金纳箱（箱内有一个杠杆，动物只要按压杠杆就可得到食物）

1. 强化

斯金纳区别了两种类型的强化——正强化（Positive Reinforcement）与负强化（Negative Reinforcement）。当环境中某种刺激增加而行为反应出现的概率也增加时，这种刺激就是正强化物，这种现象就是正强化。例如，饥饿的白鼠按压杠杆得到食物，食物就是正强化物。当环境中某种刺激减少而行为反应出现的概率增加时，此种刺激就是负强化物，这种现象就是负强化。负强化物通常是一种厌恶刺激，是有机体力图回避的。例如，白鼠处于轻微的电击中，一旦按压杠杆，电击解除，停止电击就是负强化物，它同样能增加动物的压杆反应。需要注意的是，无论是正强化还是负强化，其结果都是增加行为再次出现的概率，促进行为的发生。正强化是通过反应之后呈现令人喜爱的刺激而增强行为反应的频率。负强化则相反，它通过解除、减少或阻止反应之后出现讨厌的刺激来增强行为反应的可能性。

对经典条件作用而言，当无条件刺激不再呈现时，条件反应会经历消退的过程。同样的原则也适用于操作性条件作用——若将强化消除，操作性消退（Operant Extinction）

就会出现。因而,如果某一行为不再产生可预期的结果,那么它就会退回到操作性条件作用之前的水平,它就消失了。你是否曾有过往自动售货机里投了硬币却什么饮料也没得到的经历?假如你有一次踢了一脚自动售货机,买的饮料就出来了,那么你这种踢的动作就会被强化。然而,如果后来几次你踢自动售货机时不再有饮料出来,那么你这种踢机器的动作很快就会消失。

2. 强化程序

强化程序(Reinforcement Schedules)是指反应受到强化的时机和频次。斯金纳认为,在行为实验中,强化方式是最容易控制的、最有效的变量。在精确控制的实验情境中,实验者可以精确地决定使用什么类型的强化,怎样给予强化和何时给予强化。强化程序的类型多种多样,可以分为连续强化程序(Continuous Reinforcement Schedule)与间隔强化程序(Intermittent Reinforcement Schedule)。间隔强化程序根据时间和比率、固定和可变两个维度组合出四种强化程序。强化程序的分类情况如表 5-2 所示。

表 5-2　强化程序的分类

程序	定义	示例	反应建立方式	强化终止后的反应
连续强化	给予每个反应强化	一开灯就亮	迅速学会反应	反应迅速消失,毫无持续性
定时强化	固定时段后给予强化	按时发工资	随强化时间的临近,反应数量迅速增加,强化后反应数量骤减	反应具有很短的持续性,当强化时间过去不再出现强化物时,反应速度迅速降低
定比强化	固定反应次数后给予强化	计件工资	反应建立迅速,强化后反应会暂停	反应具有很强的持续性,当达到预期的反应数而不再有强化物时,反应速度降低
变时强化	不定时给予强化	随堂测验	反应建立缓慢、稳定,强化后反应不会暂停	反应具有更长的持续性,反应降低的速度缓慢
变比强化	在不定反应次数后给予强化	买彩票	反应建立的速度很快,强化后几乎不会暂停	反应具有很长的持续性,一直保持很高的水平,不会消失

每一种不同的程序都产生相应的反应模式。连续程序的强化在教新反应时最为有效。间隔强化又称部分强化,它比连续程序具有更高的反应率和低消退率。定时强化由于有一个时间差,强化后有较低的反应率,但在时间间隔的末了反应率上升。学生在期终考试时临时抱佛脚就证明了这一点。定比强化对稳定的反应率比较有益,而变比强化则对维持稳定和高反应率最为有效。强化既能影响行为的习得速度与反应速度,也能影响行为的消退速度。

3. 惩罚

惩罚（Punish）指的是任何一种刺激——当它伴随在某一反应之后出现时——能降低该反应在以后发生的概率。惩罚是在反应之后施加惩罚物。正如我们可以识别正强化和负强化一样，我们也可以确定正惩罚和负惩罚。某一行为之后伴随着讨厌刺激物时，我们称这一事件为正惩罚（Positive Punishment）（你可以这样记住"正"的，因为某种东西加到了该情境中）。例如，触摸热炉子会产生疼痛，以惩罚先前的反应，这样你下次就不大可能再摸炉子了。当某一行为之后伴随有喜爱刺激的去除时，我们称这一事件为负惩罚（Negative Punishment）（你可以这样记住"负"的，因为某种东西从情境中减去了）。因此，当一个小女孩打了自己的小弟弟，父母便取消了给她的零花钱时，这个小女孩便知道以后不能再打弟弟。尽管惩罚和强化是密切相关的操作，但它们在一些重要方面却有所不同。区分它们的一个好方法，是按照它们对行为的影响来进行考虑。惩罚，从定义上看，总是减少某一反应再次发生的概率；强化，从定义上看，总是增加某一反应发生的概率。例如，一些人喝了含咖啡因的饮料后会有严重的头痛。这种头痛就是正惩罚及减少再次出现此类行为的刺激。然而，一旦头痛出现，人们通常会服用阿司匹林或其他止痛片来消除头痛。阿司匹林的止痛效应即是对服用阿司匹林行为进行负强化的刺激。关于强化和惩罚的区分可见表5-3。

表 5-3　强化与惩罚

	行为被强化	行为被减弱
呈现刺激	正强化（呈现愉快刺激，如给予表扬）	正惩罚（呈现厌恶刺激，如关禁闭）
消除刺激	负强化（消除厌恶刺激，如免做家务）	负惩罚（消除愉快刺激，如禁吃零食）

4. 操作性条件作用的强化类型

对于人类而言，有效的操作性强化物可以是多样的，比如，给你一包巧克力糖豆可以是强化，在你背上轻轻拍两下也可以是强化。在对强化物进行分类时，最关键的是区分一级强化物与二级强化物，同时还要区分强化与反馈，强化通过联想学习产生作用，反馈则是认知学习的重要组成部分。

（1）一级强化物

一级强化物是自然形成和非习得性的，具有生理基础，能产生舒适感和消除不适感，或能够满足即时的生理需要。例如，食物、水和性需要都是一级强化物。每当你打开冰箱、走向饮水机、开启暖气、购买一大杯拿铁咖啡时，你的行为都受到一级强化物的影响。除了这些常可以看到的一级强化物之外，还有我们一般看不到的一级强化物，如精神药物。颅内自我刺激是效应最强烈的强化物之一，它能够直接激活大脑中的"快乐中枢"。

（2）二级强化物

在一些发展水平较低的社会里，食物、水和其他可满足生理需要的东西仍经常被用于强化学习。但对于世界上大多数人来说，奖赏和强化物的范围早已超出一级强化物。金钱、赞扬、注意、赞同、成功、情感、成绩以及其他的奖赏都可以成为强化物，即习得的二级强化物。二级强化可分为社会强化（如社会接纳、微笑等）、信物（如钱、级别、奖品等）和活动（如自由地玩、听音乐、旅游等）。

二级强化物如何促进学习？一些二级强化物可与一级强化物之间建立起联系。例如，如果你想训练一只狗跟着你一起散步，当狗紧跟着你的时候可以奖给它少量食物，如果在每次你给它喂食的时候，你都赞扬它，那么你的赞扬将会成为二级强化物。最后，当狗听从了你的命令后，你可以不再给它食物，而是对它进行赞扬。这一原理也可以应用到儿童身上，家长的赞扬之所以能成为二级强化物，主要是因为它通常与食物、糖果、拥抱及其他一级强化物联系在一起。

在强化时，可以使用普雷马克原理（Premack Principle），即用高频的活动作为低频活动的强化物，或者说用一个人喜爱的活动去强化他参与不喜爱的活动，如"你吃完这些青菜，才可以吃火腿"。如果一个儿童喜爱做航空模型而不喜欢阅读，可以让他完成一定的阅读之后去做模型，等等。

第三节　学习的认知社会观

一、托尔曼的认知学习理论

爱德华·托尔曼（Edward C. Tolman，1886—1959）倡导的行为主义自称"是一种特殊的行为主义"。他与早期的行为主义者一样也注重研究行为，但他反对"刺激—反应"的理论框架，而强调"刺激—反应"的中介变量。因此，人们将托尔曼的行为主义称为认知—行为主义。

（一）认知地图

托尔曼开学习认知过程的研究先河。他创设了一种实验情境，在这种情境中，用特定刺激和反应之间机械的、一对一的联合无法解释所观察到的动物的学习。参见图 5-5 所示的迷津。托尔曼和他的学生证明，当迷津中最初的目标通路受阻时，先前曾走过迷津的老鼠会以最短的路径绕过障碍，即使这种特定的反应以前从未被强化过（Tolman & Honzik，1930）。因此，老鼠的行为看起来像是在对它们内部的认知地图（Cognitive Map）——迷津整体布局的表征做反应，而不是通过尝试错误盲目地探索迷津的各个不同部分（Tolman，1948）。托尔曼的研究结果显示，条件反射不仅涉及刺激情境之间或反应与强化物之间形成简单的联结，还包含着对全部行为背景的其他各方面的学习与表征。

沿袭托尔曼传统的研究一致证明了鸟、蜜蜂、老鼠、人和其他动物令人印象深刻的空间记忆能力（Olton，1992；Benhamou & Poncet，1996）。为了理解空间认知地图的有效性，庞塞特（Poncet）认为认知地图具有以下的功能：动物运用空间记忆来认知和识别环境特征；动物运用空间记忆来发现环境中重要的目标物；动物运用空间记忆来设计它们在环境中的旅行路线（Poncet，1993）。你可以在许多鸟类的行为中看到认知地图的这些不同功能，这些鸟类在分散的不同地点储存食物，但当它们有需要时，又能非常准确地找到这些食物。

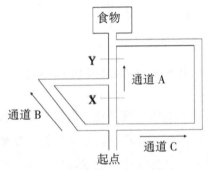

图 5-5 迷津学习中认知地图的运用

托尔曼认为，认知地图是关于某一局部环境的综合表象，不仅包括事件的简单顺序，而且包括方向、距离甚至时间关系等。而位置学习就是根据对情境的认知，在当前情境与达到目的的手段、途径间建立起一个完整的符号系统。

我们不妨设身处地地想一下，你每天是怎样从自己的寝室走到教室去的呢？在你的头脑中，是否有一幅校园的认知地图？如果你是一位老生，头脑中建立了校园的认知地图，你自然就知道，要从寝室走到教室，必须先经过邮局、向东拐弯、走大约 300 米之后经过书店，再向北走 50 米就到了。你还知道，这段路大约需要 5 分钟。在你的认知地图中，寝室、邮局、书店等位置标志和方向、距离、时间等组成一个系统，帮助你在校园中正确定向。但是这个系统又是可变的。如果有一天邮局改变了位置，你也不会因此而迷路。

（二）潜伏学习

托尔曼认为，强化不是学习所必需的。在一个经典的实验中，他将实验白鼠分为三组，训练它们走一个复杂的迷津。A 组白鼠在正常条件下训练，跑到目的箱之后总能得到食物；B 组白鼠始终没有得到食物；C 组白鼠在开始 10 天中没有得到食物，到第 11 天才得到食物。实验结果如图 5-6 所示。

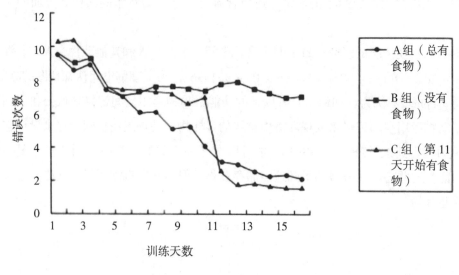

图 5-6　托尔曼的潜伏学习实验

　　A 组的错误逐渐减少；B 组的成绩有变化，但没有显著提高；C 组的成绩在没有食物强化的前 10 天里与 B 组一样差，然而一旦有了食物，成绩骤然上升，错误次数与 A 组一样，甚至更少。托尔曼认为，三组白鼠的学习情境是一样的，差别仅仅是有没有食物强化。B 组白鼠没有受到强化，但也在学习，只不过学习效果没有表现出来，托尔曼称这种学习为"潜伏学习（Latent Learning）"。C 组白鼠在没有食物的前 10 天中也存在潜伏学习，它们与 A 组白鼠一样获得了关于迷津的认知地图，只是由于没有食物，学习效果也没有表现出来。当 C 组白鼠在第 11 天得到食物强化后，学习效果立刻就表现出来了。托尔曼认为，学习不仅需要知识，而且要有目标（如走到目标箱获得食物）。如果没有目标，学习就可能表现不出来，其结果不一定体现在外显的行为中。

　　潜伏学习发生于没有明显强化的情境中，并保持潜伏状态，直到被给予强化，才转化为外显行为。对人类而言，潜在学习与高级能力相关，比如预测未来的奖励。举个例子，当你送一位颇具魅力的朋友回家时，你也许会无意识地记下送她（他）回家的那条路，因为你期望将来你们之间可能会有约会。

　　一切学习的基础都是建立刺激与反应之间的联系吗？尽管许多学习都可以用经典条件反射与操作性条件反射来解释，但是，我们知道，再简单的条件反射也含有"心理"成分。就人类而言，我们可以预测未来的赏罚情况，并做出相应反应。当听到牙医说："放心吧，一点都不疼的！"你会想到他们是在骗你。毫无疑问，人类学习包含着很多认知成分或心理成分。作为人类，我们受到信息、期望、知觉、心理表象等多种因素的影响。

　　简单来说，认知学习（Cognitive Learning）是指理解、认识、预测或其他利用丰富信息的高级心理过程。认知学习超出了基本的条件反射式学习，是一种包括记忆、思维、问题解决和语言因素的学习过程。

二、观察学习

1. 学习是从模仿开始的吗？

根据阿尔伯特·班杜拉（Albert Bandura）的观点，许多技能都是通过观察学习或模仿习得的。观察他人的行为及其结果和模拟他人的行为能够导致观察学习，而观察学习并非人类所特有，其他物种如鸽子甚至章鱼都能在观察同类其他个体的表现后改变自己的行为。

通过观察进行学习的价值是显而易见的。不论是系鞋带、走舞步，或是弹奏吉他，我们都是先看别人做，之后自己再学着做。班杜拉认为，凡是通过直接经验学到的东西，都能通过观察间接学到。因此，有时我们可以直接掌握正确的操作方法或知识，不必经历逐渐祛除错误反应并获得正确反应的冗长的尝试—错误过程，就可以获得大量的、完整的行为模式，可以从他人的错误和成功中立即获益。

2. 观察学习

事实上，许多社会学习都发生在传统的条件反射无法预见的学习情境中，因为学习者没有做过积极的反应，也未得到过真实的强化物。个体仅仅是在观察到他人的行为被强化或被惩罚后，就可以做出类似行为，或者抑制该行为。这就是观察学习（Observational Learning）。

我们可以通过对其他物种的研究来领会观察学习的起源。在打斗结束后，恒河猴常通过接近它们的对手并进行友好接触而相互和解。不过恒河猴很少会迅速和解。然而，如果恒河猴在一种彼此相互谅解的群体中长大，那么它们之间的打斗常会在3分钟内和解（De waal & Johanowicz，1993）。猴子通过观察来学习。通过观察其他同类，大猩猩可以学会并表现出复杂的行为，如怎样用两只手来抓食植物（Byme & Ruson，1998）。甚至老鼠、鸽子和牛也可以通过相互观察模仿来学习（Dugatkin，2002）。

人类似乎更能表现出惊人的模仿能力。我们的许多观念、风格、习惯可以通过模仿代代相传，这些被传播的文化要素现在有这样一个名称：meme（模因）。布莱克莫尔（1999，2000）指出，我们人类是高级的meme机器。我们的语言习得、礼仪、食物、传统、恶习、爱好都是通过个体间的相互模仿而传播开来。

近来，神经科学家发现了为观察学习提供神经基础的镜像神经元（Mirror Neuron），位于与大脑的运动皮层相邻的额叶区。当猴子在完成一项任务如抓、抱或撕时，这些神经元就会活跃起来（Rizzolatti et al.，2002）。当一只猴子观察另一猴子在做同样的事情时，这些神经元也会活跃起来。当猴子观察时，这些神经元将映射出它正在做什么。不仅猴子是这样，PET扫描发现人类在这个脑区也同样存在镜像神经元，还会影响语言的功能。这些神经元可以帮助儿童通过观察嘴唇的合拢以及舌头的活动学习新词。镜像神经元也有助于儿童的同理心和心理理论（对他人心理状态的推测）的发展。我们常会与他人感同身受，与看到他人皱眉时相比，当看到他人温馨的笑脸时，我们似乎更难表现得愁眉苦脸。

3. 模仿榜样

榜样学习对于行为有很大的影响作用。在一项经典实验研究中，研究者让儿童观看一个成年人攻击一个大塑料娃娃的行为。儿童被分为三组：第一组儿童在现场观看，成年人时而坐在娃娃身上，时而打它，用锤子砸它，时而把它在房间里踢来踢去；第二组儿童则通过录像观看这些行为；第三组儿童观看的是含有这些攻击行为的卡通片。之后，研究者让孩子们玩一些好的玩具，又突然把玩具拿走，使孩子们产生挫折感。接下来，研究者让孩子们去玩他们刚才看到的那种大塑料娃娃。结果发现，许多孩子都会重复成人的攻击行为，甚至还加上一些新的攻击行为。研究者还发现了一个有意思的结果，看现场表演和看录像对孩子模仿攻击行为的影响更大，而看卡通片的效果相对较弱。

儿童是不是盲目地模仿成人？不是的。观察学习只是让一个人做好去模仿某种反应的准备，通过观察学习，人们可以学习某种行为。但是，他们是否真去模仿这种行为，将取决于榜样的这种行为是获得强化，还是被惩罚。当父母教育孩子时，如果自己说一套做一套，孩子就会模仿父母的行为，而不会遵从父母的教诲。因此，通过模仿，儿童不仅习得了态度、姿势、情绪和个性特征，而且还能学会恐惧、焦虑和一些不良习惯。青少年吸烟者就是一个典型实例，如果他们的父母、兄弟姐妹和朋友吸烟，那他们很有可能也开始吸烟。更为悲剧的是，见惯了家庭暴力的儿童在今后极有可能成为施暴者。举一个例子，弟弟正在玩游戏，被哥哥过来打断，他气急败坏地冲着哥哥大喊大叫，并使劲乱打。这一来又干扰了父亲看电视，父亲过来揍了弟弟的屁股，并警告说："你不许打人，这是给你的教训！"由于模仿效应，期望孩子"学我所说的，而不是我所做的"是极其不现实的。父亲的行为给孩子的信息是很明确的，这就是："谁敢惹我，我就打谁。"在下一次弟弟被惹火的时候，他多半会模仿父亲，打他的哥哥。

由此可见，我们通过观察榜样能学到很多东西，既包括亲（帮助）社会行为，也包括反（危害）社会行为。然而，现实世界中存在很多潜在的学习榜样。那么，哪些变量非常重要，决定着你对最有可能影响你的榜样的选择呢？研究表明，在下列情况下所观察到的榜样行为最具影响力：

①观察到榜样的行为得到了强化的结果；

②榜样被看成是正面的、令人喜爱和尊敬的；

③榜样和观察者的相貌及特点具有可知觉的相似性；

④观察者因注意榜样的行为而得到了奖赏；

⑤榜样的行为可以看到并且很突出——榜样作为清晰的形象，从与其相竞争的人物背景中显现出来；

⑥榜样的行为是在观察者所能模仿的能力范围内。

4. 电视暴力

由于人们能非常有效地进行榜样学习，因此大量心理学研究都探讨电视对行为的影响：人们会为他们在电视上看到的受奖或受罚内容所影响吗？研究者的注意集中在电视暴力——谋杀、强奸、攻击、抢劫、恐怖活动和自杀等内容的暴露和青少年行为的联系上。观看暴力行为是否会促进观看者的暴力模仿行为？心理学研究的结论是肯定的，几十年的研究一致表明，电视暴力通过三种方式对观看者的生活产生负面影响。第一，通过观察学习机制，观看暴力电视节目会增加攻击性行为。就儿童来讲，这种因果联系具有特别重要的启示。小时候过度看暴力电视而产生的攻击习惯可能会为长大后的反社会行为埋下种子。第二，观看暴力电视节目导致观看者对日常生活中暴力事件的发生估计过高，从而过分害怕自己会成为现实世界中的暴力受害者。第三，观看暴力电视节目会使人们脱敏，一种在看到暴力行为时情绪唤起和悲痛水平的降低。下面是一个关于脱敏结果的实验室例子。

媒体暴力提高了人们对现实生活中攻击性行为的容忍度？

一组学生，42 名四年级和五年级的儿童，每人都被带到实验室观看两盘录像带中的一盘：电影《空手道小子》中的暴力片段和 1984 年夏季奥运会中的非暴力运动场面。看过录像带以后，研究者使儿童确信他们是在通过无线电观看直播现场中的事件。这些事件（实际上是录像带中的）说的是，两个 6 岁左右的小孩最初在一间屋里玩，后来他们渐渐地相互攻击起来。大一些的儿童被告知，如果他或她对电视上的行为感到担忧，就去找实验人员。看过《空手道小子》的孩子比看过奥运会的孩子要花几乎长一倍的时间才去找实验人员。由此，研究者得出结论，先前观看暴力影片导致儿童对现实世界的攻击性行为容忍较长时间后，才去报警。

在认识到媒体暴力的影响之后，加拿大、挪威和瑞士等国家对暴力节目的播放制定了严格的限制。这是一种值得其他国家借鉴的做法。值得注意的是，研究者也说明了，当儿童观看有亲社会行为榜样的电视节目时，他们也可以学习亲社会的助人行为。父母应严肃看待儿童能从所看电视节目中进行学习的这一观点。作为父母或儿童管理者，应该帮助儿童选择适当的电视榜样。

总之，对观察学习的分析，一方面证实了强化原则影响行为，另一方面也证实了人类有能力运用认知过程，借助替代奖赏和替代惩罚来改变行为。

三、建构主义的学习理论

建构主义（Constructivism）是一种新的学习理论，对什么是"学习"和"学习者"提出了新的看法。建构主义认为，事物的感觉刺激（信息）本身并没有意义，意义不是独立于我们而存在的，而是由人建构起来的。意义不仅取决于事物本身，也取决于我们已有的知识经验。不同的人由于已有的经验不同，对同一种事物会有不同的理解。和行为主义不同，建构主义更重视新旧经验间反复、双向的交互作用。

建构主义有不同的观点，如激进的建构主义（Radical Constructivism）和信息加工的建构主义（Information Processing Constructivism）。它们的共同特点是：①知识不是对现实的准确表征，它只是一种解释、一种假设；知识不是问题的最终答案，它会随着人类的进步而不断得到改造。②学习过程不是由教师向学生传递知识的过程，而是学生主动建构知识的过程。建构就是学习者通过新旧知识经验间反复的、双向的相互作用，来形成和调整自己的经验结构。在建构过程中，一方面学习者对当前信息的理解需要以已有的知识经验为基础；另一方面，在运用已有的知识经验时，又不只是简单地提取和套用，个体同时需要依据新的经验对它做出某种调整和改造。③建构主义者强调，学习者在日常生活和以往的学习中，已经形成了丰富的经验。他们可能没有接触过某些问题，对这些问题没有现成的经验，但问题一旦出现，他们也会基于以往的经验和自己的认知能力，形成对问题的某种解释。教学应该把儿童现有的知识经验作为新知识的生长点，引导儿童从原有的知识经验中"生长"出新的知识经验。教学不是知识的传递（Transmission），而是知识的相互作用（Transaction）和转换（Transformation）（陈琦、张建伟，1998）。

本章重点概念

　　学习　经典条件作用　无条件刺激　习得　消退　泛化　分化　操作性条件作用　效果律　强化　强化物　二级强化物　认知地图　潜伏学习　观察学习　镜像神经元

本章思考题

1. 举例说明什么是学习，学习行为有什么特征。

2. 什么叫潜伏学习？

3. 经典条件作用是怎样形成的？

4. 操作性条件作用是怎样形成的？

5. 操作性强化有哪些类型？

6. 中性刺激怎么变为条件刺激？

7. 经典条件作用规律在生活中的应用有哪些？

8. 操作性条件作用规律在生活中的应用有哪些？

9. 比较经典条件作用与操作性条件作用的异同。

第六章

意识和注意

意识是心理学中最经典的研究问题之一，19世纪末，德国心理学家冯特在建立科学心理学时，就把意识作为自己研究的主题。威廉·詹姆斯（1890）把意识的研究看作心理学领域的核心。行为主义兴起后，以华生为代表的行为主义心理学反对心理学家研究意识。20世纪60年代，随着认知心理学和人本主义心理学的兴起，意识重新成为心理学的核心研究领域。与此同时，心理学家对催眠和精神活性药物（如致幻剂、抑制剂、兴奋剂等）引发的意识状态做了大量的研究。在21世纪的今天，神经科学的发展把大脑活动和各种心理状态——清醒、睡眠和做梦紧密联系在一起，神经科学可以测量从睡眠到觉醒再到催眠等不同的意识状态下脑电波的活动模式。心理学家坚信心理过程（认知）对人的重要性，对之的探索热情也始终保持着。

第一节　意识概述

一、什么是意识

意识（Consciousness）就目前而言还没有一个准确的定义。现在的大多数心理学家认为，意识是我们对自己和环境的觉知。意识在不同的范畴有着不同的说法。例如，从心理状态来说，"意识"意味着清醒、警觉、觉察和注意等；从心理内容上而言，"意识"是可以用语言报告出来的东西，例如对快乐的体验、对外部环境的觉知以及回忆过往事物等；在行为水平上，"意识"也就是受个人意愿支配的动作或活动，与自动化动作相反，例如，一个人在午餐中选择吃什么，是受意识自主支配的；在更高的哲学水平上而言，"意识"是一种与物质相对立的精神实体，由思想、幻想、梦构成。总的来说，意识的概念可以从三个角度进行理解。

（一）意识是一种觉知

在这个意义上，意识意味着"观察者"觉察到某种"现象"或"事物"。例如，班里面来了一个新同学，你会观察到；在歌唱比赛中，你会对选手进行评价等。你觉察到这些外部事物的存在，也就是意识到它们。同样，我们有时也会察觉到自己内部的状态，比如疲劳、焦虑等；此外，人们还能察觉到时间的延续性和空间的广延性等。

（二）意识是一种高级的心理功能

意识不只是对信息的被动觉察和感知，它还具有能动性和调节作用。它不同于机器，意识可以对个体的身心系统进行统合、管理和调控。而这种管理和调控不是一种本能反应，通常是建立在理性思考的基础之上。所以说意识是一种高级的心理功能。

（三）意识是一种心理状态

意识可以分为不同的层次或水平，如从无意识到意识，是一个连续体。另外，意识还会发生变化，如觉醒、惊奇、愤怒、警觉等。什么因素可以导致意识状态的改变呢？比如，感觉超负荷，如暴怒、狂欢节聚会、摇滚演唱会；单调刺激，如长途驾驶中的"高速公路催眠现象"；异常身体状况，如高烧、脱水、睡眠缺失、濒死体验等。

二、无意识

无意识（Unconsciousness）又称潜意识，是相对意识而言的，是指个体不曾觉察到的心理活动。精神分析学家弗洛伊德发展了最初的有关无意识力量的理论，他主张某些意识经验——创伤记忆和禁品渴望——足以威胁某些特殊的心理过程，它们一直被排除在意识之外，这些原始的、不可被接受的想法或动机的内容被压抑，虽没有被意识到，但却影响着人们的行为。而现代认知心理学家对无意识的界定跟精神分析学派的心理学家有所不同。认知心理学家认为，在任何时候，你都被大量的刺激所包围，你的注意通常只集中在一小部分刺激上。但是，有时你会对不在你注意范围内的信息有一种无意识表征，这时无意识主要用于完成一些背景任务，例如筛选各种感觉信息。当你将意识觉知集中在"相关"输入，即你希望加工和反应的信号时，其他无关的刺激就成为背景噪声。无意识可以对信息进行筛选、分类和储存。常见的无意识现象有几种。

（一）无意识行为

有时人的行为是不需要意识控制的，比如一些自动化了的行为，在骑自行车的时候，可以一边与人交流一边毫不受影响地继续骑行并保持平衡。在日常生活中，人们的许多小动作也是无意识的，例如有的人在讲台上说话的时候，身体无意识地左右晃动、不自觉地挠头等。

（二）对刺激的无意识

人在活动时，有时没有察觉到对他们的行为产生了影响的事件，而实际上，这些事件对他们的行为产生了或大或小的影响。例如，在麦凯（McKay，1973）的一项研究中，用耳机向被试的两耳呈现不同的材料，要求被试只听其中一只耳朵的内容，而尽量避免听另一耳朵的内容。在要求被试听的材料中有一些歧义词，其含义不确定。例如，在句子 " They threw stones toward the bank yesterday." 中，单词 "bank" 是一个歧义词，可以指 "银行" 也可以是 "河岸"。每当 "bank" 一词呈现在追随耳时，给另外一耳朵呈现一个可以帮助确定歧义词词义的词，如 "money" 或者 "river"，随后要求被试解释听到的句子的含义。尽管被试根本不记得呈现在非追随耳的信息是什么，却明显倾向将歧义词解释为与该单词有联系的词义。

（三）盲视

有一类对刺激的无意识觉察是由于脑损伤引起的，叫盲视（Blind Sight）。韦斯克兰茨（L. Weiskrantz）曾对这种现象做出回应，这种症状表明，有些病人虽然看不见东西，却残存着有限的视动行为，他在那半侧视野里是盲的，却能大致指出亮光的方向，按照病人的描述就是："我不知道目标在什么地方，但可能在那里。"有位叫 G. Y. 的病人几乎总能猜出光点的运动方向，但如果运动太慢或者目标的反差太低，他的表现就会降至随机水平（此时，病人完全是在瞎猜）。

三、意识的功能

意识对人类的生存有着重要的作用。从进化的角度讲，意识之所以产生，是由于它增加了个体的生存机遇。正是由于人们对周围世界和自身的觉知，才使得人类能将有目的的行为建立在对现实的最佳解释和最佳决策上，在准备把握感知觉信息的基础上，达到生存的目的。意识通常以三种方式帮助人们把握纷繁复杂的世界。第一，意识对个体所觉察到的范围进行限制从而减少刺激输入的流量。这种限制功能滤掉了多数与当下目标和目的无关的信息，以便个体集中更多的精力在目标刺激上。第二，意识具有选择存储的功能。意识允许个体选择性地储存你想要分析、解释并对将来起作用的刺激。它通过选择一些，忽视另外一些，允许个体将事件和经验按照个人的需要分成相关的和无关的。第三，使人们能够利用过去的记忆对当下输入的信息进行分析和判断，对可能的行为进行思考和规划。

第二节　意识的不同状态

意识有不同的状态，下面来看这些例子。

· 正在玩耍的学生，听到铃声响起，立马拿出书本坐好。

· 在某所大学里，一名大学生坐在课堂上，思绪却已沉浸在了自己的白日梦里。

· 饱受对舞台恐惧的演员，借助于催眠治疗师，想要减轻她的舞台恐惧。

· 公司白领，为了摆脱自己的困倦，为自己冲了一杯咖啡。

以上例子中每个人都处于不同的意识状态下，无论是主动还是被动的，他们都在试图用不同的方法在不同的程度上以及为了不同目的而改变自身的意识状态。在不同的意识状态下，我们对世界及自身变化的觉知和敏感程度处在不同的水平。本节将从以下几个方面来介绍意识的不同状态。

一、睡眠

（一）生物节律

所有的生命都受到白天和黑夜这种自然节律的影响。我们的身体受到昼夜节律（Circadian Rhythms）的时间周期的调节：你的唤醒水平、新陈代谢、心率、体温和激素活动的涨落都会依照个体内部的时钟节奏。这些活动的大部分是在白天，通常是在下午达到顶点，在夜里睡眠的时候降到谷底。研究表明，个人身体使用的时钟并不完全与墙上的时钟一致：没有外部的时间线索矫正的话，人类内部"定时器"设定的周期是24.18 小时（Czeisler et al., 1999）。每天接触阳光有助于人们按 24 小时的周期进行微调。但个体间也有很大的差异，不同个体的变化模式是不同的。一般来说，当体温及其他生理指标达到一天中的最高水平时，个体的工作效率最高。对于体力劳动来说，这种联系尤其明显，而对于脑力劳动来说，这种联系要弱一些。

位于下丘脑的视交叉上核（Suprachiasmatic Nucleus）对人体的这种生理功能及心理状态的周期性变化起关键作用。事实上，它像一个"超生物钟"，使其他的内部"生物钟"互相保持同步。这个神经核的活动可以促进或抑制松果体（Pineal Gland）的活动。松果体分泌的褪黑素是一种影响很广的荷尔蒙，它起镇静作用，可以减少机体的活动，增加疲劳感，促进睡眠。视交叉上核以视觉刺激输入敏感，白天的光线可以激活该神经核，抑制褪黑素的分泌。与此相反，黑暗能增加褪黑素的分泌。因此，我们在白天会感到精力充沛，夜里则感到疲倦。而当视交叉上核受损伤或它与眼睛的神经通路被破坏时，这种日夜交替的生理周期会消失。人为地改变褪黑素的水平也会影响个体的生物节律。

此外，当人们进行跨时区飞行的时候，个体会经历时差，在这种情况下个体会感到疲劳、不可抵抗的嗜睡和随后与平常不同的睡眠—觉醒时间表。时差的发生是因为内部生物节律与时间环境不协调导致的。例如，你的身体说现在是凌晨 2 点，所以许多生理指标都处于低谷，但当时的时间是正午时分，需要你工作。旅行的方向和跨越时区的数目是影响时差程度的重要变量。

（二）睡眠及其阶段

睡眠是一种与觉醒对立的意识状态，是我们日常生活中熟悉的活动之一。人的一生当中大约有 25 年的时间是在睡眠中度过的。一般来说，人类的睡眠具有如下特点：①睡眠大多发生在某一固定地点（如床上），是人的隐私行为的一部分；②睡眠持续时间的个别差异比较小，一般成人的睡眠每天在 5—9 小时，平均 7.5 小时；③人的一生都需要睡眠，只是睡眠时间会随着年龄的增加而逐渐减少。在以前很多人对睡眠有着错误的认知，认为处于睡眠状态会对外界一切事物毫无知觉，认为睡眠就像暂时的死亡。现如今心理学对睡眠做了大量的研究，知道睡眠是和死亡完全不一样的。睡眠是一种生物节律，可以从脑电活动来研究睡眠。当一个人从清醒状态进入睡眠状态时，其大脑的生物电活动会发生复杂的变化。对睡眠者脑电波以脑电图（Electroencephalogram，EEG）的形式来记录，可以很好地了解和揭示睡眠的本质。

研究显示，当大脑处于清醒和警觉状态时，脑电中有很多 β 波，β 波是一种频率高、波幅较小的波，每秒有 14—30 个周期。安静状态时，α 波会出现，逐渐代替 β 波，α 波频率较低，波幅较大，每秒 8—13 个周期。在睡眠状态时，脑电则主要是 δ 波，δ 波频率更低，波幅更大。

根据脑电图的研究可以将睡眠分成四个阶段（见图 6-1）：

第一阶段：个体处于浅睡眠状态，心律降低，身体放松，呼吸变慢，但容易被外界警醒。在脑电图中，这个阶段多为混合的、频率和波幅都比较低的脑电波，并伴有 α 波，持续时间为 10 分钟左右。如果人在这时被唤醒，可能说自己睡着了，也可能说没睡着。

第二阶段：在这个阶段，偶尔会发出一种短暂爆发的、频率高、波幅大的脑电波，称为睡眠锭（Sleep Spindle），这种波能使睡眠中的大脑不受外界干扰。处于此阶段的个体较难被唤醒，持续时间为 20 分钟左右。

第三阶段：在这个阶段，脑电的频率会继续降低，波幅变大，会有新的脑电波出现，也就是 δ 波，有时也会有睡眠锭。个体在这个阶段进入更深层的睡眠，大约持续 40 分钟。

第四阶段，大约 1 小时后，大多数睡眠者进入睡眠第四阶段也就是深度睡眠阶段，这时的脑电波几乎完全呈现 δ 波。在这个阶段，个体的肌肉进一步放松，身体的各项功能指标变慢，有时会发生梦游、梦呓、尿床等。第四阶段的睡眠通常被称为"慢波睡眠（Slow Wave Sleep，SWS）"。几乎所有人都会经历这四个阶段，如果睡眠模式异常，就预示着身体或心理功能的失调。这四个阶段要经历 60—90 分钟。

之后睡眠由深入浅，再次进入第三阶段，10—15 分钟后，会进入一个新的阶段——快速眼动睡眠（Rapid Eye Movement Sleep，REM Sleep）阶段，这时候脑的生物电活动迅速改变，δ 波消失，高频率、低波幅的脑电波出现。快速眼动睡眠期大脑非常活跃，与个体在清醒状态时的脑电波相似。睡眠者的眼球在这个时候开始快速做左右上下运动，而且通常伴随着栩栩如生的梦境。这时如果唤醒个体，通常会报告正在做梦。另外，也会伴有心率和血压变得不规则，如同清醒状态或恐惧时的反应，而肌肉则依然处于松软状态。

第一次快速眼动睡眠一般持续 5—10 分钟，再经过大约 90 分钟后，会有第二次快速眼动睡眠，持续时间通常长于第一次。在这种周期性循环中，当黎明临近时，第三阶段与第四阶段的睡眠会逐渐消失。在整夜的睡眠中，你会经历 4—6 次这种 100 分钟的周期，每个周期里，你花在深睡（阶段三和四）的时间会减少，而 REM 睡眠的时间则会增加。在最后一个周期里你可能花 1 个小时在 REM 睡眠上。除去快速眼动睡眠状态，其他阶段的睡眠都称为非快速眼动睡眠状态（non REM，NREM），NREM 占整个睡眠时间的 75%—80%，REM 睡眠则占睡眠时间的 20%—25%。

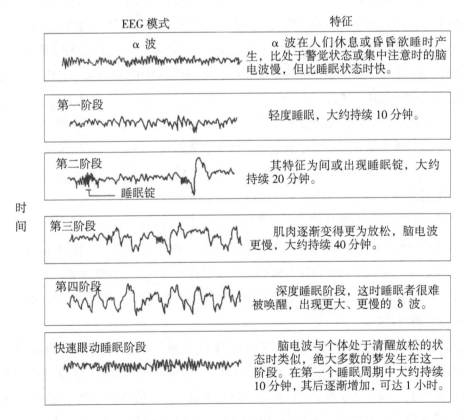

图 6-1　睡眠各个阶段的脑电波记录

睡眠时间和睡眠周期也存在很大的个体差异。有些人需要的睡眠时间相对于另外一些人会长或短一些，一般人保持 8 小时左右的睡眠就够了，其中 20% 的时间是 REM 睡眠。有些人喜欢早睡早起，有些人则喜欢熬夜。另外，在人生的不同阶段需要的睡眠时间也不同，刚出生的婴儿每天有 16 小时的时间是在睡眠中度过的，其中近一半是 REM 睡眠。到 50 岁的时候，人们也许只需要睡 6 小时，其中只有 20 分钟是 REM 睡眠。

（三）睡眠的功能

人为什么需要睡眠？人和其他动物依次经历各个睡眠阶段，表明睡眠有进化的基础和生物学的需要。如果个体能保证睡眠时间，那么他的各项功能都会运转良好。对睡眠的功能存在不同的解释。

1. 功能恢复理论

这个理论认为，睡眠使工作了一天的大脑和身体得到休息、调整和恢复。这听起来很有道理，因为在我们感觉累了的时候睡上一觉，会感到精力充沛，神清气爽。但有研究显示，减少睡眠并没有产生明显的不良影响。例如一个人平时睡觉的时间为 7 小时，但是当他的睡眠时间减少到 5 小时以后，其心情与健康也没有受到明显的影响，而且减少睡眠后，睡眠的效率还可能会提高。这似乎没有支持睡眠的恢复功能观点。但近年来的一项研究表明，人在清醒时，大脑会分泌腺苷（Adenosine），高水平的腺苷浓度会引起困倦，而睡眠可以使大脑中的腺苷浓度降低（Porkka-Heiskanen et al., 1997）。这似乎为功能恢复理论提供了依据。

有人提出，睡眠中的某个成分可能对个体的身心健康有重要影响。例如，快速眼动睡眠对个体健康很重要，剥夺这类睡眠会产生有害影响。另外，在深度睡眠阶段，垂体会释放生长激素，因此睡眠对个体成长也起重要作用。

2. 生态理论

该理论认为睡眠是在长期的生存斗争中形成的一种适应机制，它能够使个体减少能量消耗和避免受到伤害。例如，我们的祖先不适应在黑暗中觅食，当夜幕降临后还可能受到老虎、狮子等大型肉食动物的威胁，所以要在夜里躲到安全的地方睡觉。随着生物进化，睡眠演变为生理功能周期性变化的一个中性环节，是正常的脑功能变化的一部分。

（四）睡眠剥夺

随着社会节奏的加快，个体的压力日渐加重，睡眠不足或睡眠剥夺（Sleep Deprivation, SD）已经成为一种常见的社会现象和公共卫生问题。睡眠剥夺会导致个体多种认知功能下降，如注意力、决策力、记忆力等。其中持续性注意力是受睡眠剥夺影响最为严重的注意力功能（Irwin et al., 2015）。在睡眠实验室，研究人员尽量阻止受检者进入睡眠达数天之久，结果受检者都报告了头昏脑涨，不能集中注意力，记忆力明显减退，情绪烦躁不安，易发脾气，表情呆滞迷惘，有时甚至沮丧、压抑，出现自杀念头。

这种称为睡眠剥夺的试验一旦结束，受检者便立刻陷入沉睡，他们会一下子进入非快速眼动睡眠的第Ⅱ期，然后进入非快速眼动睡眠的第Ⅲ、Ⅳ期。最特别的是 REM 出现的时间提前，时间也延长，出现的次数增加，说明 REM 遭到剥夺后要求补偿的趋势最为强烈，反过来说明 REM 对人是十分重要的，任何的 REM 剥夺都会产生 REM 的补偿。

严重的睡眠缺失会导致暂时性的睡眠剥夺精神病，主要表现为丧失与现实世界联系的能力。这种疾病的典型症状包括精神错乱、定向障碍、妄想和幻觉，如听到别人在和他说话、看见奇怪的东西等。研究表明，60 小时以下的睡眠剥夺一般不会出现幻觉和妄想。

另外，长时期睡眠剥夺也会引起一系列神经系统和血液生化方面的改变，主要表现为手指震颤、发音困难、动作协调性差、肌肉松弛、对外界的刺激反应迟钝等。在血液生化方面，ATP（三磷酸腺苷）和 ADP（二磷酸腺苷）的生成发生变化，血浆的总脂量、β 脂蛋白、胆固醇等都有不同程度的升高。

（五）睡眠障碍

1. 失眠

《2018 中国睡眠质量调查报告》对 10 万人的调查结果显示有 83.8% 的被调查者经常受到睡眠问题困扰，16% 的被调查者夜间睡眠不足 6 小时。大多数人都有过入睡困难、睡眠不好的经历，这种现象通常称为失眠（Insomnia）。失眠包括入睡困难、夜间常醒、早醒或同时有以上几种问题。对大多数人来说，失眠发生在一些特殊的时间或场合，如重大考试的前夜等。

当人们不满意他们睡眠的质量时，入睡难的问题显得有规律，并且对正常生活有不良影响时，他们则患有失眠症。失眠通常会伴随其他方面的问题，最常见的是精神失调，如焦虑、精神抑郁等。在日常生活中，失眠对个体会有一定的影响，例如个体在睡眠不足时记忆力会下降，而且感到无精打采，脾气也会变坏。世界上最严重的工业事故如三里岛、切尔诺贝利都是深夜发生的，其原因都与关键员工缺乏睡眠，工作状态不佳有关。

2. 发作性睡病

发作性睡病（Narcolepsy）是一种以白天周期性睡眠为特征的睡眠障碍，经常与猝倒（情绪兴奋带来的肌肉虚弱或是失去肌肉控制而使人突然跌倒）联系在一起，例如，一个精彩的笑话就可以引发发作性睡病患者睡着。患有发作性睡病者，可能在日常生活中的任何时间发作，如，发生在行路中，也可能发生在与人交谈时，还可能是在开车时，所以患此症者在日常活动中难免发生危险。据统计，发作性睡病的发病率是 1/2000。由于发作性睡病通常有家庭遗传史，科学家认为此病有遗传基础。20 世纪末，研究者已经在几代患有发作性睡病的狗身上发现一种引起突发性睡眠的基因。后来，研究者发现了发作性睡病更直接的病因，即下丘脑神经中枢的缺失，它可以产生神经递质下丘脑分泌素（Hypocretin）（Thannickal et al., 2000；Taheri et al., 2002）。通过某种药物在狗身上模拟缺失的下丘脑分泌素，使狗摆脱了发作性睡病的困扰，这给了人类很大的希望（Siegel, 2000）。

3. 梦魇与夜惊

梦魇是发生在 REM 睡眠期的不好的梦，经常发作梦魇（每周一次或更多）的人心理压力较大（Levin & Fireman, 2002）。经历过创伤事件如强奸或战争的人可能经历重复的梦魇，迫使他们想起创伤的某些方面。既往研究表明，创伤后应激障碍患者（PTSD）常在梦中反复之前的创伤事件，梦到既往创伤事件相关的人或事物。患者为此感到痛苦，从梦中惊醒。既往研究表明，创伤后梦魇常在创伤事件发生后 3 个月内出现，PTSD 患者的梦魇发生率超过 80%（Zhang et al., 2020）。

睡眠的第四阶段是夜惊多发阶段，夜惊会使个体遭受极度惊恐，还可能幻想在卧室中出现可怕的梦境。夜惊持续时间一般为 15—20 分钟，个体醒来后浑身大汗，但只能模糊地记得一些可怕的事情。在夜惊时，身体可以活动，因此个体可能在梦中坐起身来、尖叫、下床或在房间里来回跑动，但是事后很少记得发生过什么。

4. 睡眠窒息

睡眠窒息（Sleep Apnea）是一种上呼吸道睡眠障碍，患者在睡眠时会突然停止呼吸。一个人鼻鼾声大作、间歇短暂、伴有大声的喘息或鼻息，很可能是患了这种睡眠障碍。疾病发作时，血氧水平下降，应激激素分泌，致使睡眠者醒来并恢复呼吸。尽管多数人一夜有几次这样的呼吸暂停，但睡眠窒息的患者每夜却有几百次这样的周期。睡眠呼吸暂停患者白天往往相当困倦，对时间的控制能力降低，大脑也会因长期缺氧受到损伤。

二、梦

在生活中每个平常的夜晚，我们都会进入复杂的梦的世界。梦中常出现跳跃性的、栩栩如生的场景。早在远古时代的人们就已经意识到"梦"这一现象的存在，《说文解字》中记载："梦，不明也"，做梦时脑子不清楚。而且古人也试图对这种现象进行解释。中国早在夏商时代就有对梦的记载，在《黄帝内经》中有对梦现象做一些解释和判断，例如，"阴盛则梦涉大水恐惧，阳盛则梦大火燔灼，阴阳俱盛则梦相杀毁伤；上盛则梦飞，下盛则梦堕"。这是阴阳之气不调和与梦的关系。古人相信梦具有"预兆"的功能：梦境可以预兆人生的命运。例如五代·王仁裕《开元天宝遗事·梦笔头生花》载："李太白少时，梦所用之笔，头上生花，后天才赡逸，名闻天下。"

（一）关于梦的解释

长期以来，关于梦的解释一直存在分歧。

1. 精神分析的观点

现代西方文化中有关梦的最突出的理论源于弗洛伊德。他认为梦是"通往无意识的康庄大道"。弗洛伊德将梦看作是强烈的、无意识的、被压抑的愿望的符号表达。在清醒状态下，由于这些冲动和愿望不被社会伦理道德所接受，因而无法出现在意识中。而在睡眠时，意识的警惕性有所下降，这些欲望便会在梦中以改头换面的形式表达出来。尽管这种解释听起来有一定的道理，但缺乏可靠的科学依据。

2. 生理学的观点

梦的本质是我们对脑的随机神经活动的主观体验。霍布森（J. Allan Hobson）和麦卡利（Robert McCarly）提出"激活—整合"模型。这种模型认为从脑干发出的神经信号，刺激脑的皮层区域。在睡眠时，由于刺激减少，神经系统会产生一些随机活动。梦则是我们的认知系统试图对这些随机活动进行解释并赋予一定的意义。梦的产生和个体以往的记忆和经历有关，梦可以告诉我们许多与个人精神生活、情感和所关注事件相关的信息（Hobson，2000）。梦的另一个有趣的方面是：许多人已经报告了对重要问题的解决或有趣的新思想是在梦中出现的。

布劳恩等人（Braun et al.，1998）采用 PET 技术，考察了个体在快速眼动睡眠阶段的皮层激活情况。他们发现，在快速眼动睡眠阶段，视觉皮层与边缘系统之间的通路被激活，而前额皮层没有被激活。边缘系统与情绪、动机等认知功能有关，而前额皮层主要负责自我监控。这能够解释梦的某些特征，如高度情感化、非逻辑性、荒诞性等。

3. 认知的观点

有人认为梦担负着一定的认知功能。在睡眠中，认知系统依然对存储的知识进行检索、排序、整合、巩固等，这些活动的一部分会进入意识，成为梦境。威廉·多姆霍夫（William Domhoff）提出认知神经梦境理论，他认为，很大一部分的梦境都是生活事件的真实反映，因为白天清醒时就在活动的脑区在睡梦中依然保持着活性（2011、2003）。也就是说，我们的梦表达了 REM 睡眠对白天的经历进行分类和储存的过程。因此，如果一个人过分担忧自己的成绩，那么他可能会梦见自己考试得了低分。

还有一些其他观点，例如，梦是为了删除无用的记忆：德国生理学家罗伯特（Robert W.，1886）首先提出，梦能够抹去或压制白天未完成的感官印象和构思。1983 年，克里克（Francis Crick）和米奇森（Graeme Mitchison）在此基础上提出了"反向学习（Reverse Learning or Unlearning）理论"，对 REM 睡眠及梦的机制做出了新的解释——正如计算机在关机时擦除运行中的程序，梦也擦除了大脑中无用的节点和其他"垃圾"；该理论将胎生哺乳动物的皮质系统（大脑皮层及其相关的一些皮层下结构）视为一个支持相互兴奋的细胞连接网络。在大脑发育及日常学习的过程中，脑干对前脑的随机刺激，尤其是某些噪声信号，往往会触发皮质系统网络中无用或不当的神经活动。这些不当的神经活动可被 REM 睡眠期间主动运行的一种反向学习机制来检测和抑制。

另外，还有梦可以处理负面情绪这种观点：情绪调节模型（Emotional Regulation Model）认为，梦的功能是帮助人们在安全的睡眠空间内处理情绪或创伤。研究表明，在生动、强烈的梦境中，杏仁核（参与情绪处理）及海马体（参与浓缩信息并将其从短期记忆转为长期记忆）非常活跃，这些可能意味着做梦、记忆存储和情绪处理之间存在密切关系（L. De Gennaro et al., 2011）。这一理论指出，梦在大脑情绪调节中起着至关重要的作用。这或许有助于解释为什么梦往往具有强烈的情感色彩，以及为什么负面情绪或创伤经历常在梦中反复出现。研究表明，处理情绪的能力和 REM 睡眠时长之间存在联系（Gujar et al., 2011）。还有研究发现分享梦境使人的同情心、同理心及共同身份意识增强，说明梦有助于社交和人际支持（Blagrove, M. et al., 2019）。情绪调节模型进一步指出，梦是一种心理治疗形式。人们在睡觉时处于相对放松的状态，"压力传递器"较不活跃，做梦者得以在安全的思维环境中处理令人不安的经历，并获得心理康复。

（二）对梦的研究

对于梦的研究有很多，技术也越来越先进。近年来，夜晚帽（Nightcap）被用来研究梦。夜晚帽是一种帽形仪器，由一些传感换能器、一个微处理器以及一个记忆器构成，能够记录个体在梦中的脑电变化及眼动情况。而且现如今还可以通过无创性大脑刺激和虚拟现实等技术，让我们深入了解梦是如何产生的以及它们起到什么作用。

在奇异梦境的研究中，心理学家重点研究了梦境转换的现象，即梦中的情境或物体突然转变为另一种情境或物体。瑞滕浩斯等人（Rittenhouse et al., 1991、1994）从 45 个被试中收集了 453 个梦境报告，发现其中 44 个梦出现了人物或物体的转换。研究者将转换内容分为人物、生物及非生物三大类，发现这些转换中，80% 的转换是"类别内转换"，即一个无生物转换成另一个无生物，或是一个人物转换为另一个人物，20% 的转换是非生物转换成生物（如一条绳子转换成一条蛇）或人物转换成生物（如一个人转换成一条鲨鱼）。没有发现生物转换为其他物体的情况。更重要的是，没有发生由非生物与人物互相转换的现象。这表明转换类型是由一定的转换规则决定的。这些规则反映了脑高级皮层试图从神经元的混乱中建立起认知秩序。

（三）白日梦

白日梦（Daydreaming）是指个体的注意暂时偏离了现时要求的任务，不指向任何现时的外部刺激。它指人在清醒状态下出现的带有幻想情节的心理活动，介于主动的意识状态与睡眠中做梦时的意识状态之间，似乎是一面清醒着一面在做梦，通常是在没有集中注意力的情况下自发发生。在很大程度上，白日梦是基于个体的记忆或想象的内容自发产生的。既然记忆主要依赖于我们过去的经历，那么经历过的事件对白日梦的内容有重要影响。研究表明，电视对儿童的白日梦有影响，儿童看电视节目越多，做白日梦的频率就越高。

三、催眠

（一）催眠的概念

催眠是一种意识改变状态，其特征为注意范围的缩小和受暗示程度的提高。它是以一些人对暗示有特殊的反应能力，在知觉、记忆、动机和自我控制感方面会发生变化为特征的。催眠开始于一种催眠感应，它是一组最初的活动，能使外部注意力分散减到最小并鼓励参与者只集中在暗示的刺激上，相信自己进入一种特殊的意识状态。感应活动包括想象特定的经验，或对事件和反应进行视觉化。重复地进行这种实践时，感应程序就像一种习得的信号，使参与者可以很快地进入催眠状态。催眠术最早产生于18世纪，巴黎的一位奥地利医生麦斯麦尔（Franz Anton Mesmer）宣称，他能够通过一套复杂的方法，应用"动物磁力"治疗病人，其中包括能使病人躺在手臂上面。他的方法就是早期催眠术。后来，一位苏格兰医生布雷德（James Braid）对该现象发生了兴趣，他于19世纪提出"催眠"一词，并且宣称它能够给手术病人引起麻醉从而使其得到传播。

催眠的一般步骤：首先，让被催眠者处于安静舒适的状态，外界干扰减少到最小；然后催眠师要求被催眠者将注意力集中在某些特定的事情上，例如，让被催眠者注视着怀表、想象自己躺在海边等，催眠师这时候会用比较平和的语言引导或暗示被催眠者的感受和体验，如"放松""舒适"等，使得被催眠者进入完全放松的状态，顺从和接受催眠师的指示去做一些动作或事情并相信催眠师的描述是真实的。被催眠者可能会惊讶自己被催眠时的行为表现，可能他会有温和的漂浮、沉降、麻醉或与躯体分离的感受，但每个人的体验都不一样，被催眠者在催眠状态下会失去独立思考和行动的能力。而催眠中的关键元素是暗示效应，被催眠者在执行暗示的同时会认为自己是自然而然这样做的。

那是否每个人都会被催眠呢？有研究表明，有10%—20%的人很容易被催眠，约10%的人不能被催眠。容易被催眠的人通常有以下特征：

（1）经常做情节生动的白日梦；

（2）想象力丰富；

（3）容易沉浸于眼前或想象中的场景；

（4）依赖性强，经常寻求他人的指点；

（5）对催眠的作用深信不疑。

一般来说，个体在上述几方面的倾向越强，越容易被催眠。被催眠者的心理活动一般有以下几个主要特征：

（1）感觉麻痹；

（2）感觉扭曲和幻觉；

（3）主动反应降低；

（4）注意层面趋于窄化；

（5）旧记忆的还原；

（6）催眠中的角色扮演；

（7）对催眠经验的失忆。

（二）催眠的理论

1. 意识功能分离的观点

希尔加德（Emest Hilgard，1904—2001）提出催眠的状态理论，即催眠可能引起觉察的分离或"断裂"。又称意识功能分离，也称为新解离性学说（Neodissociation Theory）。希尔加德指出，每个人都具有一系列认知系统，它们按级别排列，催眠术具有使各个系统相互解离的作用。例如，在催眠时要求被催眠者把一只手插入冰冷刺骨的水里，并告诉他们这样做没有痛苦。当被催眠者被问到有什么感觉时，他们报告说什么也没有感觉到。但当那些被催眠者再次被提问他们内心某处是否感到痛苦时，很多人用未插入冰水的手写道："疼！""停，你把我弄疼了！"但是他们仍然表现出不疼。但另一方面，也还有希尔加德称之为"隐蔽观察者"的认知系统在起作用，因而他们又可报告说自己感受到了疼痛。

催眠师也可以在催眠过程完成之后，通过指令让被催眠者说出其隐蔽观察者在催眠过程中的感受。由此看来，当被催眠者被催眠时，受影响的只是部分认知系统，而其他则未有涉及。所以，当一个被催眠者仅仅体验到模糊的放松感时，被影响的就只是极少数较低级的认知系统；而一旦出现上肢飘浮感或痛觉消失，这就涉及更多的系统。我们尚不清楚一个人有多少认知系统，甚至不知道提这样的问题是否有任何意义。

2. 社会认知或角色扮演的观点

然而，催眠状态理论的反对者认为，催眠根本不是分离的意识状态，而仅仅是催眠师与被催眠者之间的一种特殊的关系。一般来说，被催眠的人事先对催眠已有所了解，知道催眠后会发生什么。在催眠中，他们只是扮演了一个特殊的社会角色——被催眠的人。这个角色意味着他将无条件地接受催眠师的指挥。也就是说催眠师在其中只是一个向导，去引导个体按照一系列的暗示去改变感觉、知觉、思维、情绪和行为等。

需要说明的是，并不是说被催眠的人在有意欺骗别人，他们的确相信自己处在另外一种意识状态中，除了顺从催眠师的指示外别无选择。

（三）催眠的应用

现在催眠已被广泛应用于心理治疗、医学、犯罪侦破和运动等方面。催眠用于改变主观经验效果较好。在心理治疗方面，催眠用于治疗梦游症、自杀倾向等。但是，除非病人的动机很强，否则催眠一般不会立即获得明显的效果。如果辅之以其他心理治疗，催眠的效果会更好。催眠其实离我们每个人都很近，但它绝对不是无所不能的。

四、冥想

冥想（Meditation）是一种改变意识的形式，它通过获得深度的宁静状态而增强自我认识和良好的状态。在英文里它是禅修的意思，是瑜伽实现入定的一项技法和途径，把心、意、灵完全专注在原始之初中，最终目的在于把人引导到解脱的境界。瑜伽者通过冥想来制服心灵，并超脱物质欲念；感受和原始动因直接沟通。通过简单练习冥想，可帮助人们告别负面情绪，重新掌控生活。脑部扫描（PET 和 fMRI）的结果展示了冥想练习导致的额叶的变化，这说明冥想也许是一种分离的意识状态。在冥想期间，人们也许集中在自己的呼吸上并调节呼吸，采取某些身体姿势（瑜伽姿势），使外部刺激的作用减至最小，产生特定的心理表象，或什么都不想。

冥想主要分为专注冥想（Concentrative Meditation）和正念冥想（Mindfulness Meditation）。专注冥想专注于一个焦点，通常是一个物体，也可以是一个想法，或者自己的呼吸。与此相反，正念冥想较为"开放"和弥散，通过扩大注意力来对周围环境进行感知。比如，当你怀着一颗宁静而包容的心行走在野外，自我意识就会逐渐消融。

那么如何进行冥想？安静地坐好，将注意力集中在一些外在物品或持续不断的内部刺激上，比如自身的呼吸，或专注于身体的某个部位等。也可以反复默念咒文（使注意力集中的词语）。最好选择语音平缓流畅、易于重复的词语，比如用途最广泛的"唵（om）"。还有一种方式是放松训练，冥想有助于缓解压力和焦虑情绪等。医学研究者赫伯特·本森（Herbert Benson）提出，冥想的精髓在于放松反应：一种与身体"战斗或逃跑"机制截然相反的内在生理模式。可以通过指导语来让人进入放松状态：

"请你闭上眼睛，挺直脊椎，找到你自己觉得最轻松的姿势，调整一下自己的呼吸。在这个过程中，你可能会听到周围的一些声音，但是这不会影响你的放松。现在请你把注意力集中在自己的呼吸上，注意自己的呼吸，保持呼吸的节律，呼气时对自己说一句'安静'，不要担心你的放松程度，顺其自然。现在，你慢慢感受到了身体放松的感觉……"

冥想是一种缓解压力的好方法，有研究表明，冥想可以降低血压和心率以及缓解肌肉紧张等。冥想除了能够放松身心以外，还有其他益处，如，经常进行冥想，人的精神状态会有很大提升，拥有清晰、专注、冷静的头脑。

第三节　药物与意识状态的改变

一、精神活性药物引发的意识状态的改变

精神活性药物（Psychoactive Drug）是指那些通过影响大脑而改变个体心境和意识状态的化学物质。这些药物进入大脑后，通过影响神经递质来发挥作用，会改变大脑的通信系统，从而影响知觉、记忆、情绪及行为等。持续地服用这类药物，躯体便会产生耐受性——获得同样的效果需要更大的剂量。长此以往，会使躯体产生药物依赖，产生耐受性（Tolerance），躯体变得适应并依靠这种药物，部分原因是药物的频繁作用使神经递质耗竭，躯体变得适应并依靠这种药物。与耐受性紧密联系的是生理依赖（Physiological Dependence），其悲剧性后果便是成瘾（Addiction），有机体变得真的需要这些外来物质，一旦缺乏，便患上各种令人痛苦的退行症状，如震颤、盗汗、恶心，在酒精戒断个案中甚至会导致死亡；另一种是心理依赖，个体发现使用药物令人愉悦，以致出现对药物的渴求，药物依赖的结果是个体的生活方式逐渐以药物的使用为中心，而个体的能力却受到限制和损害。

二、精神活性药物的类别

精神活性药物包括抑制剂（Depressant）、兴奋剂（Stimulant）和致幻剂（Hallucinogen）三大类。抑制剂能够使神经活动减弱，减缓人体的身体和心理活动。常见的抑制剂有巴比妥类药物、苯二氮䓬类安定药物、酒精、阿片类药物等。这些物质通过抑制或减少中枢神经系统神经冲动的传导，来压抑（减慢）身体的心理和物理活动。酒精是一种由早期人类所最先广泛使用的对心理产生影响的物质。在其影响下，一些人变得友好、多话，另一些人变得口出恶言和凶暴，还有一些人变得沮丧。

常见的兴奋剂有安非他命、冰毒、摇头丸、可卡因、咖啡因，作用是增强中枢神经系统的冲动传递，加速心理和躯体活动。持续服用安非他命和可卡因这样的兴奋剂会唤起和引起欣快状态。兴奋剂通过增加脑中的去甲肾上腺素、5- 羟色胺和多巴胺这些神经递质的水平起作用。使用者寻求兴奋剂的主要效果：增加自信，精力旺盛而亢奋，心境改变趋向欣快。重度使用者会体验到吓人的幻觉并出现其他人要出来伤害他们的信念。

致幻剂包括麦角酸二乙基酰胺（LSD）、大麻、苯环己哌啶（PCP）、裸盖茹素和南美仙人掌毒碱等。致幻剂能够改变个体对外部世界的感知,使思维和意识状态发生紊乱,产生幻觉。（见表 6-1）

表 6-1 精神活性药物的比较

名称	类别	医学用途	不利影响（长期）	是否产生生理依赖	是否产生心理依赖
酒精	抑制剂	溶剂、防腐剂	肝硬化，中毒性精神病，神经损伤，成瘾	是	是
巴比妥酸盐	抑制剂	镇静剂，缓解高血压，抗痉挛	成瘾，伴有严重戒断症状，可能有抽搐，中毒性精神病	是	是
苯二氮䓬类	抑制剂	抗焦虑药、安定作用	易怒，精神错乱，抑郁，睡眠障碍	是	是
海洛因	抑制剂	迅速达到快感，缓解疼痛	生理抑制，戒断痛苦	是	是
咖啡因	兴奋剂	消除镇静剂作用，治疗偏头痛	失眠，心律不齐，高血压	是	未知
安非他命	兴奋剂	缓解轻度抑郁、轻度发作性睡病和多动症	食欲减退，幻觉，妄想，中毒性精神病	是	是
可卡因	兴奋剂	无	抑郁，抽搐	是	是
尼古丁	兴奋剂	戒烟用尼古丁胶	肺气肿，肺癌，口腔和咽喉癌，心血管损伤，食欲减退	是	是
摇头丸（MDMA）	兴奋剂/致幻剂	无	人格改变，过高热，肝损伤	否	是
LSD（麦角酸二乙基酰胺）	致幻剂	无	可能加剧已有的精神病，有惊恐反应	未知	无
PCP（苯环己哌啶，"天使粉"）	致幻剂	兽用麻醉	不可预测的行为，猜疑，敌意，精神病	是	未知
仙人球毒碱	致幻剂	无	可能加剧已有的精神病，有惊恐反应	未知	无
大麻	致幻剂	化疗引起的恶心	破坏记忆功能，可能引发肺癌和其他疾病	未知	是

三、精神活性药物的作用及危害

一些药物可以缓解疼痛，诱导睡眠，或者治疗抑郁，但都具有潜在的滥用风险，而且有些药物是有害的。精神活性药物一旦进入脑，就会直接作用于神经细胞的突触，阻断或激发信息在脑中的传递，进而影响到个体的感知、记忆、情绪和行为。以兴奋剂为例，强烈的兴奋剂能够使呼吸和心跳频率加快，血糖增加，机体处于亢奋状态，由此可能会导致心脏骤停、呼吸衰竭。而当药物的兴奋作用消退时，大脑中多巴胺、5-羟色胺等能够引起愉悦感的神经递质已消耗殆尽，此时服用者通常会感到头痛、疲倦、易怒、沮丧。除此之外，当个体对药物成瘾后，会对药物产生不可抗拒的欲望，而将其他事物都置之脑后，判断力降低，攻击性提高，道德感下降，荒废工作和学业，严重影响正常的生活。

需要指出的是，一种药物是否产生作用或产生作用的大小因人而异。即使对同一个人来说，其作用也会因为服用量、服用时间或环境条件的不同而有所差别。此外，某些心理、社会因素也会反过来影响药物的作用。

四、药物滥用的原因

药物可以缓解疼痛，诱导睡眠，或者治疗抑郁，但具有潜在的滥用风险。在美国约有 2200 万人使用非法药物。药物滥用是西方社会最为顽固的社会问题之一。为什么药物滥用会如此普遍？其中的原因有多种，从单纯的好奇、希望加入某个团体，到寻求某种意义或逃避失败感。许多药物滥用者将使用药物作为一种自我防御机制。所有容易被滥用的药物都能让人立刻产生愉悦感，而不良后果会在很久之后才出现。这种即时快感和延迟惩罚能够让药物滥用者在用药后迅速得到满足。

青少年的药物滥用是值得我们关注的问题。一般来讲，同辈药物滥用、父母药物滥用、青少年犯罪、亲代适应不良、低自尊、社会适应不良以及生活发生巨大改变等是导致青少年药物滥用的主要原因。研究表明，滥用药物的青少年通常有适应不良、被孤立、易冲动、精神紧张等倾向，另外反社会行为、学业失败、危险的性行为等也常伴随药物滥用出现。种种迹象表明，药物滥用是个体或社会适应不良的征兆，而不是原因。

第四节　注　意

一、注意的基本概念

（一）什么是注意

注意（Attention）是和意识紧密相关的一个概念，但不同于意识，注意是心理活动或意识对一定对象的指向与集中。想象一下，早晨，你在匆忙赶去单位的路上遇到了红灯。你站在十字路口，当红灯倒计时为个位数时，你肯定会盯着红灯，并在心里默数"3—2—1—走"。为什么我们通常都会这样做呢？因为经验告诉我们，只有这样我们才能以最快的速度调整姿势，迈出步伐，以节约时间。在这一过程中，注意力高度集中，空间维度的注意（将注意力指向某一预期空间位置）和时间维度的注意（将注意力集中于某一预期的时间段内）均有参与。注意是人们完成一切活动的重要心理条件，是正常生活的前提。

注意的特点有两个，分别是指向性和集中性。指向性是指在一瞬间，人的心理活动或意识选择了某个对象，而忽略了另一些对象。例如，一个人在电影院看电影，他的心理活动或意识选择了屏幕上的剧情，而忽略了电影院的观众。对前者他看得清、记得牢，而对后者只能留下非常模糊的印象。因此，注意的指向性是指心理活动或意识在某个方向上进行活动。指向性不同，人们从外界接收的信息也不同。

而当心理活动或意识指向某个对象时，它们会在这个对象上集中起来，即全神贯注起来，这就是注意的集中性。例如，职业赛车手需要高度集中，只专注于他自己开车的状态，其他一切便排除在他的意识中心之外。集中性也指心理活动或意识在一定方向上的强度或紧张度，且强度越大，紧张度越高，注意也越集中。

（二）注意和意识

注意和意识是不同的，注意不等于意识，注意决定什么东西可以或什么东西不可以成为意识的内容。与意识相比，注意更为主动和易于控制。在人们将注意集中于特定事物或活动，或将一定事物"推"入意识中心时，通常包含了无意识的过程。人们可以有意识地选择所要注意的活动或对象，但在很多情况下，这种选择并不是有意识的，而是由刺激和事件本身引起的，是一个无意识过程。

另一方面，注意和意识密不可分。当人们处于注意状态时，意识内容比较清晰。人从睡眠到觉醒再到注意，其意识状态分别处在不同的水平上。睡眠是一种无意识的状态，人在睡眠时，他意识不到自己的活动或外部的刺激，或不能清晰地意识到。从睡眠进入觉醒以后，人开始能意识到外部的刺激和自己的活动，并且能有意识地调节自己的行为。但是，即使人在觉醒状态下，也不能意识到所有的外部刺激、事件和自己的行为，而只能意识到其中的一部分。人的注意所指向的内容，一般处于意识活动的中心。因此，对于注意指向的内容，人的意识比较清晰。

总之，在注意条件下，意识与心理活动指向并集中于特定的对象，从而使意识内容清晰明确，意识过程紧张有序，并使个体的行为活动受到意识的控制。而进入注意的具体过程则可能是无意识的，即包含了无意识的过程。

（三）注意的外部表现

注意是一种内部心理活动，可以通过人的外部行为表现出来。例如，人在注视一个物体或倾听某种声音时，他们的感觉器官常常朝向所注意的对象，以便得到最清晰的印象。在注意时，常常会伴随着一些特有的生理变化和外部动作。例如人在高度集中时，人的血液循环和呼吸都可能出现变化，如肢体血管收缩，头部血管舒张，呼与吸的时间比例发生变化：吸气变短而呼气相对延长等；还常常伴随某些特殊的表情动作，如托住下颌、凝神远望、目光似乎呆滞在某处等。注意的外部表现可以作为研究注意的客观指标。但是，注意作为一种内部心理状态，它和外部行为表现之间并不总是一一对应的。有时候可以通过假象来掩盖注意的真实情况，例如，当人的视线落在某个物体上时，他的注意可能指向完全不同的物体。在课堂上，学生可能用眼睛盯住教师，装出一副认真听讲的样子，而实际上，他的注意全然不在教师讲课的内容上，而是指向与教学无关的其他事物。可见，只用注意的外部表现来说明一个人的注意状态，有时可能得出错误的结论。因此，在判断一个人的注意时，还必须进行多方面的观察和了解。

（四）注意的功能

注意的基本特性决定了注意的一些主要功能，这些功能表现在三个方面。

1. 选择功能

注意的基本功能是对信息进行选择。注意使得人们在某一时刻选择有意义的、符合当前活动需要和任务要求的刺激信息，同时避开或抑制无关刺激的作用。这是注意的首要功能，它确定了心理活动的方向，保证我们的生活和学习能够次序分明、有条不紊地进行。

2. 保持功能

注意指向并集中在一定对象之后，会保持一定时间的延续，维持心理活动的持续进行。注意可以将选取的刺激信息在意识中加以保持，以便心理活动对其进行加工，完成相应的任务。如果选择的注意对象转瞬即逝，心理活动无法展开，也就无法进行正常的学习和工作。例如学生们在考试的时候，能持续地保持注意力集中。

3. 调节监督功能

注意可以提高活动的效率，这体现在它的调节和监督功能。注意力集中的情况下，错误减少，准确性和速度提高。另外，注意的分配和转移保证活动的顺利进行，并适应变化多端的环境。当人们要从一种活动转到另一活动时，注意体现了重要的调节功能，例如，公交司机需要随时注意路况来改变车速和方向以确保行车安全。注意的监督功能体现在能随时发现自己的行为是否有错，并且及时地对自己的心理、行为进行调整，以便更好地适应环境。

二、注意的种类

（一）选择性注意

选择性注意（Selective Attention）是个体在同时呈现的两种或两种以上的刺激中选择一种进行注意，而忽略另外的刺激。例如在双耳分听实验中，用耳机分别向被试的双耳呈现不同的声音刺激，要求被试注意其中一耳的刺激，而忽略另一耳的刺激。用这种方法可以研究选择性注意，揭示人们如何有效地选择一类刺激而忽略另一类刺激，以及选择的具体过程等。

目前，在选择注意机制的研究中，选择性注意的抑制机制越来越受到研究者的重视。例如负启动（Negative Priming，NP）现象（见图 6-2）、返回抑制（Inhibition of Return，IOR）现象和注意瞬脱（Attentional Blink，AB）现象反映了选择性注意的抑制机制的特点。

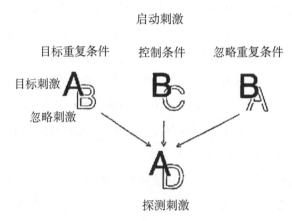

图 6-2　研究负启动现象的一般程序

资料来源：Milliken & Rock（1997）.

（二）持续性注意

持续性注意（Sustained Attention）是指注意在一定时间内保持在某个课题或活动上，也叫注意的稳定性。例如，学生在 45 分钟的上课时间内，使自己的注意保持在与教学活动有关的对象上；作家灵感来了，可以连续十几个小时聚精会神地写作；雷达观察站的观测员长时间地注视雷达荧光屏上可能出现的光信号。这些都是持续性注意的表现。

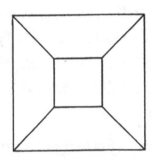

图 6-3　注意的动摇

注意的持续性是衡量注意品质的一个重要指标。它在人们的工作和生活中具有重要的意义。学生必须具有持续的注意，才能有效地接受老师传授的知识；工人必须具有稳定的注意，才能正确地进行生产操作，排除障碍和各种意外事故，按质量完成生产任务；外科医生在做手术时，需要保持几个小时的持续性注意。

当注意的持续性不能保持时，就会出现注意的动摇。注意动摇不同于注意转移，前者是指注意在短暂时间内起伏波动的现象，而后者是指将注意从一项活动有目的地转移到另一项活动的现象；前者的注意内容并没有离开当前活动，而后者的注意内容已经变成新的活动。注意的动摇可以用图 6-3 演示出来。当我们注视这个棱台框架时，我们时而觉得小方框平面位于前方，大方框位于后方；时而又觉得小方框平面位于后方，而大方框平面位于前方。这种反复的变化是由注意动摇造成的。

（三）分配性注意

分配性注意（Divided Attention）是个体在同一时间对两种以上的刺激进行注意，或将注意分配到不同的活动中。例如，学生在课堂上一边听讲，一边记笔记；公交车司机在驾驶汽车时手扶方向盘，脚踩油门，眼睛还要注意路标和行人等。注意分配是完成复杂工作任务的重要条件。注意分配的一个基本条件，就是同时进行的几种活动的熟练程度或自动化程度。如果人们对这几种活动比较熟悉，其中有的活动接近于自动化进行，注意的分配就较好；相反，如果人们对分配注意的几种活动都不熟悉，或者这些活动都比较复杂，分配注意就会比较困难。

研究分配性注意最常用的方法是双作业操作，即让被试同时完成两种任务，观察他们完成任务的情况。如，在开会时，助理一般一边听讲，一边做会议记录。

（四）注意的品质

通常我们可以从以下四个方面去衡量一个人的注意品质：

注意的广度：也叫注意的范围，是指在同一时间内所能清楚把握的对象的数量。

注意的稳定性：也叫注意的持久性，是指人的心理活动持久地保持在一定事物或活动上的特性。这是注意在时间上的特征，注意集中的持续时间越长，注意的稳定性越高。

注意的分配：人在同时进行两种或多种活动时，能够把注意指向不同的对象；或指在从事某种活动时，同时把心理活动指向两种或几种不同动作上的特征。

注意的转移：根据新的活动目的和任务，主动地把注意从一个对象转移到另一个对象上去的特征。

三、注意的认知—神经机制

（一）注意的认知理论

20 世纪 60 年代以来，心理学家对注意的选择功能进行了大量的研究，提出了一系列理论模型。这些理论解释了注意的选择功能的实质，以及人脑对信息的选择究竟发生在信息加工的哪个阶段上。

（1）过滤器理论。1958 年，心理学家布罗德本特（Broadbent）根据双耳分听的一系列实验结果，提出了解释注意的选择功能的理论：过滤器理论（Filter Theory）。其基本思想是，注意受到人的信息加工系统的结构的限制，某些输入的信息可以通过过滤器，得到进一步的加工而被识别，其他信息则不能通过。布罗德本特认为，神经系统在加工信息的容量方面是有限的，不可能对所有的感觉刺激进行加工。信息在通过各种感觉通道进入神经系统时，要先经过一个过滤机制。只有一部分信息可以通过这个机制，并接受进一步的加工；而其他的信息就被完全阻断在它的外面了。布罗德本特把这种过滤机制比喻为一个狭长的瓶口，当人们往瓶内灌水时，一部分水通过瓶颈进入瓶内，而另一部分水由于瓶颈狭小，通道容量有限，而留在瓶外了。这种理论有时也叫瓶颈理论或单通道理论。过滤器理论遵从"全"或"无"的方式进行工作。

（2）衰减理论。过滤器理论得到了某些实验事实的支持，但进一步研究发现，这种理论并不完善。例如，在双耳分听的研究中有发现，来自非追随耳的信息仍然受到了加工（Gray，1960）。基于日常生活观察和实验研究的结果，特瑞斯曼（Treisman，1964）提出了衰减理论（Attenuation Theory）。衰减模型认为，有机体的加工能力是有限的，在信息加工系统中存在某种过滤器，但这种过滤器并不是按"全"或"无"工作的，而是按衰减的方式工作。当信息通过过滤装置时，不被注意或非追随的信息只是在强度上减弱了，而不是完全消失。特瑞斯曼指出，不同刺激的激活阈限是不同的。有些刺激对人有重要意义，如自己的名字、火警信号等，它们的激活阈限低，容易被激活。当这类信息出现在非追随的通道时，也容易被人们接收到。

（3）后期选择理论。后期选择理论认为，所有输入的信息在进入过滤或衰减装置之前已受到充分的分析，然后才进入过滤或衰减的装置，因而对信息的选择发生在加工后期的反应阶段（Deutsch et al.，1963；Norman，1968）。后期选择理论也叫反应选择理论。

（4）多阶段选择理论。过滤器理论、衰减理论及后期选择理论都假设，注意的选择过程发生在信息加工的某个特定阶段上，这意味着信息加工系统是非常刻板的。约翰斯顿等人（Johnston & Heinz，1978）提出了一个较灵活的模型，认为选择过程在不同的加工阶段上都有可能发生。选择之前的加工阶段越多，需要的认知资源就越多，发生选择的阶段依赖于当前的任务要求。这就是多阶段选择理论。多阶段选择理论看起来更有弹性，由于强调任务要求对选择阶段的影响，避免了过于绝对化的假设所带来的难题。

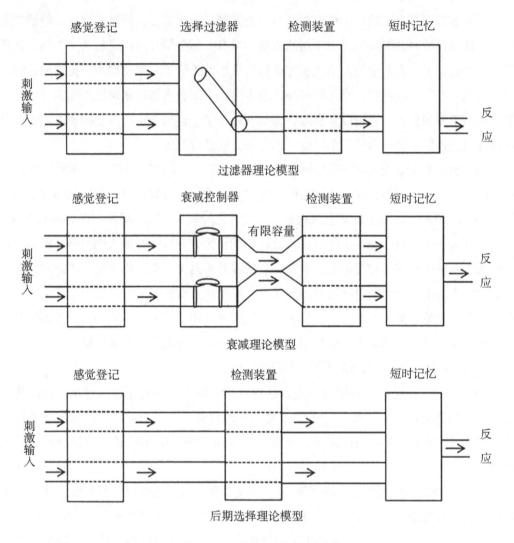

图 6-4　三种理论比较示意图

（二）注意与认知资源分配

1.认知资源理论

不同的认知活动对注意提出的要求是不相同的。例如，对一个熟练的司机来说，开车是一件很容易的事，他可以毫无困难地一边开车一边和别人交谈。但是当交通非常拥挤时，他必须小心翼翼地开车，这时他和别人的谈话可能不得不停下来。认知资源（Cognitive Capacity）理论从不同的认知任务或认知活动如何协调的角度来理解注意。它把注意看成是一组对刺激进行归类和识别的认知资源或认知能力。对刺激的加工需要占用认知资源，刺激或加工任务越复杂，占用的认知资源就越多。从另一个角度来理解注意，即注意是如何协调不同的认知任务或认知活动的。认知资源是有限的，当认知资源完全被占用时，新的刺激将得不到加工（未被注意）。该理论还假设，在认知系统内有一个机制负责资源的分配，这一机制可以受我们的控制，把认知资源分配到重要的刺激上。例如在学习中，学习的知识有时候会比较多，特别在一堂课上，由于太多使得学生记忆有点困难，所以就要学会选择，或弃旧换新。相当于电脑的 C 盘，平时可能下载了很多资料放在里面，结果由于太多，要存入另外重要的东西时，就把以前用过现在没用的资料删掉。

2. 双加工理论：自动化加工和意识控制加工

在注意的认知资源理论的基础上，谢夫林等人（Shiffrin & Schneider，1977）进一步提出了双加工理论。该理论认为，人类的认知加工有两类：自动化加工（Automatic Processing）和受意识控制的加工（Controlled Processing）。其中自动化加工不受认知资源的限制，不需要注意，是自动进行的，不需要有意注意，不受认知资源的限制。这些加工过程由适当的刺激引发，发生比较快，由于不占用系统的加工资源，所以也不影响其他的加工过程。在习得或形成之后，其加工过程比较难改变。而意识控制的加工受认知资源的限制，需要注意的参与，和自动加工相比，控制加工更为主动和灵活，它可以随环境的变化不断进行调整。

双加工理论可以解释很多注意的现象。我们通常能够同时做几件事，如可以一边骑自行车一边欣赏路边的风景，或是一边看电视一边织毛衣等。在同时进行的几种活动中，其中一项或多项已变成自动化的过程（如骑自行车和织毛衣），不需要个体再消耗认知资源，因此个体可以将注意集中在其他的认知过程上。意识控制的加工在经过大量的练习后，有可能转变为自动化加工。例如，在体育课上，老师要教学生学一种动作技能（比如三步上篮），需要他们全神贯注，注意力高度集中。当经过不断练习，学生们已经熟练掌握这一技能（即开始要眼睛顾着脚的动作，后来就没有必要去看了），就不需要占用太多的注意资源了。

（三）注意的神经机制

1. 朝向反射

朝向反射（Orientating Reflex）是由情境的新异性引起的一种复杂而又特殊的反射。它是注意最初级的生理机制。

20 世纪初，在巴甫洛夫的实验室里，巴甫洛夫的一位助手用狗做实验，使狗形成了对声音的食物性条件反射。但是每当巴甫洛夫在场时，实验就不成功，狗已经建立的条件反射明显地被抑制了。经过仔细分析，巴甫洛夫认为，由于他在场，狗对新异刺激（陌生人）产生了一种特殊形式的反射，因而对已建立的条件反射产生了抑制作用。巴甫洛夫把这种特殊的反射叫朝向反射。这是人和动物共同具有的一种反射。

朝向反射是由新异刺激引起的。刺激一旦失去新异性，或者说人习惯了这种刺激，朝向反射也就不会发生了。朝向反射又是一种非常复杂的反射，包括身体的一系列变化，如表 6-2 所示：

表 6-2　朝向反射时身体出现的变化

朝向反射类别	身体出现的变化
局部运动反应	动物朝向刺激物，正在进行的活动受到抑制
一般运动反应	肌肉活动和肌肉弹性上升
脑电（EEG）	皮层脑电的节律变得不一致，即出现失同步
血管变化	四肢血管收缩，头部血管舒张
心率	通常变缓慢
皮肤电活动	出现皮肤电反应
呼吸	呼吸暂时停止，然后出现短暂的深呼吸
瞳孔	瞳孔扩散

在朝向反射时出现的一系列身体变化，有助于提高动物感官的感受性，并能动员全身的能量资源以应对个体面临的活动任务，如趋向活动的目标、逃离威胁个体生存的情境等。朝向反射的这种特殊作用，使它在人类和动物的生活中具有巨大的生物学意义。

2. 脑干网状结构

脑干网状结构是指从脊髓上端到丘脑之间的一种弥散性的神经网络。网状结构（Reticular Formation）的神经细胞形状很复杂，大小也不等，它们的轴突较长，侧枝也较多。因此，一个神经元可以和周围的许多神经元形成突触，一处受到刺激就可以引起周围细胞的广泛的兴奋。

来自身体各部分的感觉信号，一部分沿感觉传导通路（特异通路），直接到达相应的皮层感觉区；另一部分通过感觉通路上的侧枝先进入网状结构，然后由网状结构释放神经脉冲，投射到大脑皮层的广大区域，从而使大脑维持一般性的兴奋水平和觉醒水平，并使皮层功能普遍得到增强。

网状结构不传递环境中的特定信息，但它对维持大脑的一般性活动水平、保证大脑有效地加工特定的信号具有重要的意义。

3. 边缘系统和大脑皮层的功能

网状结构的激活作用使脑处于觉醒状态，没有由网状结构引起的大脑活动的普遍激活，就不可能有注意。但是，觉醒并不等于注意，用网状结构的激活作用不能充分解释注意的选择性。人选择一些信息，而放弃另一些信息，是和脑的更高级的部分边缘系统和大脑皮层的功能相联系的。

边缘系统（Limbic System）是环绕大脑两半球内侧形成的一个环状脑区，包括眶回、扣带回、下丘脑、海马、杏仁核等。其功能是调节皮层紧张性，又是对新、旧刺激物进行选择的重要结构。边缘系统内部互相连接，并与其他脑区有广泛的联系。它参与感觉、内脏活动的调节，并与情绪、行为、学习和记忆等心理活动密切相关。其中，前扣带回（Anterior Cingulate Cortex，ACC）广泛地参与各种需要注意参与的认知活动，可能负责监控行为或反映是否出现错误，或是否存在冲突等（Botwinick et al.，1999）。

产生注意的最高部位是大脑皮层。大脑皮层不仅对皮层下组织起调节、控制的作用，而且是主动地调节行动、对信息进行选择的重要器官。其中前额叶（Prefrontal Lobe）在注意中发挥重要作用。大脑额叶对选择性注意起决定性作用，能保持对新异刺激起反应。神经心理学研究也表明，前额叶严重损伤的病人，注意调控能力低下，很难将注意力集中在所接受的言语指令或特别指示的事务上，容易受无关刺激的干扰。病人要么注意力容易分散，要么注意力很难在不同事物或不同行为操作之间进行切换。

人脑前额叶直接参与激活状态，这种状态由言语指示所引起。它通过与边缘系统和网状结构的下行神经通路，不仅能够维持网状结构的紧张度，而且能够对外周感受器产生抑制性的影响。额叶损伤的病人表现出对新异刺激和环境干扰的过分敏感，可能与额叶丧失了对皮层下组织的抑制作用有关。

近些年来，研究人员发现损伤猴子的上丘，其注意行为受损。同时他们还发现一个有趣的结果，注意选择行为受损的猴子其大脑皮层的信号没有改变，表明大脑皮层可能不是注意选择的充分条件，而皮层下核团可能更加重要（Zénon & Krauzlis，2012）。

本章重点概念

意识　无意识　盲视　睡眠的阶段　快速眼动睡眠阶段　睡眠的功能
梦　白日梦　催眠　冥想　注意　选择性注意　持续性注意　分配性注意
过滤器理论　衰减理论　后期选择理论　多阶段选择理论　认知资源理论
双加工理论　朝向反射

本章思考题

1. 什么是意识，什么是无意识？

2. 睡眠分为哪些阶段？如何解释梦？

3. 什么是催眠？如何解释催眠现象？

4. 简要说明药物对人的意识状态的改变作用。

5. 注意的含义是什么？它的种类有哪些？

6. 结合自己的理解，谈谈注意在日常生活、工作和学习中的重要性。

7. 简单评述注意的几种认知理论。

第七章

记　忆

本章要讨论的是我们的记忆。首先讨论什么是记忆，记忆的过程是怎样的，有哪些记忆类型，记忆的神经生理机制是什么。接下来将详细向大家介绍记忆不同的系统：感觉记忆、短时记忆、工作记忆和长时记忆的主要特点。贯穿我们整个记忆过程中很重要的一点就是遗忘，不同的学者对遗忘做出了不同的解释。一些学者认为我们会发生遗忘是因为受到了干扰，也有学者认为我们保存在大脑中的信息不会丢失，只是没有适当的提取线索。那么我们如何才能避免遗忘呢？最后会向大家介绍一些有用的记忆策略，以便于我们在学习和生活中增强记忆。

第一节　记忆概述

一、什么是记忆

你是否记得这一章的前一章是什么内容？你是否记得今天早餐吃了什么？这些经历或者说经验就是我们的记忆。我们是如何形成记忆的呢？记忆（Memory）是个体在头脑中积累和保存个体经验的心理过程。现在通常也将记忆过程看成一种信息加工过程，包括对外界信息进行编码、存储和提取三个过程。

编码（Encoding）是信息加工的初始阶段，把来自感官的信息变成记忆系统能够接受和使用的形式，形成记忆表征，也就是记忆中的"识记"阶段。用一个例子来说明，我们在学习一个新的英语单词时，首先会注意到这个单词的形、音和语义，这些信息会在我们的大脑中集合形成最初的记忆表征，这就是编码过程。对这个单词的形、音和语义的加工分别对应三种不同的编码方式：视觉编码、听觉编码和语义编码，不同的编码方式对记忆有不同的影响。

存储（Storage）是将编码时形成的记忆表征，即感知过、体验过和思考过的事物以一定形式保存在人的大脑中。以刚才的例子来说，就是将这个单词保持在我们的头脑中。一般来说，复述是存储信息的有效方法，复述又分为机械复述和精细复述，在后面的章节我们将详细介绍。

提取（Retrieval）是指从记忆中查找已有信息的过程，是被存储信息在随后某一时间的恢复。信息提取的方式主要包括回忆和再认，例如我们回忆今天早上吃了什么就是一种对信息的提取过程。

记忆是一种动态的活动，我们无时无刻不在进行着这三个过程。记忆作为一种基本的心理过程，和其他心理活动是密切相关的。例如我们首先要知觉到信息的存在，然后才能选择性注意那些对我们有意义的信息，并且学习的过程也不能没有记忆的参与。记忆不仅影响我们的心理发展，还将我们心理活动的过去和现在联结在一起，因为有知识技能的记忆，我们才能解决问题。可以说，记忆是人类发展和社会发展不可或缺的因素。

二、记忆类型

根据不同分类标准可将记忆分为以下几类。

（一）感觉记忆、短时记忆和长时记忆

心理学家根据信息保持时间的长短，将记忆分为感觉记忆（瞬时记忆）、短时记忆和长时记忆。这个分法是基于阿特金森和谢夫林（Atkinson & Shiffrin，1968）提出的三级记忆模型，这三种记忆相当于记忆形成的三个阶段。感觉记忆的存储时间为0.25—4秒；短时记忆是感觉记忆和长时记忆的中间阶段，保持时间是5秒至1分钟；长时记忆是一种永久性的存储，它的保存时间从1分钟到许多年，甚至终身。关于这三种记忆的更详细内容我们会在第二节介绍。

（二）外显记忆和内隐记忆

我们在学习知识时会有意识地去记忆知识点，并且我们知道将这个知识点记在了头脑中，因此在考试时能够想起来也并不奇怪。这类型的记忆就称为外显记忆（Explicit Memory），即在意识的控制下，过去经验对当前作业产生的影响。与外显记忆相对应的是内隐记忆（Implicit Memory），即无意识的记忆，我们并没有意识到这种记忆存在，但又能对我们当前作业产生影响的记忆。例如，我们在电脑上打字时，能够精确并快速地打出每个字的拼音，但如果给我们一张纸让我们画出一个键盘以及标明每个键的位置，相信很少人能准确画出。我们下意识地知道键盘上各字母的位置就属于我们的内隐记忆，我们并没有花精力、有意识地去记忆每个字母的位置，但却能准确地打出每个汉字。

对内隐记忆和外显记忆的研究近几十年来备受关注，并且取得了一些卓越的研究成

果。研究表明，对信息的加工深度、记忆负荷量的变化以及干扰因素的存在并不会影响内隐记忆，而会影响外显记忆（Graf，1984）。具体来说，对某一刺激的加工程度越深，外显记忆越牢固；记忆的项目越多，外显记忆越差，越不容易记住；并且外显记忆容易受到无关因素的干扰（马正平、杨治良，1991）。内隐记忆能够保持相当长的时间，外显记忆随时间延长而发生的消退要比内隐记忆快得多。信息在学习和测验时呈现方式的改变会影响内隐记忆。加考比等人在研究中发现，以听觉形式呈现的刺激以视觉形式进行测验时，这种感觉通道的改变会严重影响内隐记忆的成绩，而对外显记忆没有显著影响（Jacoby & Dollas，1981）。

（三）陈述性记忆和程序性记忆

有一些研究者将长时记忆分为陈述性记忆和程序性记忆。陈述性记忆（Declarative Memory）是对有关事实和事件的记忆，可以通过语言传授一次获得，但提取时往往需要意识的参与。例如，我们在课堂上学习的各种课本知识和日常生活常识都属于这类记忆。

程序性记忆（Procedural Memory），指如何做事情的记忆，包括对知觉技能、认知技能和运动技能的记忆。这类记忆往往需要通过多次练习才能逐渐获得。例如我们学习游泳、骑自行车，都是在经过多次练习后才能掌握技能，但这种程序性记忆一旦获得，就不容易遗忘，并且在提取时不需要意识的参与。例如，在学习骑自行车前，你需要看一些书籍或去网上看一些教学视频，记住一些重要的技巧，这种记忆就是陈述性记忆；然后我们不断练习后学会了骑自行车，就将知识转化为技能，这时就是程序性记忆了。

有一个有趣的现象是，你在学会了一项技能之后，再回去谈论构成的陈述性记忆是很困难的。在学会骑自行车后，父母让你给他们说一下你是怎样骑的，这时候你会发现很难将骑自行车的过程用语言复述出来。就像一个经验丰富的司机尝试教你驾车，尽管他自己的技术很好，但他在向你传授驾驶程序和技术时可能会有一定困难。有研究者认为是由于存在"知识编辑"而导致了这种现象。我们通过一个例子来解释，如果你有熟练的打字技能，不管你是习惯于使用五笔还是拼音输入法，想想看你的手在键盘上飞快地舞动，打出一串字的时候，你有意识到打每个字时你的手指按的是哪一个键吗？事实上当你练习的次数足够多时，你就开始把打每个字的过程当作一个单元了———种在键盘上敏捷的行为序列，这一过程被称为知识编辑。当你的陈述性记忆转化为程序性记忆后，你可以在没有意识参与的情况下执行更长的行为序列，由于是无意识的，因此你也没有意识到这些行为序列的内容。

（四）语义记忆和情景记忆

图尔文（Tulving，1972）将长时记忆分为两类：语义记忆和情景记忆。语义记忆（Semantic Memory）是指对一般知识和规律的记忆，与特殊的地点、时间无关。例如物体的名称、加减乘除等运算法则、一年四季以及单词等，这些都属于语义记忆。这类信息的提取与它们当时所处的时间和地点都没有关系，例如，像"中国的首都是北京"这样的事实是不需要参照获得该信息时的情景线索来提取的。情景记忆（Episodic Memory）是指人根据时空关系对某个事件的记忆，是关于生活的"什么""哪里"和"什么时候"的信息，是你亲自体验过的特定事件。它与个人的亲身经历有密不可分的关系，可以看作是每个人经历的"自传性记录"。你还记得第一次参加歌唱比赛时的情景吗？你还记得经历的某次事故吗？你今天吃的什么早饭？这些回忆都属于情景记忆。已有研究表明，由于情景记忆受一定时间和空间的限制，信息的存储容易受到各种因素的干扰，因此记忆不够稳定和确定；而语义记忆受一般规则、知识、概念和词的制约，很少受到外界因素的干扰，因此比较稳定。

（五）元记忆

有时候我们在回答一个问题时始终想不起答案，但我们确信是知道答案的，这个答案是存储在我们记忆中的。像这一类问题，关于你的记忆是如何工作的或你如何知道你拥有什么信息，就涉及元记忆的问题。元记忆（Meta-memory）是人对自己的记忆过程的认知和控制，指个体对自身记忆活动的认识、评价和监控的过程。元记忆中很重要的一个问题是"知道感"，即你知道你确实把信息储存在记忆中的主观感觉，我们通常会根据知道感来做出判断。我们是如何获得知道感的呢？线索熟悉性假设表明人们是基于他们对提取线索的熟悉性建立知道感的，对熟悉的事物知道感更强烈。例如问你是否知道莎士比亚四部曲，并给你一些选项，熟悉莎士比亚戏剧的人就能很容易选出正确选项。

关于元记忆的研究认为，人们通常对自己知道什么和不知道什么有很好的直觉。如果你处于一个有时间限制的考试情景下，那么你可以选择遵循自己的直觉。你可以快速地把所有题目读一遍，看看对哪些题目你有更强的知道感，可以优先做这些题目，也可以排除那些你感觉可能会出错的答案。

三、记忆的神经生理基础

前面我们说到记忆包括编码、存储和提取三个过程，或许你会问，我们大脑是怎样执行这三个过程的？记忆又是如何保存在我们大脑中而不消失的？关于记忆与脑的研究一直以来都是研究者关注的焦点问题。

心理学家拉什里最早认为记忆能够存储在我们大脑中是因为形成了记忆痕迹存在于大脑皮层，他在训练小白鼠走迷宫后破坏了它们大脑皮层的不同区域，然后再让小白鼠重走迷宫，结果发现，大脑皮层破坏的区域越大，记忆损害越大，但与皮层受损的位置无关。因此他认为，记忆痕迹并不存在于特定的脑区，而是广泛分布于整个大脑中。现在越来越多的研究表明，记忆的不同功能是在多个神经网络的参与下完成的。下面我们将介绍一些与记忆有关的主要脑区。

（一）与记忆相关的脑区

1. 前额叶

前额叶（Prefrontal Cortex）是额叶的重要组成部分，其背部和外侧部与记忆有密切关系。已有研究表明，前额叶在语义记忆、工作记忆和情境记忆等记忆系统中都起着重要作用，并且参与信息的编码、存储和提取过程。

对记忆的研究主要采取脑功能成像技术，包括功能磁共振成像（Functional Magnetic Resonance Imaging，fMRI）、脑电图（Electroencephalogram，EEG）、正电子发射断层成像（Positron Emission Tomography，PET）等。皮特森等人第一次提供了左前额叶参与词的语义加工的功能成像证据；其他一些研究发现，除了词的加工需要前额叶的参与外，空间记忆、时间顺序记忆也与前额叶有关。因此，前额叶可能参与了多种任务中的语义分析，包括词或图形、视觉或听觉通道任务的分析（杨炳炯，1999）。

前额叶也与情景记忆有关。图尔文和他的同事通过 PET 技术研究发现，左前额叶主要与情景记忆的编码阶段有关，在情景信息的提取阶段，右前额叶表现出较强的脑活动。

前额叶还是工作记忆的神经基础，其中，前额叶运动皮层不仅为语言功能提供了神经基础，而且对工作记忆能力和其他高级认知功能有重要作用；背外侧前额叶皮层负责调控注意分配，与工作记忆的中央执行系统功能有关（张钦，2021）。

2. 海马

要牢牢地记住某件事我们需要不断地对记忆进行巩固，将短时记忆转为长时记忆，这个过程主要与颞叶皮层下结构——海马有关。海马充当着短时记忆和长时记忆的"中转站"，那么具体的过程是怎样的呢？首先我们要了解"长时程增强"，如果两个或两个以上相互连接的脑细胞同时激活，它们之间的关系就会增强，这个过程叫作长时程增强。长时程增强发生后，受影响的大脑细胞对来自和这个细胞相连接的另一个细胞的信号的反应就会更强烈。通俗来说，长时程增强是指传递信息的神经元和接受信息的神经元之间突触连接强度的增大。海马会通过形成新的神经元或加强突触连接来储存信息，将短时记忆转为长时记忆。

研究显示，如果海马受到损伤，则病人往往不能形成或储存新的记忆。一个典型病例中，病人接受了海马损伤手术，产生了顺行性遗忘，即对手术前的记忆保持完好，但几乎不能形成新的记忆，因为他缺乏将短时记忆转化成长时记忆的能力。如果你去看望他，你会发现他和正常人一样，但如果你离开他的视线 15 分钟后再返回来，他就像从未见过你一样，并不记得你之前来过。

3. 杏仁核

你是否还记得 2008 年汶川地震时候的情景？你是否记得重要的家人或朋友去世时的场景？你是否记得某个对你来说有着重大意义的生活事件？对于这些人生中重要事件的记忆被称作闪光灯记忆，是一种似乎凝结在记忆中的特别生动的图像，常因可引起个人或公众强烈情绪的事件而产生。边缘系统中的杏仁核在这些与情绪有强烈关联的记忆中起着重要作用，会加强记忆的巩固过程，因而闪光灯记忆在情绪强烈时最易形成。

（二）记忆的脑细胞机制

1. 反响回路

反响回路（Reverberatory Circuit）被认为是短时记忆的生理基础，是指神经系统中皮层和皮层下组织之间存在的某种闭合的神经环路。当外界刺激作用于神经环路的某一部分时，回路便产生神经冲动，刺激停止后，这种冲动并不立即停止，而是继续在回路中往返传递并持续一段短暂的时间。人们认为反响回路是短时记忆的生理基础，这一观点得到实验结果的支持。心理学家用小老鼠做实验，发现已经形成长时记忆的小老鼠不会因为电休克（可以破坏电回路）而忘记电击的存在，而如果仅是短暂学习，处在短时记忆状态的经验，会因电休克而导致小老鼠忘记刚才产生电击的位置。

2. 神经元突触结构

神经元突触结构的改变被认为是短时记忆向长时记忆过渡的生理机制。不同经验会导致神经元突触的不同变化，这种变化往往是由特异的神经冲动导致的，由于涉及结构的改变，因此其变化过程较慢，且需要不断地巩固，但这种变化一旦发生，记忆痕迹就会深刻地储存在大脑中。研究者发现，与在刺激贫乏环境中长大的小白鼠相比，在丰富环境中长大的小白鼠的大脑皮层会厚且重。可能是因为接受了较多刺激的小白鼠的神经元突触结构发生了较大的变化，轴突或树突的数量增加，皮层的重量也因而增加。

（三）记忆的生物化学机制

神经元的电活动不仅会引起神经元突触结构的改变，而且会导致神经细胞内部的生物化学变化，这些变化包括核糖核酸及某些特异性蛋白质分子结构的改变。

1. 核糖核酸

近年来随着分子生物学的兴起，特别是发现了遗传信息传递机制——脱氧核糖核酸借助于核糖核酸来传递遗传密码，使得科学家相信记忆是由神经元内部的核糖核酸的分子结构来承担的。由学习引起的神经活动可以改变与之有关的那些神经元内部的核糖核酸的细微的化学结构，就像遗传经验能够反映在脱氧核糖核酸分子的细微结构中一样。

20 世纪 60 年代初，美国生理学家用核糖核酸酶处理无脊椎动物涡虫，消除了涡虫对已学会的某种行为的记忆。此后，有研究者训练小白鼠走钢丝后，发现小鼠脑中有关神经细胞的 RNA 含量显著增加，其组成成分也有变化。据此，海登（Hyden，1967）把大分子看成是信息的"存储所"，并认为 RNA 和 DNA 是记忆的化学分子载体。还有研究者发现，给学习过迷津的白鼠注射嘌呤霉素和抗生素可以消除其有关的记忆，其机制是注射的药物阻碍了神经元内部蛋白质的合成。

2. 激素

研究表明，机体内部的一些激素分泌能够促进记忆的保持。研究者给学习后的动物立即注射小剂量的肾上腺素，发现动物在此前进行的学习得到了加强，但是大剂量的肾上腺素则会损害记忆。另外，如果利用外科手术阻碍动物肾上腺素的分泌，动物的近期记忆会有缺陷，但在经人工补充肾上腺素之后，这种缺损的情况会有好转。

第二节 记忆的过程

如果我们把记忆看作一种信息加工过程，它包括对外界信息进行编码、存储和提取三个过程。为了对这个过程有更细致的了解，阿特金森和谢夫林（Atkinson & Shiffrin，1968）提出了三级记忆模型，信息通常是先进入感觉记忆，其中能引起个体注意的感觉信息才会进入短时记忆，在短时记忆中存储的信息经过复述，存储到长时记忆，而保存在长时记忆中的信息在需要时又会被提取出来，进入短时记忆中。具体如图 7-1 所示。下面我们将逐一介绍这三种记忆。

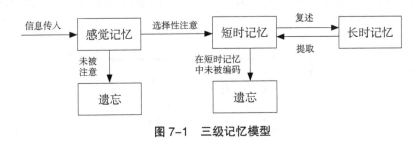

图 7-1 三级记忆模型

一、感觉记忆

当客观刺激停止作用后，感觉信息在一个极短的时间内被保存下来，这种记忆叫感觉记忆（Sensory Memory）或感觉登记（Sensory Register）。它是记忆系统的开始阶段。感觉记忆的存储时间为 0.25—4 秒。在观看电影时，虽然呈现在屏幕上的是一幅幅静止的图像，但是我们却可以将这些图像看成是连续运动的，这就是感觉记忆存在的结果。

感觉记忆是一种原始的感觉形式，是记忆系统在对外界信息进行进一步加工之前的暂时登记。通常情况下，我们意识不到感觉记忆的存在，它的功能是把信息保存足够长的时间，从而使一些信息能够被传送到短时记忆中。

（一）感觉记忆的编码

感觉记忆的编码主要依赖于信息的物理特征。若让你注视一幅图片 10 秒钟，然后让你回忆刚才图片中的一些内容，我们对这幅图片的物理特征进行编码形成的记忆就叫影像记忆（Iconic Memory），也称作图像记忆，是视觉领域的感觉记忆。斯伯林（Sperling，1960）利用实验证实了视觉器官的这种编码能力以及感觉记忆容量较大的特点。

斯伯林给被试呈现一些由三行字母和数字构成的矩阵，要求被试完成两种不同的任务。第一种任务中，被试被要求采用整体报告法，在数字和字母呈现后，被试要努力回忆并报告尽可能多的项目。实验结果是，被试能报告的平均只有 4 个项目。斯伯林设想，会不会是由于方法的限制导致了这个结果，实际上在感觉记忆中所保持的信息比报告的更多？基于这个设想，他设计了局部报告法，要求被试只报告一行而不是整个矩阵的内容。具体过程是：将字母和数字如上面所展示的那样按四个一排，一共三行这样进行排列，每一行分别对应高、中、低三个音。要求被试在字母和数字呈现 50 秒后，根据声音信号，对相应的一排字母做出报告，声音信号的呈现是随机安排的。例如在字母数字呈现后，发出的是中音，则被试应该报告第二行对应的字母和数字。实验结果表明，当视觉刺激消失后，立即给予声音信号，被试能报告的项目数平均为 9 个，这比采用整体报告法几乎增加了一倍。据此，斯伯林认为，存在一种感觉记忆，它具有相当大的容量，但是保持的时间十分短暂。斯伯林用局部报告法证明了感觉记忆的存在，并且具有相当大的容量。

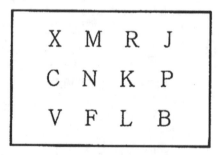

图 7-2　字母排列方式

莫瑞等人（Moray et al., 1965）的研究发现，除视觉通道外，听觉通道也存在感觉记忆。他们模仿斯伯林的局部报告法，在一个房间的 4 个角放置了 4 个扬声器，被试坐在房间中间可以从 4 个不同的声源听到声音，并且能区分出声音发出的位置。实验时可以通过 2 个、3 个或 4 个声源同时呈现 1—4 个字母，刺激呈现之后，被试要根据视觉提示报告出他所听到的字母。实验也采取了整体报告法和局部报告法，结果表明，局部报告法的成绩要优于整体报告法，说明听觉系统中也存在感觉记忆。听觉的感觉记忆编码形式被称为声像记忆（Echoic Memory）。

（二）感觉记忆的存储

前面说过，感觉记忆存储的时间十分短暂。它是如何随时间而迅速变化的呢？为了研究这个问题，斯伯林改变了刺激项目与声音信号之间的时间间隔，结果发现，即时呈现声音信号的回忆率为80%，当声音信号延迟到150毫秒时，回忆率下降到75%，信号延迟到300毫秒后，回忆成绩下降到55%，当延迟超过0.5秒后，局部报告法的成绩就接近整体报告法的成绩了（见图7-3）。

另外，达尔文等人（Darwin et al., 1972）对声像记忆的性质进行了研究，发现声像记忆的容量比图像记忆小，平均只有5个；声像记忆的保持时间比图像记忆的长，可以达到4秒。

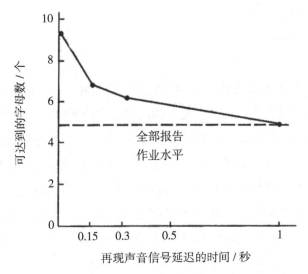

图 7-3　刺激消失后各种时间间隔下局部报告的保存量

资料来源：Sperling（1960）.

（三）感觉记忆向短时记忆的转换

由图7-1所示的三级记忆模型我们可以知道，外界信息传入后，会在感觉记忆中保持几秒钟，然后注意从中筛选信息进入短时记忆系统，只有被选择性注意的信息才会转换为短时记忆，那些没有被注意到的信息就会被逐渐遗忘。例如你正与朋友一起吃饭，突然让你回忆刚才餐厅播放的背景音乐，如果你没有特别注意到的话会很难回忆出来，但是你和朋友的谈话内容你肯定记得，因为在谈话时我们的注意力是比较集中的。

二、短时记忆

你可能并未意识到你有感觉记忆，但也许意识到了有些信息在头脑中只能保持很短的时间。例如你在向一个路人问路时，会记住"前面路口左转再下一个路口右转直行300米就到了"，你会在头脑中短暂地保存这个信息直到找到正确的地方，但当你到达目的地后可能就忘记了刚才的指示信息，这就是我们的短时记忆。短时记忆（Short-term Memory）对信息的保持时间大约为1分钟，是感觉记忆到长时记忆之间的一个中间阶段。

（一）短时记忆的编码

短时记忆的编码方式可以分为听觉编码和视觉编码，其中听觉编码是短时记忆主要的编码方式。康拉德做了一个实验，在实验中他向被试依次呈现B、C、P、T、V、F等辅音字母后，要求被试按顺序进行回忆。结果发现，发音相似的字母（如B和V）容易发生混淆，而形状相似的字母之间（如E和F）很少发生混淆。这说明短时记忆的编码方式是以听觉编码为主。

（二）短时记忆的存储

1. 短时记忆的容量

与感觉记忆有较大容量的特点不同，短时记忆的容量是有限的，为了评估短时记忆的容量，研究者们进行了"记忆广度"的测验：实验者向被试呈现一系列随机数字，如8173494285，然后让被试将这一系列数字读一遍，读完后进行回忆，按照它们的顺序写下来。然后再读一系列的字母，进行相同的记忆测验，你能写对几个？结果显示，大部分人能回忆出5到9个项目。米勒在他的著作《神奇的数字7±2：我们信息加工能力的限制》中明确提出，短时记忆的容量为7±2。确切地说，短时记忆的容量是7±2个组块，在后面我们将详细介绍什么是组块，以及我们如何通过组块的方式扩大短时记忆的容量。

2. 短时记忆信息的存储

尽管短时记忆的容量有限，但短时记忆中的信息编码能通过复述和组块得到提高。

（1）复述

或许你记住一个电话号码最好的方式是在头脑中不断地重复那些数字，也许嘴里念念有词。这种记忆方式就称为机械复述，也叫保持性复述（Maintenance Rehearsal），是指不断地简单地重复短时记忆中的信息。复述的另一种方式称为精细复述（Elaborative Rehearsal），是将短时记忆中的信息进行分析，使之与已有经验建立联系。例如我们会发现，如果仅仅是简单地背诵一首古诗，不断地重复，可能会花费我们比较长的时间才能记住。但如果我们在背诵之前先对这首古诗进行分析，了解每一个句子的意思，甚至是每一个词语、每一个字的意思，那么我们在后面背诵时将会轻松不少，并且也不容易遗忘，这里我们就使用了精细复述的策略。

研究显示，如果没有复述，在12—18秒后，短时记忆的内容会永远消失！在一项实验中，被试首先会听到一些无意义音节，例如 XAR；接着，被试会听到一个数字，如67，要求被试在听到数字后对这个数字连续减3，以阻止对音节的复述，直到要求被试回忆前面记忆过的无意义音节的信号出现。研究结果发现，仅在18秒后，对无意义音节的记忆得分便降为零。得分下降是由于信息不能被复述，也可能是因为在复述时我们进行了另一项减法任务使我们分心了。这在我们生活中也很常见，还是以背诵课文为例，如果复述的时候发现自己在想别的事情，那么这种复述并没有效果，也不会加强我们的记忆。现在我们知道了复述会帮助我们使信息永远地储存在头脑中，但是，如果你要记忆的信息太多太繁重，复述可能并不是最好的办法，这时你就要转向组块策略了。

（2）组块

组块是一个有意义的信息单元，可以是单一的数字或字母，也可以是一组单词或一个完整的句子。组块（Chunking）就是基于相似性或其他组织原则或基于长时记忆中的经验，将这些信息组成一些更大的模块。举一个很简单的例子，让你记忆序列1 9 1 9 5 4，凡是熟悉中国历史的人都能够将这个序列组成一个块，代表着1919年的五四运动。虽然这个序列中有6个数字，如果按一个数字是一个单元的原则来记忆，就差不多占完了短时记忆的容量，但如果我们将这个序列组成一个单元，那么就只占短时记忆的一个容量。这就解释了为什么组块可以扩大短时记忆的容量。我们在日常生活中随时都会使用组块策略，例如在记忆一串电话号码时，电话号码通常由11位数字组成，但我们通常会三个或四个数字为一组来记忆，这样我们的记忆广度被大大增加了，并且也容易记住。

蔡斯等人（Chase & Ericsson，1981）曾报道了一个名叫 B. F. 的个案，他是一名长跑运动员，对数字有着神奇的记忆能力，在一项测验中他可以回忆80个数字，那么他是如何记住这么多数字的呢？通过研究发现，他将很多随机数字组织成不同距离的赛跑时间。例如，他将数字序列3、4、9、2、5、6、1、4、9、3、5重新编码为：3分49秒2——接近1600米的赛跑纪录；56分14秒——跑16000米的时间；9分35秒——慢跑3200米的时间。此外，B. F. 还使用年龄、值得纪念事件的年份和特殊数字等把随机数字组块化，通过这种办法，他能够将无意义的随机数字转化为易管理、有意义、便于记忆的组块。这说明，组块可以使记忆容量大大增加，而个人的经验对信息的组块化有重要的影响。

（三）短时记忆的遗忘——干扰还是消退

短时记忆的信息在得不到复述的情况下会很快被遗忘。那么是什么原因导致了短时记忆的遗忘呢？一种观点认为适时记忆是由于信息痕迹的自然消退；另一种观点认为是由于短时记忆中的信息受到了干扰。沃和诺尔曼（Waugh & Norman，1965）利用一个设计巧妙的实验将"消退"和"干扰"两个因素分离开来。

他们让被试听由若干个数字组成的数字序列，在数字序列呈现后，伴随着一个声音信号呈现一个探测数字，这个探测数字曾经在前面出现过一次。被试的任务就是回忆在探测数字后边是什么数字，从回忆数字到探测数字之间是间隔数字，呈现这些间隔数字所需要的时间为间隔时间。在实验中，他们采用了两种速度来呈现数字：一种是快速的，每秒 4 个；另一种是慢速的，每秒 1 个。这样就可以在间隔数字不变的情况下改变间隔时间，从而把信息保存时间和干扰信息这两种因素分离开来。结果发现，在快、慢两种呈现速度下，被试的正确回忆率都随间隔数字的增加而减少，而不受间隔时间的影响（见图 7-4）。这一结果支持了干扰说，说明短时记忆的遗忘主要是由干扰引起的。

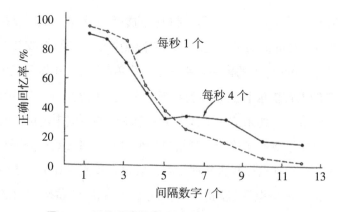

图 7-4　干扰项目数量对短时记忆信息保持的影响

资料来源：Waugh & Norman（1965）.

（四）短时记忆的提取

现在我们知道了要更好地储存短时记忆可以采取复述和组块的方式，其实即使你没有使用这些策略保存信息，短时记忆的提取仍然是非常高效的。斯滕伯格（Sternberg，1969）的研究结论证明了这一点。他在实验中给被试呈现 1—6 个不等的数字序列，例如 5、2、9、4、6，每次呈现的数字是什么、呈现多少个都是变化的。呈现数字序列后再马上呈现一个单一的探测数字，让被试判断它是否在刚呈现的记忆测试中出现过，并且进行按键反应。例如，若探测数字是 9，则被试做肯定反应；若探测数字是 8，则被试做否定反应。斯滕伯格计算出编码探测刺激和做出反应大概需要 400 毫秒，而把探测刺激与记忆测试中的每个项目相比较又需要约 35 毫秒。在一秒钟内，一个人可以做大约 30 次这样的比较，所以证实了短时记忆的提取是非常有效的。那么短时记忆的提取方式是怎样的呢？斯滕伯格预测了三种可能的方式。

1. 平行扫描

平行扫描是指同时对短时记忆中保存的所有项目进行提取。如果是这样，提取的时间与项目的长度无关，提取时间应都是一样的（见图 7-5a）。

2. 自动停止系列扫描

自动停止系列扫描指对项目逐个进行提取，一旦找到目标项目就停止查找。如果是这样，那么反应时间会随着项目的增加而增加。另外，由于找到目标后就停止扫描，因此肯定判断的反应时要比否定判断的反应时短，因为肯定判断时，找到目标后就停止扫描，而否定判断需要对序列中的所有项目依次进行判断后才能做出否定判断（见图 7-5b）。

3. 完全系列扫描

完全系列扫描是指对全部项目进行完全的检索，然后做出判断。在这种提取方式下，项目数越多，反应时间越长。另外，由于肯定判断和否定判断都需要对全部项目进行检索，因此它们应具有相同的反应时间（见图 7-5c）。

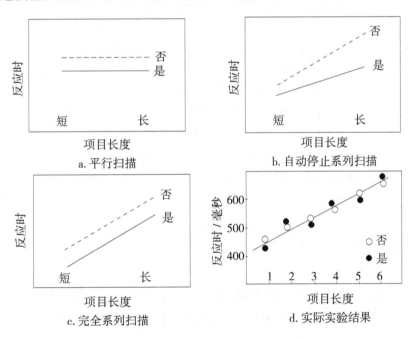

图 7-5 短时记忆信息的提取

资料来源：Sternberg（1969）.

斯滕伯格通过对上述实验数据进行记录后发现，实验结果和预测的完全系列扫描的结果一致。这说明在短时记忆中项目的提取方式是完全系列扫描（见图 7-5d）。

（五）工作记忆

短时记忆不仅仅用于储存信息，当短时记忆和其他心理过程结合起来时，它会提供一片工作区域——工作记忆。工作记忆是指信息加工过程中，对信息进行暂时存储和加工的、容量有限的记忆系统，也可以理解为是工作状态下的短时记忆。例如，要求你从321 开始倒数的同时打乒乓球，你的记忆资源就被分配到两个任务中了，既要求你有关于数字的记忆，也需要提取有关打乒乓球的记忆，然后对这些信息进行加工。因此，工作记忆是一种当前工作状态的记忆，它短暂地储存当前信息，还要对这些信息进行加工。

由于工作记忆要对短暂存储的信息进行加工，因此巴德利等人（Baddeley et al.，2000）提出，工作记忆这个加工系统包含多个成分：语音环路（Phonological Loop）、视觉空间模板（Visual-spatial Sketchpad）、情景缓冲器（Episodic Buffer）和中央执行系统（Central Executive System），并且不同的成分负责不同的功能。

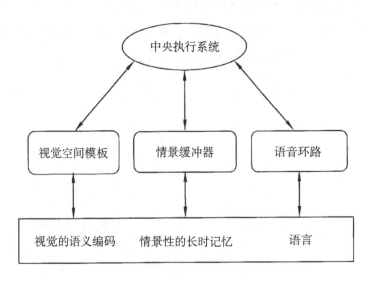

图 7-6　工作记忆的理论模型

资料来源：Baddeley et al.（2000）.

语音环路用于处理以语音为基础的信息。例如，阅读课文、听他人讲话等都会涉及语音环路。视觉空间模板用于处理视觉和空间的信息。例如有人问你学校食堂都有些什么菜品，你可能会使用视觉空间模板形成食堂的心理图像，然后从图像中找出一些菜品。这种信息是通过形成食堂这个表象间接进入空间模板的，信息也可以直接进入视觉空间模板。例如你此时正在食堂，看到食堂不同的菜品，这些菜品就直接进入了视觉空间模板。

干扰范式为视觉空间模板的存在提供了实验证据。在这种实验范式中，比较被试在不同类型的干扰条件下执行主任务操作时成绩上的差异。研究发现，当次任务为言语任务时，它选择性地干扰了言语记忆，不干扰空间记忆；而当次任务为空间任务时，它选择性地干扰了空间记忆，不干扰言语记忆。

中央执行系统负责控制注意和协调来自语音环路及视觉空间模板的信息，是工作记忆中最重要的成分。它的主要功能有：协调语音环路和视觉空间模板活动；注意资源的分配与控制；选择性的注意以及转换策略。例如，要求你描述记忆中的一幅画，那么就需要中央执行系统将注意资源分配到语音环路和视觉空间模板，通过视觉空间模板获取画的表象，然后通过语音环路将表象用语言描述出来。

如果言语的信息存储在语音环路中，视觉和空间的信息存储在视觉空间模板中，那么在哪里把视觉信息、空间信息和言语信息整合在一起呢？巴德利认为，情景缓冲器是用来整合视觉、空间和言语信息的一个成分。它是一个容量有限的空间，用于整合来自语音环路和视觉空间模板的信息。情景缓冲器和长时记忆相连。

工作记忆的功能可以看作"心理缓存器"，它对我们在推理和问题解决等认知活动中所需要的信息进行了短暂的保存和加工。进行认知任务时，比如完成像语言加工或问题解决等的认知活动，你必须将很多不同的成分快速连接起来。你可以将工作记忆理解为对必要成分的短时的、特殊的聚焦。如果你希望更好地查看一个物理客体，你可以用更亮的灯照射它；工作记忆就是一盏射向你心理客体的更亮的心理灯——记忆表征。工作记忆也可以对关于这些客体的各项活动进行协调。

此外，工作记忆帮助保持心理的现在（Psychological Present），它为新的事件设置背景，并将分离的情节连接起来形成一个连贯的故事。它使你能保持和不断更新对变化情景的表征，使你能在交谈中跟踪明了话题。工作记忆起着一种信息进出长时记忆的导管的作用，它一头连接当前的环境刺激，一头连接着你的长时记忆。大量研究表明，工作记忆在许多复杂的认知活动中起着非常重要的作用，如问题解决、推理、阅读理解等。

研究表明，工作记忆容量存在个体差异。工作记忆容量的测定方法很多，其中一种常用的方法就是阅读广度测验。在测验时，给被试呈现不同数量的句子，要求被试认真阅读，并记住每个句子的尾词。句子呈现完毕后，要求被试按句子呈现顺序回忆尾词，并完成阅读理解的测验。根据回忆尾词的数量以及阅读理解的成绩计算工作记忆的容量。

三、长时记忆

（一）什么是长时记忆

看到某些熟悉的场景，你的记忆会被拉回到很久以前，想起那时候做的一些事、见过的一些人，这些信息会在我们的头脑中保存几十年，直到你老去，这就是我们的长时记忆。从保存时间的角度来说，信息存储时间在一分钟以上的记忆就可称为长时记忆，而实际上，我们的长时记忆通常会保留一生。长时记忆的容量是无限的，你不必担心它会"超载"。事实上，你知道得越多，新的信息就越容易进入记忆。因此，长时记忆库中的信息越多越有利于记住新东西，我们并不用担心长时记忆会被填满。这也是人们可以进行终身学习的原因。

（二）长时记忆的编码

1. 编码方式

长时记忆的信息编码就是把新的信息纳入已有的知识框架内，或把一些分散的信息单元组合成一个新的知识框架。研究表明，长时记忆的编码主要采用了语义编码的方式。例如，给你呈现一系列词语，你会将苹果、梨、樱桃归为水果类，将鸡、鸭、老虎归为动物类，将向日葵、玫瑰、橡树归为植物类，这种归类会使我们更容易记住较多的信息。但因为我们的长时记忆更主要靠语义来储存，所以长时记忆出现的错误也都与意义有关。例如，在心理学考试时，当你试图回忆"考试焦虑"这个词时，你可能会错误地把它写成"考试紧张"或"考试担忧"，因为"焦虑"与"紧张"和"担忧"有差不多的意思。

现在我们知道了长时记忆的编码方式，接下来我们将会讨论影响编码的主要因素，即对信息进行编码时，遵循哪些原则可以帮助我们更好地形成长时记忆。

2. 背景和编码

研究者发现背景对记忆的影响不可忽视。这就是编码特异性（Encoding Specificity）原则，即当提取的背景与编码的背景相匹配时，记忆最为有效。

在一个实验中，佩戴水下呼吸器的潜水员在海滩上或在水下学习一些单词序列，然后在其中一个环境下测验他们对这些单词的保持程度。当编码和回忆的环境匹配时成绩提高接近 50%，尽管实验材料与水或潜水根本没有关系（Gooden & Baddeley，1975）。同样的，当背景音乐的节奏在编码和回忆时保持一致，人们在记忆任务中会表现得更好（Balch & Lewis，1996）。

其实在生活中也不难发现这个规律，你走在街上看到一位带着孙子玩耍的大叔觉得很面熟，感觉在哪见过，但又想不起到底在哪见过，结果第二天你去上学时发现，昨天的大叔正是学校的保安。因为之前见到大叔的背景一直是学校和保安制服，所以当不是在这个背景中见到他时，便很难想起来。

3. 序列位置效应

现在我们来了解一下另一个影响编码的因素：序列位置效应（Serial Position Effect）。在学习中我们通常会遇到以下情形：在开始学习一串单词序列时，对最开始呈现的单词记忆最好，对最后呈现的几个单词序列的回忆也还不错，但对位于中间的单词记忆效果很差。前者就称为首因效应（Primacy Effect），即最先呈现的信息记忆效果较好；后者称为近因效应（Recency Effect），即最后呈现的信息记忆效果较好。研究者在实验中也证明了这种效应的存在。实验中通过语音给被试呈现一系列无关联的单词，单词数分别为 6 个、10 个和 15 个，然后要被试分别进行序列回忆和自由回忆，如图 7-7 所示。结果显示，不管单词序列中的项目有多少个，被试对最初呈现的单词和最后呈现的单词记忆效果最好。

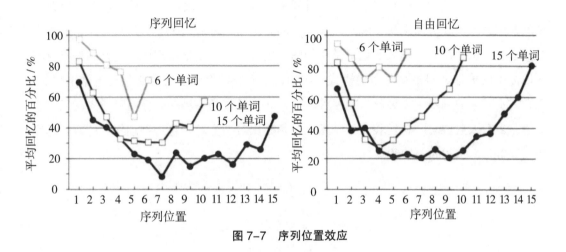

图 7-7　序列位置效应

在我们的生活中，序列位置效应随处可见。例如，如果问你今天是星期几，我相信今天刚好是星期一或星期天时，你会更容易随口而出这个答案，而不会再去翻看日历。对序列位置效应的一个解释是，最初呈现的信息和最后呈现的信息在整个序列中具有背景区辨性（Contextual Distinctiveness）。我们通过一个例子来解释一下近因效应。设想你试图回忆最近看过的十部电影，你会发现最先回忆起最近看过的一部电影，因为对这部电影的分析和理解，以及能与你经验相结合的情节的回忆在你回忆这个问题的背景中更突出，也就是说这部电影在当下回忆的情景中更具背景区辨性，进而产生了近因效应。按照这一逻辑，如果你想对序列中间的信息记忆更好，那么可以使这段信息更具背景区辨性，在稍后的记忆策略中我们将着重讨论。

（三）长时记忆的存储

有人将短时记忆和长时记忆的关系做了这样的比喻：短时记忆就像是一张小桌子，它放在一个装满了文件盒的大档案库（长时记忆）之前。当信息进入仓库时，它首先被放在桌子上处理。因为这张桌子很小因此必须不断地把桌面清除干净，把不重要的内容扔掉，腾出地方来放置新的信息。有意义的、重要的信息被作为永久性文件，在长时记忆中存档。这个比喻很形象地表明了短时记忆向长时记忆的转化过程。长时记忆中储存的信息浩如烟海，那么，人类是如何从中快速找到他们所需要的记忆的呢？其实，存储在长时记忆这个大档案库中的档案并不是一成不变和杂乱无章的，而是有组织、有结构的，因为这样才能方便我们快速地提取信息和存储信息。

1. 记忆组织

人类之所以能够快速提取信息，是因为我们的记忆中有一个高度组织化的索引系统。记忆系统中的索引是否和字典一样按照字母顺序排序呢？不是的！

长时记忆里的信息储存可能基于多种线索，包括规则、表象、类型、符号、相似性、规范的定义或个性化的定义（Baddeley, Eysenck & Anderson, 2009）。最近几年，心理学家们一直在试图绘制一幅关于记忆结构的图，也可以称为记忆组织图。记忆结构指储存在记忆中的信息之间相互联系的模式。例如，下面有两个句子，你必须马上做出"对"或者"不对"的判断：①金丝雀是一种动物。②金丝雀是一种鸟。你对哪一句的回答会更快？多数人会说对"金丝雀是一种鸟"的判断比对"金丝雀是一种动物"的判断速度快（Collins & Quillian, 1969）。

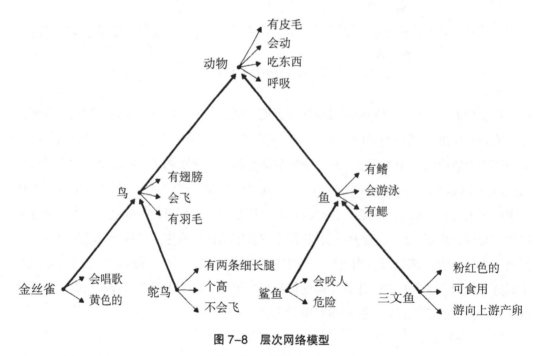

图 7-8　层次网络模型

心理学家认为这种现象可以用记忆的层次网络模型理论解释，如图 7-8 所示，根据这一理论，长时记忆组织结构是由一个相互连接的点形成的网络。当点与点之间相隔较"远"时，就需要通过一条较长的链进行连接。因此，在网络中的两个条目相距越远，建立连接所需的时间就越长。从这种信息连接的角度看，在我们的记忆结构中，金丝雀离"鸟"较近，而离"动物"较远。我们可以看到，记忆中的检索与字母音节顺序无关，因为记忆中的信息是根据意义组织在一起的。

2. 记忆恢复

记忆恢复是指学习某种材料后间隔一段时间所测量到的保持量，比学习后立即测量到的保持量要多。巴拉德曾要求一些12岁左右的学生用15分钟学习一首诗，学习后让他们写下所记忆的内容（即时回忆），以后隔1天、2天、3天和7天继续测量所记忆的内容。结果表明，第三天的保持量都比第一天的回忆数量多。这种现象在儿童期比较普遍，随着年龄的增长，它将逐渐消失。

（四）长时记忆的信息提取

现在我们知道了信息是如何存储在脑海中，并且能够永久保存的，接下来我们看一看长时记忆是如何被提取的。长时记忆的提取形式有两种，即回忆和再认。

1. 回忆

你最喜欢的乐队叫什么？你还能记得昨天中午吃了什么吗？你在回答这些问题时就是在回忆。回忆（Recall）是人们过去经历过的事物以形象或概念的形式在头脑中重新出现的过程，是对事实和信息的直接提取。在存储信息的过程中，刺激的顺序对回忆效果的影响很大，前面介绍的"序列位置效应"在回忆测验中通常能得到很好的证明。在回忆的时候，还常常出现我们大多数人都经历过的"舌尖现象"，指明明知道答案而当时又回忆不起来的现象。例如，在考试时，有人明明知道答案是什么，可是由于紧张，一时又想不起来。克服这种现象的简便方法是当时停止回忆，经过一段时间后再回忆通常就想起来了。

2. 再认

长时记忆另一种提取的方式是再认（Recognition），指人们对感知过、思考过或体验过的事物，当它再度呈现时仍能认识的心理过程。例如，我们考试时做选择题就是一个再认的过程，你之前学习过的知识，可能在仅仅看到题目时并不能很准确全面地想起来，但是看到下面的选项时，你总能选出正确的答案。

再认的成绩通常优于回忆，因为再认能提供更多有用的线索。例如，你之前见过词语"mouse-tree"，若现在向你呈现"mouse-"，你必须要回忆一下当时看这个词语的时候所对应的单词到底是什么，而如果直接问你是否见过词语"mouse-tree"，你只需要回答"是"或"否"，并且总能回答正确。因为再认的提取线索更直接和更有用，所以在大多数情况下再认的成绩会比回忆好。在刑侦工作中也常利用这一点，证人们在回忆时可能在嫌疑人的身高、体重、年龄或眼睛颜色等方面各执一词，但如果请他们对嫌疑人进行指认，他们的选择常常是完全一致的。所以刑侦警察在办案时常常使用辨认相片的方法，或让一些人排成一排，让证人识别出嫌疑人。

第三节　遗忘与记忆重构

一、遗忘

在记忆这一章我们不得不说一个主题——遗忘。在考试中我们会不断地从长时记忆中提取正确的信息来回答问题，但是你会发现，并不是所有的信息都能准确完整地回忆起来，有些信息甚至"一点印象都没有了"，这就是因为发生了遗忘（Forgetting），即记忆的内容不能保持或提取时有困难。遗忘有各种情况：能再认不能回忆叫不完全遗忘；不能再认也不能回忆叫完全遗忘；一时不能再认或重现叫临时性遗忘；永久不能再认或回忆叫永久性遗忘。

（一）遗忘的进程

如果你为了应付考试在临考前几天疯狂背书，你会发现在考完之后能记起来的东西所剩无几了。德国心理学家艾宾浩斯认为，如果我们不能对学习过的知识进一步巩固，并随后进行充分复习，是很快会遗忘的。他受费希纳《心理物理学纲要》的启发，用自然科学的方法对遗忘进行了研究。艾宾浩斯使用无意义音节作为记忆材料，无意义音节是由两个辅音夹着一个元音构成的三字母单元，如 CEG 或 DAX。选取无意义音节作为记忆材料的好处在于，个体的记忆并不会被先前学习的知识或经验所污染。他将自己作为被试，通过死记硬背的方式来记忆这些无意义音节，并通过重学法进行记忆量的检验。他按照材料次序，一个一个从头到尾通读整个音节序列，然后按照相同的顺序再通读这个序列，不断重复，直到能够按正确的顺序背诵所有条目，以获得"标准成绩"。一段时间后（这段时间不会去想和复述所学的无意义音节），艾宾浩斯再重新学习之前能背诵的无意义音节序列，记录下这次刚好能背诵时重复的遍数，然后进行记忆保持量的测量。举例说明，如果艾宾浩斯学会一个序列用了 12 遍，而几天后重学这一序列用了 9 遍，那么他的记忆保持量为 25%（$\frac{12\ 遍 - 9\ 遍}{12\ 遍} \times 100\% = 25\%$）。艾宾浩斯记录了不同时间间隔后的记忆保持程度，获得艾宾浩斯遗忘曲线如图 7-9 所示。

从图中我们可以看到，学习后会迅速发生遗忘，遗忘的进程最初很快，以后逐渐缓慢。例如，学习 20 分钟之后遗忘就达到了 41.8%，而在 31 天后遗忘仅达到 78.9%。后来很多人重复了他的实验，也得到了相似结果。

其实，我们对有意义的学习材料的记忆量并不会下降如此之快，如果在记忆时能够对学习材料及时巩固，牢固地掌握这些知识，之后几乎是不会遗忘的。例如，对于选修心理学的大学生来说，他们在 3 年之后大约会忘掉所学心理学知识的 30%，但之后就基本不会再遗忘了。

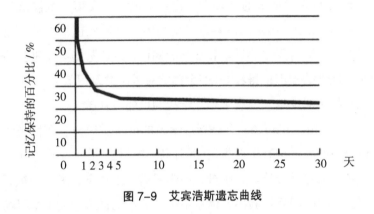

图 7-9 艾宾浩斯遗忘曲线

（二）遗忘的原因

艾宾浩斯通过实证研究揭示了遗忘的进程，但我们究竟为何会发生遗忘呢？为什么我们想不起一个人的名字，却依然清晰地记得这个人的长相？为什么我们当时回忆不起来的事情在过了一段时间后却又能想起来了？让我们来进一步探索这些问题的原因。

1. 衰退说

衰退说认为，遗忘是记忆痕迹得不到强化而逐渐减弱，以致最后消退的结果。记忆活动使脑神经细胞或大脑活动发生变化，形成记忆痕迹，但这些痕迹会随着时间的流逝而减弱或消退。有证据表明，如果我们长时间不对记忆进行提取、使用和复述，记忆痕迹就会因为失用而消退，记忆就会减弱。

在感觉记忆和短时记忆的情况下，如果我们没有注意或重述某些信息，就可能因为记忆痕迹衰退而发生遗忘。但记忆衰退并不能解释我们为什么能够通过再构建和再学习等恢复一些已被遗忘的记忆，也不能解释为什么有些只经历过一次的事物后来未被使用过，也能够在记忆中终生保存。因此，衰退说并不能解释遗忘的全部。

2. 干扰说

干扰说认为，我们在学习和回忆之间受到其他刺激的干扰的话，就会发生遗忘。在一个经典的实验中，研究者将被试分为两组学习无意义单词，之后让一组被试睡 8 小时，另一组则像往常一样活动，然后再对被试进行无意义单词的记忆测验，结果发现，睡觉组的被试记忆的单词量比清醒组被试多。造成这个差别的原因在于，清醒组被试的日常活动中发生的新学习干扰了以前的学习。这种干扰也可以称为倒摄抑制。下面我们将着重讨论干扰中的前摄抑制和倒摄抑制。

前摄抑制（Proactive Inhibition）是先学习的材料对识记和回忆后学习的材料的干扰

作用。安德伍德在他的实验中证实了这种现象的存在。实验中将被试分为两组共同学习字表，其中一组被试在学习字表前先进行了大量的类似学习和练习，另一组被试没有进行这种学习。一段时间后对被试的字表学习进行检测，发现第一组被试只记住了 25% 的内容，而第二组被试记住 70% 的内容。在生活中这种现象也很常见，还是用考试来举例。我们为了考试而通宵复习心理学和哲学的知识，如果先复习心理学，再复习哲学，那么你会发现对心理学的知识记得较好，但会影响对哲学的复习效果。并且有研究表明，学习的两门课之间的相似性越大，产生相互干扰的可能性就越大。

倒摄抑制（Retroactive Inhibition）是指后学习的材料对识记和回忆先学习的材料的干扰作用，也就是新的学习抑制了对先前学习内容的记忆。在一项研究中，被试被分为两组，两组都学习了无意义音节。一组被试在学习后马上休息，另一组被试在学习后还进行了其他学习。一段时间后检验出，休息组被试的记忆量远远大于学习组。

但是干扰效应似乎只产生于对语言内容的记忆中，在进行技能学习时，相似性往往会产生促进作用，这就涉及学习的"迁移"作用，在后面的章节我们会详细叙述。另外，我们前面提到的序列位置效应也与前摄抑制和倒摄抑制有关。具体而言，材料的中间部分由于同时受到前摄抑制和倒摄抑制的影响，因而识记与回忆均较困难，而首尾材料仅受到一种抑制的影响，因而识记与回忆的效果较好。

3. 压抑说

压抑说认为，遗忘是由于情绪或动机的压抑作用引起的，如果这种压抑被解除了，记忆也就能恢复。如果现在让你回忆一下过去几年生活中发生的事情，你会记起什么？是否能回忆起更多快乐的事情？有学者对此做过研究，发现我们回忆较多快乐和积极的事情，而较少记起那些痛苦的事情。弗洛伊德在临床实践中发现了这种现象，并称为压抑。他认为，由于我们在回忆这些痛苦的记忆时，会产生消极情绪，于是我们会将这种记忆排除在意识之外，存储在无意识中。压抑是个体的防御机制之一，个体可以采用压抑的方式来保护自己，使自己远离痛苦困扰。

4. 编码失败

或许会遗忘是因为我们在对信息编码时就未成功，因此信息根本就没有进入长时记忆中。如果现在让你画一下一元硬币的样子，你可能根本画不出来，因为我们很少对硬币上的花纹和细节进行注意。造成我们编码失败的因素有很多，主要与识记材料的特点以及个体因素有关。

识记材料的数量、性质以及之前提到的序列位置都会影响我们对信息的编码。你会发现，如果一篇课文很长，或者一个公式比较复杂，就会造成编码困难，我们是很难记住的。编码有意义的字符比编码无意义音节更容易，因此对有意义的材料的记忆较为容易一点。除此之外，个体自身的因素也会影响我们的编码状态，如态度、大脑清醒程度等。如果个体对学习材料感兴趣，编码会更容易。

5. 提取失败

有研究者认为，存储在长时记忆中的信息是永远不会丢失的，我们之所以对一些事情想不起来，是因为我们在提取有关信息时并没有找到适当的提取线索。研究发现，情境和生理或心理状态是长时记忆重要的提取线索。我们通常会说，如果考试时的教室和平时学习时的教室是同一间的话，这样考试时能发挥得更好，更容易想起知识点。这就是情境依存性的记忆，指提取信息时的情境和编码时的情境越相似，越有助于记忆的现象。与之相似的是状态依存性的记忆，指提取信息时的生理或心理状态和编码时的状态越相似越有助于记忆的现象。例如，你在心情好的时候总能回忆起更多美好的事情，在心情不好时，更容易想起曾经不那么美好的事情。因此，我们会遗忘或许是因为没有适当的提取线索，就像在图书馆找一本书，如果你只知道这本书的名字不知道它的编号，那么你很难找到这本书，即使这本书就存放在图书馆的某个位置。

二、记忆的重构

（一）信息存储的动态变化

长时记忆中信息的存储是一个动态的过程，即存储的信息会发生质和量的变化。在存储的量上，存储信息的数量随时间的推移而逐渐下降。在存储信息的质上，主要表现为三个方面：①趋平，内容会逐渐变得简略和概括，不重要的一些细节就逐渐消失了；②同化，所记忆的内容更加完整、合理和有意义；③精锐化，内容变得更加具体，或者更为夸张和突出。就好比我们在成年后再回忆小时候经历的某一重大事件，所记住的信息量会大大减少，一些无关紧要的细节就逐渐忘却了，所记忆的内容也会更加完整和具体。

卡密克尔（Carmickael et al., 1932）的一个实验证实了上述变化的存在。他给被试看 12 个刺激图形（见图 7-10 中间的一列），然后将被试分为两组，其中一组被试听到左边一列物体的名称，另一组被试听到右边一列物体的名称，然后要求两组被试回忆并画出图形。结果表明，被试所画的图形与原来呈现的图形之间有很大的变化，大约有四分之三的图形被歪曲了，而且歪曲的图形都与他们听过名称的事物的形状类似。

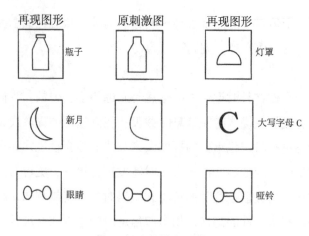

图 7-10　实验部分图形

资料来源：Carmickael（1932）.

（二）错误信息和想象效应

1. 想象效应

我们在叙述某一次经历时，通常会在记忆的断层里加入一些看似正确的猜想和假设。经过多次重述之后，这些猜想及其细节就会被一再地回忆起来，结果我们便自然而然地将其纳入记忆，就好像我们真的见到过一样（Roediger et al.，1993）。同理，其他人对事件的生动重述也可能会植入我们的脑海并形成错误记忆。

此外，反复想象那些事实上根本不存在的动作和事件也会形成错误记忆。在一个实验室实验中，要求学生们反复想象一些诸如弄断牙签或捡起一个订书机之类的简单动作，结果后来他们表现出了想象夸张效应，即他们可能会认为在该实验的第一个阶段自己真的做了上述那些简单动作（Goff & Roediger，1998）。这可能是由于虚构事件过后看起来更熟悉，而熟悉事件看起来似乎更真实。

2. 目击证人的记忆

目击证人在法庭上发誓"说真话，并且只说真话"。但是我们也知道人们的记忆并不是像摄像机那样记录和存储信息的，信息在存储和提取的过程中会发生一些变化，从而导致记忆错误。洛夫特斯（Elizabeth Loftus，1979、1992）和她的同事做了一些有影响力的关于目击证人记忆的研究。他们发现，当目击证人接受询问时，他们重构记忆的方式竟是如此惊人的相似。他们得到的结论是：目击证人对于所看到信息的记忆很容易被事后信息所歪曲。例如，在与约翰·帕尔默（John Plmer）共同设计的一个经典实验中，先是给被试播放了一段有关交通事故的电影，然后再就他们的所见所闻进行了测试（Loftus & Plmer，1974）。结果发现，被试对车速的估计在很大程度上会受问题呈现方式的影响。具体来说，如果问题表述成"当这些小车完全被撞毁时其速度有多快？"被试往往会做出更高的估计；而如果问题表述成"小汽车相撞时的速度有多快？"被试的估计相对较低。一周后，当研究者问及"车窗玻璃是否被撞碎？"时，那些做出肯定回答的被试同样也受到了上述提问方式的影响。即，如果问题是"汽车完全被撞毁时是否有碎玻璃"，则做出肯定回答的被试人数要两倍于对"汽车碰撞时是否有碎玻璃"这一问题回答的人数。事实上，影片中根本没有出现碎玻璃。

在后来的很多同类研究中，都是先让被试目睹某一事件，紧接着给其呈现或不呈现误导性信息，最后再对其施以记忆测试。结果无一例外地发现了错误信息效应（Misinformation Effect），即接受了微妙的误导信息之后，许多人都会出现错误记忆。他们会错误地把让路标志回忆成停车标志，把锤子回忆成螺丝刀，把可口可乐回忆成豌豆罐，把《时尚》杂志回忆成《小姐》杂志等等（Loftus，1992）。记忆会随着时间的流逝而逐渐消退，这使得错误信息的入侵变得越发容易。由此可见，错误信息效应常常无声无息且令人难以觉察，以至于过后单凭记忆人们几乎分辨不出真实事件和暗示事件（Schooler et al.，1986）。

（三）源头遗忘症

源头遗忘症（Source Amnesia，即来源性错误归因）指的是人们常常只记得信息的具体内容却忘记或者错置了信息源头的现象。比如，我们可能认识某人但却想不起来曾在哪里见过他；我们曾幻想或梦到过一件事，而后又不确定它是不是真的发生过；心理学家皮亚杰把来自护士的故事错误地移植为自己的亲身经历。这些都表明，人们很容易把自己曾经听到过的一些事情，错误地记成是真实发生过的事情。在这些案例中，人们记住的是表象，记不住的是获取表象的情境和背景。

普尔和林塞（Poole & Lindsay，1995、2001、2002）重复验证了皮亚杰的源头遗忘症。他们让学前儿童直接跟"科学先生"进行交流。交流过程中，科学先生给他们示范如何通过加热苏打水和醋来给一个气球充气。三个月后，这些孩子的父母连续三天给他们读关于他们自己与科学先生的故事。在这个故事里，父母们描述了一些他们经历过和没经历过的事情。当一个陌生的访谈者问这些学前儿童，他们和科学先生在一起做过些什么（"科学先生用绳索拉动过机器吗？"）时，十个孩子有四个会情不自禁地回想起，科学先生在故事里做过这件事，然而真实的情况是科学先生没有真正做过这件事情。

美国前总统里根也曾出现过来源性错误归因，同时揭示出虚构故事被信以为真的原因。他在三次美国总统竞选中，都一再地讲述一个"英勇牺牲"的故事。二战期间，美方的一架飞机不小心被敌方火力击中，而机上的飞行员无法从机舱弹出，在这一紧急时刻，他的指挥官对他说："别怕，孩子！就让我们随着飞机一起降落吧。"每一次，里根都是泪流满面地述说勇敢的指挥官是如何获得美国国会崇高的荣誉奖章的。后来一位好奇的记者核查了二战期间国会奖章的获得者名单，结果在全部 434 位英雄中没发现一个与之相似的故事。对此，这位记者并没有死心，他又做了进一步的挖掘。最终，他找到了这个情节——1944 年的一部影片《飞翔与祈祷者》（A Wing and A Prayer）中的一幕（Loftus & Ketcham，1994）。

（四）受虐记忆的压抑或建构

20 世纪 90 年代，心理学界最激烈的争论——"记忆之战"——是关于童年性虐待记忆的压抑与恢复。2002 年间，由于几个牧师对性虐待的指控看似可信，使得这场争论再次浮出水面。那些由治疗师所诱导的童年性虐待记忆的"恢复"，究竟是败坏无辜成人名誉的错误记忆，还是揭露了事实的真相？不管这种性虐待的记忆是否真实，有多么恐怖，单凭记忆的建构原则，就可以被众多评论者质疑。

认知心理学家弗雷德（Freyd，1996、2001）据此提出理论认为，人可能会对威胁其生命的创伤诸如飓风、车祸等保有鲜活的记忆，而那些可能一再丑化自己的创伤记忆则会变得黯淡或受到阻抑。1974 年，4 岁的雷切尔（化名）和另外两个孩子被她的叔叔侵犯和骚扰了。雷切尔将此事告诉了妈妈，妈妈又通知了另外一个孩子的家长，结果这位家长一怒之下杀死了雷切尔的叔叔。17 年后，心理学家威廉姆斯（Willianms，1995）找到了雷切尔和其他 128 名记录在案的女性，她们跟雷切尔一样都曾经在童年时经历过性骚扰。当问到她是否在童年经历过性虐待，或者是否有家人遭受过性骚扰时，雷切尔镇静地回答"没有"。然后又补充："……我叔叔好像对什么人实施过性侵犯……我从没见过他，他在我出生前就死了。他侵犯了一个小男孩，后来这个小男孩的妈妈发现了，就拿刀杀死了他。"雷切尔是 49 位受害者中的一员，占受访者的38%，这些受害者无法自发地回忆起她们曾遭受过虐待事件，但大多数人能记得自己曾受过性方面的其他创伤。

有些人曾经失去了对自己以前生活的记忆，但后来又声称他们恢复了有关虐待的记忆。在华盛顿州进行的一项为期 5 年的调查研究发现，共有 682 人声称他们一直压抑着对性骚扰和其他犯罪的记忆，后来他们从州受害者补偿基金处得到了一笔赔偿金以支付其治疗费用。

由此可见，由于错误记忆建构这一现象的存在，一方面会让受害者压抑或忘记曾经受到过的真实伤害，也有可能让一些没有真实经历过伤害的人利用别人的素材建构起自己曾经受侵害的记忆，这就让问题变得复杂很多。约翰·基尔斯特罗姆（John Kihlstrom，1996）提出错误记忆综合征，对某一分裂性症状进行定义和命名。该症状主要表现为，个体的身份及其关系始终围绕着某些创伤经历的记忆，而事实上那通常是一些虚假却又被信以为真的记忆。通常患有错误记忆综合征的人，会一味地沉迷于他们的创伤记忆，排斥那些与之矛盾的其他信息，从而回避现实生活中的真实问题。

此外，记忆重构现象的存在也不可避免地会引起人们对心理治疗师的质疑，虽然多数心理治疗师的专业水准似乎无懈可击。有怀疑论者甚至把那些经由治疗师诱导后所发现的但却未经证实的罪名比作是 20 世纪 90 年代的塞伦女巫案（Salem Witch Trials）的重演。一些科学评论家指出，如果在临床上心理治疗师运用诸如"表象引导"、催眠和梦的解析等"记忆工作"技术去恢复记忆，那么他们"只不过是在贩卖心理错乱，并因此败坏了整个心理治疗领域"。（Loftus & Ketcham，1994）而心理治疗师则反击道，对创伤记忆恢复的质疑，这无异于向那些受害女性的伤口上撒盐，以及为那些猥亵儿童的罪犯壮胆喝彩，简直是助纣为虐。

三、记忆策略

良好的记忆有利于获取知识，积累经验，提高适应能力，在社会生活中具有重要意义。每个人都希望自己具有良好的记忆能力。研究发现，所谓记忆高手并非天生，他们的确是掌握了一些记忆的窍门或者有效的方法。因此，只要了解记忆的规律，学会一些将信息组织起来利于记忆的策略和方法，是可以提升记忆能力的。

（一）情境依存性记忆／状态依存性记忆

前面向大家介绍了情境依存性记忆和状态依存性记忆，即编码时的情境和状态与提取时的情境和状态相匹配时，记忆效果最好。这一特点可以很好地运用于我们的生活中。例如，在侦查案件时，警察会带证人回到案发地进行回忆，以获取更准确和有用的线索。我们也可以利用这一特点来加强记忆。有研究发现，让被试在一个房间里学习单词，然后让被试分别在同一个房间和另一个房间进行回忆，结果发现在同一个房间的回忆效果更好。根据这个结果，在学习时的教室参加考试比在陌生的地方参加考试成绩会更好一些。但很多时候我们并不能选择自己熟悉的地方，这个时候，就需要我们提前做一些其他准备了。例如，你即将面临的一场考试是在某个周日的上午八点半开始，那么你可以在考试前一个月的每个周日上午八点半都进行一场模拟考试，提前感受考试的氛围。这样在真实的考试中你能够更快地融入进去并很好地回忆。

（二）序列位置效应

从前面对序列位置效应的介绍可知，呈现在"中间"的信息记忆最差。一项研究中，让大学生学习某一讲的内容，然后进行测试，发现对这一讲内容的中间部分遗忘最多。所以我们在听课时，要提醒自己特别注意中间部分的内容。在学习时，也可以每次以不同的顺序来克服序列位置效应。

（三）精细复述和记忆术

1. 精细复述

我们提到，短时记忆经过复述后可转为长时记忆，精细复述的效果比机械复述好很多。精细复述常常要求我们对当前材料进行精细加工。例如，如果你想记住词语mouse-tree，你可以想象一幅图画：一只老鼠急忙窜到树上去找奶酪。当你把一些分离的信息片段编码成这类小故事时，会更容易回忆起来。这种想象也称作视觉表象，即根据当前信息在脑海中想象出一幅动画场景。视觉表象可以提高你的记忆，因为它同时给你提供了言语的和视觉的记忆编码。精细编码可以帮助我们克服"队列下一个效应"，即当人们是队列中下一个要发言的人时，他们经常记不起正好在他们前面的那个人所说的话，因为这时你已经将注意力转移到自己准备的发言上了。使用精细复述可以克服这种转移，即把注意力集中于你前面的人，对他们说的话进行精细加工。

2. 记忆术

记忆术是通过与熟悉的、以前编码过的信息相联系的方法来编码一系列事实的技术。科学的记忆方法，能增强记忆、防止遗忘，收到"事半功倍"的好效果。常用的记忆术有以下几种。

（1）位置法。又称地点法，是一种传统的记忆术。这种技术在古希腊不用讲稿的讲演中曾被广泛使用，而且沿用至今。位置法的原理是将一组熟悉的地点与要记住的事之间建起联系，主要利用视觉表象，以地点位置作为以后的提取线索。采用什么地点是任意确定的，但所选定的位置必须是个人熟悉的场所。为了记住一个杂货单，你可以在内心将其中的每个条目沿着你从家到学校的路线顺序排列。以后要回忆这个名单的时候，你在内心走过这条路线，找到与每个地点相联系的条目。

琴栓—单词法（Peg-word Method）类似于位置法，在使用琴栓法时，首先要记住一组词作为"栓"，然后将要记住的单词或其他材料与琴栓——对应上。

位置法和琴栓法的共同点是把支离破碎、毫无联系的信息组织起来，在各个地点或琴栓与各个记忆项目之间建立联想，通过对材料的深入加工产生了许多额外线索，这种自我生成的联想过程非常重要。一般来说，这类方法用于记忆讲演的要点、人名、电话号码、外语单词等散乱的信息时非常有效，且在要记忆的信息很多时效果更好。

（2）谐音法。指利用谐音来帮助记忆的方法。也就是对要记忆的材料加上某种外部联系，这样就便于储存，易于索取。特别是可以利用一些方言的谐音来帮助记忆。例如，有人利用谐音来记忆圆周率 3.1415926535：山巅一寺一壶酒，尔乐苦煞吾。

（3）口诀法。也称韵律法。对于一些纯语言的材料，最明显有效的记忆方法是靠韵律记忆内容。它在民间和教学中都有广泛的应用。例如，你是否能够清楚地背出中国农历的二十四个节气？如果不能，你不妨试一试口诀法。首先学会背诵下面四句七绝诗："春雨惊春清谷天，夏满芒夏暑相连。秋处露秋寒霜降，冬雪雪冬小大寒。"背诵下来以后，再把每一个字词加以讲解，整个内容就完全出现了。

本章重点概念

记忆　外显记忆　内隐记忆　陈述性记忆　程序性记忆　语义记忆　情景记忆　元记忆　感觉记忆　短时记忆　组块　工作记忆　长时记忆　序列位置效应　前摄抑制　倒摄抑制

本章思考题

1. 外显记忆与内隐记忆的区别是什么？
2. 简述工作记忆。
3. 简述遗忘的进程。
4. 我们为什么会遗忘？
5. 如何增强我们的记忆？

第八章

思维与语言

思维是人类特有的高级心理活动过程。人类不仅和其他动物一样能够通过感官直接接收外来的信息，认识事物的表面现象，还在认识事物表面现象的基础上有能力思考事物的本质和发展，以及过去、现在和未来。思维使人能够以抽象的方式去处理外界环境信息，属于高级认知过程。

在心理学成为一门独立的学科之前，哲学家们就注意到了人类的思维。17 世纪在欧洲兴起的联想主义心理学，继承了古希腊哲学的联想概念和联想规律，对思维问题提出了一些很有见地的观点，对思维的概括性和间接性开始有了一定的认识。当代心理学中处于领导地位的认知心理学诞生主要得益于以下几位认知心理学家的研究：一是瑞士心理学家皮亚杰从观察儿童如何解决问题和他们的思维特点入手，创立了发生认识论；二是诺贝尔奖得主美国学者西蒙（Herbert A. Simon，又名司马贺）和纽厄尔（A. Newell）用计算机模拟人类的问题解决过程，提供了一种新的研究心理过程的方法；三是美国语言学家乔姆斯基（N. Chomsky）的心理语言学研究，揭示了语言的实质及其与思维的关系，对于高级认知过程的了解起到了推动作用。思维是当代心理学研究的重要内容。思维，或认知（Cognition），指的是所有与信息加工、理解、记忆和交流相关联的心理活动。认知心理学家研究的就是这些心理活动，包括以逻辑方式、有时以非逻辑方式来创造概念、解决问题、做出决策和形成判断。本章我们学习认知心理学的一小部分内容，主要包括概念、表象、推理、决策、问题解决和语言等。

第一节 思　维

一、思维的概念及特征

多数动物在与客观世界相互作用的过程中，不断地通过感知、记忆等心理活动对现实中的各种事物产生一定的认识，从而可以做出适当的反应来适应环境并生存下来。人类不只要适应世界，还要改造世界。人的这种能动作用，是通过对事物的认识不断加深，并不断地总结经验，然后利用已有的知识经验去应对可能出现的新事物和未来不断变化的新情况。

同感觉、知觉一样，思维也是人脑对客观现实事物的反映。但感知觉是对客观事物的直接反映，反映的是客观事物的个别属性和外部现象，属于感性认识；思维则是对客观事物的概括与间接反映，可以反映事物的本质属性及其规律性联系，属于理性认识。感知觉是思维产生和发展的基础，为思维提供感性材料；思维又使人的感性认识得到深化。思维是借助于语言、表象或动作实现的对客观事物概括的、间接的认识，是认识的高级形式。

（一）思维的概括性

思维的概括性是指在大量感性材料的基础上，把一类事物共同的特征和规律抽取出来，加以概括。如世界上有150多万种生物，形态各异，但"新陈代谢"是它们共同的、本质的属性。正是由于思维的概括性特征，人类才摆脱了具体事物的局限，能够举一反三地把在一种情境中获得的认识推广到其他同类的情境中去。人类也因此扩大了认识的范围，加深了对事物的理解。另外，概括是人们形成概念的前提，也是思维活动能迅速进行迁移的基础。概括是随着人们认识水平的深入而不断发展的，因此，概括水平的高低代表了思维水平的高低。

（二）思维的间接性

思维不是简单地反映直接作用于人的感官的客观事物的属性，而是借助于已有的知识经验或一定媒介来认识事物。由于客观事物的本质属性和规律并不总是表露在外，而是蕴含在事物内部，因此，只有通过间接的方式才能认识。例如，经济学家通过金融、物价、失业率等来判断社会经济运行的状况；气象工作者根据已有的气象资料，来预测天气的变化；我们通过一个人的言谈举止来推测、感知其内心世界等。

（三）思维是对经验的改组

思维是一种探索和发现新事物的心理活动，它常指向事物的新特性和新关系。思维通常是在有问题需要解决的情况下发生，在这种情境中，仅靠从记忆中提取信息不能解决当前所面临的问题。这就需要对头脑中已有的经验进行更新和改组,以找出新的解决问题的方案。这种改组的结果往往是新思想、新理论的产生或新产品的出现。

（四）思维的基本组成单位

就其本质而言,思维是对问题和情景的内部表征。想象一下,你要计划一个旅行,你会事先做哪些准备工作,以便于你的旅行相对顺利、愉快地完成?你要参加一个重要的考试,考前要准备些什么?要去参加一个面试,你需要对面试中可能遇到的问题做什么样的回答?对上述问题,也许你没有机会做一个非常详细的计划,但事前想象或者预测一下可能发生什么,是不是可以让你应对这些问题时更加从容呢?

国际象棋大师纳道尔夫（Miguel Najdorf）曾蒙着眼睛同时下45盘棋。这是解释什么叫心理表征能力的一个极好的例子。纳道尔夫是怎样做到这一切的呢?和常人一样,他也运用表象、概念和语言（或符号）这三种思维的基本单位进行思考。表象是指事物不在眼前时,人们头脑中出现的关于该事物的形象。它是具有图画特点的心理表征。概念是对客观事物的本质特征或属性的反映。语言包含词和符号,以及将两者联合起来的规则。例如,棋手在下盲棋时要依赖视觉表象、概念（"二号棋盘的对手用的是英式开局"）以及象棋中的符号标记系统或"语言"来助其思考。

（五）思维的分类

思维是一种极度复杂的心理现象,可以从不同的角度对它分类。

1. 直观动作思维、形象思维和逻辑思维

根据思维任务的性质、内容和解决问题的方法来划分。

直观动作思维,又称实践思维。解决问题的方式依赖于实际动作。例如,汽车坏了,问题出在哪里,只能通过拆解、检查相应的部件,才能找到故障进行修理。这种通过实际操作解决直观具体问题的思维活动,就是直观动作思维。3岁以前的幼儿只能在动作中思维。幼儿将玩具拆开,又重新组装起来。动作停止,他们的思维也就停止了。成人有时也要通过动作进行思维,但这种直观动作思维要比幼儿的水平高。

形象思维,是指人们利用头脑中的具体形象来解决问题。文学家、艺术家、影视导演、设计师等通常会更多地运用形象思维。

逻辑思维,又称理论思维。当人们面对的问题是理论性的,要运用概念、判断、推理等形式来解决问题时,这种思维就是逻辑思维。如,学生学习各种文化知识,科学工作者从事科学研究都要运用这种思维。它是人类思维的典型形式。

2. 辐合思维和发散思维

辐合思维是指人们根据已知的信息,利用熟悉的规则解决问题。也就是从给予的信息中产生合乎逻辑的结论,它是一种有方向、有范围、有条理的思维方式。甲＞丙,甲

<乙，乙>丙，乙<丁，其结果只能是丙<丁。

发散思维是指人们沿着不同的方向思考，重新组织当前的信息和记忆系统中存储的信息，从而产生出大量独特的新思想。

3. 常规思维和创造性思维

常规思维是指人们运用已获得的知识经验，按现成的方案和程序直接解决问题，如学生运用已学会的公式解决同一类型的问题。这种思维的创造性水平低，对原有的知识不需要进行明显的改组，也没有创造出新的思维成果，因而称为常规思维或再造思维。

创造性思维是指重新组织已有的知识经验，提出新的方案或程序，并创造出新的成果的思维活动。创造性思维是人类思维的高级形式。创造性思维在人类历史发展进程中起着重要的作用，大量的新技术、新发明都是创造性思维的产物。

在创造性思维中，需要综合使用多种思维方式，同时还需要思维具有流畅性、灵活性和独创性。我们用一个例子来说明，针对现在每年废弃的大量塑料容器进行再利用的方法，你能想出多少答案？可以用以下标准来评价你的建议的创造性：流畅性是你能想出的办法的总数；灵活性是从一种功用转换至另一种功用的次数；独创性是指你的建议的新颖或者独到程度。把你在流畅性、灵活性和独创性上的得分加起来，就得到你在这个问题上的创造性的评价。

流畅性是创造性思维的重要部分。莫扎特创作了600多首乐曲，莎士比亚写了154首14行诗，萨尔瓦多·达利创作了1500幅画作以及雕塑、插图、书籍，甚至包括一部动画片。虽然并非所有的作品都是杰作，但其中迸发出的思维流畅性激发了这些天才的创造力。

二、表象

表象作为思维的基本单位之一，值得我们去认真了解。表象以感知觉提供的材料为基础，因此没有对客观事物的感知，表象就无法形成。但表象绝不是对感知觉的翻版和重复，而是感知觉痕迹经信息加工后再作用的产物。表象是可以存储、编码和加工的。

（一）表象的种类

1. 根据表象产生的主要感觉通道划分为视觉、听觉、动觉、嗅觉、触觉等

视觉表象是人们头脑中出现的具有视觉特征（颜色、形状、大小等）的形象。这些形象生动地保持在人的头脑中，就好像在内心中看到似的，如"历历在目"。视觉表象在大多数人的心理活动中都起到重要作用，文学家和艺术家通常有高度发达的视觉表象。听觉表象是指大脑中出现的个体感知过的具有听觉特征（音调、响度、音色等）的形象，其中言语听觉表象和音乐听觉表象最为鲜明和突出。贝多芬在失聪以后还能创作出那么

多传世的音乐作品，这应该与他强大的听觉表象能力密切相关。动作表象是指在大脑中出现的有关动作方面的形象，可以是视觉的各种动作姿势，也可以是动觉的，如使用力气或动作幅度大小的表象。动觉表象来自肌肉感觉，它能帮助人们思考运动和动作。嗅觉、味觉、触觉等也都具有与其感知相对应的表象。

2.根据表象创造程度的不同可以分为遗觉表象、记忆表象和想象表象

遗觉表象又叫遗觉像。它几乎同知觉一样鲜明、生动、富有细节，就好像照相机一样，能把事物的所有东西原封不动地记录下来，像"看见"一样。这种表象在部分学龄儿童身上特别明显，随着年龄的增长会逐渐衰退。据研究，儿童中有40%—70%有遗觉表象，11—12岁时最明显，一些儿童的遗觉表象可以保持半分钟。记忆表象是指在记忆中保持的客观事物的形象。想象表象是指在头脑中对记忆形象进行加工改造形成的新形象，这种新形象既可以是现实世界中存在但自己没有感知过的，也可以是世界上尚未存在甚至永远也不会出现的事物。但是想象表象仍源于客观世界，是人脑对客观事物的特殊形式的反映。

（二）表象的特征

1.直观性

表象以生动具体的形象在头脑中出现，但与感知觉的直接性不同，它反映的是客观事物的大体轮廓和主要特征，不如感知觉鲜明、完整和稳定。

因此，表象知觉中的形象具有相似性，但又有所不同。知觉的形象鲜明生动，表象的形象却比较暗淡模糊，它一般只能反映事物的大体轮廓和主要特征；知觉的形象持久稳定，表象的形象不稳定，不会持续太久。例如，一棵树的表象不如树的知觉形象鲜明，它的形状、颜色和大小都不清晰，而且表象常常不完整，我们头脑中一会儿浮现的是树干、一会儿是树枝等。

2.概括性

表象是人们多次知觉的结果，它不表征事物的个别特征，而是表征事物的大体轮廓和主要特征，因此表象具有概括性。表象的概括性与思维不同：表象的概括是形象概括，而思维是用概念和语词进行概括；表象的概括始终具有形象性的特点，仍属于感性认识的范畴，思维的概括具有抽象性的特点，属于理性认识的范畴；在表象的概括中，混杂着客观事物的本质属性和非本质属性，而思维揭示的是客观事物的本质属性，舍弃了非本质属性。

3.可操作性

由于表象是知觉的类似物，因此人们可以在头脑中对表象进行操作，这种操作就像人们通过外部动作控制和操作客观事物一样。

　　表象的可操作性可以用心理旋转（Mental Rotation）的实验来说明。在库珀等人（Cooper & Shepard，1973）的一项研究中，每次给被试呈现一个旋转角度不同的字母 R，有时是正写的，有时是反写的（见图 8-1）。被试的任务是判断字母是正写还是反写的。结果表明，不管呈现的字母是正向还是反向的，当呈现字母垂直时（0 度或 360 度），反应时最短；随着旋转角度的增加，反应时也随之变大；当字母旋转 180 度时，反应时最长（见图 8-2）。

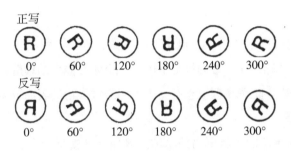

图 8-1　心理旋转实验的字母图形

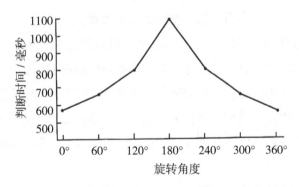

图 8-2　字母旋转角度与被试判断反应时的关系

　　心理旋转的实验说明被试在完成任务时，对表象进行了心理操作，即他们倾向把倾斜的字母在头脑中旋转到直立的位置，然后再做出判断。它还说明，人们在完成某种作业时确实可以借助表象进行形象思维。

　　（三）表象在思维中的作用

　　1. 表象为概念的形成提供了感性基础，并有利于对事物进行概括的认识

　　表象是感知觉和思维之间的一种过渡形式。表象摆脱了感知觉的局限，打破了人的认识受当前事物直接作用的制约，为概念的形成奠定了感性基础。例如，儿童通过猫、狗、鸡、鸭等具体形象来说明"动物"这个概念。有了表象作支撑，儿童更容易形成抽象的概念。

2. 表象促进问题的解决

表象在问题解决中的作用早为人们所认识。例如，小学低年级学生在解决数运算问题时，很大程度上要有表象的参与才能完成；中学生在解决几何问题时，要依赖表象支持，如果不能形成表象，在问题的理解上就会出现障碍从而不能顺利解决问题；成人在利用概念进行抽象思维时，也需要表象的帮助与支持。如工程师在审阅建筑设计图纸时，倾向在头脑中利用建筑物的形象来帮助思考。

三、概念

我们在学习的过程中掌握了很多概念，如整数、压强、民族、动物等。概念作为人类的一切认知活动的基础，是思维的最基本单元。个体对概念的理解直接影响到他对相应知识的掌握和问题解决。正确掌握概念有助于人们透过事物的表面现象认识事物的本质。

（一）概念的含义

概念是具有共同属性的一类事物的总称。例如，鸟就是"有羽毛，无齿有喙"的一类动物的总称。这些特征使鸟类与其他动物区别开来。人们掌握了概念，认识就能超越感知觉的范围，透过事物的表面现象，更好地认识事物。

每一个概念都包括内涵与外延两个方面。概念的内涵就是对事物的特有属性的反映。外延是具有概念所反映的特有属性的那些具体事物。概念的内涵与外延之间成反比关系：内涵越少，外延越大；内涵越多，外延越小。例如，"生物"这个概念的内涵是有生命，它的外延包括一切有生命的物种，如花鸟鱼虫；而"脊椎动物"这个概念的内涵是有生命和脊椎，它的外延只包括一切有脊椎的动物，如鱼、青蛙、狼、猫等。

（二）概念的种类

概念可以从不同的角度进行分类。

1. 合取概念、析取概念和关系概念

根据反映事物属性的数量及其相互关系，概念可分为合取概念（Conjunctive Concept）、析取概念（Disjunctive Concept）和关系概念（Relative Concept）。合取概念是根据一类事物中单个或多个相同属性形成的概念，它们在概念中必须同时存在，缺一不可，类似于集合的交集。例如，"毛笔"这个概念必须同时具有两个属性，即"用毛制作的"和"写字的工具"。析取概念指的若干特性之中至少有一种特性存在，即"或此或彼"概念。属于这一概念的事物要具有这种或那种特性中的一种，类似于集合中的并集。如"刻苦努力，成绩优秀"是好学生，"关心集体，乐于助人"也是好学生。关系概念根据某一事物与其他事物的关系或事物特性之间的关系进行分类，如高低、上下、大小等，而不是根据事物的特征、属性形成的概念。

2. 自然概念和人工概念

根据形成的自然性，概念可分为自然概念（Natural Concept）和人工概念（Artificial Concept）。自然概念是指在人类历史发展过程中自然形成的概念。自然概念的内涵和外延是由事物自身的特征决定的，如在自然科学中，声、光、电、分子、原子等概念；在社会科学中，国家、民族、文化等概念都属于自然概念。人工概念是在实验室条件下，为模拟自然概念的形成过程而人为地制造出的一种概念。它的内涵和外延常常可以人为地确定。

（三）概念的形成

概念形成是人们按照事实上的原则对事物进行正确的分类。各种概念都是在人类社会历史发展过程中形成的，并在人们的实践活动中不断得到丰富和发展。心理学家采用实验手段对概念的形成进行了一系列研究，形成了自己的理论观点。

心理学家布鲁纳（J. S. Bruner）设计了81张卡片，每张卡片都具有4个维度的属性：形状、颜色、图形数目和边框数目。每个维度都有3个属性值。形状分为圆形、方形和十字形；颜色有绿色、黑色和红色；图形数目分别是1个、2个、3个；边框数目分别为1条、2条、3条（见图8-3）。实验中事先向被试说明卡片具有的属性及怎么将卡片结合成概念，并规定一个维度上的属性值或几个维度上的几个属性值是某个人工概念的特有属性。被试根据这些属性判断卡片是否属于这个人工概念。每次给被试呈现一张卡片，并要求被试判断该卡片是否属于实验者事先确定的概念。主试对被试说："我现在心中有一个概念，概念的属性可以在这张图片上看到。请你按自己的想法，每次指一张图片给我看，'对'与'错'我随时告诉你，看看能否发现我所想的概念。"例如，主试提示给被试"单边、一个、黑色、圆形"，主试心中的概念是"黑色圆形"。被试可能按下列顺序（见图8-3）找到主试心中的概念。

实验到此为止，被试说："我想你心中的概念是'黑色圆形'。"主试说："对。"说明这时被试已形成了这种人工概念。

被试选样	主试判定
①单边一个黑色圆形	对
②单边一个红色圆形	错
③单边一个黑色方块	错
④双边一个黑色圆形	对
⑤单边三个黑色圆形	对

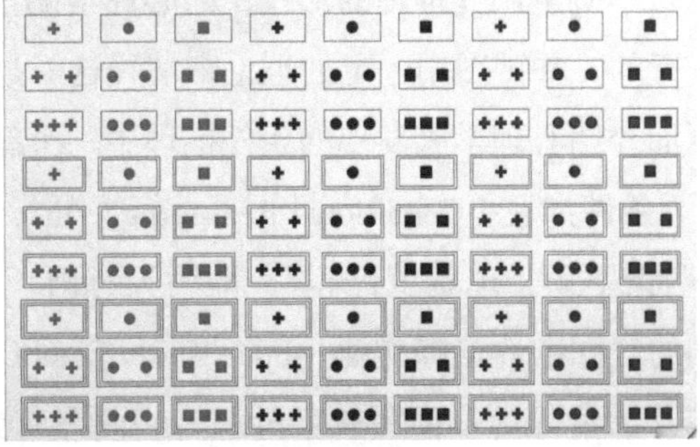

图8-3　布鲁纳等人关于概念形成的实验材料

1. 假设检验说

布鲁纳等人的假设检验说（Hypothesis）认为，概念形成的过程是不断提出假设、验证假设的过程。被试根据对实验材料的分析、综合与主试提供的反馈，提出种种假设，当某种假设被证明是正确的时候，概念也就形成了。以布鲁纳人工概念形成的实验为例，图片中一些属性是有关的，如圆形、黑色；另一些属性是无关的，如双边、红色。被试先假设所要形成的概念的某些属性，经过主试的反馈，检验这一假设的正确性，最后发现有关的属性，排除无关的属性。

2. 样例学习说

茹什（Rosch，1973）对假设检验说提出了质疑，提出了样例学习说。因为假设检验说建立在人工概念研究的基础上，而人工概念和自然概念有很大的差别。例如，自然概念不像人工概念那样有准确的定义，其内涵和外延都很模糊。因此，他认为自然概念的形成以样例学习为主。样例学习即个体在掌握自然概念时，不是掌握它的一个或者几个本质特征，而是对概念样例进行记忆。记忆中有代表性的一个或者几个样例就是概念的原型，即最能代表该范畴的典型成员。例如，"鸟"这个概念在我们头脑中存在的方式是一个或者几个有代表性的样例，如麻雀、燕子的形象。人们通过把某一样例与原型进行匹配而形成概念。

四、推理

推理（Reasoning）是指根据一般原理推出新结论，或者从具体事物或现象中归纳出一般规律的思维活动。前者叫演绎推理（Deductive Reasoning），后者叫归纳推理（Inductive Reasoning）。例如，针对"铁受热会膨胀吗？"这个问题，人们根据"一切金属受热都会膨胀"的原理，推出"铁是金属，铁受热会膨胀"的结论。这种回答问题的过程就是演绎推理。再如，根据"金受热会膨胀""银受热会膨胀""铜受热会膨胀"，由于金、银、铜都是金属，所以得出"所有的金属受热会膨胀"的结论，这就是归纳推理。

逻辑学侧重研究推理的形式，而心理学侧重研究推理的心理过程，研究这一过程是怎样进行的，并试图用一定的理论来解释这一过程；同时也研究影响推理准确性的因素。

下面介绍心理学家发现的条件推理中一个有趣的现象，即"证实倾向（Confirmation Bias）"。条件推理（Conditional Reasoning）是指人们利用条件性命题进行的推理。例如，"如果明天下雨，球赛就停止"，即明天有雨，所以球赛停止。以沃森（Wason，1966、1968）的"四卡片选择作业（Four Cards Election Task）"为例。在实验中，他给被试看四张卡片，卡片的一面写有字母，另一面写有数字（见图8-4）。同时主试给被试提出一个规则："卡片的一面是元音字母，则另一面为偶数。"要求被试说出为证实这一规则的真伪，必须翻看哪张卡片。结果发现，只有 4% 的人做出了正确的选择，即认为应该翻看卡片"E"和"7"。46% 的被试认为应该翻看卡片"E"和"4"，33% 的被试认为应该翻看卡片"E"。

图 8-4　选择作业的刺激卡片

根据这一实验，沃森等人认为，在检验规则或假设的过程中，被试有一种强烈的对规则的证实倾向。这是一种偏离逻辑的倾向。为什么会出现这种证实倾向呢？一种观点认为，卡片选择作业中的错误与实验材料性质有关。由于实验采用抽象的、人为性的材料，因而导致了错误。如果把卡片的内容换成被试熟悉的内容，被试正确选择的比率会明显升高。例如，格瑞格斯等人（Griggs & Cox，1982）在实验中给被试呈现了一面写有下列内容的卡片（见图 8-5）。要证实的规则是："若有人喝啤酒，则该人的年龄必须超过 19 岁。"结果表明，采用这种与被试生活经验相关的材料，有高达 74.1% 的被试做出了正确的选择。

图 8-5　选择作业的刺激卡片 2

第二节　问题解决

在日常生活中，人们会遇到各种各样的问题。遇到交通堵塞时如何选择最佳线路？钥匙丢了如何进屋？修建港珠澳大桥，工程师们要如何解决一个一个难题？有些问题很容易解决，而有些问题要通过反复的试验来解决。例如，爱迪生在找到合适的灯丝材料前，曾尝试过数以千计的灯丝材料。在解决问题的过程中，思维这种高级认知过程扮演着重要的角色。

一、什么是问题解决？

在心理学中用实验方法研究问题解决，已经有较长的历史。19 世纪末，桑代克用猫进行了著名的迷笼实验。他将一只饥饿的猫放入笼内，笼外放着食物。猫为了吃到食物，起初在笼内乱冲乱撞。猫偶然碰到了扳动装置，打开了笼子的门吃到了食物。经过多次这样的练习，以后再将猫放入笼内，它的错误行为越来越少，最后学会了开门。根据实验，桑代克认为动物解决问题的过程是一个尝试错误的过程。第一次世界大战期间，苛勒对黑猩猩的思维进行了长达7年的研究。他认为动物解决问题的过程并不是尝试错误，而是"顿悟"。

20世纪60年代以后，受认知心理学的影响，人们把问题解决的过程和计算机问题解决的过程进行类比，并用计算机模拟人类问题解决的行为。这为问题解决的研究注入了新的活力，加深了人们对问题解决的认识。下面介绍当代心理学对问题解决的一些研究成果。

问题解决（Problem Solving）是由一定的情境引起的，按照一定的目标，应用各种认知活动、技能等，经过一系列的心理操作，使问题得以解决的过程。例如，证明几何题就是一个典型的问题解决过程。几何题中的已知条件和求证结果构成了问题解决的情境，而要证明结果，必须应用已知的条件进行一系列的认知操作。操作成功，问题就得到解决。

二、问题的种类

问题的种类有很多，从不同的角度可以对问题进行不同的分类。

1. 界定清晰的问题和界定含糊的问题

根据明确程度，问题可分为界定清晰的问题和界定含糊的问题。界定清晰的问题是指初始状态、目标状态以及由初始状态如何到达目标状态的一系列过程都很清楚的问题。例如，已知A>B，B>C，问A与C谁大？界定含糊的问题是指对问题的初始状态或目标状态没有清楚的说明，或者对两者都没有明确的说明，这些问题具有很大的不确定性。例如"怎样才能找到一个好工作？"这个问题的初始状态和目标状态都是不清楚的。

2. 对抗性问题和非对抗性问题

根据在问题解决时，解题者是否有对手，问题可以分为对抗性问题与非对抗性问题。在解决对抗性问题时，人们不仅要考虑自己的解题活动，而且还要考虑对手的解题活动对自己解题活动的影响。例如，象棋、围棋、桥牌等游戏都属于对抗性问题。非对抗性问题是指在解决问题时没有对手参与的问题。例如，解一道数学题。

3. 语义丰富的问题和语义贫乏的问题

如果问题解决者对所要解决的问题有较多的知识，这种问题对他来说就是语义丰富的问题。例如，遗传、基因方面的问题对生物学家而言就是一个语义丰富的问题。如果问题解决者对所要解决的问题所知甚少，这种问题对他来说就是语义贫乏的问题。

问题种类的划分是相对的，而不是彼此割裂的。例如，下象棋属于对抗性问题，对于初学者来说，它是语义贫乏的问题；对于象棋大师来说，它是语义丰富的问题。

三、问题解决的策略

策略的选择直接影响问题解决的效率。以下简要介绍纽厄尔和西蒙（1972）提出的几种常见的问题解决策略。

（一）算法

算法策略类似于一些公式和程序，如果运用得当，它能一步一步地导向问题的解决。一般来讲，计算机都是使用算法策略解决问题的。例如，一个密码箱有 3 个转钮，每一转钮有 0—9 十个数字，要想采用算法策略找到密码打开箱子，就要逐个尝试 3 个数字的随机组合，直到找到密码为止。采用算法策略的优点是能够保证问题的解决，但是这种策略有时费时费力，而且当问题复杂、问题空间很大时，人们很难依靠这种策略来解决问题。另外，有些问题也许没有现成的算法或尚未发现其算法，此时算法策略是无效的。

（二）启发法

启发法（Heuristic Method）是人们根据一定的经验，在问题空间内进行较少的搜索，以达到问题解决的一种方法。启发法不能完全保证问题解决的成功，但这种方法较省时省力。下面是几种常用的启发法。

1. 手段—目的分析法

所谓手段—目的分析法就是将问题的目标状态分成若干子目标，通过实现一系列子目标最终达到总目标。它的基本步骤是：比较初始状态与目标状态，提出第一个子目标；找出完成第一个子目标的方法或者操作；实现子目标；提出新的子目标，如此循环往复，直到解决问题。以汉诺塔问题为例（见图 8-6）。

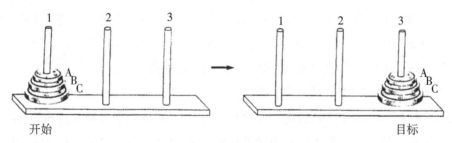

图 8-6　汉诺塔实验

一块板上立有 3 根柱子，柱 1 上有三个圆盘 A、B、C。要求被试将圆盘移到柱 3 上，且仍保持原来的放置顺序。移动的条件是每次只能移动一个圆盘，大盘不能放在小盘上，移动时可利用柱 2。解决这一问题，目前最重要的差别是最大的 C 盘不在柱 3 上，要消除这一差别，选择的操作是把 C 盘移到柱 3 上，但根据条件，当 C 盘上没有其他圆盘时才可移动，现在 C 盘上有 B 盘和 A 盘，因此建立的第二个子目标是先移动 B 盘。由于移动 B 盘的条件不具备，因此另一个子目标是先移动 A 盘，现在移动 A 盘的条件具备，因此把 A 盘移到柱 3，B 盘移到柱 2，再将 A 盘移到柱 2 B 盘的上面，此时才可将 C 盘移到柱 3 上。这时当前状态与目标状态的差别是 B 盘不在柱 3 上，要消除这一差别，需建立另一个子目标，先将 A 盘移到柱 1，完成这一操作后，再将 B 盘移到柱 3 上，最后把 A 盘移到柱 3 上。至此达到了问题所要求的目标状态。

手段—目的分析法是一种不断减少当前状态与目标状态之间的差别而逐步前进的策略。但有时，人们为了达到目的，不得不暂时增大目标状态与初始状态的差别，以便最终达到目标。这种方法也被称为爬山法。

2. 逆向搜索法

逆向搜索法就是从问题的目标状态开始搜索直至找到通往初始状态的通路或者方法。例如人们要去某个地方，往往在地图上先找目的地，然后从目的地找一条可以退回到出发点的线路。逆向搜索法更适合于解决那些从初始状态到目标状态只有少数通路的问题，一些几何类型问题较适合采用这一策略。大家在中学时解决几何题应该都使用过此策略。

四、问题解决的影响因素

采用一套好的问题解决策略有助于问题解决，但现实生活中的问题复杂多样，影响问题解决的主客观因素也很复杂。下面简要介绍几种。

（一）知识经验在问题解决中的作用

大量有关专家和新手问题解决的研究表明，知识经验在问题解决中起着重要的作用。所谓专家是指在某一领域具有丰富知识的人，如数学家、医学专家、律师、象棋大师等，他们解决专业领域的问题比新手容易得多。研究表明，专家和新手在知识的数量及组织方式上的差别，可能是造成问题解决效率不同的主要原因。

1. 专家与新手在知识数量上的差别

德·格鲁特（De Groot, 1965）在一系列著名的实验中，比较了象棋专家和新手的差异。在一项研究中，研究者让象棋专家和新手看实际比赛的棋局各 5 秒，然后打乱棋子的位置，让他们恢复棋局。结果发现象棋专家恢复棋子的数量是 20—25 个，新手恢复的数量只有 6 个。但如果专家和新手看到的棋子是随机排列在棋盘上时，他们恢复棋子的数量没有差别，都是 6 个。蔡斯等人（Chase & Simon, 1973）的实验也发现了类似的事实。蔡斯等人利用"组块"的概念解释了上述结果。他们认为，当棋局随机排列时，专家与新手把每个棋子当作一个组块，因此恢复出棋子的数量没有差别。而当棋局是实际比赛的棋局时，专家的组块包含更多的棋子，所以恢复出的棋子数量比新手要多。专家与新手相比，记忆存储的信息量更大，存储的熟悉的棋局模式多，这些差异决定了专家和新手在棋艺水平上的差异。

2. 专家与新手在知识组织方式上的差别

专家与新手不仅在知识的数量上存在差别，而且在知识的组织方式上也存在差别。蔡等人（Chi et al., 1982）对专家和新手的知识组织方式进行了研究。在实验中，他们要求专家（物理学博士研究生）和新手（学过一学期力学的大学生）对24个物理问题进行分类。结果发现，新手往往根据问题的表面结构特征进行分类，例如，把插图中有斜面的问题分为一类；而专家则根据问题的深层结构进行分类，即把解题时运用相同定理的问题归为一类。

（二）无关信息的影响

在问题解决中，有些信息与解决的问题没有关系，但人们容易受这种无关信息的影响，从而妨碍问题的解决。例如这个问题：在某个小镇，10%的居民的电话没有登记在电话号码簿上，现随机从电话号码簿上选择300人的名字，有多少人的电话号码没有登记在电话号码簿上？答案是0个人。但是人们容易受到上述无关信息的误导而错答问题。因此，有效的问题解决需要首先考虑哪些信息与问题有关，哪些信息与问题无关。

（三）问题的表征方式

问题的表征方式能影响问题的解决。以经典的九点连线图为例（见图8-7）。实验要求人们用一笔连续画四条直线把图中的九个点连在一起。人们常常不能成功地解决这个问题，主要原因在于九个点在知觉上组成了方形，人们总是试图在这个方形的轮廓中连线，这样，问题的表征方式阻碍了问题的解决。如果在实验中主试告诉被试，连线时可以突破方形的限制，被试的成绩就会得到很大的提高。回忆一下在高中立体几何中做过的练习题，有些问题只要辅助线做对了，马上就可以解出来了。

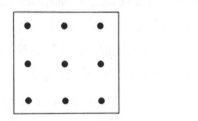 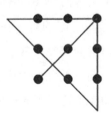

图8-7　九点连线示意图

（四）思维定式

定式指重复先前的心理操作所引起的对活动的准备状态。它的影响有积极的，也有消极的。积极的作用表现为在条件不变的情况下，快速解决问题；消极的作用表现为用旧的方法解决新的问题，妨碍新方法或者简单方法的发现和运用。卢钦斯（Luchins，1942）在一个实验中，要求被试用大小不同的容器量出一定量的水，用数字进行计算（见表 8-1）。实验分两组，实验组从第 1 题做到第 8 题，控制组只做 6、7、8 三题。结果实验组在解 1—8 题时，大多用 $B-A-2C$ 的方法进行计算，被称为间接法。而控制组在解 6、7、8 题时，采用了简便的计算方式：$A-C$ 或 $A+C$，被称为直接法。这说明实验组在做 6、7、8 题时，受到了前面思维定式的影响，只有 17% 的人不受影响，而采用了直接法（见表 8-2）。

表 8-1　思维定式对问题解决影响的实验材料

课题序列	容器的容量			要求量出的容量
1	A	B	C	D
2	21	127	3	100
3	14	163	25	99
4	18	43	10	5
5	9	42	6	21
6	20	59	4	31
7	23	49	3	20
8	15	39	3	18
	28	59	3	25

表 8-2　思维定式对问题解决影响的实验结果

组别	人数	采用间接法正确解答（%）（$D=B-A-2C$）	采用直接法正确解答（%）（$D=A+C$ 或 $D=A-C$）	方法错误者（%）
实验组	79	81	17	2
控制组	57	0	100	0

（五）功能固着

人们把某种功能赋予某种物体的倾向称为功能固着（Functional Fixation）。如盒是装东西用的，笔是写字用的等。在解决问题的过程中，人们能否改变事物固有的功能以适应新的问题情境的需要，常常成为解决问题的关键。在功能固着的影响下，人们不易摆脱事物用途的固有观念，因而直接影响到人们灵活地解决问题。邓克儿（Duncker，1945）的蜡烛问题实验证明了人们的这种倾向。实验要求被试用五种熟悉的工具解决新问题：利用所示的材料（见图 8-8 左图），将蜡烛像壁灯一样立在墙上。实验组在解决问题前对工具的习惯用法进行了练习，增强了功能固着的倾向。控制组直接解决问题。结果控制组的成绩大大超过了实验组。只有当你把火柴盒的功能不局限于装火柴，而是当作一个支撑平台来用才可以解决问题。

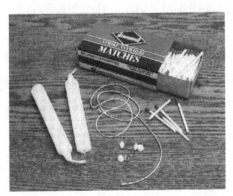 

图 8-8 邓克儿蜡烛问题

功能固着的形式与经验有很大的关系。研究表明，儿童比成人较少受到功能固着的影响，因为儿童有关物体用途的知识经验比成人少。

除上述几个主要的影响因素外，人们在解决问题时的动机、情绪、人际关系等因素也会影响到问题解决的效率。

第三节 决策与判断

一、决策概述

（一）什么是决策？

决策是在几种备选的方案中进行选择的过程。在日常生活中，需要我们做选择的场景很多，如升学报志愿，决定购买哪个牌子的手机、电脑，面对旅行社推出的众多旅游线路选择一个适合自己全家老小一起的，等等诸如此类的活动。这些活动通常可能需要我们做很多功课，思考很久才做出决定。而在此之外，我们每天还会做出很多看起来无足轻重的判断和决策，比如，今天早上出门前想一下我要不要穿外套或带雨伞；在篮球场上，决定我是投篮呢还是把球传给队友呢？这时我们很少花时间做细致的分析和判断，往往靠直觉决定，即快速、自动、无理性地做出决策与判断。

决策的好坏直接影响行动效果。著名认知心理学家西蒙指出：决策贯穿于管理的全过程，管理就是决策。因此，决策成为当今管理学研究中的重要课题。

（二）确定性决策和风险决策

1. 确定性决策

确定性决策就是在确定的条件下，对备选的方案做出选择的过程。例如，购买运动鞋，是耐克还是李宁？目前两种鞋子的价格、款式、颜色、性能等，你只需要根据自己的喜好选择一种牌子就可以了。决策者通过掌握的相关知识、技术手段等完全可以做出科学正确的判断和决策。

即使在确定的条件下，决策者也要考虑多个因素才能做出决策。在这里有两种典型的决策模式：补偿性模型和非补偿性模型。补偿性模型指决策者在决策时用其喜欢的特征补偿其不喜欢的特征。如，尽管这个衣服的价钱很贵，但穿上它你的自我感觉会很好，你还是决定把它买下来。非补偿性模型是指某些特征不能补偿，因为它是做决策时的必要条件。

2. 风险决策

风险决策是在不确定的条件下做出选择的过程。在风险决策中，决策者不仅对各种备选方案成功的概率不清楚，而且对存在哪些备选的方案可能也不清楚。例如，在新产品开发中，开发什么样的产品能盈利，就属于风险决策。相对于确定性决策，风险决策更难，心理学的许多研究更多是针对风险决策进行的。

二、决策的理性与有限理性观

（一）古典决策理论

古典决策理论认为，决策者具有完全的理性能力，"理性"是指逻辑上有望产生最佳结果的决策加工过程。具体表现为：第一，知道要解决的问题和要到达的目标。第二，能得到所有相关的信息。第三，对解决问题的方案"无所不知"。第四，深知各方案实施后的结果，并能对这些结果进行评价。第五，能够追求最优的方案。这一理论是建立在"经济人"假设的基础上，没有考虑人的认知等因素在决策过程中的作用。

（二）行为决策理论

20世纪60年代，认知心理学家西蒙从心理学的角度系统研究决策问题，对古典决策理论进行了修正，提出了行为决策理论。西蒙认为，决策是对行动目标与手段的探索、判断、评价、选择的过程。他在获得诺贝尔奖的工作（March & Simon，1958）中表明个体判断在理性上是有限的。虽然古典决策理论认为个体尝试做出最优决策，但在现实层面它是不可能的。因为，决策者往往缺乏定义问题、相关标准等方面的重要信息；时间和成本的约束也限制了可利用信息的数量和质量；此外，决策者在其可用的记忆中仅保持相对少量的信息；最后，在智力和知觉上的限制约束了决策者从可利用信息中准确地"计算"最佳选项的能力。这些限制共同阻碍了决策者做出理性模型假定最优的决策。

鉴于上述原因，决策者可能常常是简单地搜索，直到找到一个能达到可接受业绩水平要求、具有现实的可操作性、让决策者满意的解决方案即可。也就是用"满意解"代替"最优解"。满意是由一系列给定的标准决定的，对于不同的决策，满意的要求不同。

在 1957 年至 2000 年间，有限理性成为行为决策研究领域的整合概念。在 2000 年，塞勒（Thaler）认为决策在两个方面是有限的，不能用有限理性的概念准确地表述出来。第一，意志力是有限的，以至于我们倾向给目前关心的问题更大的权重，给予未来关心的问题更小的权重。比如，眼下的情感需要和动机等导致我们的决策偏离长远利益，从而导致决策的偏差。第二，塞勒认为利己主义是有限的，我们不像"经济人"那样，我们会关心其他人的结果。卡尼曼等人（Daniel Kahneman et al., 1986）用一系列富有启发意义的实验证明，对公平问题的考虑会战胜决策中经济理性的选择。

三、决策过程

（一）人的两种思维系统

1. 直觉思维系统

斯坦诺维奇和韦斯特（Stanovich & West, 2000）对人的第一系统和第二系统的认知功能做了区分。他们认为，第一系统思维是指我们的直觉系统，它常常是快速的、自动的、无须意志努力的、内隐的和情绪的。

直觉的有效性体现在以下几个方面：第一，直觉是"冻结成习惯的分析"（Simon, 2001）。它是内隐知识——我们已经习得但无法完全解释的知识，如国际象棋大师在"快棋赛"中所展示的内隐知识，他们只需瞟一眼就直觉地知道正确的下法（Burns, 2004）。在经验丰富的护士、消防员、艺术评论家、汽车机械师和曲棍球运动员身上，我们都可以看到这种知识。在你身上同样可以看到，在那些你发展了特殊专长的领域。在每种情况下，瞬间的直觉其实是一种能够对情况做出迅速判断的后天能力。第二，直觉通常具有适应性，能够让你迅速做出反应。看到一个陌生人，若他和以前伤害或威胁过我们的人相似，我们可能会自动做出谨慎的反应。第三，直觉很强大。今天的认知科学家提供了很多无意识自动影响我们判断的例子（Custers & Aarts, 2010）。荷兰心理学家的研究显示，让大脑围绕某一问题工作但不对其思考，是对我们有益的（Strick et al., 2010）。在一系列的实验中，他们给三组参与者呈现（关于公寓楼、室友、艺术海报或者足球赛）复杂信息。要求第一组参与者在读完关于四个选项的信息后立即做出选择；允许第二组参与者对信息进行几分钟的分析，他们做出的决策比第一组稍显聪明；第三组参与者的注意力会被暂时分散，使得他们的大脑能够对复杂信息进行自动的无意识加工。多次的研究表明第三组的表现最优。我们知道，把一个问题暂时搁置，酝酿一下，利于问题的解决。通过"把问题留到第二天解决"，我们让无意识心理机制继续运转，往往比一直苦思冥想更能解决问题。

2. 理性思维系统

第二系统是指较慢的、有意识的、需要意志努力的、外显的和逻辑的推理过程（Kahneman, 2003）。显然，如前面所述，完整的第二系统的思维过程不必应用于我们所做的每一个决策。在很多时候我们工作繁忙、时间紧迫，需要处理的事情很多，无法深入思考，就要做出决策。所以，很多时候大家都使用第一系统思维来做出判断和决策。

你是否在很多时候也是依赖于自己的直觉——第一系统思维来做出判断和决策呢？这种决策的正确率如何？或者你是否又时常用第二系统思维对第一系统思维做出的决定进行修正呢？事实上，两个系统常常是交错工作的，第一系统的快速决策常常被第二系统的深入思考所修改，同时，第二系统也常常使用第一系统输入的信息进行深入分析。但是，第二系统的思维有时候也不一定能成功调整第一系统的反应。例如，人们明显不愿意吃盛在标签为"氧化物"容器里的糖，即使他们亲眼看到糖被倒入容器里，亲自写下标签（Rozin, Markwith & Ross, 1990）。第一系统思维直觉而错误地坚持避免尝试吃这种糖，甚至被试在理性的第二系统思维思考后，也尽量避免。由于双重系统的存在，偏差会影响所有的决策，这是研究者比较感兴趣的问题，特别是要明确在哪些条件下偏差最可能产生。

（二）启发式判断

卡尼曼等人（Kahneman & Tversky, 1979）继续了西蒙的启发式研究，提出了决策的前景理论（Prospect Theory）。人在不确定的条件下进行决策往往是非理性的，而且做出决策的偏差是有规律的，人更多的是根据几种启发法进行判断和决策的。由于他出色的研究，卡尼曼获得了2002年诺贝尔经济学奖。

卡尼曼等人赞同西蒙的启发式策略研究结论，认为人在决策时采用的启发法主要有：代表性启发法（Representativeness Heuristics）、易得性启发法（Availability Heuristics）、锚定与调整启发法（Anchoring and Adjustment Heuristics）、情感启发法（Emotion Heuristics）。下面我们将一一介绍。

1. 代表性启发法

人们在对一个人（或物体、事件）做判断时倾向寻找个体可能具有的与原先形成的刻板印象（总体中的典型代表）一致的特点。样本与总体的原型越相似，就越容易被归入该总体。植物学家常常使用这个策略，把某一种植物归于某一物种，而不是另一种。例如，请你对下面的例子做出判断：

心理学家对100名律师和工程师进行了访谈和人格测验，其中30人是工程师，70人是律师。现在从中随机抽出一位的描述，请你判断他是工程师还是律师。

"约翰，男，45岁，已婚，有子女。他比较保守、谨慎、有进取心，对政治、社会问题没有兴趣，大部分休闲时间从事他喜欢的活动，包括家庭、木艺和猜数字谜。"

多数被试选择了"约翰是一位工程师"，而不是依据基础概率的多少来判断为"约翰是一位律师"。多数人采用代表性启发法的策略来做出判断。

2. 易得性启发法

人们根据记忆中易于"获得的"事件的事例或者出现的程度来评估其频率、可能性或者事件可能的原因（Tversky & Kahneman，1973）。能激发情绪的、生动的、容易想象的和具体的事件，要比本质上无情绪的、乏味的、难于想象的或者模糊的事件更易于获得启发。例如，请你对下面问题做出判断和决策：

"英文中以 R 开头的单词多，还是以 R 作为第三个字母的单词多？"

人们通常会认为以 R 开头的单词更多，但实际上后者要比前者多。这是因为人们更容易从记忆中找到以 R 开头的单词。这就是易得性启发法。

3. 锚定与调整启发法

锚定与调整启发法是指人们根据给定的信息做出最初的估计后，根据当前的问题对最初的估计做出调整，但是调整的幅度不大。这里最初的估计值相当于锚定，以后的调整是在锚定基础上微调。例如，请你把下面 A 行的数字呈现给你的一位朋友，把 B 行的数字呈现给你的另一位朋友，请他们在 5 秒内估计这些数字的乘积。

A. $1 \times 2 \times 3 \times 4 \times 5 \times 6 \times 7 \times 8$　　　　B. $8 \times 7 \times 6 \times 5 \times 4 \times 3 \times 2 \times 1$

尽管两行数字的乘积是一样的，但是在短时间内，人们更可能把 B 行的乘积估计得更高。在特斯基和卡尼曼（Tversky & Kahneman，1974）的研究中，被试对 A 行数字的平均估值是 512，而对 B 行数字的平均估值是 2250。原因是在时间紧迫的情况下，多数人往往是先计算几步，得到一个初始的计算值（锚定），然后在此基础上进行调整。但是，即使调整也离真实值（40320）相差很远。采用锚定与调整启发法，最初的估计是非常重要的。

4. 情感启发法

大多数判断是由情感或者情绪评价所引发的，这种评价甚至发生在任何认知推论之前（Kahneman，2003）。虽然这些情感评价通常不需要意识参与，但是人们会把它们作为决策的基础，而不是将其用于更完整的分析和推论过程。第一系统思维表明，当人们很繁忙或者时间有限的情况下，情感启发式更可能被使用（Gilbert，2002）。霍西（Hsee，1998）的研究表明，与未满的大杯冰淇淋相比，人们给溢出的小杯冰淇淋更高的价值，即使在前者装有更多的冰淇淋的情况下。为什么？因为溢出的小杯冰淇淋产生了更积极的情感（满意感），而未满的大杯冰淇淋产生了更消极的情感（不满意感）。然而当人们面对两个选项时会进行推论（第二系统思维），进而为盛有更多的冰淇淋的杯子赋予更高的价值。

同样的道理，人事经理在面对应聘对象时，决定录用与否的可能不是应聘者的素质这一关键变量，而是可能受到各种作用于人事经理情感的变量的影响。这些变量包括应聘者如何与前面的申请人相比较、经理的心情、应聘者使经理回想起最近离异配偶的程度等。改变情感的环境条件也能影响决策结果。研究已经表明，晴天股票价格上涨，大概是因为由天气诱发出好的心情和乐观的态度。

人是会犯错误的，更有趣的是，人们常常会犯各种系统性且可预见的错误。这些错误的可预见性意味着，一旦我们识别了这些错误，就能够学会避免。这也是研究人类决策的意义所在，受篇幅所限，在这里我们就不再赘述。

第四节　语　言

人类独有的高级认知过程、具有概括性和抽象性特征的思维活动是靠语言进行的。语言和思维关系密切，但二者又不等同。长期以来，人类一直都在自豪地宣称语言使我们高于所有其他动物。语言学家乔姆斯基（Avram Noam Chomsky）声称："当我们研究人类语言的时候，我们就正在与那些可称为'人性本质'的东西打交道，这些东西就是人类的心理特性（Human Essence）；就目前所知，对人类而言，这些心理特性是独一无二的。"在认知科学家平克（Steven Pinker）看来，语言是"认知王冠上的宝石"。人类的语言具有什么特性？人类的语言是怎样获得的呢？它对人类的认知水平起了怎样的促进作用？语言和思维间的关系是怎么样的？双语者比单语者在思维能力和水平上有什么优势吗？动物能学会人类的语言吗？本节内容会涉及上述问题。

一、语言的特征和表现形式

语言是一种社会现象，是人类通过高度结构化的声音组合，或通过书写符号、手势等构成的一种符号系统，同时又是运用这种符号系统来交流思想的一种行为。语言的基本材料是词。词是一种符号，它标志着一定的事物。词按一定的语法规则结合在一起，构成短语和句子，为人类提供了最重要、最有效的交际工具。

（一）语言的特征

语言具有生成性。人们可以利用有限的声音和词汇产生无限数量的语言信息。如，汉语中只有21个声母、38个韵母和4种声调，但它们却组成了400多个基本音节和6万多个汉字；英语中只有26个字母，但却可以组成数十万个词汇。人们还可以利用这些字词结合有限的语言规则产生无限数量的句子。

　　语言具有结构性。任何语言都不是孤立的、离散的符号，而是按照一定的规则组织起来的有结构的整体。这些规则包括语音规则、正字法规则和句法规则等。如果一个人只知道一些零散的单词（如外语单词），而不懂语法规则，他就不能进行有效的语言交流。语言受到一定规则的约束，只有符合一定规则的语言，才是人们在交往时可以接受的语言。

　　语言具有意义性和指代性。语言中的词或句子，都有一定意义，都指代一定的事物或命题。例如，"桌子"可以代表一定的事物，"中华民族是一个伟大的民族"表达了一个命题。语言在产生之初，其语言符号具有任意性，但一经大家共同确认、约定俗成以后，就具有大家共同认可的意义。

　　语言具有社会性和个体性。语言是个体运用语言符号进行的交际活动，具有社会性。人只能运用社会上已经存在的语言进行交际，才能相互理解。语言同时也是一种个体行为，它与个体的生存与发展密切相关，因而具有个体的特点。如有人讲话滔滔不绝，有人讲话慢条斯理，有人讲话声若洪钟，有人讲话细言细语。

　　（二）语言的表现形式

　　对话语言，是指两个或两个以上的人直接交际时的语言活动，如聊天、座谈、辩论等。一般认为对话语言是一种最基本的语言形式，其他形式的语言都是在对话语言的基础上发展起来的。

　　独白语言，是个人独自进行的，与叙述思想、情感相联系的较长的连贯的语言。表现为报告、演讲、讲课等形式。

　　书面语言，是指一个人借助文字来表达自己的思想或通过阅读来接受别人的影响。书面语言的出现比口语要晚得多。它只有在文字出现以后，才为人们所掌握和利用。

　　手势语言，是人们通过可见的手势，同时配合以手、手臂或身体的形状、朝向、动作以及面部表情来传递信息的一种语言形式。手势语言和书面语言在结构方面有很多共同的特点，而且，手势语言也有语法规则。

　　内部语言是一种自问自答或者不出声的语言活动。内部语言是在外部语言的基础上产生的。内部语言虽不直接用来与别人交际，但是，它是人们语言交际活动的组成部分。当人们计划自己的外部语言时，内部语言往往起着重要的作用。

二、语言的发展

　　你是否观察过婴儿何时开始咿呀学语，年轻的爸爸妈妈可能都很享受孩子第一次叫"爸爸"或者"妈妈"的喜悦。孩子们从 3 个月大到 1 岁开始咿呀学语，即发出类似成人语言的声音，通常是重复的音节，但不表达意义。在咿呀学语时期，他们可能发出所有语言中的任何语音，而并不仅仅是他们所接触的那种语言。甚至耳聋的孩子都能表现出他们自己的咿呀学语形式,听不见声音的婴儿一出生就接触到手语,因此他们用手"咿呀学语"(Petitto & Marentett, 1991;Pettito, 1993;Meier & Willerman, 1995)。一个婴儿的咿呀学语逐渐反映出他所在环境里人们所讲的那种语言,最初体现在音高和音调方面,并最终表现在特定的语音方面。小婴儿可以辨别全世界语言里所有已确定的 869 个音素。不过,6—8 个月大以后,这种能力就开始衰退。婴儿开始"专攻"他们接触到的语言,大脑里的神经元会重新组织以便对日常听到的特定音素做出反应。

1. 语言获得的关键期

一些理论提出,在生命的早期有一个语言发展的关键期,在关键期内孩子对语言信号特别敏感且最容易学会,如果孩子在这个关键期内没有接触到语言,以后要填补这个缺陷将非常困难。受到虐待被隔离而不与他人接触的儿童的案例支持了关键期理论。比如在一个案例中,一个女孩从 20 个月大直到 13 岁被营救出来前都被置于没有语言的环境。她完全不会说话,无论怎么教,她都只能学会少量的词汇且不能掌握复杂的语言(Rymer, 1994;Veltman & Browne, 2001)。

2. 语言的早期发展

大约 1 岁时,孩子停止发出不属于日常接触语言的语音,进入一个很短的产生真实词汇的阶段。这些词汇是典型的短词,以一个一致的语音开头,就像 b、d、m、p 和 t。在儿童产生第一批词汇前他们就能理解一定数量的听到的语言。语言理解早于语言表达。

1 岁以后,儿童开始学习语言更复杂的形式。他们制造出两个词的结合,能使用的词汇量急剧增加。到 2 岁时,儿童平均拥有的词汇超过 50 个单词。仅仅 6 个月后,词汇量就会增加到几百个。这时他们能造出短句,尽管他们用的只是"电报式语言",即听起来像电报的句子,里面不关键的词被省去了。

2 岁半到 3 岁的儿童的语言中,"像阿姨不要唱歌,宝宝要睡觉了"这样的复合句占了 30.5%—42.3%。这时衡量儿童言语发展的一个指标是句子的平均长度,即句子中所用词或词素的平均数。随着认知和言语复杂性的增加,句子的平均长度也随之增加。

到了 3 岁,说英语的儿童学会在名词后加 s 表示复数,以及在动词后加 -ed 构成过去式。这也会导致语法错误,因为这时的儿童倾向机械地应用规则。

从 3 岁到 6 岁,儿童已学到了大量的会话。4 岁儿童基本能理解并列复句,如"不是……就是……";6 岁儿童基本上能理解递进复句"不但……而且……",以及条件复句,如"只有……才……""如果……那么……"等。

三、语言习得的理论

任何人只要接触过儿童,都会注意到他们童年期在语言上的巨大进步。但是,儿童语言迅速成长的原因还不是很清楚。心理学家提出两个主要的解释：一个是基于行为主义的学习理论，另一个则是基于先天进化过程。

1. 语言是通过学习获得的

语言的学习理论提出，语言的获得遵循强化原则以及由学习心理学家所发现的条件反射作用。比如，一个孩子说"妈妈"而得到了妈妈的拥抱和称赞，这就使孩子说"妈妈"这个行为得到了强化，从而得到重复。该观点认为儿童最初是因为发出了类似言语的声音而得到鼓励，从而学会了说话。通过这一塑造过程，他们的语言最终越来越像成人的语言。研究显示父母对儿童说话越多，儿童就越能熟练地使用语言，这支持了语言的学习理论。另外，在儿童到了 3 岁的时候，那些能从父母的言语中听到较高水平语言的孩子显示出了更快的词汇增长速度，能更熟练地运用词汇，甚至智力发展都比那些父母言语简单的孩子高（Hart & Riseley，1997）。

但是在解释儿童怎样获得语言规则时，学习理论就不那么成功了。儿童不仅在正确使用语言时会得到强化，在错误使用语言时也会。例如，如果一个孩子说"要吃糖糖宝宝"，父母也如同他说出了一个正确的句子"宝宝要吃糖糖"一样回应。

2. 语言是先天进化来的

语言学家乔姆斯基认为儿童的确学的是他们所处环境中的语言，不过，他们还能以惊人的速度学到从未教过的言语和语法，而这种学习速度仅靠学习理论是无法解释清楚的。他们能造出从未听过的所有类型的句子，因此，不能说他们的言语是模仿的。他把语言的发展看成是"帮助鲜花按其自身方式生长"。他认为，语言发展与性成熟极为相似：只要给予足够的营养，它就会在儿童身上发生。所有的人类语言都具有相同的语法建构模块，如名词和动词、主语和谓语、否定句和疑问句等等。即使是手势语，无论使用它的聋哑儿童是中国儿童还是美国儿童，在结构上也相同。我们人类的 6000 多种语言实际上都有一个共同的基本结构，就是"普遍语法（Universal Grammar）"，由于普遍语法的存在，我们才能够学会所听到的任何一种语言的"特定语法（Specific Grammar）"。

乔姆斯基认为人类的大脑有一个神经体系，即语言获得装置（Language-acquisition Device），它不仅能让我们理解语言的结构，还赋予我们学习母语独特特征的策略和技巧（McGilvray，2004）。他认为我们的语言习得能力犹如一只箱子，一只装有语言习得设备的箱子；儿童一旦感受和体验到语言，箱子里的语法开关就会立即被激活打开。因此，说英语的儿童学会把宾语放在动词之后（如，She ate an apple.），而说日语的儿童却把宾语放在动词之前（如，She an apple ate.）。我们与生俱有一套硬件和操作系统，而生活经历则编写着我们的软件。乔姆斯基并没有确定大脑的哪个特定区域是语言获得的装置。不过一些证据证明，语言使用能力作为人类进化中的重要进步，的确依赖于特定神经的发展。例如，科学家发现一种与语言能力发展有关的基因，它可能形成于距今（从进化的角度讲）10 万年前（Enard et al.，2002；Hauser，Chomsky & Fitch，2002）。

另一项对伦敦一个大家族的研究发现，有一种突变基因使得这个家族中一半成员的语言学习能力受损。在这个家族中三代共有 30 人，其中 16 人表现出了严重的语言缺陷，但是他们在智力的其他方面却是正常的。这些个体在发音和语言的几乎所有方面都存在严重困难（Lai，Fisher，Hurst，Vargha-khadem & Monaco，2001）。他们说话的时候大脑的后部区域出现激活，而非其他人所表现出来的额叶被激活（Vargha-khadem，Gadian，Copp & Mishkin，2005）。他们甚至在处理简单的语法规则时也存在困难。这些发现进一步支持了乔姆斯基的人脑先天就置入了语言程序的观点。

3. 认知神经科学家：统计学习

我们的语言能力究竟有多少是天生的，对此，认知神经科学家仍然争论不休。凭借经验（而不是"天生的"语言规则），由神经网络激活启动的计算模型能够学会如何恰当地构成动词的过去式。例如：他们会把一些 -ow 结尾的单词变为 -ew，即把 throw 变为 threw。在一些科学家看来，这意味着大脑可能是一块未曾雕刻的空白石板，而不是乔姆斯基所说的那种箱子。这种神经网络学习也不同于斯金纳眼里的那种语言学习的简单模式。相反，它涉及的是基于学习经验的网络互动中的渐进变化。如果通过接触许多语言实例来训练，某种类神经元网络就能学会语言的统计结构。英语单词"plane"和"left"有许多不同的含义，但是，如果将它们放在一起，组成这样的句子"The plane left for Melbourne."，我们即刻便知"plane"是指飞机，"left"是动词"leave"的过去式。

像计算机一样，婴儿在学习人类语言的统计方面就表现出了惊人的能力。如果听到一种完全陌生的语言，我们会觉得它所有的音节是连在一起的。在 1 周岁以前，我们的大脑通过统计分析哪些音节最可能出现在一起，从而识别出词语之间的停顿。这一点被萨弗兰及其同事通过一些 8 个月大的婴儿对计算机声音合成器发出的一连串不间断的、单调而又无意义的音节群（bidakupadotigolabubidaku…）的反应所验证。这些婴儿听到那些音节群仅仅 2 分钟后，就能识别出反复出现的 3 个音节链（他们的注意力表明了这一点）。后续的研究进一步验证了婴儿在接受语言方面的惊人本领：

6 个月的婴儿似乎就明白"妈妈"和"爸爸"是指谁。在一次实验中，这些婴儿观看了两个电视监视器，一个监视器里出现的是他们的妈妈，另一个出现的是爸爸。当听到声音合成器发出"妈妈"或"爸爸"的声音时，他们更多地注视声音所指定的父母。

7 个月的婴儿能够学习一些简单的句子结构。在重复听到一些有规律的音节链如 ga-ti-ga 和 li-na-li（ABA 模式）之后，他们宁愿花更多的时间去听另一种不同模式的音节链，如 wo-fe-fe 的音节。他们对这两种模式的差异所表现出来的观察能力，表明婴儿已经处于学习语法规则的内置预备状态（Built-in Readiness）。

7 个半月的婴儿能够在流畅的话语中察觉出自己熟悉的英语词汇。如果段落中有以前反复听过的单词，那他们听的时间要比句子中含有不熟悉词语的时间长。

一项对两岁双胞胎的研究表明，基因在决定儿童的学习速度上的确会起作用。然而，我们在生命前 7 年的学习是至关重要的。我们知道，在过去很多乡村学校的老师是讲方言的，他们的学生没有机会接触普通话，长大以后，在城里生活了几十年，普通话还带有很浓重的乡音。那些在成年后才开始学习第二语言的人，在讲第二语言时，往往带有很浓郁的母语口音。而且，他们对外语语法的掌握也不够好。约翰逊和纽波特对一些生活在美国的韩国和中国移民进行了一次语法测试，要求他们识别 276 个句子中的每一个句子（比如，"Yesterday the hunter shoots a deer."）在语法上正确与否。这些接受测试的人中，有的早在童年时期就移居到了美国，有的则是成年后才移居的。不管他们移民美国时的年龄大小，每一个人在美国居住的时间都在 10 年左右。然而，如图 8-9 所示，那些年幼时就开始学习第二语言的人，学得最好。如同花儿离开营养就会枯萎一样，儿童如果在语言习得的关键期被置于语言环境之外，对语言的反应就会变得非常迟钝。在我们幼年时期，学习语言的窗户是敞开的；然而，到了 7 岁以后便逐渐关闭。

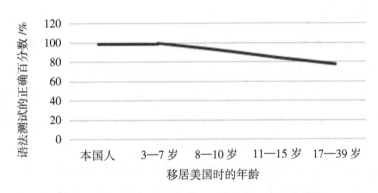

图 8-9　随年龄的增长，学习一种新语言的难度增大

幼年时期的经历对儿童语言能力的获得具有非常重要的影响作用，对失聪儿童进行的比较研究也证明了这一点。能听会说的父母身边的正常儿童和失聪而使用手势语的父母身边的失聪儿童有很多共同之处。两种群体的儿童在婴儿期都会咿呀学语，所不同的是正常儿童靠不断重复的声音来表示，而失聪儿童则靠重复简单的手势来表示。两种群体的儿童都用大体相同的进展速度扩大自己的词汇量。对这两种群体的儿童来说，如果比正常时间再晚一些（2 岁或 3 岁）接触语言的话，他们就会释放出大脑中闲置的语言能力，会突发似的生成大量的语言。和出生后就能接触手势语的失聪儿童相比，那些到了 10 多岁或成年后才开始学习手势语的失聪者不会像小鸟那样——如果在成熟前的几周没有接触到同类的鸟鸣声，就永远不能歌唱；但是，即使他们和在童年期以后才开始学习英语的移民一样，能够掌握基本的语言词汇，并学会如何将这些词汇排列成句，可是在生成和理解细微的语法差异上，他们永远也做不到像本族人使用手势语那种挥洒自如。而那些晚些时候学习语言的失聪者，他们大脑右半球区域的活动较少，而那些土生土长的手势语者在解读手势语时，他们的大脑右半球区域却非常活跃。

那些在幼年时期既没有接触过口头语言也没有接触过手势语的人，就丧失了学习任何语言的能力。在 9 岁以后才学习手势语的先天失聪儿童，与那些 9 岁以前就学过语言而以后才失聪的儿童相比，他们的手势语永远没有后者学得好；他们在语言学习上也永远赶不上其他先天失聪但在婴儿期就学习过手势语的儿童。这说明，如果幼儿没能及时地学习任何语言，其大脑的语言学习功能将永远得不到充分发展。

综上所述，儿童的基因为其设定了复杂的脑神经网络线路，并为其做好了在与照看者互动过程中学习语言的准备。斯金纳的学习理论有助于解释儿童在与其他人互动时如何习得语言。乔姆斯基对我们学习语法规则的先天装置的强调，有助于解释为什么学前儿童在语言学习上如此轻松自如，在语法的运用上如此恰到好处。

四、语言与思维的关系

语言与认知的关系是历史上许多思想家关心的问题。维果茨基（Lev Vygotsky，1934）指出，语言与思维的关系是"最为复杂和最为重大的问题"。在古希腊，柏拉图（Plato）认为，思维是无声的语言。亚里士多德（Aristotle）认为，语言是思想的符号，思维不等同于语言，人类的语言不同，但语言代表的经验及经验反映的事物是共通的。这两种观点一直对立着。17 世纪，笛卡尔（Descartes）认为语言是思维存在的明证。洛克（Locke, J.）则相信声音和意义无天然联系，人对事物的命名是任意的、约定俗成的。在中国，对此问题也有两种观点：①认知决定语言。老子认为，名生于"道"（《老子·道德经》）。《管子》认为，"名生于实"（《管子·九守》）。孔子主张"正名"，要求维护词的原有意义（《论语·子路》）。②认知与语言无必然联系。荀子认为："名无固实，约之以命实，约定俗成谓之实名。"（《荀子·正名》）

思维与语言间的关系密切，人的高级思维需要借助于语言符号来实现，而语言符号的使用又促进了人类的思维水平的提升。大多数心理学家同意思维和语言间有密切的关系，但对这种关系的性质却看法不一，曾经出现过几种截然不同的观点。

（一）思维等同于语言

行为主义创始人华生认为，思维必须先被界定为某种外显反应，才能用人类行为学的观点来加以研究，由此他进一步认为思维只是一种无声的语言。但实验研究表明，人在进行思维时，是可以没有身体活动的。一位叫史密斯的病人，他全身肌肉系统麻痹，不能进行任何躯体运动。然而，作为被试，在药物作用下，他仍能观察周围，理解别人的谈话，因此这足以证明思维不是一种内隐语言。

（二）思维决定语言

思维决定语言是大多数心理学家能接受的观点，它可以追溯到 2500 多年前，亚里士多德认为，思想范畴决定语言范畴，但当时他并没有提出有力的证据，为这一观点提供证据的是人类进化过程研究。在人类进化时间表上，语言是相当后期的产物。人类的思维能力，如记忆与问题解决，这些比语言应用能力在生物进化上出现得更早一些。可以确定，当史前人类运用思维来解决问题时，甚至在山洞的石壁上刻画他们生活中的重要事物和事件时，语言显然还没有形成。

主张思维决定语言的现代心理学家的主要代表是皮亚杰。他发现从个体发展的角度来说，思维出现在语言发展之前，而且语言的发展是以思维的发展为基础的。因此不是语言决定思维，而是思维决定语言。一些对聋哑儿童、盲童与正常儿童的比较研究指出，聋哑儿童虽然没有语言，却能够思维。他们逻辑思维的发展比正常儿童迟缓一些，但他们的逻辑思维发展所经历的发展阶段与正常儿童是一致的，并且这种迟缓也与聋哑儿童缺乏有利的环境影响有关。

全世界的语言对于陈述句都偏好主语—谓语（动词）—宾语的词序。世界语言中80% 的语言都把主语放在最前面，把宾语放在最后面。这种词序是很有意义的：活动从行为者开始，影响着客体。因此，为了反映句子的功能，句子的主语先出现就很自然了。这种语言具有一致性的特点反映了人类思维的基本特性，也是思维影响语言的一个证据。

（三）语言决定思维

沃尔夫（Whorf）认为，语言决定认知，语言是"思想的塑造者"。语言决定非语言的认知过程。学习一种语言会改变一个人的思想方式。讲不同语言的人对世界有不同看法，这就是语言决定论；不同语言有不同的认知方式，这就是语言关联性假设。范畴和类型并非自然存在，世界通过语言来组织。沃尔夫发现，不同语言的词语区分性不同。区分性指语言中某一特定领域词的数量。所有语言都显示了在某些领域的高区分性，在其他领域区分性则低。因此，不可能根据自然对事件和事物下定义，下定义必须使用语言中的范畴。

沃尔夫相信，语法差异对人的思维方式乃至整个世界观都有影响。他提出的典型例证是，因纽特人由于生活在冰天雪地的环境中，他们认为在不同情况下的雪对他们的生活有重要的意义，因此他们使用许多不同的词来表达不同的雪，这样他们的孩子对雪的辨认能力就得到很大的发展。而在其他文化环境或民族的语言中，描述雪的语词就只有一两个而已。在 20 世纪 50 至 60 年代，这一观点曾得到某些证据支持，R. W. Brown & E. H. Lenneberg（1954）表明，英语颜色词的编码能力（Codobility）与颜色再认能力正相关。但是，E. R. Heider（1972）表明，新几内亚的达尼人只有两个颜色词：mili（黑）和 mola（白），但颜色认知和英语讲话者没有差异。不同语言对颜色的区分本是语言决定论的有力证据，但研究却得出相反的结论。沃尔夫假设最严重的问题是对语言缺乏历史观。社会及文化决定语言，而非相反。

（四）语言对思维有一定的影响

在相当长的一段时间，人们一直认为思维决定语言，语言仅是思维的物质外壳，在二者的关系上，人们也一直认为语言居于完全被动的从属地位。从种系发展与个体发展看，语言发展中存在非思维阶段，思维发展中存在非语言阶段。但是语言和思维一经产生后却又常常互相作用、互相促进和制约。在很多情况下，语言和思维直接联系，但也确实存在语言与思维分离的生理和心理现象。在语言和思维这对矛盾中，思维起主导作用，语言能力发展不能先于认知能力发展，但认知能力本身还不足以解释语言发展，因为语言有其自身的发展规律；语言从属于思维，它决定不了思维，但却可能以它特有的方式影响和塑造人们的思维。

语言影响思维的观点同维果茨基的工具理论一致。为说明人类的高级心理机能，维果茨基提出了著名的工具理论。他认为，人有两种工具，一种是石刀、石斧乃至现代机器等物质工具，人运用物质工具进行劳动操作，最终脱离了动物界；另一种工具是符号、词乃至语言等精神工具，人运用精神工具进行心理操作。动物没有也不可能有这种工具，所以动物心理永远只能停留在低级水平。人有了精神工具，所以心理功能就发生了质变，上升到高级阶段。精神工具越复杂，心理操作的内部技术也越高级。精神工具的使用不仅改造了人脑的结构和功能（人脑具有语言区），也使人的心理发生了质变。既然语言是工具，不同语言的工具功能存在差异，这种差异也必然影响到使用不同语言的人的脑结构和功能，必然会影响认知。

维特根斯坦（Wittgenstein）认为，语言与思维是形式与内容的关系，没有内容的形式和没有形式的内容都没有意义。语言和思维因而是一体的。维特根斯坦反对将语言视作思维的工具，而是将语词比拟为生活游戏中的"棋子"。他指出，如同象棋游戏中"车、马、卒"的意义取决于游戏者之间的"约定"，而不是某个游戏者对客观现实的反映，语词的"意义"不是对客观现实的反映，而是"游戏者"共同参与协商、约定或建构的结果。

　　社会建构论也重点论述了语言在建构思维中所起的作用。社会建构论者认为，建构是社会的建构，而建构的过程是通过语言完成的，因此社会建构论给予语言以充分的注意。社会建构论认为，所谓"现实"并非客观实在，而是社会以话语为媒介的建构物。话语是特定共同体中社会关系和社会存在的呈现，表现为一整套的意义、隐喻、表征或陈述系统。话语本身是同一文化中的"游戏者"共同参与建构的产物，反过来，它又构成一种解释框架或概念背景，为"现实"提供定义和注解，以此实现对"现实"的建构。因此，新的语言观认为，语言为个体提供了一个划分经验的范畴和意义系统，并因此生成和建构了个体经验。语言具有"生成性""建构性"而不是"反映性"。因此，社会建构论将传统的现实与语言的关系加以倒置，视语言为第一性的存在。在其看来，语言不是对现实的表征，而是以其自身"构成（Constitute）"现实 。在这里我们并不是鼓吹相对主义，但这种观点对我们重新审视语言和思维的关系有重要的启示意义。

　　当今，随着认知科学、神经科学、心理学、文化人类学的发展，人们对语言和思维的关系这一问题的探讨也日益深入，并从实证科学的角度出发考察二者间颇为复杂的关系。随着研究的深入发展，人们越来越发现语言并非如我们所认为的那样被动，它对认知具有不可忽视的能动作用，这一点已得到实验研究的支持。

本章重点概念

　　　　思维　直观动作思维　形象思维　逻辑思维　表象　自然概念　人工概念　推理　问题解决　决策　直觉思维系统　理性思维系统　语言　关键期

本章思考题

　　1.思维的特征有哪些？

　　2.表象的特征有哪些？

　　3.表象在思维中的作用是怎么样的？

　　4.概念形成的理论有哪些？

　　5.问题解决的影响因素有哪些？

　　6.人类在进行决策时所采用的启发法主要有哪些？

　　7.语言习得的理论有哪些？

　　8.语言和思维的关系是怎样的？

第九章

智　力

　　与其他物种不同，人类更多地将自己的成功归因于思维能力和智力，而不是我们的体力或奔跑的速度。也因此，人类称自己为智人（来源于拉丁语，意思是聪明的人类）。智力让人类成为具有高度适应性的生物，人类可以居住在沙漠、森林、南极北极，或者是宇宙空间站中。人类依靠智力改变着环境，改变着大自然，也通过制造各种药物与疾病搏斗去改变自身。这些都显示出人类这个物种因其强大的智力活动，而试图主宰这个世界。

　　在日常生活中我们经常会使用智力这一术语，它可能表明一个人的聪明程度，或是反映一个人头脑是否灵活。在学校里，我们知道有些孩子能轻易地学会所有的课程，并在考试中得到优秀的成绩，而有些孩子可能会跟不上课程的进度，掌握不了老师教授的知识，导致学业成绩很糟糕。通常我们会认为这两个孩子间的智力是有差异的，但是，也有另一种可能，就是这个孩子因为懒惰而导致学业成绩差。学业成绩差是智力问题还是懒惰而导致的呢？早在 1904 年的时候，阿尔弗雷德·比奈就面临这一难题。法国教育部部长给比奈的任务是找出一种方法，以便把真正学习困难的学生与有能力（或有能力但懒惰）的学生区分开来。基于此，比奈和他的助手创造了一套由"智力"问题组成的测验。他们用测验了解每个年龄的儿童一般能够答出哪些问题。通过对儿童进行这一测验，他们就能判断一名儿童是否在学校里表现出了他的潜力。比奈开现代智力测验的先河，同时引发了持续百年的激烈争论，其中一个基本问题就是如何对智力进行定义。

第一节 智力与智力理论

一、什么是智力?

什么是智力? 是否存在一个大家都能接受的智力定义呢? 从传统上来说,人们认为智力是有目的地行动、理性地思维和有效地应对环境的整体能力(Wechsler, 1939)。智力的核心通常包括一小部分一般心理能力(称为 G 因素),体现在推理、问题解决、知识、记忆以及对自身环境的成功适应等领域(Sternberg, 2004; Barber, 2010)。

心理学家斯腾伯格等人(Robert J. Sternberg et al.)邀请各种身份的人对高智力者的行为特征进行刻画,结果表明,普通人对高智力者的行为描述可归为实际解决问题的能力(Practical Problem-solving Ability)、言语能力(Verbal Ability)和社会活动能力(Social Competence)三个主要的因素。

为了更好地把握智力的概念,心理学界在 1921 年和 1986 年曾有过两次著名的研讨会,研讨的主题都是智力的属性:"你认为智力的属性是什么?"参加第一次研讨会的成员主要是教育心理学家和心理测验专家;第二次研讨会的成员主要是心理学各分支学科(如认知心理学、教育心理学、发展心理学、心理测验等)和其他相关学科(如行为遗传学和人工智能)中研究智力的权威学者。表 9-1 汇总了两次心理学家研讨的结果。

表 9-1 智力的属性

1986 年	1921 年	智力的属性
50%	59%	高级认知过程(如推理、问题解决、决策等)
29%	0	具有文化价值
25%	7%	执行控制过程
21%	21%	低级认知过程(如感觉、注意、知觉)
21%	21%	对新情况做出有效的反应
21%	7%	知识
17%	29%	学习能力
17%	14%	一般能力(解决所有领域的问题的能力)
17%	14%	不易定义,不是一个结构
17%	7%	元认知过程(处理信息过程的监控)
17%	7%	特殊能力(如空间能力、言语能力、听觉能力等)
13%	29%	适应环境需求的能力
13%	14%	心理加工速度
8%	29%	生理机制

从表 9-1 可以看到，心理学家从早期开始，就是从各个不同的方面对智力进行定义的。例如，智力是抽象思维能力；智力是个人为了适应环境而进行学习的能力；智力是从真理和事实的观点出发，靠正确反应所获得的能力；等等。另外，这些定义间可能相互包含或者隐含一些共同内容，如将智力看作学习能力，既包含了高级认知过程和低级认知过程，也包含了知识等。最后，无论是哪个时期，在智力的基本属性上，心理学家们的观点是一致的。例如，智力是高级认知过程（50% 和 59%），是学习能力（17% 和 29%），是对新情境和新环境的适应（21% 和 21%）等定义在两次研讨中都频繁出现。52 名智力的研究者最后同意如下定义："智力是一种一般的心理能力，它包含推理、计划、问题解决、抽象思维、理解复杂思想、快速学习和从经验中学习的能力。"（Gottfredson，1997a）总之，智力是一个复杂的概念，它是一种心智操作所能达到的水平，是一种一般性综合认知能力，包括学习能力、适应能力、抽象推理能力等。

二、智力的结构

（一）一般能力与特殊能力

智力到底是一种一般能力还是一种特殊能力？我们知道，有些人具有科学天赋，有些人擅长人文学科，还有些人在体育、艺术、音乐或舞蹈方面出众。一位天才艺术家可能在数学方面的成绩很糟糕，数学成绩优异的学生可能在语文方面表现不佳。人们的心理能力如此多样，用智力这一术语能否涵盖它的所有内容？用一个量表是否可以对它们进行准确的量化？这值得我们思考。

为了弄清楚是否存在一种贯穿于多种特殊心理能力之间的一般能力，心理学家们开始研究各种能力之间的相互关系。1927 年英国心理学家和统计学家斯皮尔曼（C. Spearman，1863—1945）根据人们完成智力任务时成绩的相关程度，提出能力由两种因素组成：一种能力是一般能力或者一般因素（General Factor），简称 G 因素，代表人的一种基本心理潜能，是决定一个人能力高低的主要因素。正是由于这种因素，人们在完成不同智力任务时，成绩才会出现某种正相关。另一种是特殊能力或者特殊因素（Specific Factor），简称 S 因素，它是人们完成某些特定的任务或活动所必需的。许多一般因素与特殊因素结合在一起，就构成了人的智力。人们在完成任何一种任务时，都有 G 和 S 两种因素参加。活动中包含的 G 因素越多，各种任务成绩的正相关就越高；相反，包含的 S 因素越多，成绩的正相关就越低。

通过单一的智力分数来表示一般心理能力的想法在斯皮尔曼时代就是有争议的，现在依然如此。斯皮尔曼的反对者之一是瑟斯顿（L. L. Thurstone，1887—1955）。他采用因素分析的方法，在 56 个测验的基础上，提出了 7 种基本的心理能力：语词理解、语词流畅、数字运算、空间关系、联想记忆、知觉速度、一般推理。瑟斯顿根据上述 7 种能力编制了基本能力测验(1941),分别测量这些因素。然而测验结果却与他的设想相反,各种基本心理能力并不是彼此独立的,它们之间存在不同程度的相关,尤其在年幼儿童中表现得更为突出。这说明在群因素之外似乎还存在着一般因素。

（二）液体智力与晶体智力

卡特尔等人认为人有两种不同的智力类型：液体智力与晶体智力,这是根据能力在人一生中的发展趋势以及能力对先天禀赋与社会文化因素的依赖程度来划分的。液体智力（Fluid Intelligence）反映了人们的信息加工能力、逻辑推理能力和记忆能力,它依赖于先天的禀赋。相反,晶体智力（Crystalized Intelligence）却是人们通过经验积累起来的并能应用到问题解决情境中的信息、技能和策略,它依赖于知识经验的多寡。液体智力反映了人的更一般的智力,而晶体智力更多地反映了人所处文化环境的影响。

液体智力和晶体智力的差异在年长者身上表现得更为明显,在他们身上液体智力开始表现出衰退的迹象,而晶体智力却没有什么变化。

三、信息加工取向的智力理论

将智力定义为 G 因素（整体能力）一直充满争议。例如,一个小学生在阅读能力上比同龄孩子落后两年,但是他却能给老师讲解如何解决一个计算机编程的难题；有的学生数学成绩很差,却可以弹奏非常复杂的钢琴曲。这两个孩子都明显地表现出了一种能力倾向。另外,一些得了自闭症的孩子在某些领域表现出极端的智力优势。这些事实促使心理学家们思考,必须提出新的、涵盖面更广的智力定义。他们的目标是更好地预测一个个体在"真实世界"中获得成功的可能性,而不仅仅是在学校获得成功的可能性。

（一）多元智力理论

哈佛大学心理学家霍华德·加德纳（Howard Gardner）支持瑟斯顿的观点,认为人存在多种智力。他指出,大脑损伤可能会降低一种能力,而其他能力可能不受影响。加德纳发现不同的能力使我们的祖先能够应对不同的环境问题,如找到回家的路、察觉别人的情绪等。他研究了具有独特能力的人,包括那些只在一个方面表现优秀的个体。例如,在孤独症患者中常常出现的白痴学者（Savant Syndrome）通常在智力测验上得分低,但他们在某一方面（如计算、绘画、音乐、记忆等）的表现却非常优秀,表现出一种不可思议的能力。他们中有些人确实语言能力很差,但却能够像计算机那样又快又准确地计算数字,或者几乎能够立即确定史上任何一个日期是星期几。

基于上述这些证据,加德纳指出我们并非只有一种智力,而是有多元智力,每种智力都与其他智力相对独立。除了用标准测验所评估的语言能力和数理逻辑能力之外,他确定了涵盖人类经验的许多智力。每一种能力依据某一社会对它的需要、奖赏以及它对社会的作用，在不同的人类社会中价值也不同。他归纳出 8 种智力，如表 9-2 所示。

表 9-2　加德纳的 8 种智力

智力	终端站	中心成分
逻辑—数学	科学家、数学家	洞悉能力和灵敏性、逻辑和数字模式，把握较为复杂的推理
语言	诗人、新闻记者	对词的声音、节律和意义的灵敏性，对不同语言功能的灵敏性
自然主义	生物学家、环保主义者	对种属不同的灵敏性，与生物敏锐交往的能力
音乐	作曲家、小提琴家	产生和欣赏节奏、音高、颤音的能力，对不同音乐表达形式的欣赏
空间	航海家、雕刻家	准确知觉视觉—空间世界的能力，对人的最初知觉进行操作转换的能力
身体运动	舞蹈家、运动员	控制身体运动和有技巧地运用物体的能力
人际（社交）	心理治疗师、推销员	对他人的情绪、气质、动机和期望的辨别和恰当的反应能力
内心（自知）	详细的、准确的自我认知	对自己情绪的感知、区分，并以此指导行为的能力，对自己的力量、弱点、期望和智力的了解

加德纳认为，现代西方社会促进了语言能力和数理逻辑能力的发展，而非西方社会对其他智力更注重。例如，在西太平洋岛群的卡罗琳岛，船员们必须能够在没有地图的情况下，仅仅依靠他们的空间智力和身体运动智力航行很长一段距离。在那个社会中，这种能力比写出一篇学期论文更重要。在巴厘岛，艺术行为是日常生活的一部分，因而流淌在优美舞步中的音乐智力和潜力就显得更有价值。与美国等强调个性化的社会相比，在日本这样的集体主义国家更强调合作行为，因而人际智力则更为重要。

如果加德纳提出的多元智力理论正确，那么，传统的智力测验所测量的只是实际智力的一部分，即语言、逻辑—数学和空间能力等几个方面，而这些只不过是人们生活中部分能力的体现。在我们的现代教育中，过分强调了传统智力测验所包括的能力的培养，而其他很多对人们的现实生活有重要意义的能力却没有得到足够的重视。比如，如果把数学学习或阅读训练与艺术、音乐、舞蹈、戏剧等的训练放到同等重要位置的话，一些孩子一定会更多地体验到学习的成就感，而少一些挫败感。

（二）三元智力理论

心理学家斯腾伯格于 1985 年提出了三元智力理论（Triarchic Theory of Intelligence），试图说明更为广泛的智力行为。他认为，大多数的智力理论是不完备的，它们只从某个特定的角度解释智力。一个完备的智力理论必须说明智力的三个方面，即智力的内在成分、这些智力成分与经验的关系，以及智力成分的外部作用。这三个方面构成了智力成分亚理论、智力情境亚理论和智力经验亚理论。

智力成分亚理论（Component Subtheory of Intelligence）认为，智力包括三种成分及相应的三种过程，这三种成分对信息加工至关重要：①知识获得成分，是指获取和保存信息的过程，负责接收新刺激，做出判断与反应以及对新信息进行编码与存储；②操作成分，表现在任务的执行过程，指接收刺激，将信息保持在短时记忆中并进行比较，负责执行元成分的决策；③元认知成分，用于计划控制和决策的高级执行过程，如确定问题的性质、选择策略、监控认知过程、调整解题思路、分配心理资源等，以保证个体解决问题。在智力成分中，元成分起核心作用，它决定人们解决问题时使用的策略。

想了解一个人的成分性智力情况，可以通过让他完成表中的字谜任务来获得，如表9-3所示。人们会怎么做这些字谜呢？要完成这些字谜，你通常需要使用操作成分和元认知成分。操作成分可以使你在头脑中操作字母，而元认知成分则使你采用策略找到解决问题的办法。比如，T-R-H-O-S，你是如何进行心理转换使之成为 SHORT 的，一个较好的策略是寻找英文中可能的辅音聚合，如 S-H 和 T-H。选择策略需要元认知成分，执行它们需要操作成分。请注意，一种好的策略有时也会失败。看一下 T-N-K-H-G-I，大多数人觉得这个字谜比较难的原因是 K-N 不像是一个词的开头，而 T-H 比较像。在看这个字谜时，你是不是也尝试着以 T-H 开头呢？

表 9-3　成分性智力的运用

请尽快找到每个字谜的解决办法（Sternberg，1986）
1.H-U-L-A-G
2.P-T-T-M-E
3.T-R-H-O-S
4.T-N-K-H-G-I
5.T-E-W-I-R
6.L-L-A-O-W
7.R-I-D-E-V
8.O-C-C-H-U
9.T-E-N-R-E
10.C-I-B-A-S

通过把许多任务分解为不同的成分，研究者发现，与低 IQ 学生相比，高 IQ 学生的元认知成分使他们可以选择不同的策略来解决特定的问题。这种在策略选择上的不同，可以说明为什么高 IQ 的学生有较高的问题解决能力。

智力情境亚理论（Contextual Subtheory of Intelligence）认为，智力是指获得与情境拟合的心理活动。在日常生活中，智力表现为有目的地适应环境，选择适合自己的环境，或者有效地改变环境以适合自己的需要的能力，这些能力统称作情境智力（Contextual Intelligence）。一般来说，个体总是努力适应他所处的环境，力图在个体及其所处环境之间达到一种和谐的状态。当和谐的程度低于个体的满意度时，就是不适应。当个体在一种情境中感到不适应或不愿意适应时，他会选择能够达到的另一种和谐环境。在另一些情况下，人们会重新塑造环境以提高个体与环境之间的和谐度，而不只是适应和选择现存的环境。情境智力有时被人们称为小聪明（Street Smarts）或商业头脑（Business Sense）。研究表明，没有较高 IQ 的人，也可以有较高的情境智力。

智力经验亚理论（Experienced Subtheory of Intelligence）是指人们在两种极端情况下处理问题的能力：一种是处理新情境下新任务的能力，新任务是个体以前从未遇到过的问题，新情境是一种新异的、富有挑战性的环境。例如，在发生突发新事件时，我们通常认为能够最快找到解决问题方法的人更聪明。另一种是处理常规问题并能达到自动化的能力。信息加工过程自动化的能力也是智力的重要成分。人们在完成复杂任务时需要运用多种操作，只有许多操作自动化后，复杂任务才容易完成。如果个体不能有效地把一些自动化操作用于复杂问题的解决，信息加工就会中断，甚至使问题解决失败。

（三）智力的 PASS 模型

智力的 PASS 模型是加拿大心理学家达斯（J. P. Das）从脑神经的生理研究开始结合认知心理学理论，在"必须把智力视作认知过程来重构智力概念"的思想指导下提出的。PASS 是指 "计划—注意—同时性加工—继时性加工（Planning- Arousal- Simultaneous- Successive, PASS）"。它包含了三种认知系统和四个认知过程。其中注意系统又称注意—唤醒（Arousal）系统，它是整个系统的基础；同时性加工和继时性加工统称为信息加工系统，处于中间层次；计划系统处于最高层次。三个系统协调合作，保证一切智力活动的运行。PASS 模型有两大基石：一个是强调信息加工的认知心理学，另一个是来自俄国神经生理学家鲁利亚（A. P. Luria）关于大脑机能组织化的思想，以及这种组织化与大脑的特殊部位相联系的观点（详见本书第二章鲁利亚的机能系统学说）。

三个系统之间有一种动态的联系，注意、信息加工和计划之间是相互作用和相互影响的。计划过程需要充分的唤醒状态，以使注意能够集中，进而促使计划的产生。

信息加工和计划过程密不可分，现实生活中的任务往往能以不同的方式进行编码，个体如何选择加工方式需要计划功能的参与，所以同时性或继时性加工都会受到计划功能的影响。

达斯等人根据 PASS 理论编制了相应的测验，称为"认知评估系统（The Das-Naglieri：Cognitive Assessment System，DN：CAS）"，通过数字匹配、句子重复等任务对智力进行测量。智力的 PASS 模型体现了脑科学对智力研究的影响。这说明人类对脑的秘密了解越多，对智力的认识就可能越深入、越全面，进而对智力的发展和培养可能产生重要的意义。

第二节　智力测验

一、心理测验的历史

心理测量（Psychological Assessment）是用来检测人们的能力、行为和个性特质的特殊的测验程序。心理测量通常是指对个体差异的测量，因为多数测量都是想确定在某一特定维度上，把不同的人们区别开来。

在西方心理学中，正式的心理测验在 20 世纪初才得到广泛应用。但在西方心理学开始编制测验来评价个体之前，测评技术在古代中国已经很普遍了。在 4000 多年前，中国就采用了复杂的文官考试制度，这就是科举制度。19 世纪初，英国的外交官和传教士们对中国的科举选拔制度进行了观察和描述。经过修改，这一制度被英国和美国等国家用于文职官员的选拔（Wiggins，1973）。

西方智力测验发展的关键人物是英国的弗朗西斯·高尔顿（Francis Galton，1822—1911）爵士。他在 1869 年出版的著作《遗传的天才》极大地影响了其有关测验的方法、理论和实践思想。他试图将达尔文的进化论应用于人类能力的研究中。他对人们在能力上的差异及其原因很感兴趣，比如为什么有些人聪明、事业成功，而有些人则不是。

高尔顿是第一个提出有关智力测量的四个重要思想的人。第一，智力的差异可以根据智力的程度来定量。即，可以将不同人的智力水平数量化。第二，智力的个体差异呈钟形曲线，或者称为正态分布。在钟形曲线上，多数人的智力值在中间，只有少数人是天才和智力迟滞。第三，智力，或叫心理能力，可以由客观测验测得，测验中每一个题只有一个"正确"答案。第四，两套测试成绩之间的相关程度可以由相关的统计分析来确定。事实证明，高尔顿的这些思想具有长久的价值。应该说高尔顿开创了现代心理测量的工作。

二、智力测验的起源

现代智力测验始于法国早期心理学家阿尔弗雷德·比奈对智力能力的评估。比奈早年就从事测验的研究，他曾花三年时间测量了自己的两个女儿，并于 1903 年出版了《智力的实验研究》一书。1904 年，法国政府通过一项法案，要求所有儿童都必须上学，而教师们发现学生间存在极大的个体差异。一些孩子似乎难以从正规的学校课程中获益，他们需要的是特殊课程。然而，学校是否客观地甄别了这些有特殊需要的儿童呢？政府不太相信教师对儿童学习潜力的主观评判。学习缓慢可能只是反映了先前不恰当的教育。同时，教师还有可能根据学生的社会背景来对他们进行预先判断。为了避免这种误判，法国教育部部长于 1904 年让阿尔弗雷德·比奈等人研究解决这个问题，即把真正学习困难的学生与有能力（或有能力但懒惰）的学生区分开来，以便对发育迟滞的儿童采用更有效的教学方法。

比奈和他的同事西奥菲勒·西蒙（Theophile Simon）假设所有儿童都遵循相同的智力发展过程，但是有些儿童会发展得更快。他们推测，"迟钝"儿童只是发展"迟缓"而已。因此，在测验中，一个"迟钝"儿童的表现就像一个典型的较小年龄的儿童那样，而一个"聪明"儿童的表现就像一个典型的较大年龄的儿童那样。这就是后来的"心理年龄（Mental Age）"概念，即代表一种特定表现水平的实际年龄。一名普通 9 岁儿童的心理年龄是 9 岁。低于平均心理年龄的儿童，例如，表现为 7 岁儿童典型水平的 9 岁儿童，在面对他们这个年龄的正常作业时，就会遇到麻烦。

为了定量地测量智力水平，比奈设计了与年龄相当的问题或测验项目，以便可以将孩子们的反应进行比较。测验通常为选择题，这样就可以客观地评价正确与错误，测验的内容可以有所变化，也不受孩子们所处环境不同的影响，而且测验评定的是判断和推理等能力，而不是机械记忆能力。他们对不同年龄的孩子都进行了测量，这样不同年龄的正常儿童的平均分数被计算出来。然后每个孩子的成绩与同龄孩子的平均成绩相比较。

为了测量心理年龄，比奈和西蒙指出，心理才能就像运动才能那样，是以多种方式展现出来的一般能力。接着，他们编制了多种可能预测学业成就的推理和问题解决题目，并用这些题目测验巴黎的"聪明"学生和"迟钝"学生，并且获得了成功：他们发现这些题目的确能够预测儿童的学业成就。

比奈和西蒙并没有对儿童迟钝、正常或早慧的原因进行深入的探讨，比奈个人倾向是环境因素造成的。要提高得分低者的儿童的能力，他推荐"心理矫正法"，用以训练儿童的注意广度和自我约束能力。比奈希望他编制的测验能够促进儿童教育，它只有一个单纯的目的：甄别法国社会中那些需要特别关注的学生。不过，他也担心测验会被用来给儿童贴标签，从而限制他们的发展机会。

三、现代智力测验

比奈的智力测验的成功对美国有很大的影响。美国特殊的历史事件和社会、政治力量的结合，使美国人对心理能力的测量产生了兴趣。20 世纪初的美国，由于经济、社会和政治全球化，数百万移民涌入了美国。新的全民教育法使学校挤满了学生。这时需要一些测量来识别、记录和区分移民中的成人和儿童（Chapman，1988）。

（一）斯坦福—比奈智力测验

第一次世界大战爆发时，数百万名志愿者在征募行列。招聘人员需要知道哪些人有能力学得更快，可以从特殊的领导训练中获益更多。新的、以非词为材料的、成组实施的心理能力测验被应用于 170 多万名志愿者中。在这种战时紧急状态下，一组优秀的心理学家，包括刘易斯·特曼（Lewis Terman）、爱德华·桑代克（Edward Thorndike）、罗伯特·耶基斯（Robert Yerkes），仅用一个月的时间就设计了这些测验（R. T. Lennon，1985）。

这样大规模的测验后果之一是，美国公众开始接受这样一种观点，即智力测验可以根据领导能力及其他社会重要特性来区分不同的人，这使测验在学校和工厂被广泛应用。测量被看作是在混乱的社会中注入了秩序，是采用经济的、民主的方法来区分那些能够或不能从教育和军队领导训练中受益的人。为了推动智力测验的大规模应用，研究者努力开发更有应用性的测验程序。

比奈可能会惊愕地发现，他为甄别需要帮助的学习迟缓者而设计的测验，作为实践指南被美国人用作对遗传智力进行测量的工具。1911 年比奈去世后，斯坦福大学的教授刘易斯·特曼尝试使用比奈的测验，但他发现以巴黎儿童为常模的年龄标准不适合加利福尼亚的学生。因此，特曼修订了这个测验。他采用了比奈的测验题，同时加了一些新题目，并通过对成千上万名儿童的测量，建立了新的常模，并且把年龄上限从青少年扩展到成人。1916 年，他发表了比奈测验的斯坦福版本，通常被称为斯坦福—比奈测验。

在特曼的新测验中，他提供了智商（Intelligence Quotient）的概念，即 IQ（由德国心理学家威廉·斯特恩在 1914 年定义）。IQ 是心理年龄与生理年龄的比率再乘以 100（以去除小数）之后的值。

IQ = 心理年龄 ÷ 生理年龄 × 100

因此，一位心理年龄和实际年龄相同的普通儿童，其 IQ 是 100，而一位回答问题的水平与一般的 10 岁儿童一样的 8 岁儿童的 IQ 则是 125。

现在大多数的智力测验，包括斯坦福—比奈测验，都不再计算一个 IQ 分数了。原来的 IQ 公式适用于儿童，但不适合成人。因此，今天的智力测验在计算一个人的心理能力分数时，是以被测者的表现与同龄人的平均表现之比为基础的。现代的测验也是把100作为平均值，总人口中约三分之二的人得分在 85 和 115 之间，人们的分数分布符合正态分布。如图 9-1 所示。

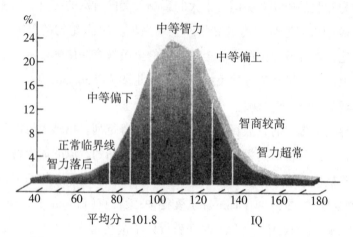

图 9-1　3184 名儿童在斯坦福—比奈测验中的得分分布

资料来源：Terman & Merrill（1937/1960）.

斯坦福—比奈测验经过多次修订，测验的信度不断提高，并且对正常人群、发育迟滞者和天才都提供了准确的 IQ 估计。

特曼促进了智力测验的广泛运用。他的动机是通过评估儿童"对特别技术训练的适宜性"来"说明他们在先天禀赋方面存在的差异"。和优生学——19 世纪的一种运动，主张测量人类特质，并根据结果来鼓励或劝阻人们生育——的观点一致，特曼悲叹有些种族是"愚钝"和"多育"的。他设想智力测验将会"最终缩减低能者的繁衍，大量减少犯罪、贫穷和不适宜工业社会的人"。

在特曼的帮助下，美国政府对新移民和第一次世界大战中的 170 多万新兵进行了评估。这是全球实施的首次大规模智力测验。某些心理学家认为，该测验结果表明了那些没有盎格鲁—撒克逊血统的民族是劣等的。这些发现作为文化思潮的一部分，导致1924 年的移民法出台，从而使南欧和东欧的移民配额被削减到不足北欧和西欧的五分之一。事实上，这样笼统地评判是不恰当的，特曼后来也意识到，测验分数不仅反映人们的先天心理能力，还反映了他们的受教育程度以及对测验所涉及文化的熟悉程度。仅根据智力测验结果就判定某些人失去某种学习和工作的机会显然是不妥的，这就是心理测验的滥用。当初特曼修订比奈的测验以适应加利福尼亚的儿童，最后又用这个修订过的测验来对其他国家的移民进行筛选，看起来似乎有点可笑。早期智力测验的滥用警示我们，科学可能受到潜在的价值观和意识形态的制约。

（二）韦克斯勒智力测验

使用最广泛的智力测验是韦氏成人智力量表（Wechsler Adult Intelligence Scale，WAIS），由心理学家戴维·韦克斯勒（David Wechsler，1896—1981）编制。韦克斯勒 6 岁时从罗马尼亚移民美国，是曾在 20 世纪早期被有些人认为是"低能"的东欧移民中的一员。他编制了一种适用于学龄儿童的类似测验，称为韦氏儿童智力量表（WISC）。后来，他又编制了分别适用于学前儿童的测验和用于成人的测验。20 世纪 80 年代，中国心理学恢复以后，韦克斯勒智力测验也被引进中国，经过修订后被广泛使用。

WAIS 由 11 个分测验组成，它不仅像斯坦福—比奈量表那样计算一个总体智力分数，而且还分别计算"言语"分数和"操作"（非言语）分数，言语分测验包括知识、语词、领悟、计算、相似（指出两个东西的相似之处）和数字广度测验（重复主试所说的一系列数字），这些测验包括书面和口头两种；5 个操作分测验是对测验材料（见图 9-2）的操作，很少或没有语词内容。例如，在木块图测验中，被试要用木块拼出卡片上的图形。数字符号测验是给出 9 个符号与 9 个数字分别匹配的规则，被试在另一张纸的符号下面写出相匹配的数字。另一些测验包括填图、图片排列和图形拼凑（见图 9-3）。这两种分数之间的明显差异能够让施测者注意到可能存在的学习问题。如，同一个人的言语分量表分数比其操作分数低很多，这可能意味着阅读能力缺失或者语言能力欠缺。

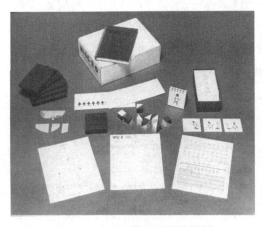

图 9-2　韦克斯勒智力测验材料

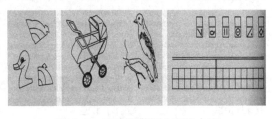

图 9-3　韦克斯勒智力测验内容

表 9-4 韦氏成人智力量表（1955 年版）举例

测验名称		测验内容	测验实例
言语量表	常识	知识的广度	水蒸气是怎样来的？ 什么是胡椒？
	理解	实际知识和理解能力	为什么电线常用铜制成？ 为什么有人不给售货收据？
	心算	数学推理能力	刷一间房子 3 个人用 9 天，如果 3 天内要完成，它需用多少人？ 一辆汽车 45 分钟行驶 25 里，20 分钟它走了多少里？
	类比	抽象概括能力	圆和三角形有何相似？ 蛋和种子有何相似？
	背数	注意力和机械记忆能力	按次序复述以下的数：1，3，7，5，4； 倒数以下的数：5，8，2，4，9，6。
	词汇	语词知识	什么是河马？ "类似"是什么意思？
操作量表	拼图	处理部分与整体关系的能力	将拼图小板拼成一个物体。如人手、半身像等。
	填图	视觉记忆及视觉的理解性	指出每张画缺了什么，并说出名称。
	图片排序	对社会情境的理解能力	把三张以上的图片按正确顺序排列，并说出一个故事。
	积木	视觉与分析模式能力	在看一种图案之后，用小木块拼成相同的样子。
	译码	学习和书写速度	学会将每个数字与不同的符号连在一起，然后在某个数字的空格内填上正确的符号。

韦氏量表不仅可以测量出智力的一般水平（综合智力），还可以测量出智力的不同侧面，分别得到言语智商和操作智商。言语智商和操作智商虽然有很高的正相关（0.77—0.81），但用这两种量表测得的却是不同的能力。

韦克斯勒还革新了智商的计算方法，把比率智商改成离差智商（Deviation IQ）。提出离差智商的根据是：人的智力水平分布符合正态分布，大多数人的智力处于中等水平，其平均值 $IQ = 100$；离平均数越远，获得该分数的人就越少；人的智商从最低到最高，变化范围很大。智商分布的标准差为 15。这样，一个人的智力水平就可以用其测验分数在同龄人的测验分数分布中的相对位置来表示。公式为：

$$IQ = 100 + 15Z$$

$$其中，Z = \frac{X - \bar{X}}{S}$$

Z 代表标准分数，X 代表个体的测验分数，$\bar{X}$ 代表团体的平均分数，S 代表团体分数的标准差。因此，当我们知道了一个人的测验分数，以及他所属团体的平均分和标准差，我们就可以很容易地算出他的离差智商。

由于离差智商是对个体的智商在其同龄人中的相对位置的度量，因而不受个体年龄增长的影响。例如，一个人在测验中的得分高于同龄组平均数 3 个标准差，那么，不论他的年龄有多大，他的智商都是 145。同样，一个智力正常的儿童，无论他的年龄有多大，他的智商都是 100。

（三）特殊能力测验

智力测验只能了解人的一般能力。为了测定在某种专业活动中的能力，找出该专业所要求的心理条件，人们发展了特殊能力测验，如音乐能力测验、绘画能力测验、飞行能力测验、机械操作能力测验等。在编制特殊能力测验时，首先要对某种工作或活动进行分析，看它到底需要哪些能力，在此基础上设计测验。例如，西肖尔（Seashore，1939）编制的音乐能力测验，就是依据对音乐能力的分析编制的。西肖尔的音乐能力分析如表 9-5 所示。

表 9-5　音乐能力测验的内容

一、音乐的感觉能力		
	基础音乐能力	复杂音乐能力
1	音调高低的感觉	节奏的感觉
2	音强的感觉	音色的感觉
3	时间的感觉	和谐的感觉
4	广度的感觉	音量的感觉
二、音乐的动作		
1	音调高低的控制	
2	音强的控制	
3	时间的控制	
4	音色的控制	
5	节奏的控制	
6	音量的控制	
三、音乐的记忆与想象能力		
1	肌肉运动的表象	
2	听觉的表象	
3	创造想象	
4	记忆的广度	
5	学习的能力	
四、音乐的智能		
1	音乐的自由联想	
2	音乐的回想力	
3	普通智力	
五、音乐的情感		
1	音乐的测验：喜悦和厌恶	
2	对于音乐情绪的反映	
3	对于音乐情感的自我表情	

根据上面的分析，西肖尔设计了五方面的测验项目，分别测量辨别不同音强、音高的能力，测量时间、和谐、记忆、节律方面的能力。在西肖尔编制音乐能力测验之后，一些包含更复杂的音乐内容的测验也随之发展起来。

特殊能力测验由于具有较强的针对性，因而对职业定向、选拔人才、儿童特殊能力培养有重要意义。

四、心理测验的质量标准

心理测验要想得到广泛的接受和认可，必须具备三个条件：信度、效度和标准化。

（一）信度

信度（Reliability）是指某一测量工具能够得出一致分数的程度。如果你在同一个早晨，对体重进行了三次测量，但有三个不同的读数，那么这个测量是没有信度的，因为你没有得到一致的结果。当然，能不能得到一致的结果还取决于你的体重是不是不变的，如果你在两次测量间吃了一顿大餐，那么结果肯定会是不一样的。所以，测量工具是否可信与测量对象是否保持一致有关。

检测一种测验是否可信的直接方法之一是计算重测信度（Test-retest Reliability），即对于同一个人、同一个测验，在两种情况下所测结果的相关程度。相关系数最高可以达到 +1.00。这意味着在不同的时间点上，得分的模式是相同的。第一次测验时得到最高分和最低分的被试，在重测时会有相同的结果。完全不可信的测验的相关系数为 0，也就是说在两次测验的分数间没有任何联系。相关系数越高（趋近于 1），测验的信度越高。

（二）效度

效度（Validity）是指测量的有效性，即一个测验对它所要测量的特性准确测量的程度。一个测验总是为一定的测量目的而设计编制的，并具有一定的操作规则和使用范围。判断它的效度高低，首先要看它达到测验目的的程度。只有能正确地测量出所要测的东西，才算是高效度的测量。比如，如果我们要测量学生的算术能力，但是用的是英文书写的算术题目，他的成绩不佳可能是算术能力差，也可能是英文能力差导致的。那些测验作为一个算术测验就是无效的。

与信度相比，效度是一个更重要的概念，如果一个测验的效度高，它必定是可靠的。但反过来，一个测验具有很高的信度，却不一定有效。例如，高尔顿认为颅骨的大小与智力有关，并且他也的确能够极为可靠地测出颅骨的大小，但是，因为颅骨的大小与智力并没有关系，测量虽然可靠，却并不有效。

（三）常模和标准化测验

当一个测验具备了信度和效度以后，我们还需要对测验的分数做出解释。这就需要有一个常模（Norm）。如果我们用一个抑郁量表测量一个人的抑郁程度，得了20分，这个分数意味着什么呢？他是重度还是轻度抑郁，还是完全不抑郁呢？这就需要把这个分数与其他受测者的分数或者是统计常模做比较。通过查看测验的常模，你可以了解到分数的大致范围，以及在你的年龄和性别范围内的平均分数是多少，从而提供依据来解释抑郁得分的意义。

常模就是测验成绩的标准，依据这个标准同一个测验中个体的测验分数与他人测验分数之间可以相互比较。比如说，常模可以告诉受测者高于其测验分数的人占到所有受测者的百分比是多少，据此，测验者可以知道自己在这个群体中的位置。已经建立起常模的测验叫标准化测验（Standardized Test）。建立常模的基本方法是由测验编制者计算特定样本所有个体所得分数的平均数，这个特定样本是从测验所针对的总体中随机抽取出来的。然后测验编制者通过个体的原始测验分数就可以了解到他与其他受测者测验分数的差异程度。受测者也能了解到自己的原始分数较之其他受测者的意义，并因此给自己现已定性的描述。由此可见，用来建立常模的受测者样本对常模建立过程十分重要，因此，建立常模的被试必须在测验所指向的总体中具有代表性。

为了使常模有意义，每个人必须在标准情境下参加同一测验，这就涉及标准化（Standardization）的另一层含义，即在同一条件下对所有人、以同样的方式实施测验。比如施测环境、施测条件等的一致性。标准化在实践中并不总能做到，比如在一年一度的高考中，有的考场有空调，有的考场没有，而天气又特别炎热的情况下，没有空调的考场中的同学的成绩可能就会受到影响了。

五、自适应测验

自适应测验是指以项目反应理论为基础建立试题库，并由计算机根据受测者的能力水平自动选择测试题，最终对受测者的能力做出最好估计的一种新型测验。美国教育考试服务公司已经使用计算机来管理所有的测验受测者，不仅通过计算机来阅读和回答测验问题，而且所接受的测验本身也是个性化的。在自适应测验中，每一个受测者所接受的测验问题都不相同。计算机首先呈现的是随机选择的中等难度的项目。如果受测者回答正确，那么计算机就呈现一个随机选择的难度稍大一点的项目；如果回答错误，那么计算机就呈现一个稍简单一点的项目。每一次所呈现的项目难度都根据前面回答的情况进行调整。最后，如果你回答较难项目的数目越多，你的得分就越高。

因为计算机自适应测验能较快地测量出受测者的水平，所以测验所用的总时间比传统测验要短得多。受测者不必花大量的时间去做那些超出或低于他们能力水平的题目。但计算机自适应测验的批评者认为这种测量方式可能对某些受测者不公平，因为这些受测者较少接触计算机，所以也较少进行计算机方面的实际操作，或者说伴随着面对测量媒介时的不舒服感。但美国教育考试服务公司驳斥了这个观点，虽然一些研究也显示妇女和年长的受测者在测验开始时确实表现出较强的焦虑，但他们最后的成绩并没有受到影响。

第三节　情绪智力

一、什么是情绪智力？

为什么一些能力很强的人"在获得更好的婚姻、成功养育子女以及获得更好的心理与身体健康方面往往并不是更有效"？答案可能在于沙洛维和梅耶（Salovey & Mayer, 1990；Salovey et al., 2002）所说的情绪智力（Emotional Intelligence），即知觉、表达、理解和调节情绪的能力。情绪智力是社会智力的重要组成部分，它不一定与学术能力相关。情绪智力高的人是能够自我觉知的，他们能够管理自己的情绪，不会产生严重的抑郁、焦虑或愤怒控制情绪；他们能够为了追求长远回报而延迟满足，不被即刻的冲动所支配；他们的同情心使他们读懂别人的情绪；他们能够巧妙地应对别人的情绪，知道应该对一位伤心的朋友说什么话，如何鼓励同事，如何圆满地解决冲突。简而言之，他们是情绪上的聪明人，因此，他们常常能在职场、婚姻和教育等方面获得成功，而高智商（低情商）的人在这些方面往往比较失败。

情绪研究者卡罗尔·伊扎德（Izard, 2001）领导的一项研究，评估了5岁儿童识别和说出面部情绪的能力。甚至在控制了语言能力和气质因素之后，那些能够最准确辨别情绪的5岁儿童到9岁时也更容易交到朋友，更易与教师合作，以及有效管理自己的情绪。

在极端情况下，大脑损伤可能会降低情绪智力，而学业智力却不受影响。衣阿华大学神经科学家安东尼奥·达马西奥（Antonio Damasio）记录了2000多例脑损伤病人，他报告了一个名叫埃利奥特的人，此人智力和记忆都正常。但自从被切除了一个脑瘤之后，他就一直没有情绪地活着。"在和他的大量交谈中，我没有看到他的一丝情绪，"达马西奥（1994）指出，"没有悲伤，没有急躁，没有挫折。"给他呈现令人恐惧不安的图片，内容涉及受伤的人、被毁的社区和自然灾难，他表现得无动于衷。由于缺乏情绪信号，埃利奥特的社会智力骤然跌落。后来他失业了，因为他不能自觉地调整自己的行为来对别人的感受做出反应。他垮掉了，离婚后再婚，再婚后又离婚了。据最后的报告说，他靠一位兄弟的照顾和领取残疾人救济金生活。

这样看来，传统智力测验的确能够在某种程度上预测个体的职业状况和工作表现，智力在需要脑力的工作中是重要的。不过，一旦进入职业，那些同时具有其他特质的人会变得更加成功。因此，在智力测验之外，其他社会智力或情绪智力也是非常值得我们关注和研究的重要能力。

二、情绪智力的理论

耶鲁大学的沙洛维（P. Salovey）和新罕布什尔大学的梅耶（J. Mayer）对情绪智力进行讨论后，把情绪智力描述为由三种能力组成的结构。这三种能力分别是能准确认知、评价和表达情绪的能力；有效调节情绪的能力；将情绪体验运用于驱动、计划和追求成功等动机和意志行为过程的能力。在对情绪智力做了进一步研究后，将情绪智力界定为能区分或认知自己与他人情绪的能力、调节自己与他人情绪的能力以及运用情绪信息去引导自己思维的能力的综合。

心理学家丹尼尔·戈尔曼（Daniel Goleman）认为，情绪智力包括五个方面的能力：第一是认识自身情绪的能力；第二是妥善管理自己情绪的能力；第三是自我激励的能力；第四是认识他人情绪的能力；第五是人际关系的管理能力。以上五种能力与自知、自控、热情、坚持、社交技巧等非智力因素相关。

在对情绪智力理论进行多年研究后，沙洛维和梅耶（1997）对情绪智力的内涵做了全面概括，这些能力在个体的发展和成熟过程中具有先后次序和级别高低的区别，第一级能力最先发展，第四级能力比较成熟，要到后期才能发展。

第一级，对情绪的认知、评估和表达能力。主要包括从自己的生理状态、情感体验和思想观念中辨认自己情绪的能力；通过语言、声音和行为，从他人、各种设计和艺术作品中确认情绪的能力；精确表达自己的情绪，以及表达与这些情绪有关的需要的能力；区分表情的精确性和真实性的能力。

第二级，情绪对思维活动的促进能力。主要包括情绪促进思维，将注意指向重要信息的能力；产生生动和有效情绪的能力，从而帮助感情判断与记忆；心境的起伏使个人从积极到消极摇摆变化，促使个体从多个角度、多个方面进行思维的能力；情绪状态对特定问题解决具有促进的能力。

第三级，理解和感悟情绪，在对情绪进行分析的基础上获得情绪知识的能力。主要包括标识情绪，认识情绪本身与语言表达之间关系的能力；理解情绪传达意义的能力；理解复杂感情的能力；识别情绪转换的能力。

第四级，对情绪进行成熟调节以促进心智发展的能力。主要包括以开放的心态接受各种情绪的能力；根据信息的判断，操作情绪的能力；监察与控制自己和他人的情绪的能力；通过降低消极情绪和增强积极情绪以调节自身和他人情绪的能力。

从沙洛维和梅耶对情绪智力的理论解释中可以看出，情绪智力与人的认知和情绪情感过程紧密联系，它既反映了认知活动对人的情绪和情感的引导作用，也反映了情绪活动对认知活动的促进作用。情绪智力理论的提出使人们从理论上认识到，人是有能力调节和控制自己的情绪的。情绪智力高的人，能够很好地觉察和意识到自己与他人的情绪状态，并能有效地调节和控制自己的情绪；而情绪智力低者，则较难觉察和意识到自己与他人的情绪状态，只能听任情绪的摆布并表现出不适当的行为。

中国学者对情绪智力也进行了大量研究，王晓钧（2000）对情绪智力的理论结构开展了实证研究，他认为，将情绪智力看作"情绪的认知结构"更恰当。他将情绪智力分为四个因素：自我情绪认知能力、社会情绪认识能力、情绪思维能力、情感成熟监察能力。张进辅等人（2004）认为情绪智力是人们在学习生活和工作中影响其成功与否的非认知性心理能力，包括情绪觉知能力、情绪评价能力、情绪适应能力、情绪调控能力和情绪表现能力五种因素，这些能力又可分为若干次级的成分。

三、情商

情商（Emotional Intelligence Quotient，EQ）是"情绪商数"的简称，它代表了一个人的情绪智力的指数。第一个使用 EQ 概念的人是巴昂（Baron），他在 1988 年编制了一份测量 EQ 的问卷（EQ-i）。根据他的定义，EQ 包括了能影响人们适应环境的情绪及社交能力。

让 EQ 一词走出心理学的学术圈子，成为人们日常生活的用语，是戈尔曼 1995 年出版的《情绪智力》一书，该书曾经登上世界各国畅销书排行榜，在全世界范围内掀起了一股 EQ 热。戈尔曼认为情商是个体的重要生存能力，是一种发掘情感潜能、运用情感能力影响生活各个层面和人生未来的关键品质。在个体成功的要素中，智力因素是重要的，但更为重要的是情感因素。

戈尔曼发现，EQ 对个体在职场的表现有非常重要的影响。一个针对全美 500 大企业员工所做的调查发现，不论哪种产业，一个人的 IQ 和 EQ 对他在工作上成功的贡献为 1∶2，也就是说，对于工作成就而言，EQ 的影响是 IQ 的两倍，职位越高，EQ 对工作表现的影响越大。对某些工作来说，如营销业务以及客户服务等，EQ 的影响更明显。

戈尔曼针对职场工作表现，提出了工作 EQ 的架构。经过不断地测试和修正，戈尔曼的工作 EQ 模型共有 4 大项 18 小项内容。

1. 自我察觉

（1）意识到自己情绪的变化：解读自己的情绪，认识情绪的影响。

（2）精确的自我评估：了解自己的优点及不足之处。

（3）自信：掌控自身的价值及能力。

2. 自我管理

（4）情绪自制力：能够克制冲动及矛盾的情绪。

（5）坦诚：展现出诚实及正直，值得信赖。

（6）适应力：弹性强，可以适应变动的环境或克服障碍。

（7）成就动机：具备提升能力的强烈动机，追求卓越的表现。

（8）冲劲：随时准备采取行动，抓住机会。

3. 社交察觉

（9）同理心：感受到其他人的情绪，了解别人的观点，积极关心他人。

（10）团体意识：解读团体中的趋势、决策网络及政治运作。

（11）服务：感知到客户及其他服务对象的需求，并有能力加以满足。

4. 人际关系管理

（12）领导力：以独到的愿景引导及激励他人。

（13）影响力：能说服他人接受自己的想法。

（14）发展其他人的能力：通过回馈及教导，来提升别人的能力。

（15）引发改变：能激发新的做法。

（16）冲突管理：减少相左意见，协调共识的能力。

（17）建立联系：培养及维持人脉。

（18）团队能力：与他人合作的能力；懂得团队运作的模式。

如果一个人能在上述18项EQ能力里面拥有5—6项，且能分布到4大项中，那么他的EQ能力就已经很突出了，他在职场上的表现也会很好。

要测量工作中的EQ，目前使用比较广泛的量表是情绪胜任力问卷（Emotional Competence Inventory, ECI），总共有110道题目。该问卷收集的资料除当事人自陈报告外，还有来自他的上司、下属和同事的，这样做会使结果更加客观和准确。

第四节　智力的发展及其影响因素

一、智力发展的一般趋势

人的一生中，智力水平随个体年龄的增长而变化。一般来说，智力的发展可以划分为三个阶段，即增长阶段、稳定阶段、衰退阶段。依据学者在20世纪70年代的研究，得出以下的结论：从出生到15岁左右是智力发展的最重要时期，智力的发展与年龄几乎等速增长,之后增长速度逐渐减慢。一般到18—25岁,智力的发展达到高峰;在成人期,智力表现为一个较长时间的稳定保持期,可持续到60岁左右;进入老年阶段(60岁以后),智力的发展表现出迅速下降现象,进入衰退期。

但是,我们需要注意的是,随着社会经济发展和科技进步,人们的生活质量普遍提高,营养丰富、环境清新、医疗条件改善等使人的寿命大幅度增长。在这种情况下,智力发展总体呈倒"U"形的变化趋势——早期上升发展,中期长时间平稳,最后老年期迅速衰退,没有改变。但各个阶段的转变时间已经发生了变化。环境刺激的丰富和营养的保障促使儿童更早地成熟发展,医疗条件和社会福利保障的提升也在很大程度上让老年人推迟衰退,60岁以上精神矍铄、思维活跃继续工作的老年人越来越多。

智力是由许多不同的成分组成的,各种成分在一生中的发展轨迹不同,到达顶峰的时间也不同,如前面所提到的液体智力与晶体智力的发展轨迹是不同的(如图9-4所示)。

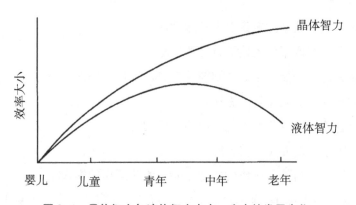

图9-4　晶体智力与液体智力在人一生中的发展变化

二、智力发展的个体差异与群体差异

(一)智力发展的个体差异

1. 智力发展水平的差异

智力有高低的差异,大致来说,智力在人口总体的表现为正态分布:两头少,中间多(见表9-6所示)。智力高度发展叫智力超常或天才;智力发展低于一般人的水平叫智力低下或智力落后;中间分成不同的层次。如果我们用韦克斯勒智力量表来测量某一地区的全部人口的智力,则智商在100 ± 15范围内的人应占全部人口的68.2%,智商在100 ± 30范围内的人应占全部人口的95.4%。智商高于140或低于70的人在全部人口中只有极少数。

表 9-6 智商在人口中的分布情况

IQ	名称	占比
140 以上	极优等	1.33%
120—139	优异	11.30%
110—119	中上	18.10%
90—109	中才	46.50%
80—89	中下	14.50%
70—79	临界	5.60%
70 以下	智力落后	2.90%

智力超常者大约占全部人口的 1%。20 世纪初，特曼（Terman，1916）用智力测验来鉴别超常儿童，凡智商达到或者超过 140 的儿童被称为天才儿童。这种儿童的特点是：观察事物细致、准确；注意力容易集中，记忆速度快、准确而牢固；思维灵活，有创造性，不易受具体情境的局限。

智力落后者并不是某种心理过程的破坏，而是各种心理能力的低下，其明显的特征是社会适应不良。智力落后的儿童一般特点为：知觉速度缓慢、范围狭窄、内容笼统、词汇贫乏；对词和直观材料的记忆都差，再现时歪曲和错误较多；他们的语言发展迟缓、词汇量少、缺乏连贯性；在认知活动中缺乏概括力；严重丧失生活自理能力。

2. 智力发展早晚的差异

人的智力的充分发展有早晚的差异。有些人的智力表现较早，年轻时就显露出卓越的才华。这叫"少年早慧"。如王勃 10 岁能赋；李白 5 岁诵六甲、10 岁观百家；奥地利作曲家莫扎特 5 岁开始作曲，8 岁试作交响乐，11 岁创作歌剧；控制论创始人维纳，在幼年时就表现出非凡的智力，18 岁时获得博士学位。在音乐、绘画、文学创作等领域，早期就表现出超强智力的情况较为常见。

另一种情况叫作"大器晚成"，指智力的充分发展在较晚的年龄才表现出来。这些人在年轻时并未显示出众的才能，到中年才崭露头角，表现出惊人的才智。英国著名生理学家谢灵顿在年轻时放荡不羁，后来幡然悔悟，立志向学，获得巨大的成就；达尔文到 50 岁才开始有研究成果，写出名著《物种起源》一书。这种情况在科学和政治领域屡见不鲜。

3. 智力结构的差异

智力有各种各样的成分，它们可以按不同的方式组合，从而形成人和人之间在能力上的差异。例如，有人强于想象，有人强于记忆，有人强于思维等。又由于不同能力的结合，形成了人和人之间在智力结构上的差异。例如，在音乐能力方面，有人有高度发展的曲调感和听觉表象能力，但节奏感较差；有人有较好的听觉表象能力，但曲调感差。

智力结构的差异还表现在"智障天才"的个体身上。如电影《雨人》中的男主角，"他能很快背下电话本上从 A 到 G 所有的电话号码。牙签盒碰倒在地，他能立即说出牙签有多少根"。其实这个故事并非凭空杜撰，其原型来自美国盐湖城的金·匹克（Kim Peek，1951—2009）。金精通从文学到历史的 15 门学科，能一字不漏地背诵至少 9000 本书的内容。他知道美国所有的邮政编码和电话区号。他能给出在任意两个美国大城市之间旅行的路线。然而，他的动作协调能力很差，生活方面的表现异常低能，甚至不能自己扣纽扣（Treffert & Christensen，2005）。

（二）智力发展的群体差异

1. 智力的性别差异

埃利丝（Ellis，1894）发表的《男人和女人》一书标志着性别差异研究的开始，之后人们的研究兴趣开始集中于智力水平的性别差异。韦克斯勒（1958）对 8—11 岁的儿童进行智力测验，结果发现男女儿童有明显的差异，他们在智力的不同方面表现出各自的优势。劳森等人（Lawson, Inglis & Tittemore，1987）分析了韦氏智力测验修订版（WAIS-R）常模中的 1100 名女孩和 1099 名男孩，发现女孩在言语量表上的得分高于男孩，而在操作量表上的得分低于男孩。这些研究说明，性别差异并未表现在一般智力因素上，而是反映在特殊智力因素上。

空间能力是体现性别差异最明显的一种能力。空间能力一般包括空间知觉能力、心理旋转能力、空间视觉化能力和时间空间判断能力等。一些研究表明，男女两性在视觉—空间能力上存在明显差异。男性在心理旋转和追踪移动物体任务上的成绩高于女性，且接近一个标准差。在数学能力上，男女两性间也存在稳定的差异。一般来说，女生在小学和初中阶段的数学能力优于男生，但青春期以后，这种优势被男生占有，并且男生一直把这种优势保持到了老年。

智力的性别差异还表现在言语能力上。言语能力是对语言符号加工、提取和操作的能力，表现在听、说、读、写等方面。女性在语词流畅性上显著好于男性，在阅读和拼写上的成绩也比男性好。与女性相比，男性被诊断为阅读障碍的比例较高。也有一些研究表明，男女两性在言语和数学能力上的差异日益缩小。

造成男女在空间能力、数学能力和言语能力上存在差异的原因，既有社会方面的因素，也有生理方面的因素。研究发现，男性和女性的胼胝体大小有所不同，女性的胼胝体大于男性。胼胝体是联结左右两个大脑半球的神经通道，主要功能是交流和传递左右半球的信息与习得经验。由于女性的胼胝体大于男性，使女性左右两半球的神经联结加强，导致了女性大脑的特异性功能比男性差。这种大脑双侧化功能有利于女性在词语流畅性上有良好的表现，但不利于数学能力、机械能力等抽象能力的发挥。有学者从进化论的角度解释男女在三维空间里的领航技能差异，我们的男性祖先主要从事狩猎，活动空间半径大得多，女性祖先主要在居住地的附近从事采集野果的活动，所以男性的领航技能高。

从社会因素方面看，男女两性在社会中的分工不同，角色期待不同。社会对男性的期望更强调竞争性和任务定向，而对女性则更强调情感和表达。这种性别角色上的差异可能促使女性比男性更善于表达，而不是承受更多的社会压力。

2. 智力的种族差异和职业差异

除了性别差异外，不同种族、职业的人群间也存在智力上的差异，这种差异主要表现在智力测验的平均得分上。大量的研究表明美国黑人在智力测验的平均得分比白人低，而犹太人和亚洲人或亚裔美国人在智力测验上的得分比白人高。对不同职业的团体进行研究也发现，从事脑力劳动的人群比从事体力劳动的人群 IQ 得分要高，如技术人员、财会人员等具有较高的 IQ 得分。这种不同团体间在智力测验平均分数上的差异是普遍存在的。

为什么智力测验的分数存在团体的差异？在种族差异问题上，一种极端的观点是遗传决定论。詹森（A. Jensen）把黑人团体和白人团体在智力测验分数上的差异归因于遗传的差异，认为黑人和白人在环境条件，如医疗条件、营养和社会经济地位等方面的差异，不足以说明他们在 IQ 上存在的差异，环境的剥夺不一定导致低的 IQ。然而更多的证据表明，黑人和白人在 IQ 上的差异是由环境因素导致的，因为父母的受教育程度、父母的社会经济地位都是影响子女 IQ 的重要环境因素。有研究发现，黑人中等智商的男孩被白人家庭收养后，孩子的平均智商会提高，甚至超过白人孩子在同一测验上的平均 IQ 得分。

智力测验本身的文化公平性也是不同团体间智力测验分数存在差异的原因之一。大多数智力测验是依据某一团体（如美国白人）的生活经验编制的，测验所使用的语言符合该团体的文化习惯，评价标准也依该团体而定。我们把这样的测验运用到其他团体中去，文化上的不公平性必然影响其他团体的智商。

三、影响智力发展的因素

（一）遗传因素

智力会遗传吗？这个看似简单的问题其实充满了争议。一些心理学家认为遗传因素对智力的影响很大，而另一些心理学家则认为环境因素起主导作用。那么，支持他们的证据有哪些呢？

心理学家高达德（H. H. Goddard，1866—1957）和其他一些研究者都强调智力的遗传作用。他们的观点来自对两个家族的个案研究：尤克（Juke）家族和卡利卡克（Kallikak）

家族。他们宣称这两个家族被追踪了好几代，研究显示家庭基因中有不好的成分，因而不可避免地生出了有缺陷的后代。卡利卡克的家庭树中有"好的种子"，也有"不好的种子"。马丁·卡利卡克是一名战士，他的一个儿子是他与一个有发育障碍的女子的私生子。他们的后代共有 480 人，这些人当中只有 46 人是正常的，另有 143 人有身心缺陷，而其他成员普遍有犯罪、酗酒、心理障碍和违法行为。相反，马丁·卡利卡克后来娶了一个"好女人"，他们的后代有 496 人，只有 3 个有身心缺陷。高达德发现这种高质量结合的后代有很多都很"优秀"（Goddard，1914）。高达德开始相信，遗传决定智力、天才和优秀等方面。在负性方面，他列举了行为不良、酗酒、淫荡和发育不良，甚至贫穷（McPherson，1985）。

高达德的遗传劣等论点得到了以下事实的支持：在第一次世界大战的军队智力测验中，美国黑人和其他有色少数民族的成绩低于大多数白人。在今天的美国，美国黑人和拉丁美洲人在标准智力测验中的平均分数要比亚裔美国人和白人低。当然在所有的组中都有极高 IQ 值的个体。

一个证明遗传因素作用的经典研究是泰伦（Tryon，1929）用两组大鼠所做的研究。他把两组大鼠分开饲养和繁殖，一组是在迷津测验中学习特别快的"聪明鼠"，另一组是学习慢的"愚笨鼠"。经过几代繁殖后再进行迷津测验，结果表明"聪明鼠"后代中学习最慢的大鼠也能胜过"愚笨鼠"后代中成绩最好的大鼠。这一结果和其他优生学（对期望的特性进行选择性育种）研究说明，遗传对一些特性的影响是很大的。这可能是对的，但是迷津学习的成绩是否真实地反映了智力的差异呢？不一定。泰伦的研究似乎能证明智力是可以遗传的，但后来的研究者发现，"聪明鼠"主要是因为寻求食物的动机更强，在测试期间不大分心，所以学得更快。如果随后不再喂食，"聪明鼠"和"愚笨鼠"的表现就没多大差别了。泰伦的研究确实证明了一些行为特点受遗传的影响，但对于智力尚不能下此结论。

随着脑科学的发展，通过大脑扫描显示，同卵双生子有相似的灰质容量。此外，与异卵双生子不同，他们大脑中与语言和空间智力相关的区域事实上是一样的。另外，关于"天才基因"的研究发现，在组合起来影响智力的许多基因中，位于第 6 条染色体上的一个基因最近被确定为"天才基因"。两项研究表明，在智力分数极高的儿童中有 1/3 的人携带该基因，而在智力分数一般的儿童中只有 1/6 的人携带该基因。

另外，在动物实验中，研究者通过把一个额外的基因植入老鼠的受精卵，可以生产出更聪明的老鼠——这样的老鼠擅长学习和记忆藏在水下的平台的位置，或者认出预示电击即将到来的线索。这个基因能够激活一个与记忆有关的神经受体。

研究者如何确定智力在多大程度上是由遗传决定的？通常，研究者通过考察智力在同一家族中是否相似来回答这个问题。在回答这个问题时，研究者需要将基因和环境的影响区分开来。一种方法是比较同卵双生子、异卵双生子和其他基因有重叠的亲戚的功能。图 9-5 表示了根据基因关系形成的个体 IQ 值的相关程度（Polmin & Petrill，1997），我们可以看到，基因越相似，其 IQ 值越接近。

但是，也有某种证据表明，存在环境效应。在图 9-5 的数据中，我们可以看到环境的作用被显示出来，在相同环境下成长的个体 IQ 值相似度也很高。图 9-5 表示了同卵双生子和异卵双生子在共同抚养（相同的家庭环境）与分开抚养（不同的家庭环境）情况下 IQ 得分的相关程度。在比较中，也包括了血缘和抚养意义上的同胞（兄弟姐妹）、父母和孩子的数据。结果显示，基因因素（是人在基因物质上有重叠）和环境因素（共同的家庭环境，表示环境相同还是不同）都很重要。例如，同卵双生子比异卵双生子在 IQ 值上有更高的相关度——基因的影响。但是，当两类双生子分别共同抚养时，其相关性都有提高——这反映了环境的影响。

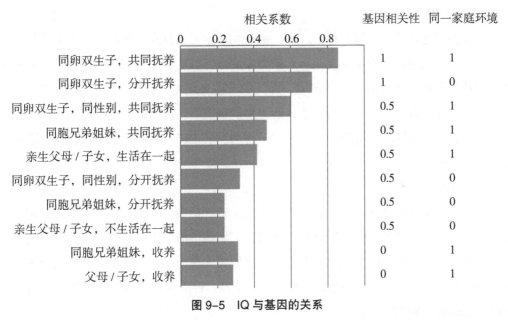

图 9-5 IQ 与基因的关系

研究还发现，随着年龄的增长，养父母对孩子的影响不断减少，收养儿童与收养家庭间的心理相似性消失了；到成年时，其相关系数大致为 0。这样的研究结果与广泛流行的观点（随着我们生活经验的积累，环境对诸如智力等特质的影响将会增大）相反。其实，相反的观点似乎是正确的：随着年龄的增长，遗传的作用将来得更加明显。收养儿童的智力分数变得更像其亲生父母了，同卵双生子 80 岁时，其相似性还继续保持着甚至还会提高。

关于遗传力的估计问题，不同的研究得到了不同的结果。如果按照马克·吐温的提议，将一些男孩放在木桶里喂养到 12 岁大，食物是通过木桶上的小孔喂给，那么从木桶里出来时他们的智力肯定低于正常水平。然而，如果他们生活的环境相同，那么这些孩子在 12 岁时 IQ 上的表现差异只能由遗传来解释。显然，这是有问题的。如果所有学校都有一致的教学质量，所有的家庭都一样充满爱，所有的社区都一样健康，那么遗传带来的差异将会增加（因为由环境带来的差异已经降低）。从另一个极端来说，如果所有的人都有相似的遗传，而在差异很大的环境中长大（木桶里或者优越的家庭环境），那么遗传的影响会变得很低。

在这个问题上，我们还需要注意，基因和环境存在相互促进的情况。那些先天有数学天赋的学生在高中时选择数学课程。由于他们的先天数学能力及其数学经验，在以后的数学能力考试中也更可能得高分。如果你在遗传上有微弱的智力优势，那么你就更可能继续深造、读书，这些都将增强你的大脑的认知能力。因此，我们的基因会塑造经验，而经验也会塑造我们。

（二）环境因素

环境因素通常指的是客观现实，即人们的物质生活条件和精神生活条件的总和。一般来说，多数儿童的素质相差无几，其智力发展之所以有较大的差异，很大程度上是由后天的环境所致。现代科学已经证明，胎儿的产前环境对其智力发展有着重要的影响，并且出生后在良好环境中生活的儿童，智力发展得更好。从狼孩等一些极端的例子里我们可以知道，人初期的环境剥夺将成为孩子智力发展中极为不利的因素，甚至会造成严重的智力障碍。

1. 早期经验的影响

人类的环境极少像被剥夺的老鼠所生活的黑暗、枯燥的笼子环境那样恶劣，这些老鼠形成的大脑皮层比正常的老鼠要薄。然而，早期艰难的生活经历的确会给人们留下烙印。心理学家丹尼斯（D. Dennis）进行的一项研究发现，在孤儿院里生活的儿童智商发展缓慢，平均只有 53 分，而这些儿童一旦被领养，智商发展速度则明显加快，后来的智商平均可以达到 80 分。

在伊朗一家贫穷的孤儿院里，心理学家亨特（M. Hunt）发现了早期经验的显著效应，并指出了早期干预的重要作用。他在那里见到的普通儿童 2 岁时没有帮助还不能坐起来，或者 4 岁时还不会走路。这些婴儿得到的照顾甚少，而且他们哭闹、咕咕地叫或其他行为都得不到任何回应。因此，他们没有发展出对自己环境的任何控制感。极端的剥夺生活制约了他们先天智力的发展。

认识到回应性照料的好处后，亨特开展了一个辅导项目，例如，他训练照看者和婴儿进行口头游戏。他们首先模仿婴儿的咿呀学语，然后，引导婴儿口头上跟着学，从一个熟悉的声音转到另一个声音。接下来，他们开始教波斯语的发音。结果是激动人心的，到 22 个月大时，接受这种语言促进训练的 11 名婴儿全都能说出 50 多种事物和身体部位的名字。这些婴儿变得非常可爱，大多数都被收养了。这是孤儿院空前的成功。

亨特的研究结果表明了环境的重要性。毫无疑问，人们要为极度恶劣的环境付出代价。当婴儿从极度贫困而造成的营养不良中解脱出来，获得营养补给的同时，贫困对身体和认知发展造成的影响就会得到缓解。这里需要提醒大家注意的是，营养不良、社会隔离和感觉剥夺会阻碍大脑的正常发展，但是，正常和"丰富"环境之间的差异却没那么大。

2. 家庭环境的影响

家庭环境如何影响孩子智力的发展呢？家长的智力水平不同，孩子的智力发展也会表现出差异。家长的教养方式不同，对孩子的发展也有很大的影响，家长的社会经济地位不同，给孩子提供的环境刺激也有所不同。环境是在多种维度上变化的复杂刺激的组合体，既是物理的也是社会的，在家庭中也一样。即使在同一家庭中的孩子也不是分享同一种心理环境。回想一下你在家庭中的成长经历。如果你有兄弟姐妹，他们是否得到了父母同样的关注；是否随时间不同，感到的家庭压力也不同。家庭经济状况、父母婚姻和谐与否、家庭结构的差异等等诸多因素，都可能会对生活在其中的孩子产生影响。研究还发现，缺乏母亲抚爱的婴儿，可能出现智力发展问题。有安全感的孩子喜欢探索环境，而探索环境正是智力发展的重要条件。

心理学家怀特（B. White）研究了 400 名儿童，发现父母对孩子的教养方式可以影响孩子的智力水平。有的家长关心孩子但不去干涉孩子，有的家长严格对待孩子或者对孩子放任自流，前者较之后者的智力发展要好。

3. 学校教育

学校教育本身就是一种干预，智力分数即可反映其效果。切奇和威廉斯（Ceci & Williams，1997）收集的证据显示，学校教育和智力互有贡献，且它们都可以增加以后的收入。高智力可延长求学经历。但是，也存在这种现象：智力分数倾向在学年里提高，在暑期里下降。当学生停止接受学校教育时，智力分数就会降低。读完高中的孩子与那些较早离开学校的对照组孩子相比，智力分数的提升幅度要大一些。IQ 分数不断提高的弗林效应，可能部分是由于近半个世纪以来学校教育的时间增加所致，部分是由现今接受良好教育的父母提供了有利的家庭环境所致。

弗林效应是关于智力随年龄变化的一种现象，只是它关注代际变化。通过对发达国家超过三代人 IQ 分数的分析，政治科学家詹姆斯·弗林（James Flynn）得出结论：20世纪 80 年代，20 岁的人的 IQ 平均分比 1940 年对应的人群高 15 分，平均每年增长 0.33。

弗林认为观察到的平均测验分数的增加是由于环境而不是遗传因素所致，但分数的增加不能简单归因于学校教育水平的提高，其他可能的因素也存在，如父母更高的教育成就，父母对孩子的关注更多，更好的营养条件，更少的童年期疾病，以及日益复杂的技术社会。

4.社会文化因素

不同的社会文化因素会造成人们智力发展的差异。加德纳认为，尽管在不同社会文化环境和教育条件下的人们都存在多种智力潜能，但在不同社会文化环境和教育条件下，人们智力发展的方向有着鲜明的区别。如以航海为生的文化偏向空间智力，以机械化为主要特征的工业文化偏向语言智力和数理逻辑智力。

在社会文化环境中，社会经济地位是影响个体智力发展的重要因素。例如，社会经济地位的差异使得美国黑人的智力水平不同于白人的智力水平。跨文化的研究也证实当其他文化存在种族差异时，经济处于不利地位的种族的智商分数相对较低。

刻板印象威胁也是影响人们智力的不可忽视的一个因素。在一项研究中，黑人和白人学生都努力回答研究生入学考试中很难的语词问题。一半学生被引导着相信他们的成绩是对他们智力的诊断；另一半则只被告知，实验所关心的是影响问题解决的心理因素。刻板印象威胁理论揭示，在情境中受到刻板印象威胁影响的人表现会差一些，如分在智力诊断组的黑人学生。当黑人学生相信实验成绩可以用来检验他们的智力时，他们做得较差（Steele & Aronson，1995）。刻板印象威胁的逻辑可以应用到任何具有低成绩定式的群体。例如，如果女生接受女性在数学能力上不如男性，她们的数学成绩也往往不好。

本章重点概念

智力　晶体智力与液体智力　智力测验　韦氏智力量表　斯坦福—比奈智力测验　效度　情绪智力　智商　情商　刻板印象威胁

本章思考题

1.什么是智力？

2.智力的个体差异与群体差异有哪些？

3.影响智力形成的因素有哪些？

4.了解斯腾伯格的三元智力理论、加德纳的多元智力理论、达斯的PASS模型。

5.智力测验具有文化公平性吗？为什么？

第十章

动　机

人为什么对一些事物有兴趣，而对另一些事物没有兴趣？是什么力量使有些人可以在十分艰难困苦的条件下，仍然坚持学习和工作？这是本章要探讨的问题。动机是一个十分重要的研究领域，掌握了动机形成和发展的规律，就可以掌握人们行为的规律，提高活动效率，使自己成为行为的主人。

图 10-1　是什么驱使他做这样的事情？

第一节　动机概述

一、动机的含义与功能

（一）动机的含义

动机（Motive）是激发和维持有机体的行动，并使该行动朝向一定目标的心理倾向或内部驱力。也就是说，动机是一种内部心理过程或内部动力，而不是外界的刺激。

（二）动机的功能

1. 激活功能

动机是个体能动性的一个主要方面，具有发动行为的作用，能推动个体产生某种活动，使个体由静止状态转向活动状态。如为了消除饥饿而引起择食活动，为了获得优秀成绩而努力学习，为了摆脱孤独而结交朋友等。动机激活力量的大小，是由动机的性质和强度决定的。动机能激发起有机体产生某种活动，有动机的个体对某些刺激，特别是当这些刺激和当前的动机有关时，其反应更易受激发。例如，行走在沙漠的商队看到远处绿洲时的激动。

2. 指向功能

动机不仅能激发行为，而且能将行为指向一定的对象或目标。如在学习动机的支配下，人们可能去图书馆或教室；在成就动机的驱使下，人们会主动选择具有挑战性的任务等。可见，动机不一样，个体活动的方向和所追求的目标是不一样的。

3. 维持和调整功能

动机具有维持功能，表现为行为的坚持性。当动机激发个体的某种活动后，这种活动能否坚持下去，同样要受到动机的调节和支配。动机的维持作用是由个体的活动与他所预测的目标的一致程度来决定的。当活动指向个体所追求的目标时，这种活动就会在相应动机的维持下继续下去；相反，当活动背离了个体所追求的目标时，进行这种活动的积极性就会降低或完全消失。

二、需要

动机是在需要的基础上产生的，当人的某种需要没有得到满足时，它会推动人去寻找满足需要的对象，从而产生活动的动机。

（一）需要的内涵

需要（Need）是有机体内部的一种不平衡状态，它表现在有机体对内部环境或外部生活条件的一种稳定的要求，并成为有机体活动的源泉。这种不平衡状态包括生理的和心理的不平衡。例如，在一场剧烈的无氧运动后，人体内的电解质迅速流失，会产生补水、补电解质的需要；容易低血糖的群体，当他们血糖下降时，会产生晕厥、四肢无力的症状，此时个体会产生饥饿求食的需要；亲人离世，导致孤独，从而产生爱的需要；社会治安不好，会产生安全的需要等。在需要得到满足后，这种不平衡状态暂时得到消除；当出现新的不平衡时，新的需要又会产生。

需要是由个体对某种客观事物的要求引起的。这种要求可能来自有机体的内部，也可能来自个体周围的环境。如人渴了需要喝水，这种要求是由机体内部的要求引起的；父母"望子成龙"使孩子积极向上，这种需要是由外部要求引起的。

需要是个体活动的基本动力，是个体行为动力的重要源泉。人的各种行为，从饥则食、渴则饮，到从事物质资料的生产、文学艺术作品的创作、科学技术的发明，都是在需要的推动下进行的。

（二）需要的种类

需要按起源可以分为自然需要和社会需要，按指向的对象可以分物质需要和精神需要。

1. 自然需要与社会需要

自然需要也称生物学需要，是个体为维持生命和延续后代而产生的需要。它包括饮食、运动、休息、睡眠、排泄、抚养后代等需要。自然需要往往带有明显的周期性。如果自然需要长期不能得到满足，会严重影响个体的身心健康。

社会需要是人类在社会生活中形成的为维护社会的存在和发展而产生的需要。如劳动的需要、交往的需要、成就的需要、社会赞许的需要等。社会需要源于人类的社会生活，属于人类社会历史的范畴，并随着社会生活条件的不同而有所不同。如果这些需要得不到满足，就会使个人产生焦虑、痛苦等情绪。

人和动物都有自然需要，但需要的具体内容不同，满足需要的手段也不一样，因此人与其他动物的自然需要存在本质区别：

第一，人生活在社会中，人的自然需要可以通过使用社会的产品得到满足。如人需要新鲜的空气，这种需要可以通过使用空调设备等现代技术手段来满足。

第二，人的自然需要受社会需要的调节支配。例如，人在进食时不仅要受机体的饥饿状态的支配，而且还要考虑各种社会习俗和礼仪。在大庭广众、高朋满座的情况下，一个人即使饥肠辘辘，也不会狼吞虎咽地进食。

社会需要是在自然需要的基础上，受社会实践和教育影响而发展起来的，是人类所特有的。

2. 物质需要和精神需要

物质需要是指向社会的物质产品，并以占有这些产品而获得满足。如对日常生活必需品的需要，对住房和交通条件的需要等。物质需要是人和动物所共有的，是最基本的需要。

精神需要是指向社会的各种精神产品，以占有某些精神产品而获得满足。如欣赏艺术作品的需要，阅读报纸的需要，观看电影的需要等。

精神需要是人类所特有的。人在追求美好的物质产品时，同样表现了某种精神的需要，如向往时髦的衣服、整洁雅致的房间等。精神需要的满足离不开一定的物质产品。

3. 马斯洛的需要层次理论

马斯洛（Abraham H. Maslow，1908—1970），美国社会心理学家，人本主义心理学的主要发起者。马斯洛对人的动机持整体的看法，他的动机理论被称为"需要层次论"。1933 年马斯洛在威斯康星大学获博士学位，第二次世界大战后转到布兰代斯大学任心理学系教授兼主任，开始对健康人格和自我实现者的心理特征进行研究。曾任美国人格与社会心理学会主席和美国心理学会主席。

马斯洛于 1943 年在其《人类动机理论》一文中将需求层次理论划分为生理需要、安全需要、归属与爱的需要、尊重的需要和自我实现的需要五个层次，如图 10-2 所示。在不同的生活阶段人们的层次追求是不一样的。同时人们对权力、社交和成就的追求也是不一样的。

图 10-2 人类需要的层次

资料来源：Maslow（1968）.

生理需要指的是人对食物、水分、空气、睡眠、性的需要等。它们在人的所有需要中是最重要，也是最有力量的。当人被困在火灾中无法呼吸时，只会为了一口新鲜空气而拼命挣扎，其他一切似乎都不重要了。

安全需要表现为人们要求稳定、安全、受到保护、有秩序、能免除恐惧和焦虑等。例如，人们都希望有一个能够安居乐业、稳定的环境，从事自己所喜欢的职业。抑或是婴幼儿需要母亲在身边，才能保证其安全感。由于环境中的未知因素，他们的安全需要就显得尤为强烈。

　　归属与爱的需要指的是一个人要求与其他人建立感情的联系或关系，如结交朋友、追求爱情、参加一个团体并在其中获得某种地位等。

　　尊重的需要包括自尊和希望受到别人的尊重。自尊需要的满足会使人相信自己的力量和价值，使其在生活中变得更有能力，更富有创造性。相反，缺乏自尊会使人感到自卑，没有足够的信心去处理面临的问题。

　　自我实现的需要（Self-actualization Need），人们追求实现自己的能力或潜能，并使之完善化。在人生道路上自我实现的形式是不一样的，带孩子的妇女或开卡车的妇女、在流水线上工作的男人或做炊事工作的男人，他们都有机会去完善自己的能力，满足自我实现的需要。

　　马斯洛认为，这五种需要都是人的最基本的需要。这些需要是天生的、与生俱来的，它们构成了不同的等级或水平，并成为激励和指引个体行为的力量。关于低级需要与高级需要的关系，马斯洛认为，需要的层次越低，它的力量越强，潜力越大。随着需要层次的上升，需要的力量相应减弱。在高级需要出现之前，必须先满足低级需要。只有在低级需要得到满足或部分得到满足以后，高级需要才有可能出现。例如，当一个人饥肠辘辘，或担心自己的安全而感到恐惧时，他是不会追求归属与爱的需要的。因此，在从动物到人的进化中，高级需要出现得较晚。所有生物都需要食物与水分，但是只有人类才有自我实现的需要。在个体发展过程中，高级需要也出现得较晚。例如，婴儿有生理需要和安全需要，但自我实现的需要则要在成人后才出现。

　　低级需要直接关系到个体的生存，因而也叫缺失需要（Deficit or Deficiency Need），当这种需要得不到满足时，将直接危及个体的生命；高级需要不是维持个体生存所绝对必需的，因此，这种需要的满足可以稍作延迟。但是，高级需要也不是与人的健康成长毫无关系。满足这种需要能使人健康、长寿、精力旺盛。在这个意义上，高级需要也叫生长需要（Growth Need）。高级需要比低级需要复杂，因此满足高级需要必须具备较好的外部条件，如社会条件、经济条件和政治条件等。

三、需要、诱因与动机

（一）需要是产生动机的基础

　　需要是动机产生的内部条件，是动机产生的基础。当人有了某种需要时，这种需要就会推动人去寻找能满足需要的对象，从而使需要转化为动机。如，人口渴时，喝水的需要推动人找水来满足需要，此时喝水的需要就成为找水行为的动机。在动物实验中，为增强需要强度，延长给动物喂食的时间间隔。需要增强了，行为动力也会随之增强。

（二）诱因是产生动机的条件

诱因是动机产生的外在条件。诱因是指能满足个体需要的外部刺激。在动物实验中，奖赏的食物量大，老鼠跑得就快，量小，老鼠跑得就慢；如果奖赏的食物是它喜欢吃的，它跑得就快，如果奖赏的食物是普通的食物，它跑得就慢。可见，增加作为奖赏的食物的数量或质量就是提升老鼠动机的诱因。

需要是动机产生的内在条件，诱因是动机产生的外在条件。需要是内在的、隐蔽的，是支配有机体行为的内部因素；诱因是与需要相联系的外界刺激物，吸引有机体的活动，并使需要有可能得到满足。动机的强度与需要和诱因的性质有关。

四、动机与行为的效果和效率的关系

（一）动机与行为关系的复杂性

动机与行为的关系十分复杂：①同一行为可能有不同的动机。例如，同是学生的学习活动，有人是为了得到老师或父母的表扬，有人是为了满足求知欲和好奇心。②相似或相同的动机可能引起不同的行为。同样是学习，有学生通过去图书馆查资料，有人去请教老师，有人自己苦思冥想。③在同一个体身上，行为动机也可能多种多样，有的动机占主导地位，称为主导性动机；有的动机处于从属地位，称为从属性动机。人与人之间在动机上存在很大的差异，因而形成了不同的动机体系。人的行为往往不受单一动机支配，而是动机体系推动。

（二）动机与行为效果之间的关系

动机与行为效果的关系也很复杂。这里效果主要指行为的社会效果。一般说来，动机与效果是统一的，即好的动机产生好的效果，坏的动机产生坏的效果。但二者间也有不一致的情况。所谓"好心办坏事"就是这种情况。动机与行为效果之间的关系之所以复杂，是因为行为效果不仅仅由动机决定，决定人的行为效果的还有许多其他的主客观因素，客观因素如任务难度、情境和机遇，主观因素如个人的知识经验、能力和人格等。

（三）动机与行为效率之间的关系

动机与行为效率的关系主要表现在动机强度与工作效率的关系上。人们倾向认为，动机强度越高，对行为的影响越大，工作效率也越高；动机强度越低，工作效率就越低。但事实并非如此。

心理学的研究表明，动机强度与工作效率之间的关系不是一种线性关系，而是倒"U"形曲线关系。中等强度的动机最有利于任务的完成，也就是说，动机强度处于中等水平时，工作效率最高。一旦动机强度超过了这个水平，对行为反而会产生一定的阻碍作用。如临近期末考试，想要通过加倍甚至数倍的努力记忆整个学期的学习内容，而由于其动机过于强烈，不仅不能增加其效率，反而因为过大的压力导致个体思维活动受阻，影响其复习效率。

这个规律在心理学家耶克斯和多德森（Yerkes & Dodson，1908）的实验中体现出来：各种活动都存在最佳的动机水平。动机不足或过于强烈，都会使工作效率下降。研究还发现，动机的最佳水平随任务性质的不同而不同。在容易的任务中，工作效率随动机的提高而上升；随着任务难度的增加，动机的最佳水平有逐渐下降的趋势，即，在难度较大的任务中，较低的动机水平有利于任务的完成。这就是著名的耶克斯—多德森定律（Yerkes-Dodson Law）。

五、动机与价值观

价值观是指个体按照客观事物对其自身及社会的意义或重要性进行评价和选择的原则、信念与标准。价值观是一个人思想意识的核心，对个人的思想与行为具有导向与调节作用。符合价值观标准的事物和行为被认为是有价值的，否则就被认为是没有价值的。价值观直接影响个体对各种观念、事物和行为的判断，使个体发现它们对自己的意义，确定自己的奋斗目标，并去做自己认为有价值的事情。个体把目标的价值看得越高，由目标激发的动机就越强，在活动中发挥的力量就越大，反之动机则弱。所以，动机是个体行为调节系统的一个组成部分，其中价值观起着核心的作用。价值观决定着动机的性质、方向和强度。

价值观是个体在生活实践中逐渐形成的。一旦形成，就相当稳定。个体会自觉或不自觉地时时以自己的价值观来判断事物的意义。罗克奇（Rokeach，1973）根据工具—目标维度把价值观分为工具性价值观和终极性价值观。工具性价值观是以个体行为方式为工具，如有责任心、自制力强等，进而获得社会的认可。终极性价值观是个体以一种行为方式谋求许多终极目的，如自由、平等、内心和谐及家庭幸福等。实际上，工具性价值观是终极性价值观的手段，两者的关系很复杂，并不容易区分。

六、动机与意志

意志（Will）是个体自觉地确定目的，并据此支配和调节自己的行动，克服种种困难，实现预定目标的心理过程。意志是人类特有的心理现象，是人类意识能动性的集中表现。人类在有目的地认识世界和改造世界的过程中，均充满了意志活动。意志是人类特有的高层次动机，通过行为表现出来，受意志支配的行为称为意志行动。意志具有引发行为的动机作用，它是自觉的、有目的的行为。如运动员在比赛中，必须克服外界环境的干扰，集中精力，以取得好成绩，这就是意志。意志是和克服困难相联系的，只有在克服困难的过程中，才能体现意志的力量。意志具有以下特征：

1. 有明确的目的性

自觉地确定目的是人的意志的首要特征。人与动物的根本区别之一，在于人在从事某种活动之前，活动的目的就以观念的形式存在于人脑之中，并能动地调节、支配着人的行为。离开了自觉的目的，意志就失去了存在的前提，就没有意志可言。

2. 与克服困难相联系

克服困难是意志的核心价值所在。目的的确立与实现，通常会遇到各种困难，克服困难的过程就是意志过程。一个人能够克服的困难越大，表明这个人的意志力越强；反之，则表明这个人的意志薄弱。

3. 以随意动作为基础

人的行动都是由动作组成的，动作分为不随意动作和随意动作。不随意动作指不受意识支配的非自主运动，如眨眼、咳嗽等；随意动作是通过有目的的练习形成的，它受人的意志调节和控制，具有一定的目的性。随意动作是意志行动的必要条件。

第二节　动机的种类

根据动机的性质，人的动机可以分为生理性动机与社会性动机。生理性动机是以有机体自身的生理需要为基础，如饥饿、干渴、疼痛、母性、性欲、睡眠、排泄等方面都是生理性动机。社会性动机是以人类的心理需要为基础，如求学、交友、追求名利等均属于社会性动机。

一、生理性动机

生理性动机也称为个体的基本动机，与生俱来，目的是维持生命，又称驱力。生理性动机推动人们去活动，当这种生理的需要得到满足时，生理性动机便趋于下降。

（一）饥饿

1. 饥饿的内部因素

饥饿是由于体内缺乏食物或营养引起的一种生理不平衡状态，它表现为一定程度的紧张不安，甚至是某种折磨和苦楚，从而形成个体内在的压力，并使个体产生觅食的行为。

（1）饥饿的外周反应

饥饿的感觉从何而来？你的胃是否发出不舒服的信号来表明它已经空了？心理学家坎农（Walter Cannon）认为空胃里的胃部活动是饥饿的唯一基础。为了验证这个假设，坎农一个勇敢的学生沃什伯恩（Washburn）训练自己吞食一个连在橡胶试管上的没有膨胀的气球。试管的另一端连在记录空气压力变化的一个设备上。然后坎农对这个气球充气，如图 10-3 所示。当这个学生的胃收缩时，空气从气球里跑出来时记录笔发生偏转。沃什伯恩饥饿痉挛的记录与他的胃严重收缩时间有关，但与他的胃膨胀的时间无关。坎农认为他已经证明胃部痉挛收缩就是饥饿产生的原因。

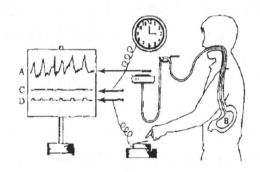

图 10-3 胃壁收缩与饥饿关系

资料来源：Cannon（1934）.

但是，沃根斯坦和卡尔森（Wangansteen & Carlson，1931）早就发现，用外科手术将胃切除后，病人不能感受胃壁的收缩，但仍能体验到饥饿。对没有胃的老鼠给予食物的奖励仍然能使其学会走迷宫。这说明除了胃壁的收缩外，饥饿的引起可能还有其他的原因。

藤布里通和奎格利（Templeton & Quigley，1930）从饿了几天的狗身上抽取血液，注射到刚吃饱了的狗的身上，这些饱狗又会继续进食，好像已经饿了几天一样。这说明血液中某些化学成分的变化，可能会引起饥饿感。后来有人发现，饥饿感的一个重要指标是低血糖。人和动物都能自动调节热量的摄入，防止能量的不足和维持体重的稳定，这种起调节作用的体内化学物质就是血糖。胰岛素的增加可降低血糖，把它部分地转化为脂肪存储起来。如果血糖水平下降，饥饿感觉就会增加。然而胰岛素和血糖并不是调节饥饿感的唯一化学物质。

（2）饥饿的中枢反应

早期的脑部对进食的控制理论是建立在对外侧下丘脑（Lateral Hypothalamus，LH）与腹内侧下丘脑（Ventromedial Hypothalamus，VMH）的观测事实上。20 世纪 50 年代中期，生理学家们用电刺激法和局部毁损法，发现如果 VMH 被损毁（或 LH 受到刺激），动物就会摄入更多的食物；如果 LH 被损毁（或 VMH 被刺激），动物就会吃较少的东西。这些观测事实导致了双中心模型的产生，在这个模型里，LH 被认为是"饥饿中枢"，而 VMH 被认为是"饱食中枢"。

下面我们来看看 VMH 和 LH 是如何调节进食活动的。VMH 和 LH 用来调节进食的重要信息来自血液（Woods et al., 1998）。当血液中存储的葡萄糖浓度很低或不能为新陈代谢所用，来自干细胞的信号就会传导到 LH，从而激活下丘脑外侧的味觉系统并启动进食行为。血液葡萄糖或脂肪酸浓度高的信号被 VMH 用来阻止进食行为。

从上述可知，我们体内有专门启动和停止进食的系统，但我们对食物的需求好像不仅仅依赖于身体所收集到的信号。它还会受很多其他心理因素的影响。

2. 影响进食的外部因素

吃东西仅仅是为了不饿吗？或许你会回答："当然不是！"回顾一下，你会发现你进食的时间和吃的东西都与饥饿无关。例如，在我们国家，一日三餐是人们的必需；定这几餐的时间依赖于社会习惯，而不是依赖于身体的信号。而且，人们常常按社会和文化标准来选择吃什么东西。如果给你提供一顿免费的全牛宴，你会说"好"吗？你的答案可能要取决于你是否是一个素食主义者（如果"是"的情况下你会说"不"）。这些例子就表明了进食不仅仅是对你的身体信号做出反应，而更多的是取决于社会大环境。

（1）进食的外部线索

与食物有关的信号和符号即进食的外部线索，我们大多数人对这类线索的"拉动"很敏感。比如，当食物近在眼前唾手可得，你多半会吃起来。在富裕社会背景下，食物丰富而充足，外部诱因大大提高了过度进食的可能性。比如，许多大一新生在入学后前三个月内会迅速发胖，宿舍楼里的小餐厅和吃夜宵的习惯就是罪魁祸首。很多人一起就餐时，其他人吃了多少，以及是否想给他人留下好印象也会导致进食过量或不足。

（2）味道

身边环绕着各种美食会导致进食过量和肥胖，尤其是当这些食物供应很充足的时候。一般情况下，对不同食物的味觉差异很大，如果你已经吃得很饱了，你的舌头对甜味的敏感性就会降低，这就是吃饱后不想吃甜食的原因。事实上，人们吃任何单一食物过多都会厌烦，这也是我们要保持食物多样化的原因。

但食物多样化会让人们吃得更多，从而导致进食过量和肥胖。为什么有多种不同口味的食物会使人们吃得更多？你也许会注意到，当你吃饱的时候，即使是你最喜欢的食品你也会觉得没有胃口，如果让人去吃不同味道的一系列食品，而不是只吃一种，那人就会吃很多食物（Rolls et al., 1981）。因此，食物味道的变化可能会抵消身体里其他指示已经吃饱的信号。

3. 神经性厌食症

神经性厌食症（Anorexia Nervosa, AN）通常是由于患者担心发胖而拒绝进食，而不是真正食欲缺乏，是儿童、青少年特别是少女当中常见的心身障碍。

患者对食物十分厌恶，长期不进食。先是忍着饥饿不吃，后来是面对食物也不感到饥饿,甚至当别人劝其进食后他也要自行将吃下的食物吐出来。如无其他生理上的原因,只是由于患者厌恶进食而导致正常体重骤然下降 25% 即可视为神经性厌食症。体重下降 50% 会有生命危险。神经性厌食症无生理上的原因,完全是心理因素所致。患者往往对自己的外在形象尤其是体型过分在意,希望身材苗条,甚至认为越瘦越好,形成病态观念。

4. 肥胖症

肥胖症(Obesity)是指进食热量多于身体消耗而以脂肪形式储存于体内,使体重增加到超过正常体重 20% 的病症。为什么有的人会患上肥胖症?吃得过多只是表面原因,实际上造成肥胖的原因多而复杂,如遗传、2 岁前的饮食习惯、吃得好动得少等等。其中不乏心理方面的原因,如情绪影响、外在诱因的作用等。许多人都体验到食欲与情绪有关。

心理学的研究发现,一般人通常是焦虑的时候食欲降低,适量减少;而肥胖者在焦虑时反而食欲大增。心理学家还发现,肥胖者不仅焦虑时吃得更多,而且在其他任何情绪状态下都会增加食欲。

为什么一般人情绪好时才胃口大开,而肥胖者在焦虑时食量也会大增呢?有人认为,个体在婴儿时期常出于多种原因(饥饿、尿床、太冷、太热、身体疼痛等)啼哭,而父母缺乏育婴知识,以为孩子啼哭就是饥饿,只要婴儿啼哭就立即喂奶,结果形成进食与解除痛苦之间的条件反射。另一个可能的原因是人们咀嚼时,脸部的肌肉紧张度会降低,情绪的紧张感也随之松弛,久而久之,凡是遇到焦虑情境就以吃东西的方式来应对,形成不良习惯,如嚼口香糖。

(二)母性动机

母性动机(Maternal Motive),又称为母性驱力(Maternal Drive),是指促使母亲表现出爱护子女的行为的内在动机。母性动机是人和动物所共存的,为了研究母性动机的根本原因,曾有心理学家抽取刚生产不久雌性白鼠的血浆,注射到从未怀孕也无性经验的雌性白鼠身上。结果发现:注射后不到一天后者即自行表现出爱护婴鼠的母爱行为(Terkel & Rosenblatt,1972)。心理学家由此得出结论,脑垂体分泌的泌乳激素(Prolactin),是促使母亲表现母爱的内在生理作用。

著名心理学家哈洛(Harlow,1971)曾以恒河猴为对象对母爱进行了系统研究。他的研究结果表明,母爱具有先天因素,但后天因素也具有重要作用。从小未享受过母爱的猴子,当了母亲后也未表现出母爱行为,说明母爱具有学习的成分。人的母性动机虽与动物存在相同特征,但人的母性动机还受社会、家庭环境的影响,表现出更强的社会性,不仅爱自己的孩子,还能爱其他人。

（三）性

性驱力和饥饿、渴等驱力不一样，不是个体生存和维持生命所必需的，但其与物种的延续有关。这是人和动物比较强有力的一种动机或驱力。性驱力与个体的性成熟有着密切的关系。

1. 激素与性行为

人类的性驱力是由性激素的刺激引起的。性激素有两种作用：一种是引导男性和女性性征的发展；另一种是激发性行为。当男性达到性成熟的年龄时，位于大脑基底部的脑垂体刺激睾丸分泌男性激素，进入血液。这种男性激素使其性驱力提高，并使男子出现第二性征。在男性达到性成熟年龄后的一个较短时期内，男性激素浓度最高，以后就保持在相对恒定的水平上，因而男性的性驱力没有明显的生物学周期。女性的情况则不同。女性达到性成熟年龄时，脑垂体刺激卵巢分泌雌性激素，从而提高了女性的性驱力。由于雌性激素的分泌具有某种生物学的周期，因而女性的性驱力有一定的周期性。性激素对人的影响不太明显，而在动物身上比较明显。

但是性驱力并不是只靠性激素驱动。生物学家戈尔茨坦（Goldstein，1957）进行的一项以狗为对象的实验揭示了在动物性成熟以前，对公狗进行阉割，将停止其性行为的发展；相反，如果阉割手术在性成熟以后进行，动物将继续出现性的反应。可见，性激素对性行为的发展是必要的，但它并不能控制成熟后的个体。卡尔森（Carlson，1977）也发现，摘除卵巢后的雌性动物，将失去性行为，而摘除卵巢后的妇女，仍有很强的性驱力。可见，雌性激素也不是妇女性驱力的唯一决定因素。外界刺激和学习对人类性驱力的影响往往超过性激素的作用。

2. 外部刺激与性行为

性唤起也常常由外部环境的刺激所引起。对许多物种来说，交配对象展现出的视觉和声音方面的固定形式是性唤起的一个必要条件。而且对于不同的物种如绵羊、公牛和老鼠，新的雌性配偶会影响雄性的行为。对于一头与雌性配偶已达到性满足的雄性动物来说，当新的雌性介入时，可能会重新激发性行为（Dewsbury，1981）。触摸、舔舐和闻气味都可以当作性唤起的外部刺激物。

某些物种能分泌具有化学信号的信息素来吸引求爱者，有时这些求爱者在很远的地方就闻到这种气味（Minckley et al.，1991；Farine et al.，1996）。许多物种，当雌性处于发情期时（并且性激素水平和性欲都处于巅峰），它就会分泌信息素。这些分泌物是唤起和吸引该物种雄性的刺激物，因为雄性遗传了被这种刺激物唤起的倾向。当被俘获的雄性恒河猴闻到附近笼子里雌性的发情气味时，它们会产生许多与性有关的生理变化，包括它们睾丸的体积增大（Hopson，1979）。

研究表明，当人们看到、听到或读到色情材料时就会出现性唤起。海曼（Heiman，1975）曾做过一个实验，他请有过性经历的大学生做被试，将他们与探测仪器相连，然后请他们听四种磁带中的一种：有明显的色情内容；表现出浪漫；色情与浪漫相结合；中性内容。结果表明，无论男女，由色情磁带引起的性唤起是最强烈的。

3. 想象的刺激与性行为

性唤起也常常来自生理与环境的相互作用，如想象。睡眠研究已经发现生殖器官的唤起伴随着各种类型的梦。清醒的人不仅可以通过对以前性活动的记忆，而且可以通过幻想达到性唤起。有人提出，大约95%的男人和女人都说他们有过性幻想。但是，男人们对性爱的幻想更频繁、更实际、缺乏浪漫，他们喜欢书中或录像中公开的、快节奏的性内容。性幻想并不表示有性方面的问题或对性不满。

二、社会性动机

社会性动机，是以人的社会文化需要为基础的。人有权力的需要、社会交往的需要、成就的需要、认识的需要等，因而产生了相应的权力动机、交往动机、成就动机、认识性动机和学习动机等。这些动机推动人们与他人交往，希望获得社会和他人的赞许，希望参与某种社会团体，并能在其中获得某种地位等。当这些社会性需要获得满足时，社会性动机才会缓解下来。

（一）兴趣

兴趣（Interest）是人们探究某种事物或从事某种活动的心理倾向，它以认识或探索外界的需要为基础，是推动人们认识事物、探求真理的重要动机。人对某个事物产生了兴趣后，会增加其探索该事物的积极性，并且增加其积极情绪的体验。如学生对某些知识特别有兴趣，就会推动他广泛涉猎该领域的知识，并影响对未来职业的选择；教师对教育工作感兴趣，就会全身心投入其中，废寝忘食地工作。同时，对体育、绘画、书法等活动的爱好也是兴趣的一种，兴趣与爱好是和人的积极的情绪体验联系在一起的。当人们兴趣盎然地进行某种活动时，常常体验到喜悦、满意等积极情绪。

兴趣可以分为直接兴趣和间接兴趣。直接兴趣是由认识事物本身的需要引起的，如对电影、小说的兴趣；间接兴趣是由认识事物的目的和结果引起的，它和当前认识的客体只有间接的关系，如人在完成科学实验的过程中，可能对繁杂的数据处理没有兴趣，但对研究结果有兴趣，这种兴趣就是间接兴趣。间接兴趣在自觉组织的活动中占重要地位，因而应该重视它的形成和培养。

兴趣有不同的品质，主要表现在：①兴趣的指向性。人的兴趣指向什么，个体差异很大。有人对数学感兴趣，有人对政治有兴趣。②兴趣的广度，指兴趣的范围大小。有人兴趣宽泛，有人兴趣狭窄。③兴趣的稳定性，指对某一事物具有稳定而持久的兴趣。有人兴趣稳定，可以伴随一生；有人兴趣可能常常变化转移。④兴趣的效能，指兴趣能积极推动人的活动，提高活动的效能。

（二）成就动机

成就动机（Achievement Motivation）是人们希望从事对他有重要意义的、有一定困难的、具有挑战性的活动，在活动中能取得完满的优异结果和成绩，并能超过他人的动机。例如，一个高中生希望自己在高考中获得好成绩，能上个好大学；一位新教师希望能上好课，得到学校的好评；一位作家希望创作出伟大的作品，受到社会的好评。成就动机包含三点含义：①指个人追求进步以期达成希望目标的内在动力。②指从事某种工作时，个人自我投入精益求精的心理倾向。③指个人在不顺利的情境中，冲破障碍克服困难奋力达成目标的心理倾向。

成就动机对个体的活动有重要的作用。许多研究发现，在能力相当的情况下，成就动机高的人往往取得较高的成就。无论是在学校，还是在商界、政界，甚至一个民族、一个社会的实际成就大小都同成就动机的高低存在着关系。一般来说，成就动机高的人在活动中有高标准，他们愿意承担有竞争性的工作，即使对它没有特别的兴趣，也能尽力把它做好。

成就动机是可以测量的。麦克兰德编制了一种投射测验（Projective Test），认为成就动机可以展现在人们的想象和幻想中，这些想象能表现出动机。他要求被试根据一系列含义模糊的图片编写故事，如图10-4所示。参加者要编写关于他们自己的故事来说明图画中发生了什么事，并且描述其可能结果。正如预见的那样，他们把自己的价值观、兴趣和动机投射到这些情境中。根据麦克兰德的说法："如果你想要了解一个人的内心发生了什么，别问他，因为他不能总是准确地告诉你。而要研究他的想象和梦。如果你这么做一段时间后，你就会发现他的脑子里不断重复的主题，而且这些主题就可以用来解释他的行动……"（McClelland，1971）

图10-4　对一幅投射测验图片的不同解释

展示高成就需要的故事：

图中的这个男孩刚学完了他的小提琴课程。他对他的进步感到开心而且开始相信他所有的进步将证明他所做出的牺牲是值得的。要成为一个在音乐会上演奏的小提琴家，他不得不放弃大部分的社会活动时间来每天练习数小时。尽管他知道如果继承父亲的事业可能会挣很多钱，但他更愿意成为一名小提琴家并用他的音乐给人们带来欢乐。他坚持他的个人承诺，不管需要付出什么。

展示低成就需要的故事：

这个男孩拿着他哥的小提琴并希望能演奏它。但是他认为不值得花费时间、精力和金钱去学习小提琴课程。他为其兄长感到遗憾，他放弃了生活中所有快乐的事，只是练习、练习再练习。要是有一天能醒过来发现自己已经成为一个一流的音乐家就太棒了，但是事情并非如此。现实就是枯燥的练习，没有乐趣，而且很可能成为另一个在一个小城市的乐队里演奏乐器的人。

实验室研究和现实生活中的例子都证明了这种测量方法的有效性。例如，成就动机得分高的人比得分低的人更努力向上，测量中获得成就动机高分的孩子在事业上的发展比得分低的孩子更容易超过其父亲（McClelland et al., 1976）。成就动机测量得分高的 31 岁男女到 41 岁时所得的工资往往比得分低的同龄人要高（McClelland & Franz, 1992）。这些发现是否表明了高成就动机的人总是愿意更努力地工作呢？情况并非如此。当面临一个让高成就动机的人感到非常困难的任务时，他们会很快放弃（Feather, 1961）。实际上代表高成就动机的似乎是对效率的评估，即一种用较少的努力得到相同结果的需要。如果他们比同龄人挣得多，可能是他们重视对他们努力的具体回报。作为对进步的衡量，薪水就非常具体（McClelland, 1960；McClelland & Franz, 1992）。

人们的成就动机是在生活环境的影响下形成的。其中家庭的特点与生活方式对个体成就动机的形成和发展有重要的作用。有人发现，父母允许孩子独立活动，让他们自己去决定做什么事情并给予奖励，将有利于孩子的成就动机的发展；如果孩子被迫进行活动，其行为结果也得不到奖赏，这样成就动机就不可能得到发展。他们虽然也会参与活动，但不会努力争取做得更好。可见，发展独立性是培养成就动机的一个重要途径。

（三）权力动机

权力动机（Power Motivation）是指人们具有的某种支配和影响他人以及周围环境的内在驱力。在权力动机的支配下，人们表现出积极主动的参与精神，并有成为某一群体的领导者的愿望。高权力动机者，经常表现为对社会事业有浓厚的兴趣，在讨论问题时总是试图以自己的观点、看法去说服别人，在群体中希望处于领导地位，日常生活中表现得比较健谈，好争论。

根据个体行为的目标，权力动机可以分为个人化权力动机（Personalized Power Motivation）和社会化权力动机（Socialized Power Motivation）。具有个人化权力动机的个体，寻求权力的目的是满足个人的私欲或利益。他们热心社会活动，但目的是利用这些活动来表现自己，树立个人威望或满足某种私欲。同时，他们热衷于追求权力、地位，目的也是得到某种个人的利益。还有的人表现为追求物质财富，通过各种手段聚集财富。他们企图以优厚的物质财富来提高自己的社会地位，从而达到影响他人和控制社会的目的。

具有社会化权力动机的个体，寻求权力的目的是他人。在行为上表现为关心社会、关心他人，以个人的知识、观念等方式影响他人。也就是说，这些人以自己的作品或精神产品去影响他人、影响社会，希望对社会做出贡献。如那些敬业的教师、作家、新闻记者和文艺工作者等。还有的人是以自己的专业技能为社会服务、维护社会的安全、解除人们的痛苦等，如武警战士、医生等。还有以服务为目的的群众团体的领袖，他们爱人民、爱社会，一心为大众的利益服务，他们有一种强烈的责任心、使命感，领导大家进行社会改革，推进社会进步。如民族英雄、人民领袖等。

（四）交往动机

交往动机（Affiliation Motivation）是在交往需要的基础上发展起来的一种重要的社会性动机。交往需要表现为每个人都愿意归属于某个团体，喜欢与人来往，希望得到别人的关心、友谊、支持、合作与赞赏。这种需要促使人们结交朋友，寻找支持，参加某个团体并在其中活动等。当这种动机促使人们满足了交往的需要时，人们会感到安全、有依靠，增加了生活和活动的勇气；相反，人们会因孤独、寂寞而产生焦虑和痛苦。

心理学家指出，人的交往需要经历了一个进化的过程。社会交往使人们分享资源，因而有利于建构和维持社会的联系，支持人类的生存和发展。例如，孩子们愿意和成人在一起，主要是为了自己的生存。个体如果离开群体就难免遇到危险，如疾病、自然灾害或重大的突然变故等。为了生存，个体更愿意和他人在一起。交往动机引导个体开始进入一个社会群体并和其建立永久的关系。个体从社会接触和社会关系中会体验到愉快和积极的情绪。如果剥夺了个体和社会的接触或联系，个体就会体验到痛苦。

人的交往动机还反映了劳动和人类社会生活的要求。人要劳动，要参加社会生活，就必须与别人交往。如果没有人和人之间的交往，人类的社会生活就要解体，他们与自然界的斗争也会软弱无力。交往动机还依赖于个体的交往经验。在生命的早期，如果个体缺乏交往、离群独处，交往动机就不可能获得正常的发展。

（五）学习动机

学习动机（Motivation to Learn）是人类的一种重要的社会性动机，是直接推动学生进行学习的内部动力（潘菽，1980、2001）。它表现为对学习的意向、愿望或兴趣等形式，对学习起着积极推动的作用。

学习动机具有激发、指向和调节学习的功能。学习动机能激发个体产生某一学习行为，对学习行为起着始动作用。学习动机能使个体的学习行为指向某一具体目标，对学习行为起着导向作用。此外，学习动机还能调节个体学习行为的强度、时间和方向。

学生的学习动机多种多样，不仅每个学生有其特有的学习动机，而且一个学生往往受多种学习动机的支配，甚至在不同的年龄阶段，其学习动机也有差异。这里我们仅介绍内部动机与外部动机。

根据学习动机的内外维度，可把学习动机划分为内部动机和外部动机。内部动机（Intrinsic Motivation）是指人们对学习活动本身的兴趣所引起的动机。他们努力学习不是为了得到外部的奖赏，而是享受学习活动本身的乐趣。外部动机（Extrinsic Motivation）是指人们由外部诱因所引起的动机，如分数、奖赏和得到赞扬等等。

那么增强外部诱因是否能达到增强动机的效果呢？答案是肯定的，比如，孩子在学习一件乐器的初期，可能更多的是因为外部的奖励等因素坚持每天枯燥的练习，等掌握一定的技能后，他们就可以沉浸在并享受弹琴时优美的旋律之中。但我们也需要注意，过分的奖励会降低内部动机和自发兴趣。在一项儿童研究中，起初孩子们只是随便画画，后来又比赛又发奖，孩子们就失去了对绘画的兴趣（Greene & Lepper, 1974）。显然，如果你"要求"一个人做他本来自愿做的事，原来的"玩儿"就变成了一件"苦差事"。总的来说，在"威逼利诱"之下，人们会感到自己不是心甘情愿的，缺乏工作积极性的员工和厌学的孩子就是这些反应的例子。

由此可见，内部动机和外部动机可以相互转化，教育工作者可以灵活运用内外部动机相互转化的规律，选择恰当的激发学习动机的方法，以促进学习效率的提高。总的来看，需要注意以下几点：①在开始时，如果没有任何内部需求进行某一活动，那么采用外部刺激使其产生活动的动机是无害的；②当人缺乏必要的活动技能时，最初的外部奖赏往往是必需的；③外部奖赏可以把人的注意力吸引到特定的活动上，从而使其内部动机得以发展；④如果一定要用到外部奖赏，那么它的使用应该越少越好，并且如有可能应该立即停止使用。

（六）工作动机与组织心理

1. 工作动机

工作动机是指一系列激发与工作绩效相关的行为，并决定这些行为的形式、方向、强度和持续时间的内部力量（Pinder, 1998）。工作动机是一种看不见的、内在的、假设的结构，是工作激励的心理基础。斯泰斯和波特（Steers & Porter, 1975）认为，工作动机有三个主要功能：产生某种行为所需的内在力量；为人的行动指引方向；使人持久地从事某一行为。

2. 工作动机与组织行为

个体的工作动机在一定程度上依赖于其工作环境中的人员关系和规章制度等各种因素的影响。基于工作环境是一个目标复杂的社会系统，组织心理学家研究了人类关系的不同方面，如雇员之间的沟通、工人的社会化和对环境的适应、领导关系、对工作或组织的态度和责任、工作满意程度、压力与疲劳、工作时的总体生活质量等等。

作为企业的顾问，心理学家能帮助重新招聘、挑选和培训雇员。他们也可以对工作的重新设计提出建议，比如，可能通过修改工作程序等措施以适合雇员。组织心理学家可以应用管理、决策制定和发展的理论来改善工作环境从而提升工作效率。

组织心理学家试图用公平理论和期望理论解释和预测人们在不同的工作条件下是如何反应的。公平理论（Equity Theory）假定工人被激励去维持与其他相关人员之间的公平或公正的关系。工人关注他们的投入（他们对工作做出的投资或贡献）及其产出（他们从工作中得到的回报），然后与其他工人的投入与产出进行比较。当工人 A 的产出与投入的比例与工人 B 的比例相等（A 的产出 /A 的投入 = B 的产出 /B 的投入），那么工人 A 就会感到满意。如果这个比例不相等就会感到不满意。因为不相等的感觉令人反感，所以它就会激励工人通过改变相关的投入和产出来恢复平等。这些改变可以是行为上的（例如，通过削减工作来降低投入，或者通过提升来增加产出），也可以是心理上的（例如，重新解释投入的价值——"我的工作不是真的那么好"，或者重新解释产出的价值——"我每周都能点点所发薪水的钞票就很幸运了"）。

你注意到了自己工作环境里公平和不公平的情况吗？考虑这样一个场景：一个同事为了谋求更好的工作而离开了。这会使你产生什么样的感觉？公平理论指出你可能会感觉到被不公平地留在了一个不理想的岗位上。实际上，当同事离开了他们表示不满的环境时，留下来的人往往会对工作不怎么卖力气了，他们通过削减生产来恢复公平的感觉。

期望理论（Expectancy Theory）假定当工人期待他们工作上的努力和成绩会产生理想的结果时，他们就会受到激励。期望理论强调三种成分：期望、有效性和效价。期望指一种感觉上的可能性，即工人的努力会产生一定水平的好业绩。有效性指这样一种感觉，即好业绩会导致某些好结果，如回报。效价指对特定结果在感觉上的吸引力。

根据期望理论，工人会评价这三种成分的可能性，并通过把这三种成分的值相乘来将它们组合在一起。例如，你可能拥有这样一份工作：也就是如果业绩不错的话非常有可能获得回报（高有效性），但是业绩不错的可能性不大（低期望）或者不值得努力去获得回报（低效价），当所有成分都具有比较大的可能性时就会产生高水平的动机，但是如果任何一个成分为零的话就会产生很低水平的动机。

第三节 动机理论

动机是一个古老的研究领域，人们对动机实质进行了多方面的探讨，提出了不同的看法，并形成了不同的理论。动机理论是指心理学家对动机概念和实质所做的理论性和系统性的解释。这些理论主要关心的问题有：动机是怎样产生的？生物和环境因素在动机产生中有什么作用？动机是种系特征还是与人的个性有关？不同的理论从不同的视角形成了对动机的不同认识。

一、本能论

动机最早是由本能的概念引入心理学的。19 世纪末 20 世纪初，在达尔文进化论的影响下，许多心理学家相信，人的大部分行为是由本能控制的，如吮吸乳头和膝跳反射等，都是人在进化过程中形成的本能行为。

本能论（Instinct Theory）在动机心理学中曾一度占统治地位。心理学家詹姆斯提出，人的行为依赖于本能的指引，人除了具有与动物一样的生物本能外，还具有社会本能，如爱、社交、同情、诚实等（James，1890）。

心理学家麦独孤（W. McDougall）系统地提出了动机的本能理论，认为本能是人类一切思想和行为的基本源泉和动力；本能具有能量、行为和目标指向三个成分；个人和民族的性格与意志也是由本能逐渐发展而形成的。他认为人类有 18 种本能，如逃避、拒绝、好奇心、好斗、获取、自信、生殖、合群性、自卑、建设等（McDougall，1926）。

20 世纪 20 年代末，本能论开始受到人们的怀疑和挑战。但其仍然在两个领域占统治地位：一是弗洛伊德的精神分析理论，他认为，人的心理活动的原动力由人类生来固有的本能驱力决定的，即生本能和死本能。生本能维持生存和繁衍，如饮食、性、自爱、他爱等个人所从事的任何愉快的活动；死本能是破坏性的，会让个体走向死亡，如仇恨、侵犯和自杀等。这两种本能是人类行为的两种基本动力。二是马斯洛的需要层次理论，认为人的行为是由与生俱来追求自我实现的本能决定的。

20 世纪 50 年代以后，欧洲一批习性学家再度爆发出对本能行为的研究热情。他们主要探讨控制本能行为的重要因素，如感觉输入机制、特定刺激、学习的作用和中枢机制等，试图揭示影响动物行为的生理因素与环境因素的关系。"印刻"是习性学家实验研究的一大发现。

二、驱力理论

由于本能理论在解释人类行为时产生了困难，20 世纪 20 年代，伍德沃斯（R. S.

Woodworth，1869—1962）提出了行为因果机制的驱力概念，以代替本能概念。驱力是指个体由生理需要（如食物的需要、性的需要、逃避痛苦的需要）所引起的一种紧张状态，它能激发或驱动个体行为以满足需要，消除紧张，从而恢复机体的平衡状态。

后来，心理学家赫尔（Hull）在 20 世纪 40 年代提出了驱力减少理论（Drive Reduction Theory）。他假定，个体要生存就有需要，需要产生驱力。驱力是一种动力结构，它供给机体力量或能量，使需要得到满足，进而减少驱力。之后他又提出，人的行为主要是由习惯来支配的，而不是由生物驱力支配的。他强调经验和学习在驱力形成中的作用，认为学习对机体适应环境有重要意义。驱力给行为提供能量，而习惯决定着行为的方向。赫尔认为，有些驱力来自内部刺激，不需要习得，被称为原始驱力；有些驱力来自外部刺激，是通过学习得到的，被称为获得性驱力。

赫尔认为，驱力（D）、习惯强度（H）共同决定了个体的有效行为潜能（P），它们的关系可以表示为：

$P = D \times H$

但是，驱力减少理论不能解释另一些行为，如什么力量激发了一些人过量的强制性进食行为，而有些人又可以绝食数日？为什么一个人可以通宵达旦地工作？因为在这些行为中，人的驱力不是减少，而是增加了。

三、动机的诱因理论

驱力理论强调个体的活动来自内在的动力，忽略了外在环境在引发行为上的作用。针对这种缺陷，人们提出满足个体需要的刺激物，它具有激发或诱使个体朝向目标的作用。例如，宴会上诱人的美食激发人的进食欲望，虽然你已经吃饱了，但还是停不下来；明明已经很困了，还是能通宵打游戏！在这些实例中，环境因素作为诱因在激发你的行为。凡是人们希望得到的、有吸引力的刺激都可能成为诱因。

诱因有积极和消极之分，有吸引力的刺激物被称为积极诱因，个体回避的刺激物（如痛苦、贫困、失败等）称为消极诱因。赫尔在驱力理论的基础上，接受了诱因这一变量，把它作为行为的决定因素之一。他修改了自己的公式，在其中增加了诱因（K）：

$P = D \times H \times K$

诱因是个体行为的一种能源，促使个体去追求目标。诱因与驱力是分不开的，诱因是外在目标激发的，只有当它变成个体内在的需要时，才能推动个体的行为，并具有持久的驱动力。

四、动机的唤醒理论

人类的活动常常不是为了减少驱力，而是为了增加驱力，如努力探究新的环境、参加惊险的竞技比赛等。针对人类的这种行为，赫布（Hebb，1949）和柏林（Berlyne，1960）等提出了唤醒理论（Arousal Theory）。唤醒理论认为，人总处在唤醒状态，并维持着生理激活的一种最佳水平，不是太高，也不是太低。对唤醒水平的偏好是决定个体行为的一个因素。一般来讲，个体偏好中等强度的刺激水平，因为它能引起最佳唤醒水平，而对于过低或过高的刺激个体是不喜欢的。

唤醒理论提出三个原理。第一个原理是人们偏好最佳唤醒水平。每个个体都有自己的最佳唤醒水平，高于这个水平或低于这个水平时，个体就会倾向减少或增加刺激。第二个原理是简化原理，即重复出现的刺激能使唤醒水平降低。例如，一首新的流行歌曲，人人都喜欢听和唱，此时的唤醒水平是最佳的。之后，经过多次重复后，人们就开始厌烦了，由它引起的激活水平就会降低。第三个原理是个体经验对于偏好的影响。研究发现，富有经验的个体偏好于复杂刺激，如有经验的音乐爱好者喜欢欣赏复杂的音乐。经验也可以帮助个体更好地组织刺激，从而让个体对复杂刺激的感受变得简单。

耶克斯—多德森定律（Yerkes-Dodson Law）就是基于唤醒理论讨论工作效率与唤醒水平间的关系，如图 10-5 所示。首先，在唤起水平很低时，人体还没有充分发动起来，无法好好表现。在到达最佳唤醒水平之前，增加唤醒水平会提高成绩。其次，在达到最佳唤醒水平这个点之后，唤醒水平的继续增加就会起干扰作用。再次，任务复杂程度不同所需要的最佳唤醒水平不同。简单任务需要较高水平的唤醒，复杂的脑力活动的最佳唤醒水平不宜太高。

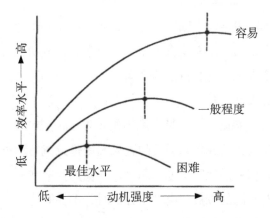

图 10-5 任务复杂性、工作效率与动机水平间的关系

考试焦虑是一种"高度唤起"（紧张、出汗、心怦怦跳）和"过度担心"的心理状态。

这种担心和唤起的混合作用容易让人心烦意乱，思绪纷杂，分散了考试时的注意力，从而影响到考试成绩。

五、动机的认知理论

20 世纪 60 年代以来，随着认知心理学的兴起，动机理论有了新发展，产生了多个动机的认知理论。这些理论从认知的视角来说明人类行为的动机受到认知因素的影响，它在刺激和行为之间起中介作用，既能引起行为又能改变行为，在这个意义上，认知具有动机的功能。人们对行为结果的期待、对过去成败的归因、对自身能力的评估等，都对行为的动机有至关重要的影响。

（一）期待理论

动机的期待价值理论是早期的一种动机认知理论，这种理论将达到目标期待作为行为的决定因素。新行为主义者托尔曼在动物实验的基础上提出，行为的产生不是由于强化，而是由于个体对一个目标的期待。托尔曼（Tolman，1932）将期待定义为刺激与刺激的联系（S1-S2）或反应和刺激的联系（S1-R-S2）。例如，看见闪电（S1）就期待雷声（S2），这是由反应引起的期待。期待是重要的，它能帮助个体获得目标。

（二）归因理论

归因就是寻找行为的原因。人类是理性动物，总是试图理解、发现行为与环境间的关系。海德（Heider，1958）指出，当人们在工作和学习中体验到成功或失败时，会寻找成功或失败的原因。一般来说，人会把行为的原因归结为内部原因和外部原因两种。内部原因是指存在于个体本身的因素，如能力、努力、兴趣、态度等。外部原因是指环境因素，如任务难度、外部的奖励与惩罚、运气等。

罗特（Rotter，1954）提出了控制点（Locus of Control）理论，他将人分为内控和外控两种类型。内控的人认为，个人是自己命运的主宰者，成功或失败的原因都可归于自己。外控的人认为，个人无力左右自己的命运，一切由外部因素控制。如，成功是由于机遇，失败是因为任务太难。

在海德和罗特的理论基础上，心理学家韦纳（Weiner，1971、1980）系统地提出了动机的归因理论。他认为，对成功和失败的因果归因是成就活动过程的中心因素。他吸收了海德和罗特的"内部—外部"维度，同时将"稳定性"和"可控性"作为两个新的维度。他认为，人在对自己的成败理由进行分析时，主要有能力、努力、任务难度、机遇、身心状况和别人的反应六种。其中，能力、努力、身心状况属于内部因素，任务难度、机遇和别人的反应属于外部因素；能力和任务难度属于稳定因素，努力、机遇、身心状况、别人的反应属于不稳定因素；努力属于可控因素，其他因素都是非个体所能自主控制的。这就是归因的三维模型。

韦纳发现，将成败归结为哪些原因将引起个体相应的心理变化，并进而影响下一步的成就行为：

归因将导致人们对今后成就行为的结果期待发生变化。如果将结果的成因归为稳定因素，对今后行为结果的期待会和这一次的结果一致。如果将结果归因为不稳定的因素，对下次的结果期待就会与这次结果不同。

（1）归因会产生情绪反应。如果将成就行为归因为内部原因，成功时个体会感到满意和自豪，失败时会感到内疚和羞愧；如果将成就行为的原因归为外部原因，不管是成功还是失败，都不会引起个体太大的情绪反应。

（2）归因将影响今后成就行为时的努力程度。如果个体将成败的原因归结为可控因素，他今后可能会更努力；如果归为不可控因素，他以后可能努力也可能不努力。

（三）成就目标理论

20世纪80年代，尼尔科斯（Nicholls，1984）和德威克等人（Dweck et al.，1988）将成就目标概念引入成就动机领域，并使之成为90年代动机研究的一个热点。平崔克（Pintrich，2000）认为，成就目标是一种有组织的信念系统，反映了个体对成就任务的一种普遍取向，与目的、胜任、成功、能力、努力、错误和成就标准等有关。

成就目标理论把成就目标分为两种类型。一种是掌握目标（Mastery Goals），个体的目标定位在掌握知识和提高能力上，认为达到了上述目标就是成功。另一种是成绩目标（Performance Goals），个体的目标定位在好名次和好成绩上，认为只有赢了才算成功。研究发现，不同的成就目标对应着不同的动机和行为模式。具有掌握目标的个体往往会采取主动、积极的行为，如选择适当的具有挑战性的任务，并使用深层的加工策略等；而具有成绩目标的个体，往往有较高的焦虑水平，有时不敢接受具有挑战性的任务，遇到困难容易退缩。

安德曼和迈尔（Anderman & Maehr，1994）总结了两类成就目标的特点，见表10-1所示。

表 10-1 两类成就目标的特点

对任务的取向类型	掌握目标	成绩目标
成功	提高、进步、掌握、创新	高成绩，比他人有更好的表现，在标准化测量中取得相当的成就，不惜一切代价取胜
价值	努力，挑战困难的任务	避免失败
满足感的产生	进步、掌握	成为最好的，低努力的成功
喜欢的工作环境	有助于个人潜能的成长、学习	能建立不同成绩等级
努力的理由	活动内在的、个人的意义	证明个人的价值

续表

对任务的取向类型	掌握目标	成绩目标
评价依据	绝对标准，进步的证据	常模，社会比较
错误	成长过程的一部分，具有信息功能	失败，缺乏能力和价值的证据
能力	通过努力发展的	天生的，固有的

（四）自我决定论

自我决定理论（Self-determination Theory）是由心理学家德西（Deci,1975）提出的。该理论强调自我在动机过程中的能动作用，认为自我决定是一种涉及经验选择的人类机能品质，它组成内在的动机。自我决定是人的一种选择能力，是个体在充分认识到个人需要和环境信息的基础上，个体对行动所做出的自由选择。人们行为的决定因素是自我决定，而不是强化序列、驱力或其他任何力量。自我决定的潜能可以引导人们从事感兴趣的、利于能力发展的行为，这种对自我决定的追求就构成了人类行为的内在动机。

自我决定理论现已形成一套较完善的关于人类动机的理论体系。动机的自我决定理论包括四个子理论：有机整合理论（Organismic Integration Theory）主要阐述外部动机的类型和促进外在动机发展为内在动机的条件和影响因素；基本需要理论（Basic Needs Theory）主要阐述了人类先天存在的三种基本心理需要，以及它们与心理健康和幸福的关系；认知评价理论（Cognitive Evaluation Theory）主要解释社会情境中的各种因素对于内部动机的影响；因果定向理论（Causality Orientations Theory）主要探讨人们先天倾向中的个体差异，以及这些差异怎样影响个体对于环境的选择和适应。

（五）自我效能理论

社会学习理论的创始人班杜拉（Albert Bandura）从社会学习的观点出发，在1982年提出了自我效能理论，用以解释在特殊情景下动机产生的原因。自我效能感是个人对自己完成某方面工作能力的主观评估。评估的结果如何，将直接影响到一个人的行为动机。当个体确信自己有能力进行和完成某项活动，属于高自我效能感，否则就是低自我效能感。班杜拉认为自我效能感的高低直接决定个体进行某种活动时的动机水平。自我效能感与成败经验、正负情绪有关：成功经验和积极情绪会提高自我效能感，失败经验和消极情绪则会降低自我效能感，从而决定动机水平。可见自我效能感是成就动机的一个重要维度。

（六）逆转理论

逆转理论（Reversal Theory）由阿普特尔（Apter，1989）提出，他认为人们的心理需要是对立的，概括起来有四对对立的元动机状态，不同状态派生不同的动机模式。即目的—超越目的、顺从—逆反、控制—同情、自我中心—他人取向，进而有不同的动机模式。每对动机状态都是按相反方向排列的。在当前任务中每对动机的两种状态中只有一种能被激活，逆转理论试图解释人类是如何从对立的一端转向另一端的。

为了证实"逆转"的存在，阿普特尔与巴特尔（Apter & Batter，1997）对两个跳伞俱乐部的所有会员进行了调研，会员们报告他们在跳伞前是焦虑的，在降落伞打开后感到兴奋，表明跳伞前和跳伞时存在从焦虑到兴奋的转化。这就是从目的状态向超越目的状态的转化。这可以解释为：危险会激发运动员的高唤醒水平。这种高唤醒水平在有目的的元动机状态下产生的是焦虑情绪；当危险被控制时，这种焦虑情绪会突然逆转为在无目的的元动机状态下的高唤醒，即兴奋。心理的逆转引起人的情绪状态突然发生变化，从而影响运动成绩。前一种情况使运动成绩下降，后一种情况使运动成绩提高。

本章重点概念

　　动机　需要　马斯洛需要层次理论　价值观　生理性动机　社会性动机
成就动机　外部动机　内部动机　动机的功能　工作动机　动机理论

本章思考题

　　1. 举例说明什么是动机，动机有哪些种类。

　　2. 社会性动机有哪些？它们在人类生活中有什么意义？

　　3. 试评述马斯洛的需要层次理论。

　　4. 什么是价值观？价值观与动机有什么关系？价值观是否存在文化差异？

　　5. 举例说明动机的功能。

　　6. 简述韦纳的动机归因理论。

　　7. 什么是自我效能感？产生自我效能感的基础是什么？

　　8. 简述逆转理论的基本观点？它对我们理解动机的本质有哪些启示？

　　9. 什么是工作动机？它与组织行为之间有什么联系？

第十一章

情 绪

第一节　情绪概述

　　《荀子》中曾写道：“怒不过夺，喜不过予”，即劝诫世人不能因为自己生气就对别人过分处罚，高兴了就给别人特别奖励。喜怒哀乐是每个人都会经历的情绪体验，这些不同的情绪交织而成我们丰富多彩的生活。婴幼儿在与父母分离时会产生恐惧焦虑等情绪，从而哭闹不已；青少年在收获了美好的友谊后快乐地嬉戏；步入大学后的小伙在兴奋之余体验着思想之愁；中年人由于生活工作等方面的压力而感到焦虑；老年人退休在家体会到了别样的孤独。人类有哪些基本情绪？它们具备哪些特点？怎样适当地表达、控制自己的情绪？这些问题都是心理学研究的重要问题。

　　本章首先介绍情绪的定义、功能、情绪状态、跨文化情绪反应。接着介绍情绪涉及的生理机制。情绪由大脑中的一个神经回路所控制，包括前额皮层、杏仁核、海马、前部扣带回等。同时网状结构和大脑皮层的其他部位也起了重要作用。随后介绍几种经典的情绪理论，如詹姆斯—兰格理论、沙赫特—辛格的情绪理论等。最后从生理、情绪、行为、认知、人际等多方面展开介绍情绪管理的策略，以期帮助读者更好地管理自己的情绪。

一、情绪的概念

（一）什么是情绪

　　此时此刻正在看书的你是快乐的、苦恼的、焦虑的还是愤怒的？这就是你所体会到的情绪。一般认为情绪是以个体的愿望和需要为中介的一种心理活动，当客观事物或情境符合主体的愿望和需要时，就能引起积极的、肯定的情绪；反之，则会产生消极的、否定的情绪。因此，情绪可以概括为个体与环境之间某种关系的维持或改变。回想一下刚刚过去的一周,你的情绪发生过什么样的变化,这些变化是由哪些环境事件引起的呢?在学习上取得了优异成绩,困扰你很久的问题终于找到了解决方案,交友不慎带来人际困扰, 恶劣天气打破你盼望已久的出游计划等, 有些事件还可能带给你非常强烈的情绪波动, 甚至可能是巨大的痛苦。情绪随诸多外部事件变化的同时, 也为你的生活增添了色彩。

情绪是一种混合的心理现象, 它是由独特的主观体验、外部表现和生理唤醒三种成分组成的。

1. 独特的主观体验

个体对不同的情绪状态的自我感受即主观体验（Subjective Experience）, 涉及了认知活动和对认知结果的评价。每种情绪有不同的主观体验,它们代表了人们的不同感受,如快乐还是痛苦, 构成了情绪的心理内容。情绪是对客观事物的主观感受,不同的个体对同一事物会有不同的感受。如"一百个人心中有一百个哈姆雷特",不同的人在阅读同一部文学作品后的感受可能是千差万别的。

2. 外部表现——表情

表情是明显的情绪的外部表现（Emotional Expression）, 高兴时会露出笑脸, 烦恼时会流露出幽怨的眼神。表情在情绪的传递中具有独特的作用, 可以细分为面部表情、姿态表情和语调表情。

3. 生理唤醒

生理唤醒（Physical Arousal）是指情绪产生的生理反应。它涉及广泛的神经结构, 如中枢神经系统的脑干、中央灰质、丘脑、杏仁核、下丘脑、蓝斑、松果体、前额皮层, 以及外周神经系统和内、外分泌腺等。生理唤醒是一种生理的激活水平,不同情绪状态有不同的生理唤醒模式。如愉快时心跳节律正常；暴怒时心跳加速、血压升高、呼吸频率增加；痛苦时血管容积缩小等。

（二）情绪的功能

1. 适应功能

情绪是有机体适应生存的重要方式, 从远古祖先进化角度分析, 情绪和适应环境、脑的发育紧密相连, 既具有社会性成分也有助于适应社会环境。例如羞怯感可以加强个体与社会习俗的一致性；当个体对他人造成伤害时, 内疚感可激发社会公平重建。其他的情绪, 诸如同情、喜欢、友爱等, 也能起到构建和保持社会关系的作用。它们可以增强群体内的凝聚力, 而且有提高个体的社会适应能力的作用。例如婴儿刚出生不具备言语交际能力, 这时主要通过哭声等情绪的表达来与成人进行交流, 成人根据婴儿发出的情绪信号来了解孩子有何种需求，从而满足和安抚孩子。

2. 动机功能

人的需要受动机支配，情绪是个体需要是否得到满足的主观体验，能激励人们提高活动效率。积极的情绪会成为人们活动的推动力，而消极的情绪则会成为活动的阻碍。例如我们对于学习的情绪是积极的，那我们就会热爱学习，反之如果对学习抱有消极情绪，则会产生厌学心理。研究表明，适度的焦虑和紧张能促进个体积极地思考问题并解决问题，而那些过于放松或过度焦虑的状态则会影响问题的解决。同时情绪对于动机有放大信号的作用，如在面临恶狗追击时，产生了保护自我的需要，随之而来的恐慌感会增强驱力，促进自我保护行为的产生，最终快速逃跑。

3. 组织功能

情绪的组织功能是指情绪对其他心理过程的影响，积极的情绪具有调节和组织作用，消极的情感则具有干扰和破坏作用。中等强度的愉快情绪有利于记忆、推理、问题解决等过程，消极情绪则对问题解决产生负面影响。研究还表明，情绪状态会影响个体的学习、记忆、创造力（Lyubomirsky，King & Diener，2005）。

4. 社会功能

社会功能又称信号功能，即情绪具有传递信息、促进社交的功能，是人与人之间相互影响的重要方式之一。社会功能是通过情绪的外部表现，即表情来实现的。表情是思想的信号，如用微笑表示赞赏、用点头表示默认等。在沟通时存在只可意会不可言传的情况，这时可通过表情信息进行人与人之间的沟通与交流。

二、情绪的种类

情绪可以分为基本情绪与复合情绪、积极情绪与消极情绪。心理学家克雷奇（Krech）认为原始情绪包括快乐、愤怒、恐惧、悲哀四种，与个人追求目的的活动相联系，并具有高度紧张性。

1. 基本情绪与复合情绪

基本情绪是人与动物共有的，是天生的、不学而能的。每一种基本情绪都有独立的神经机制、内部体验和外部表现。复合情绪则是由基本情绪的不同组合派生出来的。也就是说，复合情绪是由两种以上的基本情绪组合而形成的情绪复合体。

心理学家普拉切克（Plutchik）在2003年根据自己的研究提出了恐惧、惊讶、悲伤、厌恶、愤怒、期待、快乐和信任八种基本情绪，每种基本情绪都可以根据强度上的变化而细分。例如，强度高的愤怒是狂怒，强度很低的愤怒可能是生气。一种基本情绪可与相邻情绪混合产生某种复合情绪，也可能与相距更远的情绪混合产生某种复合情绪。

2. 积极情绪与消极情绪

积极情绪是与接近行为相伴随产生的情绪，而消极情绪是与回避行为相伴随产生的情绪。有人认为积极情绪是当事情进展顺利时的那种好的感受。另一些人认为，积极情绪是因意外得到奖赏或在目标实现过程中取得进步时产生的感受。还有人认为，积极情绪与某种需要的满足相联系，通常伴随愉悦的主观体验，并能提高人的积极性和活动能力。一般认为，积极情绪有三个重要的适应功能，即支持应对、缓解压力、恢复被压力消耗的资源。积极情绪能拓宽注意范围，增强行动效能，影响思维过程，促进个体高效率地思考和解决问题。积极情绪对人的社会行为也有促进作用，如改善人际关系等。

消极情绪是指环境事件对人的心理造成的负面影响，如痛苦、悲伤、愤怒、恐惧等。适度的消极情绪有时是有益的，能增加大脑和神经系统的张力，提高工作和学习效率。相反，过于强烈和持久的消极情绪则对人的健康和社会适应有害。它会抑制大脑的推理、辨别等高级认知活动，使人的认知范围缩小，不能正确评价自己行动的意义及后果，使工作和学习效率降低。如果消极情绪长期存在还可能引起相应的心理疾病。

三、情绪状态及分类

情绪状态是在某事某情境的影响下，在一定时间内产生的情绪体验。典型的情绪状态有心境、激情、应激。

（一）心境

心境（Mood）是一种微弱、平静而持久的情绪状态，是人在某一时间段内的心理活动背景。例如最近一直心情愉悦或闷闷不乐等。心境具有以下特点：

（1）发生强度。心境是微弱而持续的情绪状态，它的发生有时自己都觉察不到。

（2）持续时间。心境是稳定、持续时间较长的情绪状态。心境的持续时间有很大差别，某些心境可能持续几小时，另一些心境可能持续几周、几个月或更长时间。心境持续时间的长短取决于引起心境的客观刺激，例如，失去亲人会使人长时间郁闷，而考试成功则会在短时间内使人兴奋快乐。不同人格特质的个体对同一刺激物会产生不同的体验，乐观外向的人往往大大咧咧，不会纠结于过去，心境转变较快；内向的人则更容易耿耿于怀，沉浸于过去的心境中。

（3）作用范围。心境具有弥漫性，它不是关于某一事物的特定体验，而是以同样的态度对待一切事物。例如个体心情愉悦时，对于任何事情都会更加兴致勃勃；相反，当处于郁闷的状态时会干什么都提不起兴趣，郁郁寡欢。

心境的影响因素是多维度的，生活、学业、工作上的成功与失败，人际关系的亲疏，个人健康状况的好坏，自然环境的变化等都可能引起某种心境。

　　心境对人的学习、工作、生活、健康都有很大影响。积极乐观的心境会提高活动效率，促使个体充分发挥主观能动性克服困难，迎来成功；消极悲观的心境则会使人意志消沉，丧失对生活的向往，长时间处于焦虑状态下，有损于日常生活和身体健康。在生活中学会调节和控制心境，充分利用意志力克服消极心境，培养积极心境，有利于提高学习、工作、生活的效率。

　　（二）激情

　　激情（Intense Emotion）是一种强烈的、短暂的、爆发式的情绪状态，往往由对个人有重大意义的事件引起。例如，取得重大成功后的狂喜和惨遭失败后的绝望、沮丧。激情状态的特点有：

　　（1）爆发性。激情发生过程一般是迅猛的，在短时间内把大量能量喷发出来，犹如火山爆发，强度极大。

　　（2）冲动性。激情发生后，个体会被情绪所驱使，言行缺乏理智并具有很大的盲目性，出现"意识狭窄现象"。这种现象是指个体的认知活动范围缩小，理智分析能力受到抑制，自我控制能力减弱，最终行为失去控制，做出鲁莽的行为。

　　（3）短暂性。激情爆发后很快会出现平息阶段，此时冲动开始弱化。如，获得巨大成功后，个体不会长时间处于兴奋狂喜，很快就会归于平静。

　　（4）确定的指向。激情一般都是由特定对象或现象引起的，例如寒窗苦读十几年，最终考取理想的大学会引起激情愉悦，而挫折会使个体产生绝望。

　　（5）明显的外部表现。激情往往伴随着明显的外部表现，如生气时"怒发冲冠"，狂喜时"手舞足蹈"，悲痛时"号啕大哭"等。

　　在激情状态下，个体应有意识地积极调整它，做自己情绪的主人。在一般激情状况下，要学会合理释放和升华、转移注意力来缓解激情带来的负面影响，同时也要勇敢承担失控行为造成的不良后果。激情并不总是消极的，当我国运动员在奥运会夺冠时，群众欢舞沸腾，这种激情饱含着爱国情绪，是激励人奋进的强大动力。

　　（三）应激

　　应激（Stress）是人对某种出乎意料的环境刺激做出的适应性反应。例如遭遇火灾、地震等突发情况时，个体必须集中自己的智慧和经验，动员全部力量，迅速采取有效行动，此时个体的身心处于高度紧张状态，就是应激。个体在应激状态下的反应有积极和消极之分，积极的反应表现为急中生智，消极的反应表现为惊慌失措、思维呆滞、行动迟缓。持续的应激状态会影响生物机制，导致高血压、胃溃疡等疾病的出现。

　　人在应激状态下会出现一系列生物反应，如肌肉紧张、血压上升、心率加快、呼吸急促等。这些变化有助于适应紧急情况，维护机体功能的完整性。加拿大学者 Hans

Selye 称应激状态下的生物反应变化为适应性综合征,并指出这种综合征包括动员、阻抗、衰竭三个阶段。

（1）动员阶段：有机体无论什么时候遇到任何一个紧张刺激都会引起躯体内部的生理生化、体内环境平衡、内脏机能的变化，即生物有机体会动员起来进行适应性防御。

（2）阻抗阶段：有机体在肾上腺素分泌增加之后，会出现心律不齐、呼吸加快、血压上升、血糖含量增加等变化，以便充分动员体内的潜能应对环境变化刺激的威胁。

（3）衰竭阶段：引起紧张的刺激持续存在或躯体仍然像存在着威胁那样进行反应，抵御就会持续下去，必需的适应能力可能耗尽，最后出现崩溃。这时机体会被其自身的防御力量所损害，导致适应性疾病。

四、表情

表情是个体在情绪状态下生理和心理以及外部行为上表现的变化或活动。表情既是人与人之间交往和传递信息的重要手段，也是了解个体情绪感受与体验的客观指标。人类的表情复杂而细腻，既可以表达各种心理内容，也可以表达语言不能表达或不便表达的心理状态。

（一）面部表情

面部表情是通过眼睛、额眉、鼻颊、口唇等肌肉变化表现出来的情绪体验。一般说来，每种情绪都有其特定的面部肌肉的活动模式，即每种具体的情绪的面部表情都可以由额眉部、眼鼻部和口唇部这三个部位的肌肉运动的不同组合构成，但是在不同情绪状态下，颜面各部位的变化特点是各不相同的。例如，愉快时眼睛眯小、额眉舒展、鼻孔扩张、嘴角上翘，愤怒时两眼圆睁、双眉倒竖、咬牙切齿等。

每张脸由于眼睛、嘴唇、眉毛的搭配差异，表情就有所不同。应用面部电子肌动仪（Electromyograph，EMG）的研究表明，愉快、感兴趣和有吸引力等肯定的情绪会增加面部肌肉的活动；发怒、沮丧和恐惧的情绪感受，主要是前额区和额眉间的活动。

（二）姿态表情

姿态表情可分成身体表情和手势表情两种。身体表情是表达情绪的方式之一。 人在不同的情绪状态下，身体姿态会发生变化，如高兴时捧腹大笑、恐惧时紧缩双肩、紧张时坐立不安等。

手势常常是表达情绪的另一种重要形式。手势通常和言语一起使用，表达赞成或反对、接纳或拒绝、喜欢或厌恶等态度和思想。手势也可以单独用来表达情感、思想，或做出指示。在无法用言语进行沟通的条件下，单凭手势就可表达开始或停止、前进或后退、同意或反对等。"振臂高呼""双手一摊""手舞足蹈"等手势，分别表达了个人的激愤、无可奈何、高兴等情绪。心理学家的研究表明，手势表情是通过学习得来的。它不仅存在个别差异，而且存在团体差异，后者表现了社会文化和传统习惯的影响。同一种手势在不同的民族中用来表达不同的情绪。

（三）语调表情

除面部表情、姿态表情以外，语音、语调表情（Intonation Expression）也是表达情绪的重要形式。谁都知道，朗朗笑声表达了愉快的情绪，而呻吟表达了痛苦的情绪。言语是人们沟通思想的工具，同时，语音的高低、强弱等，也是表达说话者情绪的手段。例如，当播音员转播乒乓球的比赛实况时，他的声音尖锐、急促、声嘶力竭，表达了一种紧张而兴奋的情绪；而当他播出某位领导人逝世的讣告时，语调缓慢而深沉，表达了一种悲痛而惋惜的情绪。

总之，面部表情、姿态表情和语调表情等构成了人类的非言语交往形式，心理学家和语言学家称之为"体语（Body Language）"。人们之间除了使用语言沟通达到互相了解之外，还可以通过由面部、身体姿势、手势以及语调等构成的体语，来表达个人的思想、感情和态度。在许多场合下，人们无须使用语言，只要看脸色、手势、动作，以及听听语调，就能知道对方的意图和情绪。

（四）感觉反馈

人的情绪是通过面部肌肉、骨骼肌肉系统的活动来表达的。近几十年来，人们发现身体的反馈活动可以增强情绪的体验。大量研究表明，假装的表情可以使人体验到恐惧、发怒、悲伤和厌恶。这说明，表情可能激活和放大某些情绪状态，通过大脑中产生的生理变化激活个体的情绪体验。

表情中的身体姿势也能提供感觉反馈，并影响人的情绪。伸展的姿势能振奋精神，收缩姿势会降低活力。斯蒂帕尔等人（1993）在研究中要求不同被试在不同高度的桌子上写字，形成不同的坐姿，有的坐直，有的蜷成一团。结果表明，坐直的被试比蜷成一团的被试更多地报告了骄傲情感。言语行为也同样影响人们的情绪，当人们大声地谈论与焦虑有关的事件时，被试会更焦虑；当人们用缓慢的、微弱的声调谈论与悲伤有关的事件时，被试会感觉更悲伤。由此可见，这些情感体验可能受到听觉反馈的影响。

五、情绪对认知的影响

（一）闪光灯记忆

布朗和库里克（Brown & Kulik，1977）的研究表明，消极的情绪唤醒能够提高记忆绩效。人们通常对诸如行刺国家元首之类的举国震惊的事件具有良好记忆，而且对事件发生时所涉及的具体情景等细节信息的记忆效果也很好。这种记忆现象称为"闪光灯记忆"。研究者还发现，目击者对真实的创伤性事件（如枪杀、刀捅等）表现出较高的记忆准确性，且这种记忆并不随着时间的推移而减弱。事件的情绪性越强，被试的记忆就越强。创伤事件的细节记忆随延迟间隔的增长而表现出显著的持续性和准确性。

（二）心境一致性效应和心境状态依赖效应

心境一致性效应是指当人们阅读一篇文章时，更容易记住那些与个人情绪状态一致的文章内容，即一个心情愉快的人更容易记住使人愉快的内容，一个心情悲伤的人更容易记住令人悲伤的内容。

心境状态依赖效应是指当回忆时的情绪状态与阅读时的情绪状态一致时，回忆效果最好。如果学生在愉快心境下学习一篇课文，那么他在愉快心境下的回忆成绩要比在中性或悲伤情绪状态下回忆的成绩要好。梅耶和鲍尔（Mayer & Bower，1986）认为，编码时的情绪状态在回忆时可以作为信息检索的有效线索。此外，研究表明，在学习中性材料时，悲伤、抑郁、焦虑、紧张或兴奋水平过高都会对记忆的编码和组织产生消极影响。

六、跨文化情绪反应

来自不同文化的个体有着类似却又独特的情绪反应。早期心理学家认为情绪是人类进化而来的先天技能，而非后天习得，因而具有跨文化的普遍性。然而，随着研究的发展，研究者们认识到情绪作为一种高级社会心理功能，不同文化背景下个体的情绪表达与情绪调节具有不可忽视的文化差异。

（一）情绪的跨文化一致性

达尔文发现满足、不满足、高兴、生气、悲伤和厌恶这些表情都可以在婴儿脸上观察到，由此推断表情不需要后天学习，因此在不同文化类型间存在一致性。另外的一些研究表明，婴幼儿已经能够识别表情，而且不同种族的婴幼儿也遵循同样的情绪发展与分化模式；先天盲童不具备模仿动作的条件，却仍然具有笑或哭的表情。这些都初步证实了达尔文关于表情的普遍性的猜想。

埃克曼等研究者在一项实验中要求被试将呈现的面孔表情与情绪词汇（如快乐、愤怒等）相匹配，结果发现不同文化背景的人对表情的识别是相似的，甚至与西方距离很远的新几内亚人也呈现出与美国被试相似的结果。在进一步研究中，实验者让新几内亚人想象自己是故事中的主人公以诱发出特定情绪，同时摄像记录其表情，随后向美国学生播放这些表情。美国学生能够从录像中辨认出 6 种表情中的 4 种（快乐、愤怒、厌恶、悲伤）。这一研究为表情的跨文化普遍性提供了直接证据（Ekman et al.，1987）。

另外，需要注意的是这种普遍性的主张是针对 7 种基本情绪的。埃克曼和他的同事并没有主张所有的表情都具有普遍性，也没有认为所有文化以同种方式表达所有情绪。

（二）情绪的文化差异

早期研究者们在探讨情绪普遍性的同时虽然也发现了情绪的文化差异，但并未对此给予足够重视。近年来随着研究的深入，情绪的文化差异问题越来越引起人们的关注。有学者将情绪的文化差异比作"普遍情绪语言"中的"方言"，就如同美语和英式英语虽然都是英语，但在语音、语调、语法、词汇上仍然存在一些区别一样，不同文化背景下的情绪也存在着微妙的差异（Elfenbein & Ambady, 2002）。

总体来说，西方被试更多地试图改变环境，而东方被试则更多地表现为适应环境。个人主义的个体张扬自我从而试图改变他人，更重视高唤醒度的情绪状态；而集体主义的个体更多地压抑自己，服从环境，更推崇低唤醒度的情绪状态。生气在西方文化里属于一个常见的情绪，很可能因为西方文化强调个人的独立性和个人权利及需要的自由表达。在北美，生气被普遍认为是受到不公平对待时的一种"自然"反应。与此相反，许多亚洲文化强调群体的和谐。在亚洲文化中，公开场合生气是很少见的，并被认为是"不得体的"，因为生气会导致与他人疏远。因此，生气在一个崇尚合作的文化中是不被鼓励的。

文化也会影响积极情绪的表达。在西方国家，人们喜欢诸如骄傲、高兴和优越这样的积极情绪，充分突出一个人作为个体的角色。在东方文化中，积极情绪往往与群体联系起来，如友善、与他人的亲密感和尊重等（Kitayama, Markus & Kurokawa, 2000）。

由此看来，集体主义文化强调相互依赖的社会关系，情绪调节较多受到外部环境因素影响，个体较多地表达抑制以达到人际和谐，避免对他人的伤害；而个人主义文化环境下的个体则强调独立，认为情绪抑制是表里不一和为人不可靠的表现，他们使用抑制策略常常是与不得已的自我保护以及免受社会威胁等有关，因此较少抑制情绪的表达。

第二节　情绪的生理机制

一、情绪的脑中枢机制

近年来，随着神经成像技术的快速发展，以电信号、功能成像为基础的方法的使用，可以更准确地研究大脑的结构和机能，前者如 EEG、ERP，后者如 PET、FMRI。这些技术的发展产生了当代情绪研究的前沿学科——感情神经科学（Affective Neuroscience）。它是考察情绪和心境神经基础的生物行为科学的分支，与认知神经科学类似，但是集中在情绪过程上。

近年来的研究表明,人的基本情绪系统有两种,即趋近系统和退缩系统。趋近系统促进欲求行为和产生与趋近有关的积极情绪,如愉快、兴趣等。退缩系统帮助有机体远离厌恶刺激源,或者组织对威胁线索的适当反应,产生与撤退有关的消极情绪,如厌恶和恐惧等。各种证据表明,趋近系统和退缩系统是由独立的神经回路执行的。

（一）情绪与前额皮层

前额皮层（Prefrontal Cortex,PFC）是指额叶中央前回和中央旁小叶前面的广大区域,可分为背侧 PFC、腹内侧 PFC 和眼眶皮层 3 个子区。前额皮层在许多方面都卷入了情绪,在身体信号、情绪调节、奖励加工中起重要作用。

戴维森等人（Davidson et al., 1990）报告,由情绪电影诱发的厌恶和恐惧能提高右侧前额叶和前部颞叶的激活,而诱发的积极情绪引起了左侧前额叶的激活。沙顿等人（Sutton et al., 1997）用正电子发射断层显像技术测量大脑的局部葡萄糖代谢。结果发现,在消极情绪产生时,右侧的前眶额、前脑回的代谢率提高;在积极情绪产生时,左侧后中央脑回的代谢率提高。

针对脑损伤病人的研究发现,左侧 PFC 损伤后个体会出现抑郁。原因是,这一脑区参与了积极情感的加工,它的损伤会导致体验积极情绪的能力缺失,这是抑郁症的标志性特征之一。戴维森等人（Davidson et al., 2000）发现,当社交恐惧症者在期待公开演说时,与控制组相比,右侧 PFC 被强烈激活。瑞奇等人（Rauch et al., 1997）发现,在实验诱发焦虑时,焦虑患者的右下 PFC 和右中央眶额被激活。

躯体标记假说（Somatic Marker Hypothesis）认为个体在决策过程中产生的情绪反应能够调节被试在不确定和复杂情境中的决策行为。内侧前额皮层是情感加工的重要部位,躯体在各种情景下形成情绪体验并以特定的内脏反应来表达,进而影响个人的决策行为（Damasio, Grabowski & Frank, et al., 1994）。除了身体反馈,前额皮层还卷入了情绪调节。在神经水平上,研究结果一般都支持这样的结论:前额叶控制系统、连同眶额皮层和前扣带皮层都参与了情绪调节,具有计算当前刺激的情绪、情感价值的作用。

（二）情绪与丘脑

生理学家坎农（Cannon）曾提出,丘脑是调节和控制情绪的中枢。临床发现,当丘脑部位出现肿瘤或血管性病变时,病人对可引起情绪的刺激发生过度反应,另一些病人表现为不能控制的哭或笑的发作,却不能报告相应的情绪体验;破坏丘脑前核,可使精神病人的激动性减少,也可使动物对有害刺激的反应性降低。

有研究揭示下丘脑与动机和情绪行为的产生密切相关。研究发现,对猫的下丘脑内的电极进行逐点刺激,发现动物有两类行为反应:第一种是斗争,像发怒的模式(怒吼和发嘶嘶声、耳朵后倒、竖毛及其他交感神经的反应);第二种是逃避,像恐惧的模式(眼睛快速转动、头左右转动、最后逃走）。因此，下丘脑被认为是支配愤怒和恐惧的中枢。

心理学家奥尔兹和米尔纳（J. Olds & P. Minler，1954）采用脑内埋藏电极法在斯金纳箱内对老鼠进行了"自我刺激"实验。结果发现，在下丘脑、边缘系统和丘脑等部位存在着"快乐中枢"和"痛苦中枢"，其中以下丘脑最为明显。实验者在大鼠的下丘脑背侧埋上电极，另一端与电源开关相连接。大鼠按一下杠杆，脑内就受到一次短暂的电刺激，大鼠似乎在追求这种脑内的电刺激，一旦它偶然按下杠杆，脑内受到一次刺激后，它就会不断地反复按压杠杆，甚至不吃不喝，连续数小时，最高可达 5000 次 / 小时。这些部位被称为"快乐中枢"。而另一些部分则被称为"痛苦中枢"。

后来，学者把"自我刺激"法用于人类，他们的实验多是在精神病、癫痫病和肿瘤病人做手术时进行。当用电刺激病人下丘脑的有关部位时，病人就会面带微笑，表现出高兴的样子，而且病人也愿意去按压杠杆以寻求脑内的自我刺激，并报告说有"良好的感觉"。可见，人的下丘脑也存在"快乐中枢"。

（三）情绪与边缘系统

1. 杏仁核

杏仁核（Amygdala）是情绪最重要的大脑区域之一，在情绪的社会信号加工、情绪学习和情绪记忆的巩固中起关键作用。脑损伤的研究发现，杏仁核损伤的病人不能识别恐惧的面部表情，但可以识别其他面部表情。双侧杏仁核损伤的病人对恐惧和愤怒声音识别有困难（Scott et al.，1997），对厌恶刺激也无反应，说明杏仁核对识别威胁或危险线索是重要的。

对精神病人的研究也表明，给焦虑病人呈现特定的诱发焦虑的刺激时，杏仁核被激活（Breiter et al.，1996）。在抑郁症病人中，杏仁核的激活水平非常高（Ketter et al.，2001）。在药物治疗使抑郁症状减轻后，杏仁核的激活水平降低到正常值（Drevets，2001）。对正常人的研究也表明，在厌恶条件作用的早期阶段，杏仁核被激活。诱发消极情绪的实验也可以观察到杏仁核的激活。

2. 海马和前部扣带回

海马（Hippocampus）是中脑边缘系统的一个重要区域，不仅在学习和记忆中起着重要作用，还在情绪调节中起关键作用。研究表明，海马对调节不同情境下的情绪行为有着重要作用，海马损伤的个体，其正常的情境调节作用也会受到损伤，从而会导致个体表现出不适当的情绪行为，如在葬礼中大笑、考试时候跑来跑去等行为（Davidson，Marshall，Tomarken & Henriques，2000）。

前扣带回（Anterior Cingulate Cortex）主要参与痛觉的情感动机和认知注意方面。前扣带回的背侧和腹侧区在情绪控制和加工中存在功能差异。前扣带回的背侧部分负责情绪冲突的监控，腹侧部分通过影响杏仁核的激活来调节情绪冲突的解决（Egner，Etkin，Gale & Hirsch，2008）。

（四）情绪与网状结构

网状结构（Reticular Formation）也称"网状系统"，它的机能与维持大脑的觉醒状态和注意、意识水平有关，觉醒状态是情绪产生的必要条件。网状结构靠近下丘脑部位接受来自中枢和外围两方面的冲动，向下发放引起各种情绪的外部表现，向上传送使某种情绪处于激活状态并产生主观体验。以精神病患者为例，他们情绪冷漠低沉，对一切都不感兴趣，这就是网状激活系统的活动失常引起的情绪障碍。

（五）大脑皮层功能的一侧化与情绪

大脑两半球之间的情绪控制和调节存在一些差异，在积极情绪时左半球出现较多电位活动，在消极情绪时右半球出现较多的电位活动。在一项实验中，实验者让一群四岁的孩子一起玩耍和学习。两周后进行实验，通过向孩子们呈现视觉刺激并记录他们的脑电活动发现，善于交流的儿童左脑更活跃，孤独和封闭自我的儿童右脑更活跃。

在另一项研究中，首先向被试展示了一些令人愉快的视频片段，比如"小狗玩鲜花""大猩猩洗澡"，接着展示一些令人厌恶的视频片段，如"尸体""残肢"，接着用摄像机记录被试的面部表情，用脑电图系统记录被试的脑电。结果显示，令人愉快的视频增加了左半球的脑电活动，而令人厌恶的视频增加了右脑的脑电活动（Davidson，1993）。

二、情绪的外周神经机制

当处于情绪状态时，体内由自主神经系统支配的内脏器官和内分泌活动会发生变化。例如，愤怒时血压上升；恐惧时，呼吸和脉搏加快，胃的活动会暂停，消化液也停止分泌，甚至会发冷汗，汗腺分泌发生变化等。大多数伴随情绪而发生的生理变化，是由自主神经系统支配的。自主神经系统分为交感神经系统和副交感神经系统两个系统，共同支配着同一个器官，但起着拮抗的作用（见表11-1）。

表 11-1　交感和副交感神经系统对器官的支配作用

	交感神经兴奋	副交感神经兴奋
瞳孔	扩大	缩小
眼球	突出	后退
心跳	变快	变慢
血管	收缩	扩张
血压	上升	下降
消化器官运动	抑制	加强

（一）自主神经活动的变化

一个非洲人在丛林里遇到野兽时的恐惧，和你在城市里遇到强盗时的恐惧，在生理反应上是非常相似的，都会导致如肌肉紧张、心跳增强、烦躁、喉咙干渴、出汗、反胃、尿频、颤抖、躁动不安等许多身体变化。这些反应是先天的，因此它们具有普遍性。具体来说，它们是由自主神经系统（Autonomic Nervous System，ANS）发起的。自主神经系统联结着大脑和各内脏及腺体，其活动是自动而非有意的。

1. 呼吸

呼吸会随着情绪状态的不同在呼与吸的次数、快慢和质量上有明显不同。人在平静时每分钟呼吸为 20 次左右，愤怒时每分钟呼吸为 40—50 次，突然惊恐时人的呼吸会发生临时中断现象，狂喜或悲痛时会出现呼吸痉挛现象。心理学在研究呼吸时间比率的改变与情绪之间关系时发现，笑时呼气快而吸气慢，呼吸的比率低至 0.30，而惊讶时吸气则是呼气的 2—3 倍，恐惧时呼气与吸气的比率由平静状态下的 0.70 上升到 3.00 或 4.00。

2. 心率、血压和血管容积

情绪状态下循环系统的活动会发生变化，一方面表现为心跳速度和强度的改变，另一方面表现为外周血管的舒张与收缩的变化，例如满意、愉快时心率正常，恐惧或暴怒时心跳加速、血压升高。因此，心率、血压和血管容积的变化可以间接反映情绪的变化，并作为情绪测量的生理指标。血管容积的变化很复杂，在同一情绪状态下，各器官的血管活动存在差异。例如恐惧时，大腿血管舒张，而脸部血管则会收缩，面色变得惨白。有研究发现，肢体末端血管收缩率是紧张情绪的生理指标，血管收缩持续的时间与情绪的紧张程度成正比，即紧张情绪越强，血管收缩持续的时间也就越长。

3. 皮肤电

在一般情况下，皮肤具有一定电阻参数。在情绪状态时，皮肤内血管或舒张或收缩，汗腺分泌也会发生变化，这便引起皮肤电阻的变化。通过对皮肤电流的测量和记录，就可以间接测定情绪反应。有研究表明，在惊讶、恐惧和困惑等紧张情绪状态下，皮肤导电电流会有所增加，情绪变化强烈，皮肤电变化较大；情绪变化较弱，皮肤电变化较小。除此之外，气温也会影响皮肤电。环境气温高，机体出汗时，皮肤电水平较高；环境气温低，机体需要保存热量时，皮肤电水平比较低；汗腺多的部位比汗腺少的部位可能引发更大的皮肤电变化。

4. 内外分泌腺

人体内有外分泌腺和内分泌腺两种腺体，前者包括汗腺、泪腺、唾液腺、消化腺等，后者包括甲状腺、甲状旁腺、肾上腺、脑垂体、性腺等。情绪状态的不同，会引起不同腺体分泌的变化。例如，悲痛或过于高兴会使人落泪，焦急或恐惧时会使人出汗，紧张时唾液腺等消化腺分泌会受到抑制而使人感到口干、食欲减退等。内分泌腺在情绪状态中的反应比较明显，例如，紧张和焦虑时肾上腺素分泌增多，而抑郁则可能是甲状腺素分泌减少所致。

（二）测谎的原理和机制

测谎仪的准确名称叫作多种波动描记器（见图11-1），是一种同时记录心率、血压、呼吸和皮肤电反应变化的多导仪，由心理学家威廉·马斯顿（William Marston）于1915年发明。

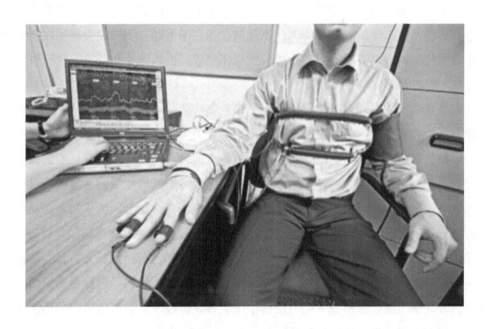

图 11-1　测谎器装置

实际上，测谎过程中，由于说谎者担心编造的谎言被识破、被揭穿而导致紧张、内疚、恐惧、焦虑等心理活动，进而引起与之相关的一系列生理反应，如脸红、心慌、呼吸急促、血压升高、胃收缩、消化液分泌异常、肾上腺素分泌增多、瞳孔放大、肌肉颤抖、嘴巴变干等，这些反应通过不能由意志控制的自主神经系统的生理变化而表现出来。由于生理变化受自主神经系统和内分泌系统支配，它们不以人的意志为转移，也不受人的主观控制。在情绪处于正常状态时，各种反应呈现规律性变化，但说谎时则会出现明显不同，因此测定这些生理变化可以成为判定个体是否说谎的客观指标。

测谎过程实际是运用了联想原理。在测谎过程中，个体的相关部位和电极连接在测谎仪上，主试向个体首先呈现一系列与案情毫无关系的"中性"问题，并记录此情绪状态下的生理反应作为测谎过程中的生理反应基线，即用此基线比较说谎时情绪状态的生理反应。然后，要求个体对所有问题做出反应，即回答"是"或"不是"。主试会利用一些犯罪知识进行测试，包括一系列的多项选择，其中只有一个正确答案。比如，检察官会问道："杀死张三的是哪种刀？ A. 水果刀；B. 餐刀；C. 菜刀；D. 砍柴刀。"如果是真的罪犯，当听到正确答案时反应会加强，而无辜者因为不知道正确答案，他们对四个选项的反应应该是差不多的。通过考察个体对关键问题或关键词的不正常的生理反应，以及对关键问题或关键词的反应时间是否延长来判断该个体是否说谎。

测谎仪的功能以及由此测得的生理反应仍有一定限制，因为引起个体生理变化的原因有时并不是说谎，而是个体紧张或对某些问题或关键词的理解有误而导致情绪状态上的反应。另外，惯于说谎者或了解测谎原理的人，在说谎时并不一定会显示出明显的生理变化。因此，测谎仪记录的生理指标只能用作参考，不能作为判断的唯一依据。

（三）情绪唤醒与绩效

任何情绪都伴随着一系列的生理变化，即生理唤醒状态，而且这种状态会增强情绪的体验。当你买到劣质产品时，你会飞快冲回商店去要求退款。情绪会唤醒你完成当前事件的动机然后引导并维持你的行为直到达成特定的目标。即对于情绪反应，我们会有生理上的唤醒。太低或太高的唤醒水平都会损害绩效。如果你接受的生理刺激过少，你可能无法有效组织你的行为；如果你受到的刺激太多，情绪也会压倒认知。在动机的唤醒理论部分我们已经介绍过这个内容。

除此之外，生活中的商品营销、APP 设计、报纸内容等都符合我们的情绪唤醒理论。但有趣的是，人们发现激发正面情绪的文章一般都被广而传之，而激发负面情绪的文章情况就比较复杂：焦虑和愤怒一类的负面情绪会提高传播率，而其他诸如悲伤的情绪则会降低传播率。在这里，情绪的唤醒发挥了至关重要的作用。

第三节　情绪理论

情绪发生的过程是怎么样的呢？不同的情绪理论对之有不同的解释。每一种理论都包含着合理的部分，人们总是试着把不同观点中的合理部分整合在一起。在这一节中，我们将一起讨论几个比较经典的情绪理论。

一、情绪的早期理论

（一）詹姆斯—兰格情绪理论

美国心理学家詹姆斯和丹麦生理学家兰格（Lange，1885）认为情绪就是对机体变化的知觉，即情绪是因身体器官对特殊的兴奋刺激的反射性变化而产生的。1884 年，詹姆斯在英国《心理》杂志上发表了著名的情绪理论，1885 年兰格也提出了类似的情绪解释。因此，一般把他们的学说合称为詹姆斯—兰格情绪理论（见图11-2）。

| 引起知觉的刺激 | → | 刺激引起身体反应 | → | 觉知身体反应后产生情绪 |

图 11-2 詹姆斯—兰格情绪理论示意图

根据这一理论，情绪经验的产生过程是，先有一个刺激引起个体的生理或身体的反应，如身体器官、内脏和肌肉的反射性变化，然后导致了个体的情绪经验，产生情绪。例如，路遇暴徒，我们先会感到恐惧，生理被唤起，之后，吓出一身冷汗，大喊着逃跑，这是人们的常识。詹姆斯在他的论著中这样写道："乃是因为我们哭，所以愁；因为动手打，所以生气；因为发抖，所以害怕。"换言之，情绪体验是由对刺激反应之后产生的生理变化引起的。生理变化激起的神经冲动传至中枢神经系统就产生了情绪。这里所讲的生理变化，既包括自主性内脏系统的反应，也包括骨骼肌肉系统的反馈作用。

兰格则强调血液系统对情绪的影响。他认为，自主神经系统支配作用的加强会引起血管的扩张，此时就会产生愉快情绪；而自主神经系统活动减弱，血管收缩，此时就会产生恐惧感。例如，冷水浇身会使愤怒和暴躁减弱，是血管收缩功能改变的结果。

詹姆斯—兰格情绪理论从生理学角度解释情绪经验的性质、组成原因，强调身体的反应，特别是内脏的反应是情绪经验的来源，重视情绪体验与生理变化之间的密切关系。但片面强调自主神经系统的作用，忽视中枢神经系统对情绪的控制和调节作用，因此受到不少批评。但该理论指出了情境刺激、生理变化和个体情绪体验之间的关系，在情绪的发生上还是具有一定的合理性，并为后来探索情绪本质做出了贡献。

詹姆斯—兰格情绪理论引起了一系列的实验研究，因为这一理论起码有三方面的含义需要实验证明：

（1）如果对外周生理反应的知觉就是情绪，那么每一种情绪都应有不同的生理唤醒模式。例如，愤怒的生理反应模式应当不同于惧怕的生理反应模式，因为如果生理反应模式无差别，那就无法区分两种情绪。1927年坎农针对詹姆斯—兰格的理论提出不同意见，认为并没有出现各种情绪的不同生理唤醒模式。

（2）如果对外周生理反应的知觉就是情绪，那么剥夺身体的外周生理反馈就不应该体验到情绪。坎农用外科手术切断动物视觉神经与脑的联系后，发现动物仍有情绪行为，并以此来反对詹姆斯—兰格情绪理论。

（3）如果对外周生理反应的知觉就是情绪，那么倘若有人有意识地控制外周生理反应的出现，则与这种反应相联系的情绪也应该出现。面部表情总是和以往的情绪体验相联系的，这些结果，很可能是通过记忆的激活来唤醒与此表情相联系的情绪。再者，这类实验还缺乏进一步的重复验证，显然，事实并非像詹姆斯—兰格理论所断言的，没有对外周生理反应的知觉，情绪就不会产生。

（二）坎农—巴德情绪理论

1927 年，生理学家坎农针对詹姆斯—兰格情绪理论提出了三点质疑：第一，在各种情绪状态下，身体的生理变化差异较小，无法在生理变化上对复杂多样的情绪做出区分；第二，由自主神经系统控制体内各个器官对刺激的反应迟缓，不足以说明个体情绪瞬息变化的特点；第三，有机体的生理变化可以用人为的方法诱发出来，但只能激发某种生理状态，却不能诱发出某种特定情绪。

在对詹姆斯—兰格情绪理论质疑的同时，坎农和他的学生巴德根据实验阐述了自己的情绪观点。他们认为，外界刺激信息在作用于感官后引起的神经冲动首先传递到大脑的丘脑部位，再由丘脑进行加工后同时把信息传递到大脑以及机体的其他部分，即把神经冲动上传至大脑皮层，同时又传递冲动到达内脏。传递到大脑皮层的信息引起情绪体验，传递到内脏和骨骼肌的信息激活生理反应引起相关的情绪表达。情绪体验和身体反应都作为丘脑活动的结果而在同一时刻产生（见图 11-3）。

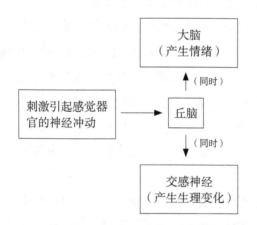

图 11-3　坎农—巴德情绪理论示意图

简言之，情绪中心不是在周围神经系统，而是在中枢神经系统的丘脑，当丘脑被唤起并活动时，情绪就产生了。情绪感觉是大脑皮层和自主神经系统共同激活的结果。

坎农—巴德情绪理论提出了情绪的特定中枢，引起了研究者对情绪反应中丘脑作用的重视，成为情绪中枢神经生理方面研究的重要理论。相对于詹姆斯—兰格情绪理论，坎农—巴德情绪理论对情绪的探索着重情绪在人脑中的定位机制，由此推动了对情绪的进一步研究，但是坎农—巴德情绪理论忽略了外周生理变化对情绪作用的意义，以及大脑皮层对情绪产生的调节和控制作用，因此也受到了质疑。

二、情绪的认知理论

20 世纪 60 年代以来，随着认知心理学的迅速兴起，心理学更多地从认知角度对情绪进行探讨和研究，并提出了情绪的认知理论。其中，心理学家阿诺德、沙赫特、辛格以及拉扎勒斯情绪理论最具有代表性。

（一）阿诺德的"评定—兴奋"说

心理学家阿诺德在 20 世纪 50 年代提出了情绪的"评定—兴奋"学说。这种理论认为，刺激情景并不直接决定情绪的性质，从刺激出现到情绪的产生，要经过对刺激的估量和评价，情绪产生的基本过程是刺激情景—评估—情绪。同一刺激情景，由于对它的评估不同，就会产生不同的情绪反应。评估的结果可能认为对个体"有利""有害"或"无关"。如果是"有利"，就会引起肯定的情绪体验，并企图接近刺激物；如果是"有害"，就会引起否定的情绪体验，并企图躲避刺激物；如果是"无关"，人们就予以忽视。

阿诺德认为，情绪的产生是大脑皮层和皮下组织协同活动的结果，大脑皮层的兴奋是情绪行为的最重要的条件。他提出情绪产生的理论模式是：作为引起情绪的外界刺激作用于感受器，产生神经冲动，通过内导神经上送至丘脑，在更换神经元后，再送到大脑皮层，在大脑皮层上刺激情景得到评估，形成一种特殊的态度（如恐惧及逃避、愤怒及攻击等）。这种态度通过外导神经将皮层的冲动传至丘脑的交感神经，将兴奋发放到血管或内脏，所产生的变化使其获得感觉。这种从外周来的反馈信息，在大脑皮层中被估价，使纯粹的认识经验转化为被感受到的情绪。这就是"评定—兴奋"学说。

（二）沙赫特—辛格情绪理论

20 世纪 60 年代初，心理学家沙赫特（S. Schachter）和辛格（J. Singer）提出，对于特定的情绪来说，有三个因素是必不可少的：第一，个体必须体验到高度的生理唤醒，如心率加快、手出汗、胃收缩、呼吸急促等；第二，个体必须对生理状态的变化进行认知性的唤醒；第三，相应的环境因素。

为了检验该理论，他们进行了实验研究。把被试分成三组，给他们注射同一种药物，并告诉被试注射的是一种维生素，目的是研究这种维生素对视觉可能发生的作用。但实际上注射的是肾上腺素，一种对情绪具有广泛影响的激素。因此，三组被试都处于一种典型的生理激活状态。然后，主试向三组被试说明注射后可能产生的反应，并做了不同的解释：告诉第一组被试，注射后将会出现心悸、手颤抖、脸发烧等现象（这是注射肾上腺素的反应）；告诉第二组被试，注射药物后，身上会发抖、手脚有点发麻，没有别的反应；对第三组被试不做任何说明。

接着把注射药物以后的三组被试各分一半，让其分别进入预先设计好的两种实验环境里休息：一种是惹人发笑的愉快环境（让人做滑稽表演），另一种是惹人发怒的情境（强迫被试回答烦琐问题，并强词夺理横加指责）。根据主试的观察和被试的自我报告结果，第二组和第三组被试，在愉快环境中显示出愉快情绪，在愤怒情境中显示出愤怒情绪；而第一组被试则没有愉快或愤怒的表现和体验。如果情绪体验是由内部刺激引起的生理激活状态决定的，那么三组被试注射的都是肾上腺素，引起的生理状态应该相同，情绪表现和体验也应该相同；如果情绪是由环境因素决定的，那么不论哪组被试，进入愉快环境中就应表现出愉快情绪，进入愤怒环境中就应表现出愤怒情绪。实验证明，人对生理反应的认知和了解决定了最后的情绪经验。这个结论并不否定生理变化和环境因素对情绪产生的作用。事实上，情绪状态是认知过程（期望）、生理状态和环境因素在大脑皮层中整合的结果。环境中的刺激因素，通过感受器向大脑皮层输入外界信息；生理因素通过内部器官、骨骼肌的活动，向大脑输入生理状态变化的信息；认知过程是对过去经验的回忆和对当前情境的评估，来自这三个方面的信息经过大脑皮层的整合作用，才产生了某种情绪经验。他们将上述理论转化为一个工作系统，称为情绪唤醒模型（见图 11-4）。

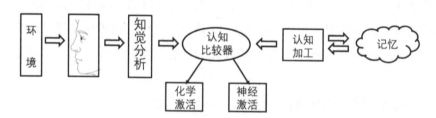

图 11-4　沙赫特—辛格情绪理论示意图

这个工作系统包括三个亚系统。第一个亚系统：对来自环境的输入信息的知觉分析；第二个亚系统：在长期生活经验中建立起来的对外部影响的内部模式，包括过去、现在和对将来的期望；第三个亚系统：现实情景的知觉分析与基于过去经验的认知加工间的比较系统，称为认知比较器，它带有庞大的生化系统和神经系统的激活机构，并与效应器官相联系。

这个情绪唤醒模型的核心部分是认知，通过认知比较器把当前的现实刺激与储存在记忆中的过去经验进行比较。当知觉分析与认知加工间出现不匹配时，认知比较器就产生信息，动员一系列的生化和神经机制，释放化学物质，改变脑的神经激活状态，使身体适应当前情境的要求，这时情绪就被唤醒了。

（三）拉扎勒斯的认知—评价理论

拉扎勒斯（Lazarus）是情绪认知理论的另一位代表。他认为情绪是人与环境相互作用的产物，在情绪活动中，人不仅反映环境中的刺激事件对自己的影响，同时要调节自己对于刺激的反应。也就是说，情绪活动必须有认知活动的指导，只有这样，人们才可以了解环境中刺激事件的意义，才可能选择适当的、有价值的动作组合，即动作反应。按照拉扎勒斯的观点，情绪是个体对环境事件知觉到有害或有益的反应。因此，在情绪活动中，人们需要不断地评价刺激事件与自身的关系。具体来讲，有三个层次的评价：初评价、次评价和再评价。

初评价（Primary Appraisal）是指人确认刺激事件与自己是否有利害关系，以及这种关系的程度。只要人们处在清醒的状态下，这种评价随时随地都会发生，这是人的生存适应的一个重要方面。

次评价（Secondary Appraisal）是指人对自己反应行为的调节和控制，主要涉及人们能否控制刺激事件，以及控制的程度，也就是一种控制判断。当人们要对刺激事件做出行为反应时，必须根据主观条件和客观社会规范来考虑行为的后果，从而选择有效的措施和方法。如，当人们受到侵犯、伤害时，是采取攻击行为还是防御行为，这取决于人们对刺激事件的控制判断。在这种评价过程中，经验起着重要的作用。

再评价（Reappraisal）是指人对自己的情绪和行为反应的有效性和适宜性的评价，实际上是一种反馈性行为。如果再评价结果表明行为是无效的或不适宜的，人们就会调整自己对刺激事件的次评，甚至初评，并相应地调整自己的情绪和行为反应。

第四节 情绪的调节与控制

情绪与其他心理过程，如感知、记忆、想象、思维和动机间的关系复杂而又相互影响，它们不仅会影响情绪，情绪也会影响人的认知活动、工作和学习。情绪反映人的精神状态和面貌，并标志着人格成熟的程度。人格成熟的人，知道如何保持情绪健康，自觉、有效地控制和调节自己的情绪。

一、什么是情绪调节

情绪调节（Emotion Regulation）是个体管理和改变自己或他人情绪的过程，在这个过程中，个体通过一定的策略和机制使情绪在生理活动、主观体验、表情行为等方面发生一定的变化。

情绪调节包括对消极情绪和积极情绪的增强、保持、抑制和减弱等多个方面。例如，愤怒时需要克制；悲伤时需要转换环境，想一些开心的事情等。情绪调节也适合于积极情绪,当取得成绩时,不能表现得过分高兴,以免影响到周围其他人的情绪。

情绪调节也包括个体对高、低唤醒水平的调节。我们知道,高唤醒水平对认知操作起破坏作用,如,狂怒会使人失去理智,导致越轨行为。成功的情绪调节就是要管理情绪体验和行为,使之处在适度的水平。此外,情绪调节包括削弱或去除正在进行的不适当的情绪,激活需要的情绪,掩盖或伪装某种情绪。

情绪调节不仅包括调节情绪系统的各个成分,也包括调节情绪系统以外的认知和行为等。情绪系统的调节主要指调节情绪的生理反应、主观体验和表情行为等。如情绪紧张或焦虑时,控制血压和脉搏;体验痛苦时,换个环境使自己开心一点;过分高兴时掩饰和控制自己的表情动作等。情绪系统之外的调节,包括通过改变思维方式、人际互动等改善当前的情绪体验。

二、情绪调节的维度

情绪调节包含五个维度,即生理调节、情绪体验调节、行为调节、认知调节和人际调节。

(一)生理调节

情绪的生理调节是以一定的生理过程为基础的,调节过程中存在着相应的生理反应模式。生理唤醒是典型的情绪生理反应,如心率、血压、瞳孔大小、神经内分泌的变化、皮下动静脉联结处的血管收缩等都是常用的生理指标。积极情绪被诱发后,心率变化不明显;消极情绪被诱发后,心率显著加快。抑制悲伤情绪会引起躯体活动下降,心率没有变化,心血管系统的交感神经激活水平和呼吸等明显上升;抑制快乐情绪会引起躯体活动、心率、皮肤电水平等明显下降,呼吸没有变化。情绪调节是系统性的,这种调节将改变或降低处于高唤醒水平的烦恼和痛苦的感受。

(二)情绪体验调节

当情绪体验过于强烈时,个体会有意识地进行调整。不同情绪体验有着不同的情绪调节过程,可采用不同的策略:愤怒时人们采取问题解决策略;悲伤时人们通常采取寻求帮助策略;伤感时人们采取回避策略;忽视可以有效地降低厌恶感;抑制快乐的表情可以降低快乐的感受;等等。

(三)行为调节

行为调节是个体通过控制和改变自己的表情和行为来实现的。人们主要采用两种调节方式:一是抑制和掩盖不适当的表情;二是呈现适当的交流信号,如一个人在向他人表示请求时,即使感到失望和愤怒,也要管理或控制好自己的情绪,不要影响信息的表达和交流。

行为调节可以对情绪体验产生影响。表达快乐和愤怒时的脸部肌肉使个体产生相应的体验。孙绍邦、孟昭兰（1993）发现，愤怒的表情活动可以增强愤怒的情绪体验。

（四）认知调节

道奇等人（Dodge et al., 1991）认为，情绪系统和认知系统是信息加工过程中的两个子系统，情绪可以是信息加工过程的启动状态，也可以是信息加工的背景。他们认为，良好的认知调节包含以下步骤：通过知觉或再认唤醒需要调节的情绪；解释情绪唤醒的原因和认识改变情绪的方式和途径；做出改变情绪的决定和设定目标；产生适当的个体力所能及的调节反应；对反应进行一定的评价，尤其是评价这些反应是否达到目标；将调节付诸实践。

（五）人际调节

人际调节属于社会调节或外部环境的调节。在人际调节中，个体的动机状态、社会信号、自然环境、记忆等因素都起到重要作用。在社会信号中，他人的情绪信号，尤其是与个体关系密切的人（如母亲、教师、朋友等）发出的情绪信号对情绪调节有较大的作用。

三、情绪调节的策略

情绪调节的策略主要有以下几种：

（一）回避和接近策略

回避和接近（Avoidance or Approach）策略也叫情境选择策略，运用这种策略的个体会选择有利情境，回避不利情境。这是很常用的情绪调节策略，在面临冲突、愤怒、恐惧、尴尬等情绪时，这种策略非常有用。儿童早期就开始运用这种策略，如儿童在爬行、走路时就会采取接近或回避的方式来调节自己的情绪。

（二）控制和修正策略

控制和修正（Control or Modification）策略是一种更积极的策略，个体试图通过改变情境中各种不利的情绪事件来控制自身的情绪。两岁左右的孩子就能正确运用此种策略来调节情绪，如在陌生环境中，孩子感到拘谨害怕，可能会要求和心爱的玩具一起玩耍，之后他就会变得乖巧放松。

（三）注意转换策略

注意转换（Attentional Deployment）策略包括分心和专注两种策略。分心是将注意集中在与不良情绪无关的方面，专注是指对情境中某一事物长时间地集中注意，这时个体可以创造一种高效的自我维持状态。6个月以后的婴儿就会通过转移对陌生人的注意，注视母亲来缓解对陌生人的焦虑，这是一种发展较早的情绪调节策略。

（四）认知重评策略

认知重评（Cognitive Reappraisal）即认知改变，通过改变对事件的理解和评价来进行情绪调节。认知重评试图产生新的积极的情感来代替原有的消极情绪，无须耗费大量认知资源，是一种有益的情绪调节策略。从个体发展过程来看，通常幼儿两岁以后才能熟练运用这一策略。

（五）表情抑制策略

表情抑制（Expressive Suppression）策略是指调动自我控制能力，启动自我控制过程来抑制自己的情绪行为。如婴儿会控制自己的表情，从而得到父母更多的宠爱，促进亲子关系。表情抑制耗费大量认知资源，会产生消极的情感和社会互动结果，对心理适应产生不良影响，进而影响心理健康水平。黄敏儿和郭德俊（2002）的研究发现，抑制厌恶和悲伤并没有减弱情绪感受，反而使交感神经的激活水平提高。

（六）合理表情策略

合理表情（Rational Expression）策略即采用恰当的表情，这一策略的正确使用有利于提升个体幸福和团队的密切感。在人际交往中，情绪调节能力强的个体并不全是压抑自己的表情，而是能够在短时间内改变自己的不利情绪，如把愤怒转换为平静，把悲伤转换为动力。在实际生活中，一个成熟的个体可以通过多种方式调节自己的情绪，如体育锻炼、改变生活方式、倾诉等。

四、不良情绪的调控

人们常说，人生不如意事十有八九。学习的烦恼、工作的不称心、恋情受挫、家务事的烦琐等等是每个人都会遇到的烦恼。这些烦恼会时不时地打破人的心理平衡，导致郁闷、焦虑、烦躁等不良情绪。这种不良情绪状态的长期存在，还会进一步发展为心理疾病，从而危害人们的身心健康。那么，如何调控不良情绪呢?

1.觉知自己的情绪状态

在处于情绪状态时，主动地认识到"我正在发脾气""我很愤怒"等不良情绪，并不对自我状态做出反应和评价，这样就提供了一个选择和处理不良情绪的空间，约束控制自己的情绪，或是任由情绪宣泄。只有在认识到自己的情绪处于什么状态时，大脑才有可能发出控制的指令，及时调控自己的行为。

2.转移注意力

当认识到自己正处于激动的情绪状态时，就要有意识地转移注意力，避免情绪最终爆发和难以控制。此时可以做一些平时最感兴趣的事，从而使人从消极、不良情绪中解脱出来。如，通过游戏、打球、绘画、下棋、听音乐、看电视、读小说、阅读报纸等，或者多回忆自己感到最幸福、最高兴的事，从而把消极的不良情绪转移到积极情绪上去，冲淡以至忘却烦恼，使情绪逐步好转。

3. 合理地发泄情绪

合理地发泄消极和不良情绪，是一种有效方法。具体的方法有：

（1）在适当的场合哭泣。哭是一种有效解除紧张烦恼和痛苦情绪的方法，尤其是对突如其来的打击造成的情绪。高度紧张和极度痛苦，哭可以起到缓解作用，因此有人提出"为健康而哭"，认为人在悲伤时不哭是有害健康的。哭虽然会扰乱人体正常的生理功能，使人心跳、呼吸变得不规律，但对人有益的一面是它能宣泄悲痛，释放不良情绪。此外，人在不良状态下产生的眼泪中含有一种"毒素"，排除后有益于身体健康。

（2）向他人倾诉。有了不良或负面情绪，可以向老师、父母、亲朋好友和心理咨询师倾诉，也可以和自己最亲近的人谈心，诉说委屈，发发牢骚，以此来消除心中的不良情绪感受。

（3）进行比较剧烈的运动。人在情绪低落时，往往不爱活动，越不活动，情绪越低落，形成恶性循环。事实证明，情绪状态会改变身体活动，身体活动也可以改变人的情绪状态。例如，改变走路的姿势，昂首挺胸，加大步幅，加大双手摆动的幅度；或者通过跑步、干体力活等比较剧烈的活动，把体内积聚的能量释放出来，使郁积的怒气和其他不愉快的情绪得到宣泄，从而改变消极的负面情绪状态。

（4）放声歌唱或放声喊叫。雄壮的歌曲可以振奋精神，放声歌唱可以提高士气。在憋闷时，找个无人的地方放声喊叫，或去唱卡拉 OK，把心中郁积的不良"能量"释放出来，从而解除心中的烦闷。

4. 用语言调节情绪

语言是人类特有的高级心理活动，语言暗示对人的心理乃至行为具有很好的调控作用。当将要发怒的时候，可以用语言来暗示自己："别做蠢事，愤怒是无能的表现，发怒既伤自己又伤别人，于事无补。"这样的自我提醒，会使自己的心情平静一些。我国历史上的禁烟功臣林则徐脾气很大，他为了控制自己的怒气，在中堂挂了"制怒"二字的大条幅，以便随时提醒自己。当遇到挫折时，用诸如"失败乃成功之母""山重水复疑无路，柳暗花明又一村""锲而不舍，金石可镂"等名言警句来激励自己，也可以调控不良情绪。

本章重点概念

情绪　应激　詹姆斯—兰格情绪理论　坎农—巴德情绪理论　阿诺德的"评定—兴奋"说　沙赫特—辛格情绪理论　拉扎勒斯的认知—评价理论　情绪调节

本章思考题

1. 什么是情绪?

2. 情绪具有什么特征? 情绪的功能是什么?

3. 什么是表情? 表情有哪些种类? 表情具有什么重要作用?

4. 情绪的生理活动有哪些?

5. 情绪的理论有哪些?

6. 情绪调节的策略有哪些?

第十二章

人　格

在现实生活中，我们会发现许多性格迥异的人，有的泼辣开朗，有的性情温柔，有的冲动莽撞，有的畏惧退缩……毋庸置疑，人格和我们的生活息息相关。坠入爱河、选择朋友、和同事相处、参加选举投票……生活中处处都有人格的痕迹。

你的人格是怎样的呢？回想某个你真正信任的人。回想某个在人格上对你有模范作用的人。想象你最想与之共度后半生的人的特点，以及你无法忍受生活在一起的人的特点，例如诚实、可靠、大方、攻击性、情绪化或是悲观。即便是个孩子，也会发展出自己的系统化的对人格的评价，并付诸应用。你会尝试对班里新来的同学进行评价，看看是否可以成为朋友；你会以自己对父母及老师人格的评价来发展出自己的应对方式。

那么，到底什么是人格？它与性格、气质、态度有什么差异？人格可以测量吗？我们可以改变人格吗？在这一章里，我们将一起讨论这些问题。

第一节　人格的一般概念

当你问自己"我是谁"的时候，你恰好问了一个人格心理学家提出的基本问题。人格心理学家们力图揭示那些使每个人独一无二的人格特征，并确定这些人格特征的起源。当行为科学家谈到人格的时候，他们通常指的是那些相对稳定的、具有跨情境和跨时间一致性的品质。也就是说，你是一个什么样的人，不会每天、每周发生改变，而常常是每年甚至数十年都不会改变，你的某些基本的人格特征是恒定且可预测的。

一、什么是人格

由于心理学家的研究取向各自不同，因而对人格的看法有很大的差异。综合各家的看法，本书将人格定义为：人格是构成一个人的思想、情感及行为的独特模式，这个模式包含了一个人区别于其他人的稳定而统一的心理品质。

从定义中我们可以看出"人格"这个概念具有丰富的内涵，它有独特性、稳定性、功能性和统合性这几个本质特征。

1. 独特性

不同的遗传、生存及教育环境等先后天因素的交互作用，形成了每个人各自独特的心理特点，人们常说的"人心不同，各如其面"就是指的这个意思。

2. 稳定性

人格的稳定性是指那些经常表现出来的特点，是一贯的行为方式的总和，还表现在人格特征在不同时空下的一致性，正如"江山易改，本性难移"。一个人的某种人格特质一旦稳定下来，要改变是较为困难的事。当然，随着生理的成熟和环境的改变，人格也可能产生或多或少的变化。

3. 功能性

人格是一个人生活成败、喜怒哀乐的根源，在一定程度上会影响一个人的生活方式，甚至有时会决定一个人的命运。当面对困难与挫败时，坚强者发奋拼搏，懦弱者一蹶不振，这就是人格的功能性。

4. 统合性

人是极其复杂的，人的行为表现出多元性、多层次的特点。在每个人的人格世界里，各种人格结构的组合千变万化，各种特征并非简单的堆积，而是依据一定的内容、秩序与规则有机组合起来的动力系统，从而使人格表现得色彩纷呈。

二、人格结构

"李明虽然长得不帅，但是人格却很高尚！""陈笑和陈石有完全相反的个性，很难相信她们是一对亲姐妹！"

很明显，我们常常使用"人格"这个词。但是，如果你认为人格意味着"吸引力""魅力"或"风格"，你就混淆了这些概念。许多人也混淆了人格与性格这两个概念。在平时，我们使用人格时，不仅对一个人进行了描述，而且还指明了这个人具有某些优良品质（Bryan & Babelay，2009）。当一般人说"某某有人格"的时候，指的是在我们的文化中，此人具有某些优良品质。

人格是一个复杂的系统，包括许多成分，其中最主要的三个是气质、性格和自我调控系统。接下来我们一一讲解。

（一）气质

气质（Temperament）是表现在心理活动的强度、速度、灵活性与指向性等方面的一种稳定的心理特征，即我们常说的脾气、秉性。它是先天形成的，受神经系统活动过程的特性所制约。

气质不分好坏，它只给人的言行涂上某种色彩。它既不能决定人的社会价值，也不能作为道德标签评价他人。气质不能决定一个人的成就，任何气质的人只要经过自己的努力都能在不同的实践领域中取得成就。

（二）性格

性格（Character）是一种与后天社会环境联系最密切的人格特征。它体现在人们对自己、对别人、对事物的评价、好恶和趋避，以及所采取的言行上。性格最能表现一个人的道德风貌，它受人的价值观、人生观和世界观的影响。

性格有好坏之分，有的人大公无私，有的人自私自利，这些具有道德评价含义的人格差异，我们称为性格差异。性格差异是人与人之间最核心的人格差异。

性格是在社会生活中逐渐形成的，同时也会受个体的生物学因素的影响。罗和富尔顿（Rowe & Fulton，1979）的研究发现，脑损伤或脑病变对人的性格有影响。

（三）自我调控系统

自我调控系统是人格中的内控系统或自控系统，包括自我认知、自我体验和自我控制三个子系统。自我调控系统通过调控人格的各种成分，从而确保人格的完整、统一与和谐。

1. 自我认知

自我认知（Self-cognition）是对自己的洞察和理解，包括自我观察和自我评价。一个人如果不能正确地认识自我，只看到自己的不足，就会产生自卑感，丧失信心，做事畏缩不前；相反一个人过高地估计自己，就会骄傲自大、盲目乐观，导致工作的失误。因此，我们要恰当地认识自我，实事求是地评价自己，这是自我调节和人格完善的重要前提。

2. 自我体验

自我体验（Self-experience）是伴随自我认识而产生的内心体验，是自我意识在情感上的表现。如一个人在认识到自己不适当的行为后果时，会产生内疚、羞愧的情绪，进而制止这种行为的再次发生。

3. 自我控制

自我控制（Self-control）是自我意识在行为上的表现，是实现自我意识调节的最后一个环节。如一个学生意识到了学习对于自己发展的重要性，就会刻苦学习、不怕困难。自我控制包括自我监控、自我激励、自我教育等成分。

三、认知风格

人格的差异不仅表现在行为反应上，还表现在认知方式上。认知风格便是人格差异在认知方式上的反映。认知风格（Cognitive Style）是指个人所偏爱使用的信息加工方式。例如有人喜欢与别人讨论问题，从别人那里得到启发，有人则喜欢自己独立思考。

1. 场独立性—场依存性

威特金（Herman A. Witkin，1916—1979）于 20 世纪 40 年代在垂直视知觉的一系列研究中，发现了认知方式的个体差异，即场独立性和场依存性的差异。

（1）场独立性（Field-independent，FI）的人在信息加工中对内在参照有较大的依赖倾向，他们的心理分化水平比较高，与人交往时较少能体察入微。

（2）场依存性（Field-dependent，FD）的人在加工信息时，对外在参照有较大的依赖倾向，他们的心理分化水平比较低，与别人交往时能考虑到对方的感受。

场独立性与场依存性这一人格差异，表现在心理活动的许多方面，在知觉、思维、学习和人际交往等方面都可以看到这种差异。整体来说，场独立性与场依存性没有好、坏之分。

从学习来看，两种认知方式也显示了不同的特点。在解决需要灵活思维的问题上，场独立性的人有优势，他们善于抓住问题的关键性成分，能灵活地运用已有的知识来解决问题。而场依存性的人在解决熟悉的问题时，不会发生困难，但让他们运用已有的知识去解决没有遇到过的问题时，则难于应对，缺乏灵活性。

认知方式可以通过训练而得到改变。威特金的研究结果说明，对儿童进行艺术、音乐和体育训练，能有效地提高儿童的场独立性水平。

2. 冲动性—沉思性

卡根等人（Kagan et al.，1964）区分了两种不同的认知风格：冲动性和沉思性，它们的差异主要表现在对问题的思考速度上。

（1）冲动性（Impulsivity）：反应快，但精准性差。具有这种认知风格的人面对问题时总是急于求成，不能全面细致地分析问题的各种可能性，就急于表达出来。当学习任务要求做整体性解释时，成绩较好。

（2）沉思性（Reflection）：反应慢，但精准性高。具有这种认知风格的人，总是把问题考虑周全后再做反应，他们看中解决问题的质量，而不是速度。在需要对细节进行分析时，他们的学习成绩较好。

在元认知知识和认知策略方面，两种认知风格也存在差异。斯托伯（Stober，1985）的研究发现，8 岁儿童的沉思性与元认知水平有显著相关。沉思性的学生能认清认知任务的目标和使用策略的有效性。

在学习能力上，两种认知风格也有差异。沉思性的学生阅读能力、记忆能力、推理能力、创造力都比较好。而冲动性的学生则往往有阅读困难，学习成绩也不太好。当认知任务强调整体性的信息加工时，沉思性学生所犯的错误较多；而当认知任务强调细节性的信息加工时，冲动性学生所犯的错误较多（Zelniker & Jeffrey，1976）。

3. 同时性—继时性

达斯等人（Das et al.，1975）根据脑功能的研究，区分了同时性与继时性两种认知风格。他们认为，左脑优势的个体表现出继时性的加工风格，而右脑优势的个体表现出同时性的加工风格。

（1）同时性（Simultaneous）：解决问题时，采取宽视野的方式，同时考虑多种假设，并兼顾到解决问题的各种可能性。其解决问题的方式是发散式的。

（2）继时性（Successive）：在解决问题时，能一步一步地分析问题，每一个步骤只考虑一种假设或一种属性，提出的假设在时间上有明显的前后顺序，第一个假设成立后再检验第二个假设，解决问题的过程像链条一样，一环扣一环，直至找到问题的答案。

言语操作和记忆都属于继时性加工，一般来说女孩更擅长继时性加工。而许多数学操作、空间问题的操作都要依赖于同时性加工，一般来说男孩更擅长同时性加工。

值得注意的是，同时性和继时性是认知风格的差异，而不是加工水平的差异。当学习方式与认知风格互相匹配的时候，不同认知风格的优势就能显示出来。

第二节 人格理论

我们的思维、行为和情感是如何相互联系的呢？人格是怎样发展的呢？为什么有些人会产生心理问题？如何帮助那些有心理问题的人呢？为了回答这些问题，心理学家提出了许多有关人格的理论，每一种理论都是一个用来解释人格的概念、假设、观点和原理的系统。在本章，我们探讨的仅为众多人格理论中的几种，它们大致有六类：

①类型理论，这类理论试图强调群体间的人格特质的差异，可以通过观察获得；

②特质理论，这类理论试图说明组成人格的特质以及与实际行为之间的关系；

③整合理论，这类理论将类型理论和特质理论有机结合起来；

④心理动力学理论，这类理论强调人格的内部作用过程，尤其是内部冲突和矛盾；

⑤人本主义理论，这类理论更注重个人感受、主观体验以及个人成长机制的作用；

⑥社会学习和认知理论，这类理论强调外部环境，以及条件和学习的作用。社会学习理论认为人格的差异源于社会化、期望以及心理加工过程。

不同的理论对人在一定条件下如何做出反应或是适应有不同的预测。在学习理论前，我们先来了解一下为什么有这么多的理论呢？

这是因为理论家们的出发点、数据的来源以及解释的现象的不同，他们研究的方法也不同。有些着重个体人格结构，有些关注人格的发展，有些对个体做了什么感兴趣，而另外一些研究的是人们对自己的生活如何感受，有些试图解释那些有心理问题的个体的人格特点，还有一些关注的是健康的个体。所以每个理论都可以解释人格的一部分，结合起来就可以使我们对人格有更全面的了解。

一、类型理论

我们通常依据不同的特点对人们进行分类，比如职业、大学、专业、性别和种族等。一些人格理论家也将人们归入各自相异的类别中，也就是人格类型（Personality Type）。人格类型是全或无的现象，而不是程度的问题：如果把一个人归类为某一类型，那么该个体就不能被归类于该理论的其他类型中去。

你是否产生过这样的问题："她 / 他是什么类型的人？"属于同一种人格类型的人都具有若干共同的个人特质（Larsen & Buss，2010）。如果你要对不同类型下定义，需要就每一个类型罗列出一系列不同的特质。

（一）单一类型理论

这种理论认为，人格类型是依据一群人是否具有某种特殊人格特征来确定的。心理学家弗兰克·法利（Frank Farley，1986）提出的 T 型人格，就是单一类型理论的代表。

T 型人格（T-type Personality）：好冒险、爱刺激。T 代表激动体验追求者（Thrill-seekers）。依据冒险行为的性质（积极或消极），T 型人格又分为以下两种。

（1）T+ 型：喜爱漂流、赛车等健康、积极、有创造力和有建设性的冒险行为。在 T+ 型人格中，可依据活动的特点进一步分为：①体格 T+ 型：如极限运动员，他们通过身体运动（如攀岩、登山等）来实现追求新奇、不断刷新纪录的动机。②智力 T+ 型：如科学家、思想家，他们的冒险精神体现在科学技术的探新上。

（2）T- 型：更易有酗酒、吸毒、暴力犯罪等反社会行为和冒险行为。

（二）对立类型理论

这种理论认为，人格类型包含了某一人格维度的两个相反的方向。

1.A-B 型人格

弗里德曼和罗斯曼（Friedman & Rosenman，1974）描述了 A-B 人格类型，这种人格类型多运用于研究人格和工作压力的关系。

（1）A 型人格（A-type Personality）：外向、性情急躁、缺乏耐性。成就欲高、上进心强、有苦干精神、工作投入、做事认真负责、时间紧迫感强、富有竞争意识、动作敏捷、说话快、生活常处于紧张状态，但办事匆忙、社会适应性差，属于不安定型人格。一项调查显示，A型人较B型人更易患冠心病，在257位患有冠心病的男性病人中，A型人格的人数是B型人格的两倍多。

（2）B型人格（B-type Personality）：性情不瘟不火，举止稳当，对工作和生活的满足感强，喜欢慢步调的生活节奏。在需要审慎思考和耐心的工作中，B型人比A型人表现得更好。

2. 内—外倾人格

荣格依据"心理倾向"来划分人格类型，最先提出了内—外倾人格类型学说。

（1）外倾人格(Extroversion)：个人的兴趣和关注点指向外部客体。他们注重外部世界、情感表露在外、热情奔放、当机立断、独立自主、善于交往、行动快捷、有时轻率。

（2）内倾人格（Introversion）：个人的兴趣和关注点指向主体。他们注重自我剖析，做事谨慎、深思熟虑、疑虑困惑、交往面窄、有适应困难。

任何人都有内倾和外倾这两个特征，但其中一种可能占优势，从而确定一个人是内倾还是外倾人格。

荣格认为，人的心理活动有感觉、直觉、思维和感情这四种基本功能。这四种功能结合两种心理倾向可以构成八种人格类型，即外倾感觉型、外倾直觉型、外倾思维型、外倾感情型、内倾感觉型、内倾直觉型、内倾思维型和内倾感情型。

（三）多元类型理论

和单一类型理论以及对立类型理论不同，多元类型理论认为，人格类型是由多种不同质的人格特性构成的。主要内容有气质类型说和性格类型说。

1. 气质类型说

气质说源于公元前5世纪的希腊医生希波克拉底的体液说，他认为人体含有四种基本的体液，即血液、黏液、黑胆汁、黄胆汁。每种体液与一个特定的气质类型（一种情绪和行为的模式)相对应。个体的人格是由体内何种体液占主导所决定的。约500年后，罗马医生盖伦（Galen，约130—200）进一步确定了气质类型，提出人的四种气质类型是胆汁质、多血质、黏液质和抑郁质。

现代的气质学说仍将气质分为四种类型：多血质的人情感丰富、思维敏捷、活泼好动、善于交往，但缺乏耐心和毅力，稳定性差；黏液质的人情绪平稳、表情平淡，思维灵活性较差，但考虑问题细致周到，踏实稳重、自制力强、耐受力高、外柔内刚、交往适度、交情深厚；抑郁质的人情绪体验深刻、细腻持久，思维敏锐、多愁善感、想象力丰富，不善交际、不太合群，行为举止缓慢、软弱胆小、优柔寡断；胆汁质的人精力旺盛、热情直率、朴实真诚、刚毅顽强，但遇事易鲁莽冒失、感情用事。

在现实生活中，单一气质类型的人并不多，绝大多数的人是四种气质互相混合、渗透、兼而有之的。

巴甫洛夫（1927）用高级神经活动类型说解释气质的生理基础。他依据神经过程的基本特性，即兴奋过程和抑制过程的强度、平衡性和灵活性，划分了四种类型。见表12-1。

表 12-1　高级神经活动类型与气质类型

高级神经活动过程	高级神经活动类型	气质类型
强、不平衡	不可遏制型	胆汁质
强、平衡、灵活	活泼型	多血质
强、平衡、不灵活	安静型	黏液质
弱	抑制型	抑郁质

2. 性格类型说

与气质不同，性格主要受到后天影响，具有道德评价的含义。一个人性格的好坏，会受到其所持有的价值观念的强烈影响。

心理学家斯普兰格（E. Spranger，1928）从价值观的角度出发，依据人类社会文化生活的六种形态，将人划分为六种性格类型。

（1）经济型：注重实效，生活目的是追求利润和获得财富。

（2）理论型：有探索世界的兴趣，能客观而冷静地观察事物，把握事物的本质，以追求真理为人生的目的。

（3）审美型：不太关注现实，富于想象力，以感受事物的美感为人生价值。

（4）权力型：享受权力，支配性强，以满足自己的权力和地位的欲望为人生目标。

（5）社会型：关心他人，献身社会，助人为乐，以奉献社会为人生目标。

（6）宗教型：信奉宗教，相信神的存在，把信仰当作人生的价值。

二、特质理论

特质（Trait）是持久的品质或特征，这些品质或特征使个体在各种情况下的行为具有一致性。特质论是一种研究人格的主要方法。特质理论试图用少量的核心特质或因素对人格进行描述。一些特质理论家认为特质是引起行为的先决条件，但更加保守的理论家仅仅将特质作为描述性维度，这些维度简单地总结被观测到的行为模式。下面我们来看一些比较著名的特质理论。

（一）奥尔波特的特质理论

奥尔波特（Gordon Allport，1897—1967）将特质看作人格的框架和个性的根源，它们将一个人对于各种刺激的反应联系并统一起来。他把人格特质分为两类：一类是共同特质（Common Trait），即同一文化背景下大多数人共有的特质；一类是个人特质，也就是个体身上独有的特质。

依据在实际生活中的不同作用，个人特质又分为首要特质、核心特质和次要特质。

①首要特质：它影响一个人如何组织生活，但并不是所有的人都会发展出这样明显的首要特质。如多愁善感是林黛玉的首要特质。

②核心特质：这是构成个体独特性的几个重要特质，在每个人身上有5—10个，如林黛玉的清高、孤僻、敏感、抑郁、聪慧、率直等。

③次要特质：是个体一些不太重要的特质，往往只有在特殊的情况下才会表现出来。如对于食物和衣着的偏好。

（二）卡特尔的特质理论

卡特尔（Raymond B. Cattell，1905—1998）受化学元素周期表的启发，用因素分析的方法将人格特质分为四层，提出了人格特质的结构网络模型。具体分类见图12-1。

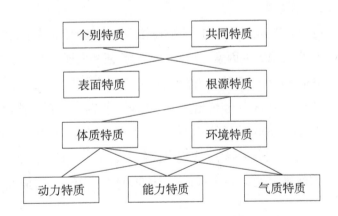

图12-1 卡特尔的特质结构网络

1949年卡特尔用因素分析方法提出了16种相互独立的根源特质（见表12-2），从而编制了"卡特尔16种人格因素调查表"（简称16PF）。

表12-2 卡特尔提出的16种根源人格特质

	人格因素	低分者特征	高分者特征
A	乐群性	缄默孤独	乐群外向
B	聪慧性	迟钝、知识面窄	聪慧、富有才识
C	情绪稳定性	情绪激动	情绪稳定

续表

	人格因素	低分者特征	高分者特征
E	恃强性	谦逊顺从	支配、攻击
F	兴奋性	严肃审慎	轻松兴奋
G	有恒性	权宜敷衍	有恒负责
H	敢为性	畏怯退缩	冒险敢为
I	敏感性	理智、着重实际	敏感、感情用事
L	怀疑性	信赖随和	怀疑刚愎
M	幻想性	现实、合乎常规	幻想、狂放不羁
N	世故性	坦白直率、天真	精明能干、世故
O	忧虑性	安详沉着、有自信心	忧虑抑郁、烦恼多端
Q1	激进性	保守、服从传统	自由、批评激进
Q2	独立性	依赖、随群附众	自立、当机立断
Q3	自律性	矛盾冲突、不拘小节	知己知彼、自律严谨
Q4	紧张性	心平气和	紧张困扰

卡特尔认为在每个人身上都具备这 16 种特质，只是在不同人身上的表现有程度上的差异。所以，他认为人格差异主要表现在量的差异上，可以对人格进行量化分析。

（三）现代的五因素模型

塔佩斯等（Tupes & Christal，1961）运用词汇学的方法对卡特尔的特质变量进行了再分析，发现了五个相对稳定的因素。后经学者的验证和发展，形成了著名的五因素模型（Five-Factor Model，FFM），又称大五模型。这五个因素如下。

（1）外倾性（Extraversion）：表现出热情、社交、果断、活跃、冒险、乐观；

（2）宜人性（Agreeableness）：表现出信任、直率、利他、依从、谦虚、移情；

（3）责任性（Conscientiousness）：表现出胜任、公正、条理、尽职、成就、自律；

（4）神经质或情绪稳定性（Neuroticism）：表现出焦虑、敌对、压抑、自我意识、冲动、脆弱；

（5）开放性（Openness）：表现出想象、审美、情感丰富、求异、创造、智能。

五个特质的首字母构成"OCEAN"一词，代表了"人格的海洋"（John，1990）。

1989 年，麦克雷和可斯塔（McCrae & Costa）编制了"大五人格因素测定量表（NEO-PI-R）"。

三、整合理论

艾森克（Hans J. Eysenck，1916—1997）是整合理论的代表人物，他提出了人格结构的四层次模型（见图 12-2）。

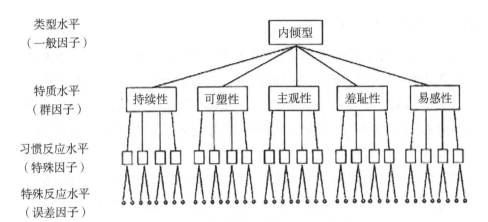

图 12-2 艾森克的人格层次模型示意图

从下往上依次为：

（1）特殊反应层：日常观察到的反应，偶然性和随机性很大；

（2）习惯反应层：反复进行的日常反应形成，有情境性；

（3）特质层：习惯反应形成，有较强的概括性；

（4）类型层：由特质形成，影响范围大。

在建模之初，艾森克认为处于类型水平的一般因子有两个：内外倾和神经质。神经质又表现为情绪稳定和情绪不稳定，从而与内外倾组合成一个人格维度图（见图12-3），这样人格类型与人格特质就整合在一个理论中。

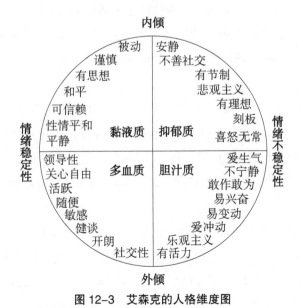

图 12-3 艾森克的人格维度图

四、心理动力学理论

心理动力学家不满足于研究特质，他们认为，研究人格必须探索人格表面之下的东西，了解那些使人产生活力的东西，如内驱力、冲突和能量。心理动力学家认为，我们的许多行为基于隐藏着的、无意识的想法、需要和情绪。弗洛伊德提出的精神分析理论深深地影响了现代的人格理论思想。他的理论非常复杂，我们只简单介绍其主要内容。

（一）意识的冰山理论

弗洛伊德认为人的心理就像一座冰山，我们能觉察到的只是冰山浮在海面上的那一小部分。海平面以下我们看不到的更大的区域是属于潜意识的，包含着我们意识不到的思想、愿望、感受和记忆。其中有些想法被我们暂时储存在前意识区域，从那里我们可以将它们提取到意识层面。由此，弗洛伊德将意识划分为三个层次：意识、潜意识和无意识。

弗洛伊德认为大量的不被人接受的冲动和想法由于会造成人们内心的不安和冲突而不被认可和接纳，从而受到压抑，并被强制排除在意识之外。他认为这种不被我们认可的冲动会以各种伪装的形式表现出来。弗洛伊德认为没有哪件事情的发生是偶然的，那些被压抑的潜意识不仅渗透到人的自由联想、信仰、习惯和病痛中，而且还渗透到人的梦境、口误和笔误等行为中。他还把玩笑看成是被压抑的性倾向和攻击倾向的表达，将梦看作是潜意识中受压抑的愿望的表达。因而，他可以通过分析别人的梦来发现其内心的冲突。

弗洛伊德认为人的行为所表现出来的往往是无意识中的内驱力。无意识中隐含着一些被压抑的记忆、情感以及来自本能的性驱力。有意思的是，根据现代科学研究结果，大脑的边缘系统看起来的确能引发某些无意识的情绪和记忆。

（二）人格结构

弗洛伊德如何看待人格？他将人格视为一个动力系统，由本我、自我、超我三部分组成。他认为，人类的大多数行为中都包括本我、自我、超我的共同活动。"本我"属于完全潜意识，不受主观意识的控制，它代表欲望，受意识遏抑；"自我"属于大部分有意识，负责处理现实世界的事情；"超我"属于部分有意识，代表良知或内在的道德判断。

1. 本我（Id）

本我是由先天的生物本能和欲望组成，与生俱来，它遵循的是快乐原则（Pleasure Principle）而不关心社会的规则。它追求个体的生物性需求，如食物的饱足与性欲的满足，以及避免痛苦或不愉快。它是非理性的、冲动性的和无意识的，以自我满足为目标进行活动。它不能忍受任何挫折，就像一个被溺爱的小孩子，想要什么就要什么。

2. 自我（Ego）

自我这个概念是许多心理学学派所建构的关键概念，虽然各派的用法不尽相同，但一般是指个人有意识的部分。弗洛伊德认为自我是人格的"执行官"，虽然本我产生能量，但如何使用能量则由自我控制。本我按照快乐原则行事，而自我是遵循现实原则（Reality Principle）行事。自我是思考、计划、问题解决和决策系统，是在意识部分控制之下发生作用的。因此，本我的要求不切实际或不合时宜的情况下，自我会有意识地对这种冲动进行控制，将行动拖延，直到认为它适宜时再行动。

3. 超我（Super-ego）

超我对于自我的思想和行动起着判断和监察作用。超我的一部分称为良心，反映着一个人的道德标准。当你的行为有违这个标准的时候，你的良心就会受到内疚感的惩罚。超我的另一部分称为自我理想，反映着一个人在幼年时受到父母赞扬或奖赏的那些行为。自我理想是一个人的目标和抱负的源泉，当你达到这种标准时，你会为自己感到自豪。超我以一种"内化的道德标准"的形式控制着人的行为。根据弗洛伊德的理论，一个缺乏控制力的超我可能使人自我放纵，无拘无束，可能会让一个人成为行为不良少年、罪犯或形成反社会人格，而一个过分严格的超我则可能使人僵化，产生压抑感或难以承受的内疚感。

本我、自我、超我构成完整的人格。人的一切心理活动都可以从它们之间的联系中得到合理的解释，自我是永久存在的，而超我和本我又几乎是永久对立的，为了协调本我和超我之间的矛盾，自我需要进行调节。若个人承受的来自本我、超我和外界压力过大而产生焦虑时，自我就会启动防御机制。心理防御机制主要有压抑、否认、退行、抵消、投射、升华等等。

第三节 人格测验

考虑一下你和你最好朋友的差异，或者你们家庭成员间的人格差异，基于对他们人格特征的了解，你通常可以预测在特定情境下他们的行为反应。我们如何区分不同的个体，以及不同种族、文化中的个体差异？这些都涉及人格的评估与测量问题。对人格的测量可以帮助我们预测一个人在单位、学校的行为表现。理解和描述人格有两个基本假设：一是个人的特点决定他们的行为；二是这些特点可以被评估和测量。人格测验的种类有很多，这里只介绍几种典型的方法。

一、自陈量表

自陈量表是让被试按自己的意见，对自己的人格特质进行评价的一种方法。自陈量表通常也称为人格量表（Personality Inventory）。由于多数自陈量表所测量的是人格特质，因此在人格理论上均遵从特质理论。自陈量表通常都由一系列问题组成，一个问题陈述一种行为，要求被试按照自己的真实情形来回答。

人格的自陈量表记分和施测相对简单，也有定好的规则，其记分和解释可以通过计算机程序来完成，最后的分数通常就是一个沿着某单一维度分布的简单数字（如冲动、依赖、外向），用这些维度的得分与常模进行比较。

最经常使用的人格测量工具是明尼苏达多相人格问卷（Minnesota Multiphasic Personality Inventory，MMPI）（Dahlstrom et al.，1975），主要用于临床诊断并指导治疗。

（一）MMPI 多项人格测验

明尼苏达多相人格问卷是 20 世纪 30 年代由美国明尼苏达大学心理学家哈撒威（S. R. Hathaway）和精神病学家麦肯利（J. C. McKinley）编制，主要目的是根据精神病学的经验效标来对个体进行诊断。第一个编制成的测验由 550 个项目组成，被试对每个项目回答"是""否""不肯定"，通过这些项目的回答，量表获得了精神病的诊断模式。

MMPI 的编制采用了实证途径，在量表中是否采用某个项目仅仅是因为能否清楚地区分两个群体，如精神分裂症病人和正常人。每个项目都已经证实了存在不同组之间的区分效度和同组间的同质效度，因此，这些项目不是根据理论上的意义来选择，而是根据实证的意义（即能否区分两个组）进行。

MMPI 有 10 个临床分量表，每个量表都能区分一种具体的临床群体（如精神分裂症病人）和正常比较组，另外还有 3 个效度量表，用来测量被试可疑的反应模式，诸如明显的不诚实、粗心、防御和逃避。测验者解释 MMPI 时，首先检查效度量表以确定测验是有效的，然后再看临床量表分数。分数的模式组成了"MMPI 得分剖析图"，分析哪些量表得分最高，说明了哪些差异。用"MMPI 得分剖析图"可以对特殊群体进行比较，如重罪犯或赌徒。

（二）人格的五因素问卷 NEO-PI-R

NEO-PI-R 用来评估正常成人的人格特点，是基于人格的五因素模型编制。用 NEO-PI-R 测量人格，会在人格的五个维度上获得五个相对于一个大样本的标准分数，分别是外向性、愉悦性、公正性、情绪稳定性、开放性（Costa & McCrae，1985）。NEO-PI-R 的一个修订版评估了五个因素，每个因素又分为 6 个层面，总共 30 个独立的层面（Costa & McCrae，1992b）。例如，情绪性维度下有 6 个分量表：焦虑、愤怒敌意、抑郁、自我意识、冲动和脆弱。很多研究证明 NEO-PI-R 各个维度是同质的、信度高的，也显示了很好的效标效度和构念效度（Costa & McCrae，1992a；Furnham et al.，1997）。NEO-PI-R 用来研究人格的稳定性和终生的变化，也用来研究人格特点和生理健康、各种生活事件的关系，诸如职业成功或者退休早晚等。

自陈量表式人格测验的优点是题目数固定，题目内容具体而清楚，因此施测简单，计分方便。其缺点是因编制时缺乏客观效标，效度不易建立；而且测验内容多属于情绪、态度等方面的问题，每个人对同一问题常常会因时空的改变而选择不同的答案；另外，使用这种方法还容易出现反应偏向问题。如，有些被试对问卷中提出的各种问题总是抱赞同的态度，这种反应偏向会影响对人格做出客观的评定。因此，其信度和效度通常会稍逊于智力测验。

二、投射测验

你是否曾经把一朵云看成是一张脸或一种动物，如果你让你的朋友来看，他们看见的可能是一个睡美人或一条龙。心理学家用投射测验（Projective Test）来进行人格评估时也遵循了同样的原理。

前面的自陈测验要么给受测者一系列的陈述，要求他们进行简单反应（"是""否""不肯定"），要么要求被试根据给定的维度来回答他们的典型性程度（如焦虑或不焦虑）。因此，被试被限制在从预先给定的选项中选择一个符合自己的答案。而投射测验则对反应的范围不做预先的规定，被试可以自由作答。

在投射测验中，给被试一系列的模糊刺激，如模棱两可似是而非的、可以有多种解释的未完成图片、句子，要求被试完成图片或讲述画中的故事。投射测验首先由精神分析学家使用，他们希望通过这种测验揭示病人人格的无意识动力，即被试带入情境的内在情感、个人动机和先前生活经验的冲突。这些个人的、特异的方面会被投射到刺激中去，从而使人格评估者可以对之做出各种解释。

在人格评估工具中，投射测验最常被临床心理工作者使用（Lubin et al.，1984；Piotrowski et al.，1985；Butcher & Rouse，1996），同时也比 MMPI 等客观测验更多地在美国以外地区使用，如荷兰、日本（Piotrowski et al.，1993）。因为对美国以外的群体，客观测验不能被准确翻译和标准化，而投射测验则对言语的敏感性要小得多。然而，正因为投射测验使用广泛，批评家也经常担心投射测验会没有效度。常用的投射测验有以下几个：罗夏墨迹测验、主题统觉测验和句子完成法。

（一）罗夏墨迹测验

罗夏墨迹测验由瑞士精神病学家赫尔曼·罗夏（Hermann Rorschach，1884—1922）在 1921 年创立。模糊刺激是对称的墨迹图，有黑白的，有彩色的。在测验中，向被试呈现墨迹图，然后问"这可能是什么？"先让被试确信答案没有对错之分（Exner，1974），施测者逐字记录被试所说的内容，记录反应花了多少时间，以及被试拿墨迹图片的方式。然后，在第二阶段也就是询问阶段，根据先前的反应要求被试详细地说明。

（二）主题统觉测验

主题统觉测验是由亨利·默里（Henry Murray）在 1938 年创立的。这种测验的性质与看图说故事的形式很相似。全套测验由 30 张模棱两可的图片构成，另有一张空白图片，图片内容多为人物，也有部分景物。不过每张图片中至少有一个人物在内。测验时，每次给被试呈现一张模糊情景的图片，要求被试根据这张图讲述一个故事，包括情景中的人在干什么、想什么，故事是怎么开始的，又是怎么结尾的（见图 12-4）。测验的执行者评价故事的结构和内容，评价被试描述的个体行为，试图发现被试关心的问题、动机和人格特点。

图 12-4　主题统觉测验中的一张卡片

（图中的女人为何掩面？她的情绪是怎样的？）

（三）句子完成法

句子完成法（Sentence Completion Test，SCT）是以未完成的句子作为刺激，让被试自由地给予语言反应来完成未完成的部分。依据被试的反应内容来推断其情感、态度以及内心冲突等。

例如：

"我喜欢的是_____。"

"我是一个_____的人。"

"别人经常说我_____。"

这种语言联想方法起源于德国，最初用于测查儿童的智能，后来美国研究者使用这种方法测查人格。这种方法广泛地运用于临床预诊，其使用比较方便，易于掌握，对个人和团体均适用。

投射测验也有缺点：首先，评分缺乏客观标准，对测验的结果难以进行解释。同样的反应由于施测者的判断不同，解释可能不一样。其次，这种测验对特定行为不能提供较好的预测。最后，由于投射测验适于个别施测，因而要花费大量的时间，这一点不如自陈量表那么方便操作。

三、情境测验

情境测验（Situation Test）是将被试放在类似或模拟"真实"的标准情境中，通过观察被试的实际表现以推测其能力、品行或人格的方法。情境测验来源于实践的需要。由于自陈问卷不能排除被试作假的可能，而投射测验在对被试反应的解释上缺乏信效度。而且，自陈量表和投射测验又都是"纸上谈兵"。所以，在实践中，需要另一种测验手段来弥补前两者的不足，这样，情境测验就应运而生了。

常用的情境测验包括情境模拟、无领导小组讨论及文件筐作业等几种形式。情境测验多用于测查人的实际能力与工作要求相匹配的人格特征。

（一）情境模拟

情境模拟是设置一定的模拟情况，要求被试扮演某一角色并进入角色中处理各种事务、各种问题和矛盾。主试通过对被试在情境中所表现出来的行为进行观察和记录，以测评其素质潜能，或者看其能否适应或胜任工作。情境模拟并不是一种新发明或创造。从古至今在人才测评的实践中经常运用，只是现代人才选拔测评对其程序和方法进行了一些规范性处理，并形成了一些比较有特色的方法。由于模拟测试的环境是拟招岗位或近似拟招岗位的环境，测试内容又是拟招岗位的某项实际工作，因而具有较强的针对性。

（二）无领导小组讨论

无领导小组讨论（Leaderless Group Discussion，LGD）就是指数名被评价者集中在一起就某一问题进行讨论，事前并不指定讨论会的主持人，评价者则在一旁观察评价对象的行为表现并对被试做出评价的一种方法。讨论的题目内容往往是大众化的热门话题，即被试都熟悉的话题，避免偏僻或专业化，以使每个被试都有开口的机会。讨论主题呈中性，即没有绝对的对或错，这样就容易形成辩论的形势，以便被试有机会更充分地显示自己的才华。讨论的内容也可以是与拟聘岗位工作有关的内容，如某企业经营管理中出现的问题作为案例提出来由大家讨论。不管在哪种情况下，讨论的问题最好能给被试比较广阔的空间，让被试有自由发挥的余地。对于评价者来说，重要的是善于观察。观察可以从以下几个方面进行，如每个测评对象提出了哪些观点，与自己观点不同时是怎么处理的，测评对象是否坚持自己认为正确的提议，他们提出的观点是否有新意，怎样说服别人接受自己的观点以及谁引导讨论的进行并进行阶段性的总结等。在这个过程中还可以看到每个人的领导能力如何，独立见解如何，能否倾听别人的意见，是否尊重别人，是否有侵犯别人的发言权等。

（三）文件筐作业

文件筐作业，又称公文处理测验，在这种测评方式中，被评价者将扮演企业中某一重要角色（一般是需要选拔的岗位）。然后把这一角色在日常工作中常常遇到的各种类型的公文经过编辑加工，设计成若干种公文（文件筐）等待被评价者处理。这些待处理的公文包括各部门送来的各种报告，上级下发的各种文件，与企业相关的部门或业务单位发来的信函等等，其内容涉及企业经营管理的方方面面，如生产原材料的短缺、资金周转不灵、部门之间产生矛盾、职工福利、环境污染、生产安全问题、产品质量问题、市场开发问题等，既有重大决策问题，也有日常琐碎小事。要求被评价者对每一份文件都要做出处理，如写出处理或解决问题的意见、批示，或直接与部门的人员联系发布指示等等。被评价者应在规定的时间内把公文处理完。评价者待测评对象处理完后，应对其所处理的公文逐一进行检查，并根据事先拟定的标准进行评价。如看被评价者是否分轻重缓急、有条不紊地处理这些公文，是否恰当地授权下属，还是拘泥于细节、杂乱无章地处理。被评价者处理完后，评价人员还要对被评价者进行采访，要求被评价者说明是如何处理这些公文的，以及这样处理的理由等。

第四节　人格成因

心理学家认为，人格是在遗传与环境的交互作用下逐渐发展形成的。遗传与环境因素在人格形成中谁起主导作用？就人格状态而言，后天环境因素的作用更大；但就人格的不同成分来看，遗传、环境的作用因人格特征而异，因人而异。

一、生物遗传因素

人格的形成离不开个体的遗传基础。个体的遗传基因、神经系统（特别是脑）的特性、体内的生化物质是人格形成的基础。体貌特征也对人格有一定的影响。个体是由父方提供的精子与母方提供的卵子成功结合形成的受精卵发育而来。受精卵承载着来自父母的遗传信息，不仅决定了个体的生理特点，也影响着个体的人格形成。

双生子的研究被许多心理学家认为是研究人格遗传因素的最好方法，并提出了双生子的研究原则：同卵双生子具有相同的基因形态，他们之间的任何差异都可归于环境因素造成；异卵双生子的基因虽然不同，但在环境上有许多相似性，如出生顺序、母亲年龄等，因此也提供了环境控制的可能性。完整研究这两种双生子，就可以看出不同环境对相同基因的影响，或者是相同环境下不同基因的表现。

　　艾森克指出，在同一环境中成长的同卵双生子，其外倾性的相关系数为 0.61，而分开在不同环境下成长的同卵双生子，其外倾性的相关系数为 0.42；异卵双生子的外倾性的相关系数为 -0.17。在神经质方面也发现同样情况，在相同环境中成长的同卵双生子其相关系数为 0.53，在不同环境中成长的同卵双生子其相关系数为 0.38；异卵双生子的相关系数为 0.11。弗洛德鲁斯等人（Floderus et al.）于 1980 年对瑞典的 12000 名双生子做人格问卷的施测，结果表明同卵双生子在外向和神经质上的相关系数是 0.50，而异卵双生子的相关系数只有 0.21 和 0.23。这说明同卵双生子在外向和神经质上的相似性要明显高于异卵双生子，在这两项人格特征上具有较强的遗传性。20 世纪 80 年代，明尼苏达大学对成年双生子的人格进行了比较研究（1984，1988），有些双生子是一起长大的，有些双生子则是分开抚养的，平均分开的时间是 30 年。结果是同卵双生子的相关系数比异卵双生子高很多，分开抚养的与未分开的同卵双生子具有同样高的相关系数。这些研究都表明同卵双生子比异卵双生子在人格特征上有更高的遗传力。有报道称，一对同卵双生子出生后就被分开抚养，二人从未见过面，但在 40 多岁重逢时，两人的着装、发型、职业和嗜好都极其相似（Atkinson，Atkinson & Hilgard，1983）。

　　我们应该如何看待、评价遗传对人格的作用呢？遗传对人格有影响，但是遗传作用有多大，是一个复杂的问题。根据以往研究，我们认为遗传是人格不可缺少的影响因素，遗传因素对人格的作用程度因人格特征的不同而异。通常在智力、气质这些与生物因素相关较大的特征上，遗传因素较为重要；而在价值观、信念、性格等与社会因素关系紧密的特征上，后天环境因素更重要。在个体发展过程中，人格是遗传与环境交互作用的结果，遗传因素影响人格的发展方向及其难易程度。

　　人既是一个生物个体，又是一个社会个体。人一出生，各种环境因素的影响就开始了，并会作用于人的一生。后天环境的因素是多种多样的，小的如家庭因素，大的如社会文化因素。

二、环境因素

（一）胎内环境的影响

　　受孕伊始，环境因素就对人格的形成产生作用，最早的环境是子宫。不同母体的子宫内环境不同，对胎儿的发育也产生着不同的影响。例如，子宫内的睾酮的水平会影响胎儿手指长度的比例，特别是食指与无名指的长度比例，也会影响个体以后的消费行为等（Andrievskaya & Semenova，2017）；母亲血清中锌的含量严重偏低会导致婴儿患各种先天性畸形；有毒瘾的孕妇会使婴儿天生染上毒瘾。这些特征虽然人一出生时便已存在，但却不是遗传决定的。

（二）家庭环境因素

一位人格心理学家说："家庭对人的塑造力是今天我们对人格发展看法的基石。"家庭是社会的细胞，不仅具有自然的遗传因素，也有着社会的"遗传"因素。这种社会遗传因素主要表现为家庭对子女的教育作用，"有其父必有其子"的话不无道理。父母们按照自己的意愿和方式教育着孩子，使他们逐渐形成了某些人格特征。

强调人格的家庭成因，重点在于探讨家庭间的差异对人格发展的影响，探讨不同的教养方式对人格差异所构成的影响。1949年西蒙斯所著《亲子关系动力论》一书，详细论述了父母对孩子的各种反应（如拒绝、溺爱、过度保护、过度严格）对人格形成产生的影响。他最后得出的结论是："儿童人格的发展和他（她）与父母之间的关系息息相关，这是最重要的一个结论。"这意味着当我们考虑亲子关系时，不仅要注意其对造成心理情绪失调和心理病理状态的影响，也得留意其与领导力和天才发展的关系。

一般研究者把家庭教养方式分成三类，这三类方式造就了具有不同人格特征的孩子。第一类是权威型教养方式，这类父母在对子女的教育中表现为过分支配，孩子的一切均由父母来控制。成长在这种教育环境下的孩子容易消极、被动、依赖、服从、懦弱，做事缺乏主动性，甚至会形成不诚实的人格特征。第二类是放纵型教养方式，这类父母溺爱孩子，让孩子随心所欲，父母对孩子的教育甚至达到失控状态。这种家庭里的孩子多表现为任性、幼稚、自私、野蛮、无礼、独立性差、唯我独尊、蛮横胡闹等。第三类是民主型教养方式，父母与孩子在家庭中处于一个平等和谐的氛围中，父母尊重孩子，给孩子一定的自主权，并给孩子以积极正确的指导。父母的这种教育方式使孩子形成了一些积极的人格品质，如活泼、快乐、直爽、自立、彬彬有礼、善于交往、容易合作、思想活跃等。由此可见，家庭确实是"人类性格的加工厂"，塑造了人们不同的人格特征。

综合家庭因素对人格影响的研究资料，我们可以得出以下结论：家庭是社会文化的媒介，它对人格具有强大的塑造力；父母的教养方式的恰当性，会直接决定孩子人格特征的形成；父母在养育孩子的过程中，表现出了自己的人格，并有意无意地影响和塑造着孩子的人格，形成家庭中的"社会遗传性"。

（三）早期童年经验

"早期的亲子关系定出了行为模式，塑成一切日后的行为。"这是麦肯侬（1950）有关早期童年经验对人格影响力的一个总结。中国也有句俗话"三岁看大，七岁看老"。人生早期所发生的事情对人格的影响，历来为人格心理学家所重视，特别是弗洛伊德。为什么人格心理学家们会如此看重早期经验对人格的作用呢？西方一些国家的调查发现，"母爱丧失"的儿童（包括受父母虐待的儿童），在婴儿早期会出现神经性呕吐、厌食、慢性腹泻、阵发性绞痛、不明原因的消瘦和反复感染，这些儿童还表现出胆小、呆板、迟钝、不与人交往、敌对、攻击、破坏等人格特点，这些人格特点会影响他们一生的顺利发展，出现情绪障碍、社会适应不良等问题。

早期童年经验的问题引发了许多争论，如早期经验对人格产生何种影响？这种影响是永久性的吗？我们认为，其一，人格发展的确受到童年经验的影响，幸福的童年有利于儿童的健康人格发展，不幸的童年也会引发儿童不良人格的形成。但二者不存在一一对应的关系，溺爱也可使孩子形成不良人格特点，逆境也可磨炼出孩子坚强的性格。其二，早期经验不能单独对人格起决定作用，它与其他因素共同来决定人格。其三，早期童年经验是否对人格造成永久性影响因人而异。对于正常人来说，随年龄的增长、心理的成熟，童年的影响会逐渐缩小、减弱，其效果不会永久不衰。

（四）学校教育因素

学校是一种有目的、有计划地向学生施加影响的教育场所。教师、班集体、同学与同伴等都是学校教育的元素。

在学校，老师要通过各种教育教学活动塑造学生的人格特征，同时教师又是学生学习的榜样，教师的言行对学生的人格同样产生潜移默化的影响。此外，每个教师都有自己的风格，这种风格为学生设定了一个"气氛区"，在教师不同的气氛区中，学生会有不同的行为表现。一项教育研究中发现，在性情冷酷、刻板、专横的教师所管辖的班级中，学生的欺骗行为增多；在友好、民主的教师气氛区中，学生的欺骗行为减少。教育心理学家勒温等人（Lewin et al.）的研究也发现在专制型、放任型和民主型的管理风格下，学生表现出不同的人格特点（见表12-3）。

表12-3 教师管理风格对学生言行的影响

教师管理风格	学生言行特征
专制型	作业效率高，对领导依赖性强，缺乏自主行动，但常有不满情绪
放任型	作业效率低，任性，经常出现失败和受挫
民主型	完成作业的目标是一贯的，行动积极主动，很少表现出不满情绪

学校是同龄群体会聚的场所，同伴群体对学生人格具有巨大的影响。班集体是学校的基本团体组织，班集体的特点、要求、舆论和评价对于学生人格的发展具有"弃恶扬善"的作用。少年同伴群体也是一个结构分明的集体，群体内有上下级关系的"统领者"与"服从者"。少年在这个相对"自由轻松"的群体中，学习着待人接物的礼节与团体规范，他们了解了什么样的性格容易被群体接纳。在少年期，男孩子倾向接纳更大、更活跃的团体，多少会有些无视成人权威；而女孩子则倾向较合作与平和的集体。一般来说，少年同伴团体的性质是良好的，但也存在着不良的少年团伙，这种团伙对少年的人格发展

影响极坏。学校、家长及社会要用强有力的教育手段来"拆散"他们，要使学生远离这种群体，防止它们给学校及社会带来危害。

校风和班风也是影响学生人格形成与发展的重要因素。良好的校风和班风能够促使学生养成积极性、独立性和遵守纪律等品质。已有研究发现，不同校风下的学生在时间管理倾向、自我价值感、应对方式以及心理健康等方面有着显著的差异。优良的校风对学生健全人格的养成有显著的促进作用。

（五）社会文化的影响

每个人都处于特定的社会文化之中，文化对人格的影响是极为重要的。社会文化塑造了社会成员的人格特征，使其成员的人格结构朝着相似性的方向发展，而这种相似性又具有维系社会稳定的功能。这种共同的人格特征使得个人正好稳稳地"嵌入"整个文化形态里。

社会文化对人格的影响力因文化而异，这要看社会对文化的要求是否严格，越严格，其影响力就越大。影响力的强弱也要视其行为的社会意义的大小，对于不太具有社会意义的行为，社会容许较大的变异。但对在社会功能上十分重要的行为，就不容许太大的变异，社会文化的制约作用就越大。然而，若个人极端偏离其社会文化所要求的人格基本特征，不能融入社会文化环境之中，可能就会被视为行为偏差或心理疾病。

社会文化具有对人格的塑造功能，这反映在不同文化的民族有其固有的民族性格。例如，米德等人研究了新几内亚的三个民族的人格特征，各具特色，鲜明地体现了社会文化对人格的影响力。居住在不同自然环境下的民族也反映出了人文地理对人格的影响。居住在山丘地带的阿拉比修族，崇尚男女平等的生活原则，成员之间互助友爱、团结协作，没有恃强凌弱，没有争强好胜，一派亲和景象。居住在河川地带的孟都吉姆族，生活以狩猎为主，男女间有权力与地位之争，对孩子处罚严厉，这个民族的成员表现出攻击性强、冷酷无情、嫉妒心强、妄自尊大、争强好胜等人格特征。居住在湖泊地带的张布里族，男女角色差异明显，女性是这个社会的主体，每日操作劳动，掌握着经济实权，而男性则处于从属地位，其主要活动是艺术、工艺与祭祀活动，并承担孩子的养育责任。这种社会分工使女人表现出刚毅、支配、自主与快活的性格，男人则有明显的自卑感。社会文化对人格的影响历来就被人们所认可，社会文化对人格具有重要的作用，特别是后天形成的一些人格特征。

（六）自然物理因素

生态环境、气候条件、空间拥挤程度等物理因素都会影响人格。一个著名的研究实例是，巴理（1966）关于阿拉斯加州的爱斯基摩人和非洲的特姆尼人的比较研究。这个研究说明了生态环境对人格的影响作用。

爱斯基摩人以渔猎为生，夏天在水上打鱼，冬天在冰上打猎。主食肉，没有蔬菜。过着流浪生活，用帐篷遮风避雨。这种生活环境使孩子逐渐形成了坚定、独立、冒险的人格特征。而特姆尼人生活在杂色灌木丛生地带，以农业为主，种田为生，居住环境固定。这种生活环境使孩子形成了依赖、服从、保守的人格特点。由此可见，不同的生存环境影响了人格的形成。另外，气温也会导致人的某些人格特征的出现频率提高。如热天会使人烦躁不安，对他人采取负面反应，甚至进攻，发生反社会行为。世界上炎热的地方，也是攻击行为较多的地方。

关于自然物理环境对人格的影响作用，心理学家认为自然环境对人格不起决定性影响作用，更多地表现为一时性影响；自然物理环境对特定行为具有一定的解释作用。在不同的物理环境中，人可以表现出不同的行为特点。

综上所述，人格是先天和后天的"合金"，是遗传与环境交互作用的结果，遗传决定了人格发展的可能性，环境决定了人格发展的现实性。这是研究者们已达成共识的结论。

本章重点概念

　　人格　气质　性格　自我调控系统　认知风格　特质　人格五因素模型
自陈量表　投射测验　主题统觉测验

本章思考题

　　1.人格具有哪些特性？

　　2.人格结构包含了哪些成分？各个成分之间有什么关系？

　　3.人格测验的方法有哪些？

　　4.影响人格形成的因素有哪些？

　　5.弗洛伊德如何看待人格结构？

第十三章

生命全程发展

人的一生经历着不断的变化，这种变化主要体现在生理和心理两个方面。个体身心的发展是一个连续的过程，但也可以分为几个不同的阶段。个体在不同的发展阶段应该表现出与其年龄相符合的行为特征，也就是发展任务。本章主要介绍个体在不同人生阶段发生的生理和心理上的变化，包括认知能力、社会性与人格等方面的特征。

第一节 婴幼儿期的发展（0—6岁）

一、婴儿期（0—3岁）

（一）婴儿期生理与认知状况

新生儿一出生就具备了令人惊异的生存能力。从暴露于空气中的那一刻起他们就开始了自主呼吸。借助从子宫娩出的时候就有的一些反射（Reflex），新生儿可以很快地适应这个崭新的世界。吮吸反射（Sucking Reflex）和吞咽反射（Swallowing Reflex）让新生儿立刻就能摄入食物。定向反射（Rooting Reflex）使得婴儿能够主动地转向嘴边刺激物寻找到食物的来源。咳嗽、打喷嚏、眨眼——这些反射会帮助婴儿回避危险刺激。新生儿最初以胎粪的形式排泄废弃物，胎粪是一种黑绿色的物质，是新生儿在胎儿阶段的体内残留物。肝脏是新生儿消化系统的一个重要组成部分，约有一半新生儿的肝脏不能立即有效地工作，此时他们的身体和眼睛会带有明显的淡黄色。这种颜色上的变化是新生儿黄疸（Neonatal Jaundice）的一个症状。新生儿黄疸在早产儿和低出生体重儿中发生的概率更大。它分为生理性黄疸和病理性黄疸，治疗方法有进行蓝光照射和服用药物等。

新生儿的感觉能力很精细，也能整合来自不同感觉器官的信息。新生儿视力只有成人的 1/10—1/30，他们喜欢注视那些和环境对比特别强烈的物体。双眼视觉（Binocular

Vision）大约在 14 周时发育成熟。6 个月大的婴儿的视力几乎可以达到成人的视力水平，可以对图案、面孔、颜色和亮度进行辨认，具有深度知觉和大小恒常性知觉。出生几分钟的婴儿就对不同颜色、形状和结构的刺激有偏好。他们盯着蓝色和绿色物体的时间长于其他颜色的物体。他们喜欢曲线胜过直线，喜欢三维图形胜过二维图形，喜欢人脸胜过非脸图形。这种能力可能反映了大脑中存在高度分化的细胞，这些细胞可以对特定的模式、方位、形状和运动方向进行反应。出生仅仅几个小时后，相对于其他人的面孔，婴儿已经对自己母亲的面孔产生了视觉偏好。婴儿在 6—9 个月时更容易区分人脸，却很少能够区分其他物种的面孔。

新生儿一出生便具有听觉能力，能识别母亲的声音。他们会对喧闹的、突发的噪声表现出震惊。正在哭泣的新生儿如果听到周围新生儿的哭声，他们会继续哭泣，但是如果听到的是自己哭声的录音，就会很快停止哭泣，好像认出了这个熟悉的声音。和视觉类似，婴儿的听觉灵敏度也没有长大以后那么好。这是因为他们的听觉系统还没有发育完全，还有部分羊水残留在中耳，只有羊水排净后他们才能完全听到声音。婴儿能听到广泛频率的声音，也能定位和区分出不同声音，这是语言发展的基础。

新生儿的其他感觉也能够充分地发挥功能。新生儿对于触摸是非常敏感的。比如，他们对于毛刷刺激会有反应，还能感觉到成人感觉不到的微小气流。味觉和嗅觉也得到了很好的发展。当把薄荷糖放到新生儿鼻子边上，他们闻到气味就会吮吸，其他身体活动也随之增加。当酸味的东西触及嘴唇的时候，他们的双唇会紧闭起来。对于不同的味道他们表现出相应的表情。这些结果表明，婴儿的触觉、嗅觉和味觉出生时不仅存在，而且已经具有一定的复杂性。婴儿对疼痛也很敏感，所以医生会建议必要时使用麻醉药来减少婴儿疼痛感。

婴幼儿身体的各部分并不是以相同的速率成长的，遵循以下四个原则：①头尾原则（Cephalocaudal Principle）是指先从头部和身体上半部开始发育，然后逐步发展身体的其他部分。例如视觉能力的发展（位于头部）先于走路的能力（位于身体末端）。刚出生时婴儿头部偏大，约占整个身体比例的 1/4。在生命的前两年，身体其余部分的发展开始逐渐赶上来。到 2 岁时，幼儿的头只有身高的约 1/5，而到了成人期，就只有约 1/8。②近远原则（Proximodistal Principle）是指发展从身体的中央部位进行至外围部位。这意味着躯干的发展先于四肢末端的发展，有效使用手臂的能力要先于使用手的能力。③等级整合原则（Principle of Hierarchical Integration）是指最初独立发展出的简单技能被整合成更加复杂的技能，例如婴儿要学会如何控制和协调每个手指的运动后才能掌握相对复杂的用手抓握东西的技能。④系统独立性原则（Principle of the Independence of Systems）是指不同的身体系统有着不同的发展速率，身体大小、神经系统和性别特征的发展模式是不同的。

在人出生后的最初几年，大脑的许多区域还没有进行特定任务分化。此时如果一个区域受损，其他的区域可以接管其功能。相比成年人，大脑受到损伤的婴儿受影响更小，恢复更彻底，表现出很强的可塑性。婴儿的神经系统包含大量神经元，远多于成人所需要的数量。婴儿的感觉经历既影响大脑内神经元的大小，也影响神经元之间的联结。基于婴儿在生活中获得的刺激体验，多余的联结和无用的神经元会随着婴儿的成长被"修剪"掉。大脑的发展，主要由基因预先决定，但由于大脑对环境影响很敏感所以也包含很强的可塑性成分。一些大脑功能具有发展的"关键期"，如果抓住了关键时期，大脑潜能的开发操作就能起到事半功倍的效果。在丰富刺激环境中抚养长大的婴儿，其大脑的结构和重量都会更好。需要注意的是，照料者因为愤怒而剧烈摇晃婴儿会使得大脑在颅内转动，造成血管撕裂，并损毁神经元之间复杂的联结，从而导致长期身体和学习能力的丧失，严重时还会造成死亡。

婴儿通过经典条件作用、操作性条件作用、习惯化等方式进行学习。经典条件作用从婴儿一出生就开始发挥功能。给1—2岁的新生儿吮吸带有甜味的水之前，每次都轻敲一下他的头，很快他就能学会只在轻敲一下头的时候转过头并开始吮吸。在操作性条件作用中，婴儿学会了故意做出某些行为从而达到自己的目的，例如婴儿学会通过哭泣来吸引父母的注意力。习惯化是指在某个刺激重复呈现多次之后婴儿对其反应水平的降低。给新生儿呈现一个新异刺激，他们会有一个定向反应，例如安静下来，变得全神贯注。当他们重复多次暴露在这个刺激面前的时候，婴儿就不再出现最初的定向反应。这说明婴儿已经识别了最初的那个刺激。每种感觉系统都有可能出现习惯化。对于习惯化的测量还包括吮吸的变化、心率、呼吸频率，以及婴儿对特定刺激的注视时间的变化。习惯化的发展与婴儿身体和认知上的成熟有关。习惯化在婴儿一出生就有所表现，并在婴儿出生后的12周内发展成熟。不能习惯化可能是精神发育迟滞的标志。

婴儿前语言交流包括使用声音、手势、面部表情、模仿，以及其他非语言的方式来表达自己。前语言交流为婴儿的言语发展做好了准备。婴儿一般在第10—14个月之间说出第一个字词。在第18个月左右，开始将字词连接到一起构成基本的句子，表达某个想法。婴儿手势出现在他们说出第一个有意义的词汇之前。手势作为一种融合社会认知技能和合作动机的复杂交际行为，可以预测婴儿语言发展。研究表明，婴儿指示性手势与语言发展关系更为密切（罗丹，2020）。指示性手势是指个体伸展手臂、手掌心朝下、食指伸直、其他四指自然弯曲的手势，用以指向空间中的某个物体、处所、人物、事件等。

（二）婴儿期社会性与人格发展

婴儿可以通过表情表达不同的情绪，但不同文化背景的婴儿在情绪的表达上有显著差异。在 11 个月之前，我国婴儿相比欧洲、美国及日本的婴儿，普遍具有较少的表情。在 1 岁末左右，婴儿会发展出陌生人焦虑和分离焦虑。陌生人焦虑（Stranger Anxiety）是婴儿在遇见不熟悉的人时，所表现出来的小心谨慎。陌生人焦虑出现在出生后第一年的后半段。分离焦虑（Separation Anxiety）是当熟悉的照料者离开时，婴儿所表现出来的紧张情绪。分离焦虑开始于出生后第 7 个月或第 8 个月，大约在第 14 个月达到顶峰，然后逐渐降低。分离焦虑和陌生人焦虑代表了婴儿重大的社会性进步，反映了婴儿的认知发展以及婴儿和照料者之间不断成长的情感和社会联系。

新生儿会表现出某些形式的模仿，当看到成人示范某种行为时，婴儿也可以自发行动起来，比如张嘴、伸出舌头等。由于婴儿伸出舌头这个反应在大约 2 个月的时候就消失了，因此有研究者认为伸出舌头并不是模仿，而仅仅属于某种探索性的行为。尽管某些形式的模仿在生命历程中开始得非常早，但是，真正的模仿到底是何时开始的还没有确定的结论。模仿技能是非常重要的，因为个体必须要了解他人情绪状态的含义，然后以恰当的方式进行回应才能与他人进行有效的社会互动。新生儿的模仿能力为将来的社会互动打下了基础。

照料者经常需要哄睡哭闹的婴儿，这开启了婴儿和他人之间多种类型社会互动的序幕。一方面新生儿倾向特别关注母亲的声音，因为他们在母亲子宫中待了好几个月所以对母亲的声音特别熟悉。另一方面，父母和他人在对婴儿说话的时候也会改变他们的讲话方式，使用的音调和速度都会与年长儿童及成人讲话时不同，这样做可以引起婴儿的注意，并促进互动。新生儿从父母那里习得的对行为的反应方式，为将来和他人的社会互动铺平了道路。埃里克森（E. H. Erikson，1902—1994）认为，儿童（0—1 岁）的人格发展处于信任与不信任阶段。如果孩子在饥饿、受惊、哭泣时被拥抱和喂食，孩子会觉得生长在安全的地方，长大后会是一个开朗且信任别人的人。儿童（2—3 岁）处于自主对羞愧怀疑阶段，孩子开始学习如何控制自己的生理机能及注意到身体的能力和限制。如果这一阶段孩子的需要得到满足，他们会发展出独立性和对于物理世界和社会世界的掌握，否则会感到羞愧、自我怀疑和不开心。

二、幼儿期（3—6 岁）

（一）幼儿期生理与认知状况

儿童身高和体重继续快速增长，身体变得不再是圆圆的，而是更强健有力。大脑逐渐长得更大，神经联结继续发展，出现了功能单侧化，发展出利手。认知能力也随之增长，包括做计划的能力和将语言作为工具的能力。粗大技能（投球、接球和跑步）和精细运动技能（使用筷子、系鞋带）快速提高。

此时儿童思维处于皮亚杰前运算阶段。儿童表现出自我中心思维，不能够理解他人的观点，倾向从自己的角度而不是他人的角度看问题。儿童的思想在他自己看来，总是正确的、合乎逻辑的，他从来不会对自己的思想产生疑问，即使面对与他的思想矛盾的证据也是如此。

思维表现出集中化，即只关注刺激的某一方面。例如，在面对某一视觉刺激的时候，儿童倾向把注意力集中或固定在这一刺激的某一有限的、他所知觉的方面。如果将一个瓶子中的液体倒入另一个比较高但比较狭窄的瓶子里，问儿童："这个比较高的瓶子里的水比这个矮瓶子里的水多，还是一样多呢？"四五岁的儿童通常回答，较高的瓶子里的水比较多。因为四五岁的孩子只注意到液体的高度这一个维度，没能同时注意到其他多个维度，因而做出了错误的判断。

儿童思维的另一个特点是他不能成功地进行关于转换的推演，儿童不关注从初始状态向终了状态转换的过程，只限于注意这两者之间所发生的每一个状态。其思路既不是演绎，也不是归纳，而是传递。由于儿童没有意识到两个事件之间的联系以及这种联系所包含的意义，因此他们难以对事件的两种状态进行比较。不具备跟踪转换能力的儿童也不可能建构起思维的可逆性。可逆性是智力最显著的特征，如果思维是可逆的，它就可以回溯推理的路线到它的出发点。总之这个时期儿童的思维仍然是相当死板的，主要受感知所支配。

在幼儿期，儿童记忆、注意广度和符号思维有所提高，直觉思维开始出现，语言能力（句子长度、词汇量、句法和语法）飞速增长。

（二）幼儿期社会性与人格发展

在这一阶段，儿童发展出自我概念。关于自己的看法部分来源于他们对自身性格的自我知觉和估计，部分来源于父母对他们行为的反应和其他社会反馈。皮亚杰认为，幼儿期儿童处在道德发展中的他律道德发展阶段，特征是个体相信有外部的、不可改变的行为规则，而且确信所有的不良行为都会立刻得到惩罚；倾向从行为的客观结果来判断一种行为的好坏，而不是根据主观动机来判断。例如，认为打碎的杯子数量多的行为比打碎杯子数量少的行为更坏，而不考虑有意还是无意打碎杯子。认为服从成人就是最好的道德观念，服从成人的意志就是公正。看待行为有绝对化的倾向，在评定行为是非时，总是抱极端的态度，或者完全正确，或者完全错误。还经常把道德法则与自然规律相混淆，认为不端的行为会受到自然力量的惩罚。比如，对一个 4 岁的孩子说，有个小男孩到超市偷了糖逃走了，过马路时被汽车撞倒，问孩子"汽车为什么会撞倒小男孩？"，孩子回答是因为他偷了糖。在这一阶段的儿童看来，惩罚就是一种报应，目的是使过失者遭遇跟他所犯的过失相一致，而不是把惩罚看作改变其行为的一种手段。

在幼儿期开始出现攻击行为。随着年龄的增长、语言技能的提高，儿童更加能够调节自己的情绪并使用语言来协商争论。此时攻击行为的频率和持续时间都会有所下降。埃里克森认为，儿童（3—6岁）处于主动对内疚阶段，这个阶段的儿童一方面渴望独立行动，另一方面又由于其行动所导致的不理想后果而内疚。在幼儿期阶段，性别意识也开始发展。幼儿期儿童持有很强的性别预期，他们所认为的男孩和女孩应该表现出来的适宜行为与社会刻板印象是一致的。对于性别预期现象，生物学理论用遗传因素来解释，精神分析理论使用基于潜意识的框架进行说明，社会学习理论关注父母、教师、同伴和媒体等环境的影响，而认知理论则认为儿童通过收集、组织关于性别的信息形成了性别图式和认知框架。

幼儿期儿童的社会关系开始涉及真正的友谊，并且能够持续很长时间。儿童开始把同伴看作独立的个体，基于信任和共同兴趣形成友谊关系。游戏是社会性、认知和身体发展的一种方式。年龄较小的幼儿期儿童更多地进行旁观者游戏和平行游戏。旁观者游戏是指一个孩子观察其他孩子玩耍，而不参与到游戏中。对于正在努力开发词汇能力的年幼孩子来说，这是很常见的现象。平行游戏是把两个同龄的孩子放在一个房间里，他们各自玩各自的，而且都玩得很开心。尽管玩伴之间很少有社会交往，但玩平行游戏的孩子实际上可以从彼此身上学到很多东西，比如轮流玩耍和其他社交礼仪等。尽管看上去他们似乎没有注意对方，但他们确实并且经常模仿对方的行为。从4—5岁开始，幼儿的人际关系发生了重大变化，从主要是和成人的关系过渡到与同龄人的关系，表现为同伴关系冲破了亲子关系和师生关系的优势占据主导地位。合作游戏走进了孩子的生活，孩子们开始真正在一起玩耍。不管他们是一起拼图、玩棋盘游戏，还是享受户外团体游戏，合作游戏都为孩子长大成人以后的互动奠定了基础。较大的幼儿还热衷戏剧/想象游戏。在游戏中他们会自己分工，安排角色，比如装扮成医生、餐厅服务员等，并且游戏的情节比较丰富，内容也多样化。通过这种游戏，孩子的想象力得到了锻炼，语言得到了发展，同时也学会了如何交流、合作和分享。

第二节　学龄期的发展（6—12岁）

一、学龄期儿童生理与认知状况

学龄期儿童的成长特征是缓慢而稳定的。随着婴儿脂肪的消失，肌肉成形，"婴儿肥"消失了，体重开始在身体各部位重新分布。在学龄期，粗大运动技能（骑车、游泳、溜冰、控制球）和精细运动技能（书写、做手工、系纽扣）继续提高。文化中固有的对不同性别儿童的期望是男孩和女孩粗大运动技能差异的潜在原因。儿童成长是由遗传决定的，但经济状况、饮食习惯、营养和疾病等社会因素也会明显地影响其成长。

　　皮亚杰认为学龄期儿童处于具体运算阶段，该阶段的特征是将逻辑过程应用于具体问题之中。儿童使用逻辑运算来解决问题。对于守恒的理解开始出现。例如，向儿童呈现两排一模一样的五角星，在儿童同意两排五角星的数量是一样之后，将其中一排摊开，四五岁的儿童可能会说较长的一排五角星比较多，因为他们专注于长度这一个维度，并且使用的是知觉线索而非逻辑原则。而七八岁的儿童则能够在心理上逆转运算（移动五角星使其恢复原来的长度）、去中心化（既考虑长度也考虑密度），并且能够使用守恒原则推论出重新排列并不会改变一排五角星的数量。儿童思维能够去中心化——考虑到多种观点，会通过与他人的想法进行比较从而验证自己的观点是否正确，因此，伙伴之间的社会交往是消除认知自我中心化的主要因素。儿童对记忆过程（即编码、存储和提取）的控制力逐渐加强。元记忆的发展促进了认知加工和记忆的发展。在学龄期，短时记忆能力有了显著的发展。儿童逐渐能够听完5个数字后以相反的顺序复述它们。在幼儿期阶段，他们只能记住并反向复述大概2个数字；到青春期时，他们能完成6个数字的倒叙。学龄期儿童能够使用更复杂的策略来回忆信息，我们可以通过训练促进儿童更为熟练地掌握这些策略。

　　学龄期儿童在词汇量、句法和语用学上都有显著的进步。元语言意识是学龄期儿童最显著的发展之一。当信息模糊不清或不完整时，元语言意识可以帮助儿童来理解它们。例如，在玩复杂游戏时，如果为其提供的指示说明不够清晰，四五岁的儿童一般很少会提出自己的疑问。如果在游戏过程中发生了规则上的误解，他们就会归因于自己。相反，七八岁的儿童已经能意识到这是对方没有说清楚，他们会通过询问具体细节来弄清楚模糊的信息。逐渐娴熟的语言技能可以帮助学龄期儿童控制和调节他们的行为。例如，在一个实验中，实验者告知儿童，如果他们选择立刻吃掉一颗糖果，他们就只能得到一颗，但如果选择等一会儿再吃的话，将会得到两颗。大多数4—8岁儿童选择了等待，但他们在等待时所使用的策略明显不同。4岁儿童在等待时经常看着糖果，这种策略不是很有效。相反，6—8岁儿童会使用"自言自语"的策略来帮助自己克服诱惑。6岁儿童会说话和唱歌，提醒自己如果多等待一会儿就能够得到更多的糖果。8岁儿童会关注糖果与味道无关的方面，比如描述它们的外观。这些语言策略的使用有助于他们等待下去。双语学习在学龄期是有益的，双语教育能够促进认知灵活性和元语言意识，甚至能使儿童在智力测验中表现得更好。

　　学龄期儿童所面临的主要健康问题是肥胖。肥胖受遗传因素的影响，也与儿童的过度饮食和活动量偏少有关。患有注意缺陷与多动障碍（ADHD）的儿童表现出不能集中注意力、冲动、不能完成任务、缺乏组织和出现过多不受控制的行为。目前对ADHD

的药物治疗存在争议，不仅因为这种疗法存在副作用，而且它的长期效果还备受质疑。

二、学龄期儿童社会性与人格发展

（一）学龄期儿童自我概念发展特点

学龄期儿童用心理特征而非身体特征来界定自我概念。5 岁的孩子描述自己"跑得很快，擅长画画"——这两个特征都属于依赖外部活动的运动技能。11 岁的孩子描述自己"特别聪明、友好、热心助人"。可见学龄期孩子关于自己的认识是以心理特征、内部特质为基础的，这比年幼儿童的描述更抽象。使用内部特质建构自我概念的能力源于儿童逐渐增长的认知技能。

儿童关于自己是谁的观点也出现了由简单到复杂的变化，自我概念分化为不同的领域。他们使用社会比较的方法来评价自己的行为、能力和特长以及理解个人的地位和同一性。自我效能感逐渐形成，对于自己胜任什么不胜任什么均有所评估。自尊也开始发展起来，个体的自尊主要建立在与他人比较和内在成功标准的基础上。低自尊会导致儿童对自己的低预期，长期处于低自尊水平的儿童容易陷入失败的恶性循环中。

（二）学龄期儿童人格发展特点

埃里克森认为学龄期儿童处于勤奋对自卑阶段，这一时期的发展更多地围绕能力展开，儿童为了应对由父母、同伴、学校以及复杂的社会提出的挑战而付出努力。儿童努力寻找自己能够成功的"勤奋"的领域，他们会发现自己擅长某些事情而不擅长另外一些事情。例如，10 岁的孩子逐渐知道自己数学很棒，但不擅长写作；11 岁的孩子开始发现自己很会画画，却没有很好的体力踢足球。勤奋感的获得对他们的将来有着持久的影响。例如，有研究为了考察儿童期勤奋、努力工作与成年期行为的关系，对 450 位男性被试从儿童早期开始进行了长达 35 年的追踪（Vaillant & Vaillant，1981）。结果发现，那些儿童期最勤奋、最努力工作的被试成年后在职业成就和个人生活方面也是最成功的。儿童期勤奋与成年期成功之间的关系比智力或家庭背景与成年期成功的关系要密切得多。

（三）学龄期儿童道德感特点

这一时期儿童的道德感以"平等"的观念为主要特征，逐渐代替了前一阶段服从成人权威的支配地位。儿童意识到规则是一种保证共同利益、契约性的、自愿接受的行为准则，同时也表现出合作互惠的精神。对行为进行道德判断时，不只是考虑行为的后果，还考虑行为的动机。研究表明，12 岁的儿童都认为，那些由积极动机支配但损失较大的儿童，比起怀有不良动机而只造成小损失的儿童要好些。由于考虑到行为的动机，因而在惩罚时能注意照顾弱者或年幼者。这一时期的儿童能将自己置于别人的位置思考问题，判断不再绝对化，可以看到多种可能存在的观点。提出的惩罚较温和，更为直接地针对所犯的错误，常常带有补偿错误的性质。

（四）学龄期儿童友谊特点

学龄期儿童的友谊表现出地位等级。社会问题解决能力和社会信息加工能力的提高有助于儿童进行社会交互和拥有更好的人际技能。学龄期儿童同伴交往中存在着性别疏离现象——倾向偏爱同性别同伴，和同性别同伴玩耍，避开异性同伴。性别疏离使男孩和女孩在各自同伴群体内形成了不同的交往方式，而这些不同的交往方式包括不同的行为模式和互动类型。男孩大多以群体的方式和其他男孩交往，他们喜欢很多人一起玩耍，而不是一对对地玩。男孩在群体中的地位等级也很明显，群体里会有一个公认的领导者和众多地位不同的成员。地位较高的成员能够对地位较低的成员质疑和反对，而不用担心有什么后果。男孩都很关心自己在地位等级中的位置，他们会努力维持和提升自己的地位。在玩耍过程中，如果有比自己地位低的同伴挑战自己，男孩就会觉得很不公平，他可能会扭打着争夺玩具或表现出其他独断的行为，整个游戏过程就会变得充满火药味甚至不欢而散。女孩倾向单独或成对地和其他女孩交往，以一两个亲密关系、平等的地位和对合作的依赖为特征。男孩女孩到 9 岁的时候，倾向表现出轻视对方的迹象。女孩一般看不起男孩，认为他们不成熟，爱争吵，以自我为中心，是对球类运动和打架感兴趣的一群人。男孩讥笑女孩，认为她们软弱无能，喜欢美食和糖果，浪费很多时间在流言蜚语上，别的什么也不做。在描述女孩的任性时，说她们非常强势，口无遮拦，经常出口伤人。有学者用半结构化的访谈和问卷考察了从小学最后一年到中学第一年这一过渡期内，男生和女生对友谊态度的异同。他们发现，随着小学毕业的临近，男生的友谊越来越亲密、越来越具有支持性。而对很多女生来说，小学最后一学期使她们有机会与那些曾经属于班内其他群体而又即将与自己进入同一所中学的女孩建立更加亲密的友谊。然而，与男孩形成鲜明对比，那些勉强被现有社交网络接受但处于群体外层的女孩，可能会被理所当然地从这个圈子里排挤出来。质化研究和人类学研究表明，女孩常常使用隐性攻击，如说闲话、社会性离间以提高或维持她们在同伴群体中的显要地位，男孩则使用身体攻击以建立在学校社交网络内的控制地位和／或取得受欢迎的社交地位。这些研究表明，并非所有的攻击行为都是非适应的，并且不同类型的攻击行为对同伴关系的影响可能因性别而存在差异。

（五）家庭和环境对学龄期儿童行为的塑造

父母冲突指父母在某一问题或一系列问题上表现出的对立和意见分歧，可以是公开的或是隐蔽的。父母冲突可以通过言语上的争论、争吵，或肢体冲突等暴力行为直接表现出来，也可以间接地表现为情绪上的相互对立和不满。父母之间的冲突、他们对子女的教养方式与子女的心理行为适应之间有紧密的关联，可能会给儿童带来消极影响。已有大量研究表明，父母冲突强度越大，儿童越有可能表现出消极情绪和适应不良的行为，包括焦虑、抑郁、攻击行为、退缩行为、社交问题、学业不良和品行障碍等。

当婚姻冲突难以调和时，夫妻关系往往会面临离婚的危机。父母离婚对学龄期儿童的影响非常大。离婚对子女的影响并不一定完全是消极的，父母离婚在给儿童带来压力的同时，也可能为儿童重新营造出一个摆脱了家庭冲突、暴力和冷漠的成长环境。生活在单亲家庭对儿童的影响取决于家庭的经济条件和父母间之前的敌意水平。对于离婚前父母婚姻冲突水平较高的家庭，如果离婚后父母冲突得到了有效解决，那么离婚对儿童的影响很有可能是积极的。

留守儿童是指被外出务工经商的父母双方或一方留置在老家半年以上的未成年人。海内外的一些研究表明，童年期留守经历的影响不显著甚至不乏积极影响，涉及身高与体重增长、独立坚强品格养成、抗逆力增强、营养改善、教育投资增加、与祖辈更亲密等等。尽管如此，从海内外多数相关研究的发现来看，留守经历对留守儿童的学业成就、心理健康、行为发展和社会交往等方面都容易产生偏于负面的效应。有研究发现，留守儿童总体心理健康水平与非留守儿童相比没有显著差异。但在社交心理维度上，父母外出务工会使留守儿童出现自我孤独感和社交回避的概率分别提高 10.63%、10.96%。与父亲相比，母亲外出务工更容易使留守儿童产生自我孤独感。留守儿童年龄越小，产生自我孤独感的概率越高。随着年龄的增长，留守儿童更容易产生社交回避（张婷皮美、石智雷，2021）。有研究探讨了留守经历对于成年后个人职场能力及职场心理的长期影响。结果显示，务工工资、理想月薪无显著差异，但有留守经历者的保留工资显著偏低。保留工资考察的是个人对于自身职场能力和现实价值体现之间落差的忍耐度，它不仅与个人的职场能力评判和认知相关，也是个人心理退让度的间接反映。这说明，留守经历对于个人长期的职场能力发展及职场能力的自我评估无显著影响，但可能导致更为内敛、退让的职场心理，降低其心理阈限，其中又以有过小学留守经历者更为突出（刘志军，2021）。

第三节 青少年期的发展（12—20 岁）

一、青少年生理状况

女孩在 11 岁或 12 岁左右进入发育期，男孩在 13 岁或 14 岁左右进入发育期。身体脂肪含量较多的女孩，其青春期发育往往会提前。生殖器官发育的同时，第二性征也发展起来，两性都长出阴毛和腋毛，女孩的乳房开始发育，男孩的声音变粗。青春期女孩的身体会积累脂肪，但很多女孩不知道这是自然现象，反而会因为社会舆论的影响而采取减肥措施。对肥胖的过度关注使有些青少年可能患上神经性厌食症和神经性贪食症。

12 到 13 岁之间，大脑遵循"不用则废"的原则，集中对神经元进行"修剪"剔除，不用的神经元和突触会自然死亡。这个过程是基因已经安排好在这个年龄段必然会经历的，同园艺里的修剪枝叶是一个道理。想让一棵树长得粗壮茂盛，必须把它的顶部剪掉，才能把营养分散给底部和中间的枝杈。集中能量强化有用的神经元，青春期个体才会更有思考力和决策力。当不需要的神经元被"裁剪"后，大脑会给剩下的神经元做一件髓磷脂"外衣"。这是一层包裹轴突的脂肪，它的最大作用是加快神经信号的传输。有了这层"战甲"，传输速度可以增加到原来的 3000 倍。所以青春期个体认知能力的发展十分迅速，表现为抽象思维、推理以及思维能力的增长。

为刻画不同个体青春期发育程度的差异，学者们引入"青春期发育成熟度（Pubertal Mature Development）"一词，并且往往以进入青春期的早晚来衡量。青春期发育成熟度是一种对学生学业成绩、父母期望等都有直接影响的自然因素，而且大多数研究支持男生发育成熟早、女生发育成熟晚对学生发展更有利的结论。有学者研究了同伴发育成熟度对学生学习成绩影响的同伴效应，结果发现班级女生发育成熟度越低，班级男生发育成熟度越高，越有利于学生成绩的提高（杜育红、郭艳斌，2019）。

二、青少年认知发展状况

青春期对应于皮亚杰认知发展的形式运算阶段，这一阶段以抽象推理和以实验方法解决问题为标志。这种抽象思维能力是认知发展的最高阶段。青春期个体能够想象各种可能性，并形成和检验假设。这种假设—演绎推理能力正是许多理科，如数学、物理、化学学习所需要的。皮亚杰认为这种抽象思维能力的获得源于脑成熟和环境扩展的共同作用。青少年的认知加工发生了两大变化，即结构性变化和功能性变化。结构性变化包括信息加工容量的变化和长时记忆中储存的知识数量的增加。功能性变化发生在获取、处理和保存信息方面，包括学习、记忆、推理、决策等。元认知能力的发展使他们能够监控自己的思维过程并且精确估计自己的认知能力。在语言发展方面，青少年开始喜欢讨论抽象概念，使用逻辑连接词，甚至反语、双关、隐喻等修辞手法。青少年逐渐学会"社会观点采择（Social Perspective-taking）"，即个体根据他人所持的观点和所具有的知识水平来调整自己谈话的能力。

多巴胺是一种神经传导物质。这种脑内分泌物的作用是鼓励行为的发生和重复。你吃了一块美滋滋的巧克力后的快乐感觉会分泌更多的多巴胺让你想再吃一块。每一次让你有快感的经历都会让多巴胺分泌得越来越多，激励你想不断重复同一个经历。研究发现青春期时多巴胺的分泌达到了峰值，也就是比儿童期和成人期的分泌值都要多。所以很多青春期的孩子更愿意选择刺激的行为以满足快感，容易沉迷于一些事物不能自拔。大脑分泌多巴胺是鼓励青少年去尝试新的东西，去追求风险，为以后离家自己独立生活，独立面对困难做准备。

此外，在加工情绪信息时，11—13岁青少年偏好使用大脑中颞叶深处形似杏仁核的小组织参与情绪反应和本能反应。成年人则较多使用额叶进行更准确、更理智的判断。这也可以解释为什么青少年喜欢新奇和冒险，无法专注于长期目标，容易冲动，并且往往无法接受成年人的理性劝说。大脑的变化不是青春期的孩子所能控制的，他们也很困惑为什么自己那么不开心，为什么看什么都不顺眼。这些都不是他们在故意刁难父母，故意使坏。青少年个体的控制机制还没有发育好，而奖励机制达到高峰，这样肯定会做出一些冲动的行为。但青少年不能用"大脑不成熟"为借口拒绝成长甚至放纵自己，而应该以更积极进取的姿态去"锻炼"大脑，理清思路、理解抽象概念、控制冲动。

三、青少年社会性与人格发展

青少年是个体由儿童向成人过渡转变的发展时期。根据皮亚杰道德认知发展阶段划分，青少年时期处在公正道德阶段（11、12岁以后）。青少年的道德观念开始倾向从利他主义角度去考虑，这便产生了公正的观念。公正观念不是一种判断是或非的单纯的规则关系，而是一种出于关心与同情的真正的道德关系。也就是说，青少年不再刻板地按固定的规则去判断，在依据规则判断时隐含考虑到他人的一些具体情况，从关心和同情出发去判断。皮亚杰认为公正观念是一种高级的平等关系，这种道德观念能够从内部对青少年的道德判断起着决定性的作用。

（一）界定同一性是青少年时期的关键任务

发育期的身体变化常常伴有心理效应，如自尊和自我觉知的提高。在青春期，青少年自我概念分化，能够同时考虑多个方面，不仅包含了自己的观点，也包含了他人的观点。自我概念的分化可能会导致行为的混乱。自尊也开始分化，青少年会对自身的特定方面做出不同的评价。青少年在未知的环境中无法明确自己的行为方式，却又想摆脱父母和家庭依赖去获得平等与独立的地位，这会引发青少年与成人世界和社会现实的激烈冲突，容易导致他们成为介于儿童与成人之间的"边缘人"。埃里克森认为青少年处于同一性对同一性混乱阶段。自我同一性（Self-identity），又称自我认同，是个体在特定环境中的自我整合，是个体对内在一致性和连续性的寻求，是青少年人格发展的重要课题。埃里克森用同一性危机理论解释青少年对社会不满和犯罪等社会问题。他认为青少年需要通过积极的探求、亲身的体验，来获得自我同一感并以此来防止角色混乱和消极同一性。在青少年自我同一性形成过程中，往往会伴随着各种各样的危机和失败，两种极端情形是：①"狂热主义（Fanaticism）"——自我同一性过剩。"狂热主义"心理容易导致青少年过分地卷入特定团体或特定角色中而绝对地排他，并将自己的理想信念和生活方式强加于人且不考虑他人感受。这种"过于自我"的理想主义状态和"非黑即白"的思维方式容易导致青少年有迷信权威、个人崇拜、极端狂躁、自我中心等不良社会态度，自己完全被"狂热"所束缚而丧失清醒理智。②"拒偿（Repudiation）"——自我同一性缺乏。"拒偿"心理容易导致青少年抛弃自己的准成人角色、游离于主流社会之外，与社会、集体和他人的距离感失调，不是拒绝或逃避与他人交往，就是被他人所孤立或完全依附于他人，特别是参加一些非正式的非主流的社会组织、群体，并甘愿接受被否定、排斥和抛弃的社会现实和生活方式，沉湎于虚而不实、离谱怪诞的奇思幻想，或热衷于一些神秘力量、秘密组织、暴力倾向的精神麻痹。玛西亚（Marcia，1966）根据个体应对自我同一性形成任务的策略和结果，以"探索"和"承诺"两个变量的组合提出四种自我同一性状态。其中，成功应对危机的"成就型"和陷入同一性混乱的"弥散型"是同一性的两端，在危机中挣扎、积极探索的"延缓型"，和未经历充分探索，被动遵从于家长、权威等外界期待的"早闭型"，则处于前两者之间。

（二）自我中心与父母教养风格对青少年的影响

青少年发展出自我中心主义，觉得别人在不停地关注自己的行为，他们会在假想观众面前进行表演。自我中心主义使得青少年很难接受批评和难以容忍权威人物。自我意识和内省很有代表性。这个时期的个体对于"自我"的体验和感受前所未有的清醒。如果说，儿童对自己的认识和评价基本是服从成人意见的，那么，青春期的孩子则完全不同了。他们对自己产生了强烈的兴趣，热衷于思考自己的优点、缺点和特点，常常显得很自恋，但同时又经常夸大自己的缺陷，最后还总因为自己的不够完美而沮丧。感情的变化非常显著。这个阶段的孩子们通常既多愁善感又喜怒无常。家长常常不知道孩子发生了什么，情绪就像六月的天气，说变就变。青春期个体感情的多变是与感情的深化共同发生的，在这一时期孩子们已经开始产生和感受到许多细腻复杂的感情。青春期个体还会表现出虚假独特性，将自己视为独一无二的个体甚至是个"神话"，由此可以免疫于各种伤害，这种想法会使得青少年忽视危险的存在。

青少年的学业成绩受到多因素影响，包括父母的教养风格、社会经济地位、家庭环境质量、性别、种族、同伴影响、教学质量、学生对自己的信念等。那些高自我效能感，善于规划学习并充满自信的学生，更有望取得好成绩。父母有必要让孩子有成功的学习经历，这有助于培养孩子在学业上的自信心。常见的父母教养风格包括权威型、专制型、放任型。权威型父母鼓励孩子多方面看待问题、参与家庭决策，及时给孩子赞赏、特权、帮助和鼓励。这类父母的教养风格最有利于青少年的学业成就。专制型父母不允许孩子质疑或争论，对孩子的好成绩永远只会提出更高要求；孩子考差时，此类父母则会对孩子打击、惩罚。放任型父母则是撒手不管，认为孩子应该对自己负责。如果家庭和朋友都很重视学习成绩，这会给青少年带来积极的"同伴影响"。父母的信念和抱负会影响学生的自我效能感，进而影响学生的职业选择和职业准备方式。职业规划对于青少年的意义重大。如果认可自己做的事并相信自己能做好，青少年就会自我感觉良好；如果不认可自己的工作或担心无法胜任，青少年就会对自己的人生意义产生怀疑。

（三）同伴关系与校园欺凌

在青春期，同伴是重要的，小派别和人群作为青少年的参照群体，为其提供了一个现成的社会比较途径，并且帮助他们界定可被接受的角色。青春期个体更多地依赖从朋友和同伴那里获取帮助和信息。群体社会化理论（Harris，1995）强调，青少年是在同龄人群体中完成社会化任务的，同龄人之间的关系是这一时期生活中十分重要的内容。任何一个青春期的孩子都不可能脱离同龄人的影响，总是将彼此之间的交往与认可看得极为重要。高水平的同伴接纳反映了个体在同伴群体中较高的社会地位与群体接纳程度，是青少年社会适应的保护性因素。根据受欢迎的程度，青少年分为受欢迎的青少年和有争议的青少年（他们处于受欢迎程度的高端），以及被忽视的青少年和被拒绝的青少年（他们处于受欢迎程度的低端）。在青少年认为同伴是专家的领域中，青少年会顺应同伴，在那些认为成人是专家的领域中则顺应成人。当青少年的自信增长后，他们对同伴和成人的顺应都有所下降。同伴压力会加强从众行为。性别分隔现象渐渐减少，男孩和女孩开始一起在群体里共度时光，这一直持续到青春期末期。在青春期，男孩和女孩开始成双成对。

校园欺凌是广泛存在的现象，国内外多项调查显示 20%—33% 的儿童青少年直接卷入了欺凌关系，成为欺凌者、受欺凌者或两者兼而有之。有关欺凌事件直接参与者的研究表明：部分欺凌者存在一定程度的反社会行为或认知特征，如冷漠无情，过于自恋和冲动，缺乏同情尤其是移情能力，喜欢道德推脱。欺凌行为也是青春期个体获取、维护社会支配地位的一种手段。欺凌（尤其是间接欺凌）成为一种在同伴团体中确立支配地位的工具性行为策略。欺凌者不一定缺乏社交技能或调节情绪的能力。尤其是欺凌者中的小头目，往往社交能力很强，善于利用和操控同伴来达成自己的目标。部分欺凌者在实施攻击行为时更是所谓的两手策略的控制者，会软硬兼施运用反社会手段和亲社会手段来获取自己的利益。部分单纯的欺凌者由此的确获得了想要拥有的资源，虽然他们不一定被大家真心喜欢，但通常在班级内（或同伴团体中）有较高的社会地位和影响力，甚至更有异性吸引力。某些"另类"特征、情绪和社会交往问题会让儿童青少年成为易受欺凌的对象；某些外貌或体型特征是校园欺凌的一项原因，例如超重、瘦弱、存在明显生理缺陷的学生会比他人更容易遭受嘲笑、排斥甚至是身体上的伤害。青春期发育不同步导致个体身形与周围同伴出现的差异，也会增加青少年受欺凌的风险，这就使得早熟成为个体遭受校园欺凌的一个可能因素。在性取向或性别角色方面，性少数（同性恋、双性恋和变性者）的青少年比其他同龄人更容易成为欺凌的目标，甚至一些性别角色不太"典型"的异性恋青少年受到欺凌的概率也较高。欺凌和受欺凌都可能导致个体情绪、行为等方面的适应障碍，其不良影响甚至会延续相当长的时间；欺凌—受欺凌者是最不稳定的一类角色，兼具欺凌者与受欺凌者两者的缺点，适应状况通常最差。班级内的同伴生态、旁观者的行为和朋友关系都会影响欺凌事件的发生概率及所导致的后果。某些家庭和父母特征也是与欺凌行为联系密切的危险性或保护性因素。积极的师生关系有助于减少欺凌事件的发生，也能对其后果起到缓冲作用。但缺乏培训的父母和教师，通常无法及时准确地识别欺凌事件并做出有效应对。

（四）青春期性意识的发展与压力应对

青春期还伴随着性意识的萌动与性别角色的深化。无论男孩还是女孩，都非常关心自己是否被他人接受和欣赏，还有自己是否够帅、漂不漂亮、能不能引人注意，很关注来自异性的评价和开始憧憬爱情的降临。

对于大多数青少年而言，手淫往往是进入性行为的第一步。性取向在基因的、生理的和环境因素的复杂交互作用下发展起来。当前，公众对"性"的态度发生了很大的改变，加之互联网环境下更通畅的信息获取渠道，我国青少年的性观念和性行为也日渐趋于开放。上海社会科学院社会学研究所等机构曾经于 1999 年、2004 年、2017 年三次对北上广等城市的青少年性健康开展调查，发现无论是边缘性性行为（如接吻）还是插入式性行为（如性交）都呈现出上升趋势：接吻行为从 1999 年 11.1% 的发生率上升到 2017 年的 23.5%，爱抚行为从 10.3% 上升到 21.8%，性交行为从 3.2% 上升到 13.3%（杨雄，2018）。

与青少年性行为高发、频发相伴而来的是升高的青少年性与生殖健康风险。青少年意外怀孕与人工流产问题带来了严重的社会负担。有学者回顾近年来我国青少年性与生殖健康的相关文献发现，未婚妊娠比例在 10.3%—31.1%，且其中大部分都以人工流产为最终结局（李阳等，2015）。事实上，部分青少年出于经济、心理、外界压力等多重原因，还会发生自行购买堕胎药、在行医资质不合规的私人诊所进行人工流产手术等行为，进一步加重了这一问题的不良后果。其他问题还包括偶遇性行为持续增加，性传播疾病（包括艾滋病在内）患病率居高不下，等等。根据联合国数据，当前中国约有 1.7 亿处于 10—19 岁年龄段的青少年，是全球范围内青少年人口数量最为庞大的国家之一（United Nations，2019）。这意味着在我国有成百上千万处于青春期阶段的青少年正在经历早期性行为以及意外怀孕等风险。青春期性行为作为一种在中国传统社会文化背景下的青少年越轨行为，受到认知、情感、环境等多重因素的影响。这些因素有的是风险性因素，例如在青春期过早与异性建立亲密的恋爱关系；有的是保护性因素，例如与父母共同居住。这些因素中的绝大多数很难通过外界的力量加以充分干预和改变。融入正规国民教育体系的学校性教育是一个可能的有望突破瓶颈的途径。学校性教育要提升实效性，不能仅仅对性行为相关知识进行传授，而是要帮助青少年真正理解和认识性的认知、情感、身体和社会层面的意义。

在处理青春期的压力时，很多青少年体验过悲伤和绝望的情绪感受，甚至会患上重度抑郁。生物的、环境的和社会的因素都对抑郁有影响。自伤行为指在没有明确自杀意愿的情况下，个体采取的直接且蓄意地伤害自身身体组织的行为。抑郁与自伤不仅会严重损害青少年的生理与心理健康，并且二者均是青少年自杀行为的显著预测因子，在青少年群体中的发生率均已达到甚至超过20%（Thapar et al.，2012；Giletta et al.，2015）。

第四节 成年期的发展

一、成年早期（20—40岁）

（一）成年早期个体生理和认知状况

生理能力（包括体能、感觉能力、协调能力和反应能力）在一个人20多岁的时候达到高峰。此时绝大部分的发育已经完成，但某些器官如大脑仍在发育。这些都与熟练的问题解决能力有关。重大生活事件诸如生育和死亡等帮助个体对自身产生全新的理解，可能改变原先对世界的看法，从而促进其认知继续发展。威廉·佩里（William Perry，1981）认为人们在成年早期的思维方式由二元思维转变为多元思维，思维更为灵活和主观。多元思维的特征主要表现在对待权威态度的改变上：从之前假定专家们拥有所有问题的正确答案，转而开始认为，如果自己的想法是经过深思熟虑并且有道理的，那么自己的观点也同样可能是正确的。与青少年相比，青年人在看待问题时，更多地考虑了现实世界的复杂性，并能够得出更为微妙的答案。目前，我国越来越多的年轻人将"斜杠青年"作为自我标签，用多元化思维逐浪未来。他们不再满足"专一职业"的生活方式，而是选择拥有多重职业和身份的多元生活。"斜杠青年"是一种新生的自我发展策略，强调多元化的平衡以及个性和潜能的探索。同时，斜杠青年也更加鼓励将工作、爱好和生活进行平衡，收获全新的、更加自主的生活方式。这样全新的生活方式和工作方式逐渐在青年群体中开枝散叶，成为当下青年人自我发展和自我实现的更优选择。

实用智力和职业成功的关系最为密切。实用智力指的是个体在日常生活中，运用所学的知识经验处理日常事务的能力，包括适应环境的能力、改变环境的能力和选择能力。例如在正确认识自身处境的基础上，根据具体环境的要求有针对性地把握讲话时机和内容最终达到目的。青年人以全新的方式看待问题，而年长人群则以熟悉的方式看待问题，所以个体创造力在成年早期达到巅峰。成年早期的健康风险较小，但在35岁左右，疾病代替意外事故成为最主要的致死因素。由于未能改变成年之前养成的不健康的饮食习惯，成年早期许多人的体重开始增加，并且肥胖的百分比随着年龄增长而不断增高。

压力成为威胁健康的重要因素。长期处于紧张的状态将对身体和心理产生严重的破坏作用。为了应对潜在的压力情境，人们通过对情境本身进行初级评估，然后对其自身的应对能力进行次级评估，以一系列健康或不健康的方式应对压力，其中包含以问题为中心的应对、以情绪为中心的应对、社会支持、防御性应对等。以问题为中心的应对方式指人们通过直面问题寻求解决途径来减小压力。例如，某人在工作中遇到困难时，他可以向领导反映此事，申请调换工作或另寻其他工作。以情绪为中心的应对方式指人们会有意识地调节自己的情绪。例如，一位职场妈妈在忧虑找不到好保姆时会安慰自己，至少自己在目前新冠疫情导致经济不景气的大环境中还能拥有一份工作。有人也会采用冥想或锻炼的方式来降低情绪的生理反应。社会支持指有些人遇到压力时会向其他人寻求帮助或安慰，如靠在别人的肩头向他人倾诉哭泣或找人借钱渡过难关等。别人也能够给他们提供一些信息或如何应对压力的具体建议。此外，人们还可以在潜意识层面运用防御性机制来应对压力。防御性应对包括曲解或否认情境的真实性。例如人们可能拒绝承认某一威胁的严重程度，轻视某种危及生命的疾病，或者安慰自己多门课程挂科并非什么大事。防御性应对还包括情绪隔绝，指人们无意识地试图让自己避免感受到强烈的情绪。例如让自己对消极经历变得无动于衷以逃避这些经历带来的痛苦。如果防御性应对成为面对压力时的一种习惯性反应，那么将造成人们逃避或忽视问题，阻碍其了解真相和面对现实。

许多大学生，特别是那些经历了从高中到大学地位急转直下的学生，在融入新环境时极易遭受适应障碍——感受到抑郁、焦虑和退缩。在大学里，学生学会用不同的方式来理解世界，形成一种更为相对的价值观，即不再认为世界存在绝对标准和价值观，而是承认不同的社会、文化和个人都可能具备不同的标准和价值观，而且所有这些标准和价值观都可能是正确的。

（二）成年早期个体社会性和人格发展

成年早期个体处于埃里克森发展理论的"亲密对疏离阶段"。只有解决了这一冲突的个体，才能成功地与他人发展出亲密关系。婴儿期的依恋模式与个体成年后建立亲密关系的能力有关。根据"筛选模型"的观点，人们选择潜在伴侣的标准最初是吸引力，然后是相容性，一般来说符合同质相婚和婚姻梯度（男高女低）原则。如今，男女两性的平均初婚年龄都在增长。超过 90% 的已婚夫妇至少生育一个孩子。高效避孕品的使用和职场女性传统角色的变化，使得家庭的规模逐渐缩小。伴随孩子出生而来的关注、角色和责任变化，都给夫妻双方带来了压力。

职业的选择是成年早期非常关键的一步，乔治·维兰特（George Vaillant）认为：成年早期是以职业巩固（Career Consolidation）这一发展阶段作为标志的，职业巩固阶段作为一个人生发展阶段应该与埃里克森的亲密对疏离阶段具有同等重要的意义。艾利·金斯伯格（Eli Ginzberg，1972）认为，人生要经历三个职业选择阶段：儿童期的幻想阶段、青春期的尝试阶段和成年早期的现实阶段。约翰·霍兰德（John Holland）的理论试图将不同的人格类型与合适的职业进行匹配。在工作场所以及准备和就业选择过程中的性别角色偏见和刻板印象，仍然是个严重的问题。女性在职业选择、角色和薪资待遇等方面仍遭受偏见。中国综合社会调查数据（CGSS2015）调查发现，中国青年职业价值观总体上呈现出"物质主义"特征，并且表现出典型的群体性特征。男青年重视职业的社会价值，女青年重视职业的稳定性，农村青年注重职业保障，城市青年注重职业发展，高等教育层次青年注重职业兴趣和能力的发挥。"90 后"青年相较"80 后"和"70后"青年更加注重"后物质主义"职业价值观，如"满足个人兴趣""有升迁机会"和"拓宽个人的社会关系""发挥个人才智、有成就感"，而对"物质主义"职业价值观如"工作有长期保障"的关注显著降低。

青年夫妻家务劳动的性别分工呈现出明显的传统主义倾向，妻子家务劳动时间约为丈夫的两倍。在社会经济地位领域偏离传统性别形象的个人还会通过家务劳动进行主动的性别形象建构：当妻子的收入超过丈夫时，收入的增加不再伴随着家务劳动时间的下降，相反，妻子会增加自身的家务劳动时间以呈现女性气质。丈夫对妻子经济依赖的增加伴随着丈夫家务劳动投入比例的下降，以及妻子家务劳动投入比例的增加，也就是说，丈夫对妻子的经济依赖与妻子家务劳动时间呈现"U"形曲线，与丈夫家务劳动时间呈现倒"U"形曲线（孙晓冬，2021）。

二、成年中期（40—65 岁）

（一）成年中期个体生理状况

成年中期个体经历了生理特征及外表的逐渐变化。身高达到一个顶峰，然后缓慢地下降，骨质疏松症加速了女性的这个过程。体重增加，体力下降。在这个时期，由于眼睛的晶状体发生变化，导致视敏度下降。成年中期个体的近视觉、深度和距离知觉、对黑暗的适应，以及知觉三维空间的能力通常会下降。此外，青光眼的发病率在成年中期也有所增加。听敏度在这个时期也略微下降，尤其是听高频声音的能力和声音定位能力。中年人的反应时开始逐渐增加，但是复杂任务中反应变慢这个问题可以用多年练习熟练掌握的操作技能进行弥补。

成年中期的性生活略有变化，中年夫妻摆脱了怀孕的顾虑，许多中年夫妻体验到新的性自由和愉悦感。中年女性经历了更年期，即从能生育到不能生育的变化过程。更年期最明显的标志就是绝经，通常伴随着生理和情绪上的不适。对于绝经期的治疗可以缓和女性的恐惧以及绝经引起的痛苦体验。激素治疗是通过补充女性身体内的雌激素以减少停经症状并减缓衰老带来的不良状态的治疗方式。但一些研究显示激素治疗弊大于利。有些高龄女性可以通过移植年轻女性的卵细胞进行人工怀孕。男性也经历了生殖系统的变化，如精子和睾丸激素的分泌量下降，前列腺增大，导致排尿困难。

成年中期总体来讲是一个健康的阶段，但是人们开始患上一些慢性疾病，包括关节炎、糖尿病和高血压，而且死亡率高于此前任何一个时期。成年中期总体的健康状况因社会经济地位和性别而有所不同。高社会经济地位的人比低社会经济地位的人更健康，死亡率也更低。女性比男性的死亡率低，但是有更高的患病率。心脏病是成年中期个体的常见疾病。基因特征（如年龄、性别和心脏病家族史）都和心脏病的患病风险有关。此外环境和行为因素也有影响，包括吸烟、高脂肪和高胆固醇饮食以及缺乏锻炼等。心理因素对心脏病的发生也起到了一定作用。有诸如好胜、缺少耐心、挫败感和敌意等 A型行为模式的人，心脏病患病风险高。癌症的发病率在成年中期显著升高。放射治疗、化疗和手术都能够成功地治愈癌症，而积极健康的心理因素能够提高癌症的存活概率。

（二）成年中期个体认知状况

从成年中期开始，一些认知功能开始衰退，但由于成年人会使用生活经验和有效的策略来进行弥补，所以总体认知能力依旧保持稳定。长时记忆的提取效率略微有所下降。华纳·沙因（K. Warner Schaie, 1994）发现某些能力，如归纳推理、空间定向、知觉速度和言语记忆，在 25 岁左右开始逐渐下降，并在老年时继续下降。数字能力一直增长到 45 岁左右，在 60 岁时较低，然后在剩下的生命中一直保持稳定。语言能力一直增长到 40 岁左右，然后在剩下的生命中相当稳定。

成年中期只是表现出非常微小的记忆损失，甚至许多人根本没有表现出记忆能力的下降。由于社会对衰老的刻板印象，成年中期个体容易将自己的健忘归因为衰老，但实际上并不是他们的记忆能力发生了什么实质变化。感觉记忆和短时记忆在成年中期实际上都没有减弱。但是长时记忆略有不同，某些人的长时记忆能力会随着年龄下降。长时记忆水平下降似乎并不是因为消退或者记忆完全丧失，而是随着年龄的增长，人们编码和存储信息的效率降低。除此之外，年龄使得人们提取存储在记忆系统中信息的效率下降。换句话说，正是信息被存储在长时记忆中，定位或者提取这些信息可能会更加困难。中年期的记忆能力下降相对来说不明显，并且大多数个体可以通过各种认知策略进行弥补。对新刺激给予更多的注意会有助于日后的回忆和提取，例如只要在放钥匙的时候多加留意，就不用担心将来会找不到它们。这一年龄阶段习惯使用图式这种记忆捷径来解释、存储和回忆信息。图式是在先前情境的基础上，将相关的信息片段组织在一起，形成预期并添加意义，从而可以易化对新情境的解释，也有助于符合图式的相关信息的回忆。此外，在存储信息时更多地注意关键词、使用与编码一致的信息作为提取线索，或者对需要提取的信息进行复述等方式都可以帮助人们提高回忆信息的能力。

由于横断研究和纵向研究的局限性，"智力在成年中期是否下降"的问题没有结论。有研究者将智力划分为两种主要类型：液体智力和晶体智力。一般来说，液体智力在成年中期出现缓慢下降，而晶体智力保持稳定，甚至有所提高。专业技能和认知优势可以通过注意和练习来进行维持。

（三）成年中期个体社会性与人格发展

大五人格特质在 30 岁之后就相当稳定，但有些维度也能随着生活改变而发生变化。神经质、外倾性和开放性从成年早期到中期稍微有些下降，而宜人性和责任性会有所上升。这一发现具有跨文化的一致性。

许多研究者关注"中年困顿"这个问题。中年困顿有其纵向意义上生命历程制度化的成因，又有其所置身社会情境的特定文化归因，它反映了社会领域的制度和文化结构与人的行动意志之间的互动关系。现代社会，中年人需要背负四座大山：房贷、车贷、教育子女、赡养老人。互联网社会通过重塑职业体系也放大了中年人"离职"乃至"失业"的可能性。这些中年人在"再就业"的过程中，不可避免会面临相对以往更为激烈的竞争。此外，在传统的社会结构里，中年人可能依靠从业经验、信息优势乃至关系网络获得相应的威信，建构权力金字塔，这样的金字塔反过来，又能进一步巩固中年人的信息优势，以及从业经验和关系网络的价值。但互联网社会的冲击、社会组织方式的网络化，让中年人越来越有一种无力感，甚至让权力金字塔顶端的人们产生一种无奈——他们已经越来越难以左右年轻一代的注意力和对他们认为真正有价值的东西的关注度。

成年中期个体的生活总体上往往是平静和满意的。对于大多数夫妇来说，婚姻满意度在成年中期有所上升，但有些夫妇婚姻满意度持续下降，最终导致离婚。由于婚姻梯度的关系，超过 40 岁的女性比男性更难以再婚。再婚的人比初婚的人更加现实和成熟，他们会更公平地分担角色和责任。但是，再婚比初婚的离婚率更高。

夫妻之间的暴力行为被称为婚姻暴力。婚姻暴力包括夫妻互殴及一方殴打另一方两种形式，但在一般情况下，因为身体力量存在差距，即便是夫妻互殴，女性也更易于受到伤害。全国妇联和国家统计局联合开展的第三期中国妇女社会地位调查数据显示，约4.2%的已婚被调查者表示自己曾被配偶殴打（男性为2.7%，女性为5.5%）。分城乡考察，2.5%的城市已婚被访者自述曾被配偶殴打，5.9%的农村被访者表示曾被配偶殴打。鉴于问卷调查过程中人们往往会隐瞒这类隐私问题，实际的婚姻暴力情况可能会更为严重。夫妻相对资源的差距会影响男性实施婚姻暴力的可能性，无论男性所拥有的资源处于优势或劣势，都会增加他们对妻子的暴力。性别化的资源理论认为夫妻双方的（经济）资源对比和婚姻暴力的关系很大程度上取决于夫妻双方尤其是丈夫所持的性别观念。如果丈夫接受两性平等的理念，那么即使夫妻相对经济地位出现倒置，也不会导致妻子遭受更多的暴力；如果丈夫坚持传统的性别意识，则可能采取暴力手段维护自己的权威。婚姻暴力通常经过三个阶段：紧张状态建立、激烈的殴打事件和爱的悔悟。尽管表现出悔悟，如果施虐者没有得到有效的帮助，他们还是会继续施虐。处在经济或情绪压力之下的家庭中，家庭暴力发生的可能性最高。儿童期被虐待的人成年以后更有可能成为施虐者，这是一种被称为"暴力循环"的现象。

　　成年中期个体看待工作的方式和以前有所不同，他们更注重短期因素，而更少强调职业奋斗与雄心壮志。事业上的拼搏进取对中年员工的推动力变小，他们更加看重工作之外的一些兴趣。对于大多数人来说，中年期是一个工作满意度较高的时期。中年期职业转变主要的动力是工作倦怠、接受新挑战或孩子长大之后父母重新返回职场。中年失业会产生经济、心理和生理上的负性影响。成年中期个体会比以前拥有更多的休闲时间。他们经常把这些时间用来参与室外的娱乐活动和社区活动。中年期的休闲活动为退休进行着良好的准备。

　　埃里克森认为该年龄段的发展冲突是再生力对停滞，涉及从自身到外部世界关注点的转换。成年中期家庭的变迁主要有孩子长大离开原生家庭，由此引发的父母心理变化称为"空巢综合征"。近些年来，社会上又出现了"啃老"现象，即离开家的孩子经历经济生活的严峻现实之后，再次回到家中长期和父母居住在一起。很多中年人开始成为祖父母。

三、成年晚期（65岁至死亡）

（一）成年晚期个体生理状况

　　衰老会引起外部变化，头发花白、稀疏，脸上长满皱纹。随着椎间盘的萎缩，身高开始下降。女性特别容易罹患骨质疏松症。同时身体内部也在变化，大脑萎缩，体积变小，脑内血流量减少，循环、呼吸和消化系统的工作效率降低，心脏泵进身体内的血液更少。

　　在老年期，身体的感觉器官出现了明显退化。由于感觉的重要作用是将人和外部世界联系起来，所以感觉能力的衰退会对心理产生很大影响。视觉方面，随着成年晚期的到来，眼睛的各个组织，包括角膜、晶状体、视网膜和视神经等都发生了变化，从而引发视力的下降。例如，晶状体变得浑浊，一名健康的 60 岁老年人视网膜的光线量只有 20 岁年轻人的三分之一。视神经传导神经冲动的效率也降低了，导致老年人在距离较远、光线微弱，明处和暗处相互转换时更不容易看清物体。一些眼疾更加常见，例如白内障和青光眼。白内障是眼睛晶状体的某些区域出现了云状物或不透明，从而阻挡了光线的通过。白内障患者看东西会模糊不清，在明亮光线下会感觉刺眼。如果患有白内障而不进行治疗，晶状体就会变为乳白色，最后导致失明。白内障可以通过手术去除，术后可以通过佩戴眼镜或在眼内植入晶状体来恢复视力。青光眼是眼睛内的液体未能适当排出或者生成过多导致眼内液体压力增大所形成。60 岁以上老年人失明的最常见原因是年龄增大引起的黄斑退化，它会影响视网膜附近的黄色区域，即视觉最敏锐的黄斑。当一部分黄斑变薄退化时，视力就会逐渐恶化。多服用防衰老的维生素（C、E 和 A）能降低患病风险。

　　听力的丧失成为普遍的现象，大约 30% 的 65—74 岁老年人存在某种程度的听觉损伤，而 75 岁以上老年人的比例超过 50%。衰老尤其会影响人辨别高频声音的能力。如果背景噪声很多，或者有不少人同时在说话，那么高频听力受损的老年人要听清对话就会很困难。大声的噪声让一些老年人感到很痛苦。助听器能对 75% 左右的永久性听力损失患者有帮助，但只有 20% 的老年人在使用它们。原因之一是助听器放大背景噪声的倍数与放大对话声的倍数一样多，使用者很难将希望听到的对话声从其他声音中分离出来。例如一位在餐厅吃饭的老年人想听清楚别人的讲话，那他也能听到很大的茶杯盘子碰撞的声音。另外，许多老年人对使用助听器有偏见，他们会觉得使用助听器让他们看起来更老，还有可能会被人当作神志不清的"老糊涂"。听觉损失尤其会影响老年人的社会生活。由于无法完全听清对话，有些听力有问题的老年人会回避社交场合，因此容易感到孤单和受冷落。听力损失可能会使老年人产生妄想，他们会根据心理恐惧而不是事实来填补没有捕捉到的空白信息。此外，听力损失还会加速老年人认知能力的下降。有听力问题的老年人会将大量的心理资源用于努力听清谈话，所以处理言语信息内容的资源就减少了，最终导致记忆和理解信息的困难。

　　大多数老年人舌头上的味蕾变少，脑中的嗅球也开始萎缩，因此老年期味觉和嗅觉的辨别力都会下降。嗅觉与味觉有一定的关系，所以嗅球萎缩也会使食物尝起来更加无味。食物尝起来没那么好吃，老年人就会吃得更少，从而容易引发营养不良。另外，为了补偿味蕾的减少，老年人可能在做菜时放更多的盐，从而增加患高血压的概率，而高血压又是老年人常见病之一。

随着年龄的增长，老年人的大脑会变得越来越小、越来越轻，但还保留着原有的结构和功能。收缩的大脑会逐渐远离颅骨，所以 70 岁人的脑与颅骨之间的空间会是 20 岁人的两倍。脑内血流量将会降低，即大脑消耗的氧气和葡萄糖变少。近来研究表明，大脑皮层的细胞数目可能只有轻微下降，有些特定类型的神经发育会持续一生。脑内血流量减少的部分原因是心脏在整个循环系统中泵血的能力下降。由于全身血管收缩、硬化，心脏必须更加努力地工作，但一般情况下它仍无法充分地补给其他器官。研究表明，一个 75 岁老年人的心脏泵血量还不到他成年早期泵血量的四分之三。在老年期，身体其他系统的运转能力也不如生命早期，呼吸系统的效率降低，消化系统分泌的消化液减少，消化食物的能力减弱，老年人更容易患上便秘。年龄增加还会伴随着激素分泌水平的下降。肌肉纤维体积和数量都会减少，而且它们利用血液里的氧气和存储营养成分的能力也在降低。尽管所有这些变化都是自然衰老过程中的一部分，但对于生活方式不太健康的人来说，它们会更早出现，例如吸烟将加速心脏血管容量的下降。健康的生活方式则会减缓衰老，例如参加举重类锻炼活动的人其肌肉纤维萎缩的速度比久坐不动的人更慢。有氧锻炼也能提高认知能力。身体越健康，心理测验的成绩就越好，身体健康还能防止脑组织的退化，甚至有助于新的神经元的生长。

导致老年人死亡的主要疾病有心脏病、癌症和中风，将近四分之三的老年人死于这些疾病。由于衰老伴随身体免疫系统的弱化，所以老年人也容易染上传染病。除了容易罹患致命病症之外，很多老年人都患有慢性疾病，例如近半数老年人患有关节炎。关节炎会引起周身各部位的胀痛，严重时甚至会导致残疾。严重关节炎患者连用钥匙开门这种简单的日常活动都完成不了。阿司匹林等药物可以缓解肿胀和疼痛，却无法彻底治愈。将近三分之一的老年人患有高血压，而且很多高血压患者不知自身已患病。高血压如果不及时得到治疗，循环系统内的高压会导致血管和心脏的恶化，增加罹患脑血管疾病或中风的风险。随着衰老的到来，性功能也出现了一些变化。成年期睾丸激素（雄性激素）的分泌水平逐渐下降，一些研究发现 50—70 岁睾丸激素下降的幅度平均为 30%—40%。男性勃起需要更长的时间和更多的刺激，不应期阶段可能会持续一天甚至几天。女性的阴道变窄，失去弹性，自然分泌的润滑液变少，使性交变得更加困难。尽管老年期性功能有所变化，但如果老年人的身体和心理健康状况良好，性生活仍可以持续下去。

老年人是否生病更多取决于除年龄之外的其他因素，包括遗传的易患病体质、过去及现在的环境因素和心理因素。一些疾病（如癌症和心脏病）有遗传的成分，例如有些家庭的乳腺癌发病率就比其他家庭高。遗传的易患病体质并不是说一个人将来一定会得某种疾病。人们的生活方式，如是否吸烟、饮食特点、是否接触致癌物质、身体锻炼情况等都可能提高或降低他们此类疾病的患病概率。经济水平也会影响老年人健康水平。

贫困老年人由于经济负担重无法定期体检,患病后又得不到充分护理会使病情趋于恶化。

(二)成年晚期个体认知状况

在80岁之前,认知能力的下降是不算大的,我们仍可以通过训练维持自己的认知能力,做到活到老、学到老。跨文化研究表明,生活在尊老文化氛围中的中国老年人更不容易出现记忆丧失。中国老年人对衰老有更积极的预期,所以他们对自己的能力更加乐观。老年期长时记忆丧失仅仅局限于几类特定的记忆。与特定生活经验有关的情景记忆最容易受影响,比如回忆你第一次坐飞机是哪一年。语义记忆(一般知识和事实,如2 + 3 = 5或中国的首都)和内隐记忆(人们没有意识到的记忆,如怎样骑自行车)基本上不会受到年龄的影响。短时记忆在成年期逐渐减退,到70岁时会迅速退化。成年晚期的记忆变化可以从环境因素、信息加工缺陷和生物因素进行解释。环境因素方面,老年人更有可能服用一些干扰记忆的处方药。老年期个体的生活改变也会带来记忆减退,老年人不需要再面对工作的挑战,因此也很少有机会去锻炼自己的记忆能力。另外在记忆测验任务中,老年人回忆信息的动机也不如年轻人强,这导致他们在完成记忆任务上表现较差。信息加工缺陷理论认为记忆减退可能与信息加工能力的改变有关。例如,进入老年期后,人们抑制无关信息和想法的能力会减弱,这样无关信息就会干扰到问题的解决。老年人加工新信息的效率比年轻人差,并且在注意适当的刺激、对记忆中材料的组织能力、提取信息的效率也会比较差。这些信息加工缺陷最终会导致老年人记忆能力的减退。生物因素认为记忆的改变是由大脑和身体的衰退所致。情景记忆的衰退可能与大脑额叶的退化或雌激素的减少有关。海马是与记忆有关的重要脑区,老年人海马细胞的数量也会减少。不过,即使有些老年人没有表现出生物方面退化的迹象,但仍然出现了特定种类的记忆缺陷。因此,生物学理论不能解释成年晚期所有的记忆缺陷。

65岁以上的老年人使用科学技术的可能性比其他群体要低得多。一个原因是他们不太感兴趣,日常生活中也很少能用上,所以缺乏学习动机。另一个原因可能是液体智力(应对新问题和新情况的能力)随年龄增加而有所下降,拖累了他们学习新技术。成年晚期个体是有能力学会使用新技术的,现代社会越来越多的老年人学会了使用智能手机就是证明。随着新技术的使用越来越普遍,年老一代与年轻一代在使用新技术上的差距会逐步缩小。

从成年中期开始,个体反应变慢,成年晚期会更为明显,老年人做事所需的时间变长。有两种假设可以解释老年人反应变慢的现象。外周减速假设(Peripheral Slowing Hypothesis)认为是外周神经系统的整体加工速度变慢。外周神经系统包含从脊髓和脑延伸出来到达身体各末端的神经分支,其工作效率会随着衰老而降低。这样一来,信息从环境传递到大脑需要更长的时间,而大脑下达的指令传递到全身肌肉的时间也变长。

总体减速假设（Generalized Slowing Hypothesis）认为神经系统各部分（包括大脑）的加工效率都变差。这样一来，减速就是全方位的，包括对简单和复杂刺激的加工以及传递指令到全身肌肉的速度。反应变慢和加工时间变长，使得老年人无法有效地接收危险环境信号，决策过程更加缓慢，容易引发事故。尽管老年人反应变慢，但他们关于时间的知觉似乎随着衰老而有所加快。相比年轻人，老年人会感到时光飞逝，这可能是大脑为协调内部生物钟而做出了某种改变。

有 15%—25% 的 65 岁以上老年人表现出心理障碍症状，虽然这个数字比中年人和青年人相对要低，但 65 岁以上老年人心理疾病症状表现却不同于其他人群。例如老年群体的抑郁症状主要表现为认知改变、躯体化症状（睡不好或者觉得身上不舒服）以及兴趣缺乏（缺少欲望和活力，不想出门），而非典型的情绪低落（悲伤、无望和无助感）。心理障碍症状的出现可能与服药有关。一些老年人为了医治其他病症，会同时服用不同的药物，这样很容易患上药物所致的心理障碍。由于新陈代谢功能下降，25 岁年轻人适合的药量对 75 岁老年人来说可能就太大。药物间相互作用可表现为心理症状，如药物中毒可能会引起焦虑症状。老年人最常见的精神疾病是痴呆症（Dementia），包括记忆力减退、智力下降和判断力受损。罹患痴呆症的概率随着老化而不断增加。研究表明，60—65 岁老年人中被诊断为痴呆症的比例不到 2%，而 65 岁以上老年人每增加 5 岁这个比例就翻一番，到了 85 岁以上这个比例升到三分之一左右。痴呆症最常见的形式是阿尔茨海默氏症，它是老年群体面临的最严重的心理健康问题之一。

心理因素对老年人患病率和死亡率也有重要影响。自主感、独立性和对个人生活的控制感，哪怕只是拥有对日常事务进行选择的权利，都可以让老年人拥有更好的心理状态和健康状况。老年人老化态度也会影响幸福感和生活满意度。那些认为年老意味着获得更多经验和智慧的老年人倾向用正面的眼光看待自己的变老。有研究发现成年晚期人群比年轻人群更快乐，这提示我们变老可能会给人类带来某种程度的满足感。

（三）成年晚期个体社会性和人格发展

1. 成年晚期个体基本的人格特质保持稳定

成年晚期是埃里克森心理社会性发展的第八个阶段，称为自我完善对失望阶段。这个时期的特点是回顾和评价过去经历，并和生活达成协议或进行妥协。因此"生活回顾"是这个阶段的特点。老年人回忆和重新思考人生经历，不仅会对过去事件和他人产生新的认识，还将过去和现在联结起来，从而更好地面对当前生活。此外，与他人分享过去经历也成为社会交往的源泉。老年人对过去的一些景象、声音甚至气味的回忆也间接提高了他们的记忆力。当老年人回顾过去，觉得自己已经实现了原先的生活设想，没有留下什么遗憾时，就达到了"完善"的状态，他们会体验到满足感和成就感。相反，当有些人回忆起过去那些已经无法更改的陈年伤痛或错误，他们会觉得自己错过了一些重要的机会，没能实现自己的愿望，会产生心理困扰，甚至对已经过世的人感到内疚、抑郁和愤怒。

发展心理学家罗伯特·派克（Robert Peck，1968）认为，老年人的人格发展由三个主要任务或挑战组成。第一个任务是必须用与工作角色或职业无关的方式来重新定义自己，他把这个阶段称为自我的重新定义对沉迷于工作角色（Redefinition of Self versus Preoccupation with Work-role）。老年人退休后必须调整自己的观念，不再强调自己的职场角色，更注重那些与工作无关的角色，例如成为祖父。成年晚期的第二个任务是身体超越对身体专注（Body Transcendence versus Body Preoccupation）。老年人必须学会应对和看淡那些由衰老带来的体能变化，而不是关注体能衰退和人格发展上的缺陷。第三个任务是自我超越对自我关注（Ego Transcendence versus Ego Preoccupation），个体必须对即将到来的死亡有所认识，明白虽然死亡可能为期不远，但他们已为社会做出了贡献，自己的生命是有意义和价值的。这些贡献将会超越自己的生命而延续下去。

丹尼尔·莱文森的成年发展理论认为人们需要度过一个转变阶段进入成年晚期，这个阶段主要发生在 60—65 岁（Daniel Levinson，1986、1992）。在这一阶段中，人们终于接受自己真的变"老"了，渐渐意识到他们不再处于生命周期的中心阶段。对于已经习惯对自己生活进行掌控的个体来说，力量、尊重和权威的丧失是难以适应的。在与"变老"现状做过抗争后，老年人会发现自己新的优势和资源，例如自己成为"受尊敬的长者"，能给年轻人提供一些有建设性的意见，还可以自由地单纯为了愉悦感而不是义务做事，从而体验到解放和自我关注。健康的生活方式以及在感兴趣的领域保持活跃性可以带来成年晚期的满足感。

伯尼斯·纽嘉顿（Bernice Neugarten，1972、1977）在对 70 多岁老年人的研究中发现了四种人格类型，体现为应对衰老的不同方式：①不完整和瓦解型人格（Disintegrated and Disorganized Personalities），这类人不能接受衰老的事实，当他们越来越老时会感到绝望，或者对外界充满敌意。生活在疗养院或医院的老年人中这种类型的人最多。②被动—依赖型人格（Passive-dependent Personalities），这些人惧怕变老，惧怕患病，惧怕未来，惧怕无能为力。由于他们太过恐惧，以至于他们在并不需要的时候从家属和护理者身上苛求帮助。③防御型人格（Defended Personalities），这些人用一种特别的方式表达对变老的恐惧。他们企图人为阻止衰老的步伐，刻意表现出年轻、精力旺盛的样子，参与年轻人的活动，对自己产生不现实的期望最终又要承担失望的风险。④整合型人格（Integrated Personalities），这类个体和谐地应对衰老。他们接受变老的现实，保持一定的自尊水平，能够平静地回顾自己的人生经历，以一种接纳的态度面对将来。

退休是成年晚期的主要事件，会导致个体对自我概念和自尊进行调整。退休后人们需要经历一系列的阶段（Atchly，1985；Atchley & Barusch，2004）。首先进入蜜月期（Honeymoon Period），刚退休的人会参与一些之前由于工作而无法安排的活动（如旅行）。第二个时期是清醒期（Disenchantment），此时退休的人觉得退休并不完全像自己想的那样美好，他们开始想念工作时的各种好处、同事之间的情谊，开始发现自己很难再次忙碌起来。第三是重新定位期（Reorientation），此时退休的人开始重新进行选择，把自己投身到一些新的更加充实的活动中去。如果成功度过这个阶段，就到了第四个时期退休平淡期（Retirement Routine Stage），他们开始接受退休的现实并对新的生活状态感到满足。但并不是所有人都能够到达这个阶段，有些人在很长时间内都不能接受退休这个事实。第五个阶段是退休的结束期（Termination）。在这个阶段有些人重新回去工作，同时可能会深切地感受到体能的衰退。不是所有人都要经历每个阶段，而且上述顺序也不是固定不变的。

2. 社会支持与老年人身心健康

成年晚期的典型情况（如收入减少、配偶的患病或死亡、居住安排的变化）会导致压力的增加。65岁以上老年人的婚姻中与配偶同住的男性比例远高于女性。这是由于70%的女性寿命长于丈夫，至少长好多年，而男性人数因很多人已经过世而减少。由于婚姻梯度的社会规范，女性通常和比自己年龄大的男性结婚，失去丈夫的老年女性又不大可能再婚，女性便只能孤单地生活。绝大多数在生命晚期仍然处于已婚状态的人都报告说他们很满意自己的婚姻，长期共同生活使他们对自己的伴侣有着很深的了解，伴侣也能提供大量的友谊和情感支持。退休后夫妻共同在家的时间突然变多了，对于很多夫妻来说，退休意味着两人之间的关系需要重新协调。退休改变了长期以来家务在夫妻双方中的分配情况，丈夫有更多责任去承担日常家务。通常还会出现一个有趣的角色倒置现象：在早期的婚姻中，妻子比丈夫更渴望与配偶在一起；与之相反，在成年晚期，丈夫更渴望和妻子在一起。婚姻的权力结构也转变了：男性退休后变得更有亲社会性，更少竞争性，同时，女性变得更加自信和自主。

有些老年人需要照顾病重或临终的配偶。一些人积极地承担起照顾配偶的责任，认为这是体现对配偶的爱和奉献的最后机会。但实际上照顾病人是一项费心费力的工作，长期照顾他人对照料者的生理和心理健康都是不利的。研究表明，照料者对生活的满意度低于不用照顾别人的人。向配偶提供照顾的人中近四分之三是女性。这是因为男性通常早于女性死亡，自然他们患上致命疾病的时间也早于女性。第二个原因与社会对性别角色的传统看法有关，认为女性天生适合照顾人。

由于已经适应了长期婚姻生活，配偶的死亡会给健在一方带来巨大的丧失感，伴随而来的还有经济和社会环境上的改变。在一段美好的婚姻中，配偶的去世意味着自己失去一位伴侣、爱人、知己和帮手。健在的一方不仅丢掉了自己最熟悉的"配偶"角色，而且还需要突然认同一个新的、自己并不熟悉的身份：寡妇/鳏夫（Widowhood）。他们被社会、被自己看作单独的个体，已经不再是夫妻中的一方了。寡居/鳏居带来了很多新的要求和担忧：再没有伴侣可以分享每天发生的事情，如果以前主要的家务活都是已去世的一方在承担，健在的一方就必须学会做这些家务并且要天天做。虽然其他家庭成员和朋友也能提供大量的帮助，但最终丧偶者都需要独自面对生活。社会生活也会因配偶的死亡而发生变化。一对夫妇通常与另一对夫妇一起交往。渐渐地，鳏寡个体难以维持原来由夫妻二人共同筑起的友谊，转而与其他单身个体建立起新的友谊关系。

适应寡居/鳏居的过程分三个阶段：第一个阶段是准备期（Preparation），夫妻任何一方都要有思想准备，在未来几年或几十年，对方都有可能去世。所以要为将来变成鳏寡个体做准备，例如买保险，立遗嘱，生育孩子以便老有所依。第二个阶段是伤痛和悼念（Grief and Mourning），这是配偶去世后，健在一方的即时反应。他们首先要承受丧偶的痛苦和打击，继而要度过一个丧偶带来的情绪起伏阶段。度过此阶段所需的时间取决于社会支持情况以及个体人格特征。有些人的伤痛和悼念期会持续几年，有些人只持续几个月。最后一个阶段是适应期（Adaptation），鳏寡个体逐步适应新的生活，他们开始接受配偶死亡的现实，重新整合和发展出自己新的同一性——单身人士，在生活中建立起新的友谊。关于丧偶的三阶段模型并不是对每个人都适用。模型中各个时期的时间也是因人而异的。有些人会经历无休止的哀痛，难以忘记所爱之人，对配偶的思念甚至妨碍了正常的生活。

友谊在成年晚期具有很重要的地位。配偶去世后，人们多数会寻求朋友的陪伴，以帮助自己应对丧偶的痛苦，并且弥补配偶去世后伙伴关系的缺失。友谊特别是新建立的友谊，由于没有遗留的责任和过往冲突，更容易为丧偶者提供情感支持。

随着人口老龄化程度的加深，老年同居现象越来越普遍。研究表明，老年同居与青年、中年同居不同，在老年单身男性和女性中，低收入人群的同居发生比高于高收入人群。在城镇化与迁居化的影响下，老年人口在"空巢"之后的独居，必然产生照料需求。在这种情况下，老年单身男性"需要照料"的人群同居发生比更高；老年单身女性中，农业户口比非农户口的同居发生比更高。另外，老年单身男性的成年儿子越多，越易形成同居格局；老年单身女性的成年女儿越多，形成同居格局的概率越低（张翼，2020）。

老年人缺少社会支持与多种健康问题有关，包括抑郁症、体质下降、自我伤害和各种原因导致的死亡的增加。抑郁症是老年人最常见的心理障碍之一，罹患抑郁症的原因之一是社会隔离，居住在护理机构的老年人患抑郁症的可能性是住在家中的老年人的近三倍。即使老年人拥有足够的社会关系，但当这种社会关系与他们所希望拥有的数量仍存在差距时也会导致孤独感。有研究者以大量居住在城市社区的居家老年人为对象，考察了客观的社会隔离和主观的孤独与抑郁症之间的关系。研究者发现 25% 的老年男性和 40% 的老年女性报告有孤独感，10% 的老年人进一步报告孤独感使他们十分苦恼，5% 的老年人报告孤独感具有侵扰性，让他们难以摆脱（Golden et al., 2009）。造成孤独的最重要因素是配偶的死亡，近三分之一拥有足够的社会关系的老年人仍然报告感到孤独。研究表明鳏居／寡居和主观的孤独有关，与社会隔离无关。也就是说，即使老年人拥有足够的社会关系，失去配偶也会给他们带来一种被社会剥夺的孤独的感觉。这种孤独感也可以解释为什么鳏居／寡居的老年人抑郁症发病率会增高。

随着老年人数量的不断增加，虐待老年人的案例数量也在增长。实际生活中受到虐待的老年人的数量比我们想象的还要多，因为受到虐待的老年人为了避免难堪和羞耻常不会说出自己的经历。虐待老年人常发生在家庭成员之间，没有社会交往的、健康状态不好的老年父母容易遭到被迫照顾他们的子女的虐待，很多时候老年人又不得不住在照料者的家中。患有阿尔茨海默氏症或其他痴呆症的老年人，更有可能成为虐待的对象，因为照料者必须一天 24 小时持续照看老年人，照料者所承受的经济、心理和社会压力促成了虐待行为。因此，为了防止虐待老年人行为的发生，政府、社会特别有必要为照料者提供一些具体的支持。

本章重点概念

分离焦虑　自我中心思维　思维可逆性　去中心化　留守儿童　社会观点采择　自我同一性　群体社会化理论　自伤行为　社会支持　暴力循环　痴呆症

本章思考题

1. 如何帮助贫困青少年更好地获得同一性认同中的"成就型"状态？

2. 面对青少年争取自主性的努力，不同教养风格（权威型、专制型、放任型）的父母分别是如何反应的？

3. 你认同成年中期存在"中年危机"这一说法吗？理由是什么？

4. 你是否认为文化因素会影响老年人选择成功老化的策略？

5. 为什么再婚可以降低丧偶老年人的死亡风险？

参考文献

R. M. Arkin. On Celebrating William James's Priwnciples of Psychology [J] . *Personality and Social Psychology Bulletin*, 1990, 16 (4): 597–600.

D. M. Buss. Sex Differences in Human Mate Preferences : Evolutionary Hypothesis Tested in 37 Cultures [J] . *Behavioral and Brain Sciences*, 1989, 12 (1): 1–14.

D. M. Buss, D. P. Schmitt. Sexual Strategies Theory : An Evolutionary Perspective on Human Mating [J] . *Psychological Review*, 1993, 100 (2): 204–232.

D. C. Dennett. *Consciousness Explained* [M] . New York : Little, Brown and Company, 1991.

H. H. Kendler. *Historical Foundations of Modern Psychology* [M] . Homewood : Dorsey Press, 1987.

D. P. Schultz, S. E. Schultz. *A History of Modern Psychology* [M] . Orlando, FL : Harcourt College Publishers, 2000.

M. Adamaszek, F. D'Agata, R. Ferrucci, et al.. Consensus Paper : Cerebellum and Emotion [J] . *Cerebellum*, 2016, 16 (2): 552–576.

N. Burgess, E. A. Maguire, J. O'Keefe. The Human Hippocampus and Spatial and Episodic Memory [J] . *Neuron*, 2002, 35 (4): 625–641.

K. A. Conn, T. Burne, J. P. Kesby. Subcortical Dopamine and Cognition in Schizophrenia : Looking Beyond Psychosis in Preclinical Models [J] . *Frontiers in Neuroscience*, 2020 (6): 542.

N. Doidge. *The Brain That Changes Itself : Stories of Personal Triumph from the Frontiers of Brain Science* [M] . New Jersey : Penguin Group USA, 2007.

C. Foo, A. Lozada, J. Aljadeff, et al.. Reinforcement Learning Links Spontaneous Cortical

Dopamine Impulses to Reward［J］. *Current Biology*，2021，31（18）：4111–4119.

　　J. P. R. Jacobsen，A. D. Krystal，K. R. R. Krishnan，et al.. Adjunctive 5–Hydroxytryptophan Slow–Release for Treatment–Resistant Depression：Clinical and Preclinical Rationale［J］. *Trends in Pharmacological Sciences*，2016，37（11）：933–944.

　　［英］布莱克摩尔. 人的意识［M］. 耿海燕，李奇，等译校，北京：中国轻工业出版社，2008.

　　高觉敷. 中国心理学史［M］. 北京：人民教育出版社，1985.

　　［瑞士］让·皮亚杰. 人文科学认识论［M］. 郑文彬译，北京：中央编译出版社，1999.

　　朱智贤. 心理学大词典［M］. 北京：北京师范大学出版社，1989.

　　朱智贤. 朱智贤心理学文选［M］. 北京：人民教育出版社，1989.

　　［美］戴维·迈尔斯. 心理学（第9版）［M］. 黄希庭，等译，北京：人民邮电出版社，2013.

　　［苏］A. P. 鲁利亚. 神经心理学原理［M］. 汪青，邵郊，王甦译，北京：科学出版社，1983.

　　陈琦，刘儒德. 当代教育心理学（第2版）［M］. 北京：北京师范大学出版社，2000.

　　陈琦，张建伟. 建构主义学习观要义评析［J］. 华东师范大学学报（教育科学版），1998（1）：61–68.

　　刘丽虹，张积家，语言如何影响人们的思维［J］. 自然辩证法通讯，2009，31（5）：22–25.

　　［美］Dennis Coon，John O. Mitterer. 心理学导论——思想与行为的认识之路［M］. 郑钢，等译，北京：中国轻工业出版社，2014.

　　［美］理查德·格里格，菲利普·津巴多. 心理学与生活（第16版）［M］. 王垒，王甦，等译，北京：人民邮电出版社，2014.

　　彭聃龄. 普通心理学（第5版）［M］. 北京：北京师范大学出版社，2019.

　　沈政，林庶芝. 生理心理学［M］. 北京：北京大学出版社，2014.

　　赵坤，王辉，张林. 心理学导论［M］. 北京：中国传媒大学出版社，2009.

　　徐永强，王兴瑞，胡文鐘，等. 短期睡眠剥夺影响持续性注意力的认知神经机制：基于静息态功能 MRI 低频振幅分数分析［J］. 放射学实践，2021，36（2）：158–163.

　　John Maddox，郑佳. 解开"鸡尾酒会效应"之谜［J］. 世界科学，1995（1）：23.

　　杨炯炯，翁旭初. 前额叶在记忆中的作用：脑功能成像研究进展［J］. 心理学动态，1999（2）：13–18.

张钦，孟迎芳，聂爱情，等.记忆发展神经科学：研究现状与未来展望［J］.中国科学（生命科学），2021，51（6）：647-662.

王晓钧.情绪智力理论结构的实证研究［J］.心理科学，2000（1）：24-27+125.

张进辅，徐小燕.大学生情绪智力特征的研究［J］.心理科学，2004（2）：293-296.

［美］Herbert L. Petri，John M. Govern.动机心理学［M］.郭本禹，等译，北京：北京师范大学出版社，2005.

黄敏儿，郭德俊.原因调节与反应调节的情绪变化过程［J］.心理学报，2002，34（4）：371-380.

孙绍邦，孟昭兰."面部反馈假设"的检验研究［J］.心理学报，1993，25（3）：277-283.

［美］罗伯特·费尔德曼.发展心理学——人的毕生发展（第6版）［M］.苏彦捷，邹丹，等译，北京：世界图书出版公司，2013.

曹文振，唐昆.青少年青春期性行为影响因素研究［J］.青年研究，2020（6）：43-56+92.

邓林园，周佳莹，周楠，等.父母冲突干预方案及对家庭和儿童青少年的影响［J］.北京师范大学学报（社会科学版），2019（6）：32-42.

杜育红，郭艳斌.初中生的同伴效应：基于发育成熟度的自然实验［J］.教育与经济，2019（3）：40-48.

刘志军.能力还是心理？——对留守经历长期影响的一项实证检验［J］.浙江社会科学，2021（3）：74-86+158-159.

罗丹.前言语阶段婴儿手势对语言发展的预测［J］.学前教育研究，2020（9）：39-47.

孙晓冬.中国青年夫妻的家务劳动投入：经济交换还是性别呈现？［J］.中国青年研究，2021（2）：68-74.

王水雄.互联网社会如何放大了"中年危机"［J］.人民论坛，2019（8）：51-53.

王玥.心理学视域下校园欺凌的形成机理及对策［J］.北京师范大学学报（社会科学版），2019（4）：32-45.

阎光才.高等学校中年教师的职业生涯表现与困顿［J］.教育研究，2020，41（7）：95-108.

张婷皮美，石智雷.父母外出务工对农村留守儿童心理健康的影响研究［J］.西北人口，2021，42（4）：31-43.

张翼.中国老年人口同居问题研究[J].中国人口科学，2020（4）：2-14+126.

郑丹丹，张帆.资源失灵与阻抗力——基于 M 村婚姻暴力现象的研究[J].妇女研究论丛，2020（2）：20-33.